金融法苑

Financial Law Forum

2020 总第一百零二辑

◎ 北京大学金融法研究中心　主办

▶ 主编：彭　冰　▶ 本辑执行主编：郑舒倩

中国金融出版社

责任编辑：黄海清
责任校对：李俊英
责任印制：丁淮宾

图书在版编目（CIP）数据

金融法苑. 2020：总第一百零二辑/北京大学金融法研究中心编 . —北京：中国金融出版社，2020.7

ISBN 978 - 7 - 5220 - 0721 - 2

I. ①金… Ⅱ. ①北… Ⅲ. ①金融法—研究—丛刊 Ⅳ. ①D912. 280. 4 - 55

中国版本图书馆 CIP 数据核字（2020）第 133483 号

金融法苑. 2020：总第一百零二辑
JINRONG FAYUAN. 2020：ZONG DI YIBAILING-ER JI

出版
发行　中国金融出版社

社址　北京市丰台区益泽路 2 号
市场开发部　（010）66024766，63805472，63439533（传真）
网 上 书 店　http：//www. chinafph. com
　　　　　　　（010）66024766，63372837（传真）
读者服务部　（010）66070833，62568380
邮编　100071
经销　新华书店
印刷　保利达印务有限公司
尺寸　185 毫米×260 毫米
印张　16. 5
字数　350 千
版次　2020 年 7 月第 1 版
印次　2020 年 7 月第 1 次印刷
定价　40. 00 元
ISBN 978 - 7 - 5220 - 0721 - 2
如出现印装错误本社负责调换　联系电话（010）63263947

致　谢

本辑出版得到众惠财产相互保险社的大力支持，特此致谢！

《金融法苑》

主　　　　办：北京大学金融法研究中心

专家委员会：吴志攀　白建军　刘　燕　彭　冰
　　　　　　　郭　雳　唐应茂　洪艳蓉

主　　　　编：彭　冰

本辑执行主编：郑舒倩

责 任 编 辑（按姓氏音序排列）：
　　　　　　　卢　漫　施晨晨　王传竣　余鑫甜
　　　　　　　张　翕

声　明

　　向《金融法苑》投稿即视为授权本编辑部将稿件纳入北京大学期刊网（www. oaj. pku. edu. cn）数据库、《中国学术期刊网络出版总库》及CNKI系列数据库、"北大法宝"（北大法律信息网）期刊数据库、台湾元照出版公司月旦法学知识库、万方数据库、本编辑部确定的其他学术资源数据库、学术性微信公众号，包括但不限于通过北京大学金融法研究中心网站（www. finlaw. pku. edu. cn）和微信公众号（"Pkufinlaw"和"北京大学金融法研究中心"）对外传播。本编辑部支付给作者的稿酬已包含上述数据库和微信公众号著作权使用费。如有异议，请在来稿时注明，本编辑部将作适当处理。

　　刊稿仅反映作者个人的观点，并不必然代表编辑部或者主办单位的立场。

Financial Law Forum

金融法苑

2020 总第一百零二辑

目 录
Contents

▌资本市场 ▌

▌金融监管 ▌

▌他山之石 ▌

Financial Law Forum

金融法苑

2020 总第一百零二辑

新金融产品

【编者按】

趣步是湖南趣步网络科技有限公司开发运营的软件，以"走路可以挣钱"作为宣传噱头。自2018年9月趣步APP上线以来，据说已有3000万用户。2019年8月，长沙市政府在市长信箱中回复称：趣步涉嫌非法传销、非法集资、金融诈骗等违法行为，目前已被有关单位立案调查。因目前官方并未发布任何调查结果，相关分析只能根据已有公开资料展开。鉴于趣步模式的复杂性，产生了两种不同的结论：一种是趣步模式也许不构成传销，但可能构成非法集资；另一种则认为趣步模式总体上就是一场庞氏骗局，虽然是相对比较高明的那种。本书将两种分析一并刊发，供读者参考。

提请注意：文章仅代表作者个人意见。

趣步模式的法律分析

■ 万子芊[*]

摘要：趣步因涉嫌非法传销、非法集资等违法行为被立案调查，引发市场关注。趣步中的走路赚取糖果，拉人提高糖果收益，花钱购买糖果、商品，付费谋求城市合伙人称号等模式，可以归纳为"走路→产出糖果→糖果"置换为"GHT→交易GHT赚钱获利"。以形式要件加实质要件为判断标准，趣步支付实名认证费后领免费任务玩法中的1元实名认证费可以被认定为营业收入，不满足传销认定中非法获利的实质要件；糖果、GHT与法币的非刚性兑换关系，使得"拉人"玩法不符合"拉人头"型传销中要求以用户发展人员数量作为计酬依据的形式要件。如果在"氪金"玩法中，趣步实际参与糖果、GHT交易，获取了非法利益，则涉嫌传销。但糖果的引入，未改变趣步涉嫌为虚拟货币提供定价、信息中介等服务的行为实质，搭建GHT交易平台的行为涉嫌构成非法经营。对于趣步吸纳用户资金，向用户发放任务卷轴，用户完成走路任务后换得并交易GHT实际获利的"氪金"玩法，实质上构成向用户间接承诺回报，用户行为具有"被动投资性"，因此趣步涉嫌非法集资。

---

* 北京大学法学院2017级经济法学硕士，现供职于中国互联网金融协会，文章仅为作者个人观点，不代表所供职单位观点。

关键词： 收取入门费　拉人头　传销　区块链　非法经营　非法集资

2019 年 8 月，长沙市政府市长信箱中关于趣步的回应引发热议，回应称趣步涉嫌非法传销、非法集资和金融诈骗等违法行为，目前已被有关单位立案调查。① 9 月 25 日，长沙市政府市长信箱再次回复趣步事件，称"'趣步'公司及'趣步'项目涉嫌网络传销、非法集资、金融诈骗，长沙市工商局经开区已立案调查"，② 但目前官方并未发布任何调查结果，本文只能根据已有公开资料，探析趣步平台运行规则，以外在表现形式加实质要件为判断标准，分析趣步模式是否涉嫌传销、非法经营、非法集资等违法犯罪行为。

趣步是创新还是骗局？让我们一探究竟。

一、趣步运行模式简析

趣步是湖南趣步网络科技有限公司③（以下称趣步科技）开发运营的软件，据趣步科技官方网站宣传，自 2018 年 9 月趣步 APP 上线以来，已有 3000 万用户加入，与 10000 多家线下商铺建立了合作关系。④

自长沙市政府表示已立案调查趣步后，网络上称趣步涉嫌传销、非法集资等的文章层出不穷。本文将从一个趣步新用户的视角梳理趣步运行模式，以便有理有据地分析趣步模式的法律性质。⑤

（一）新用户免费领取试练任务小试牛刀

新用户使用手机号注册趣步账号后，可以使用其基本功能，如计步、查看新闻资讯。但趣步并不甘于做一款平淡无奇的软件，其与一般运动或新闻软件不同之处在于，趣步为用户走路设置了不同类型的任务卷轴，完成走路任务可以获得平台分发的 IWC 糖果（以下简称糖果），更为关键的是，糖果可以置换为名为 GHT 的区块链数字货币，同时趣步还提供了 GHT 与人民币间的交易平台，这是趣步得以吸引用户的内生动力——"走路→产出糖果→糖果"置换为"GHT→

---

① 参见《市长发话了："趣步"已被有关部门立案调查！》，资料来源：http://www.sohu.com/a/337613104_99914245，2019 年 9 月 27 日访问。目前长沙市人民政府官方网站无法找到该条回复，但网络新闻中有该回复的截图。

② 长沙市人民政府：《请核实趣步公司是否合法并告知》，资料来源：http://wlwz.changsha.gov.cn/webapp/cs/2020/email/viewPublic.jsp?id=245141&cxm=，2019 年 9 月 27 日访问。

③ 根据国家企业信用信息公示系统查询结果显示，湖南趣步网络科技有限公司的经营状态为迁出。

④ 趣步科技，资料来源：http://www.51qub.cn/About.html，2019 年 9 月 27 日访问。但目前趣步科技官方网站、GHT 交易平台网站均已无法正常打开，下同。

⑤ 如无特别说明，以下对趣步平台运行规则的介绍资料来源于"趣步"APP 中"商学院"的"新手指南"板块。本文所做的法律分析也是基于当时趣步平台运行规则。

交易 GHT 赚钱获利"运行模式。① 糖果、GHT 与人民币之间的置换关系是用户使用趣步获利的关键。趣步生态圈中的"糖果并非数字货币,产出方式是运动,总量为 10 亿枚,永不增发,随着会员数的增加,糖果将进行阶段性减产,用户可以通过平台匹配到买卖信息,然后自行交换",② "GHT 是 Global Health Block Chain Club 俱乐部基于 EOS 公链发行的合约数字资产,发行总量为 10 亿枚"。③

要想获得将糖果置换为 GHT 的资格,用户必须付出一定代价——在提供姓名、身份证号、支付宝账号等信息,交纳一元实名认证费后,④ 用户方可获得后续交易资格。⑤ 趣步设置了不同类型的任务卷轴,完成不同等级的任务卷轴可以获得不同的糖果奖励数,但兑换不同等级的任务卷轴所需糖果数也不同(见表 1)。⑥

两手空空的新用户可以免费领取一个试练任务卷轴,如果完成 60 天日行 4000 步的任务,用户可获得 14.4 枚糖果。如果此时用户将糖果置换为 GHT,以等级为 1、交易手续费率为 50% 为例,由于置换糖果数与卖出 GHT 数均需为整数,14.4 枚糖果只能置换为 9 个 GHT,根据 GHT 交易平台显示,目前 GHT 单价约 2.93 美元/个,⑦ 交易平台使用人民币交易,并将汇率固定为 1:7,另外,交易平台还会固定收取交易额 1%(以 GHT 形式)费用,⑧ 故用户可卖出 9 个 GHT 获得约 182 元收益。

如此看来,这简直是无本万利的赚钱之道,不愧是"让汗水不白流"。

---

① 参见趣步科技:《【转载】一位 90 后宝妈眼里的趣步!》,资料来源:http://www.51qub.cn/h-nd-49.html#_np=104_758,2019 年 9 月 27 日访问。

② 目前"趣步"APP"商学院"板块中的"新手指南 3、趣步百问百答——趣步糖果相关问题"已将关于糖果数量的宣传内容删除,但网络仍有相关公开资料。参见《趣步百问百答》,资料来源:http://blog.sina.com.cn/s/blog_a647a6ff0102yzhp.html,2019 年 9 月 27 日访问。

③ 目前"趣步"APP 已删除关于糖果与 GHT 兑换的相关宣传资料,但糖果与 GHT 的交易平台网站中仍有对 GHT 的介绍,资料来源:https://www.91666.cloud/banner,2019 年 9 月 27 日访问。

④ 根据趣步 2019 年 7 月 8 日发布的《趣步公司对近期负面新闻的正式回应》,趣步称"实人认证费"是为交纳第三方有偿的实人认证服务费、短信息费和流量费而收取,并且是专款专用。参见趣步科技:《趣步公司对近期负面新闻的正式回应》,资料来源:http://www.51qub.cn/h-nd-18.html#_np=104_751,2019 年 9 月 13 日访问。

⑤ 根据趣步 2019 年 9 月 6 日发布的《9 月 6 日系统更新公告》,新用户自行下载 APP 注册时,无须再填写老用户发送的邀请码。参见趣步科技:《9 月 6 日系统更新公告》,资料来源:http://www.51qub.cn/h-nd-97.html#_np=104_751,2019 年 9 月 27 日访问。

⑥ 同一用户可领取的不同等级的任务卷轴数量有限,用户最多可同时做 20 个任务(1 个试练任务、8 个初级任务、4 个中级任务、2 个进阶任务、2 个高级任务、1 个精英任务、1 个超级任务、1 个专家任务),如同时拥有多个任务,不同等级的任务可同时进行,所需步数无须叠加计算。

⑦ 资料来源于 GHT 交易平台:https://www.91666.cloud/login,2019 年 9 月 27 日访问。

⑧ 在用户买卖 GHT 时,GHT 交易平台均收取交易额 1% 的费用,不因用户等级不同而变化。

表1 任务券轴等级与收益对照①

任务卷轴等级	任务数量（个）	兑换所需糖果数（枚）	总奖励糖果数（枚）	每日所需步数（步）	完成任务可得基本活跃度	每日获得奖励糖果数上限（枚）	完成任务可置换GHT数（适用1级用户50%手续费率）（个）	卖出GHT可得收益（20.51元/个）	完成任务可置换GHT数（适用5级用户25%手续费率）（个）	卖出GHT可得收益（20.51元/个）
试炼	1	0	14.4	4000	1	0.24	9	182.76	11	223.38
手环	1	0	34.56	3600	1	0.216	22	446.75	27	548.29
酷拉锐	2	0	34.56	3600	1	0.216	22	446.75	27	548.29
初级	8	10	11.88	3300	1	0.198	7	142.15	8	162.46
中级	4	100	118.8	3300	10	1.98	78	1583.94	94	1908.85
进阶	2	500	612	3400	50	10.2	408	8285.23	489	9930.09
高级	2	1000	1260	3500	100	21	840	17057.82	1008	20469.39
精英	1	5000	6480	3600	500	108	4320	87725.94	5184	105271.13
超级	1	10000	13320	3700	1000	222	8880	180325.54	10656	216390.65
专家	1	100000	136800	3800	10000	2280	91200	1851992.08	109440	2222390.5

资料来源：趣步科技官方网站、GHT交易平台。

（二）成长初选择：继续还是离场

用户完成试炼任务后，便会面临一个选择，一是"杀鸡取卵"，即将所获GHT卖出，回归"赤贫"状态，由于不再有免费任务卷轴领取，靠走路赚钱之路便终结了，除非花钱购买GHT，将GHT兑换为糖果，用糖果领取任务以赚取糖果，再将糖果置换为GHT卖出，但若GHT价格没有较大增长，在置换或交易环节都会被平台收取手续费的情况下，花钱买GHT以赚取GHT无疑是亏本的买卖。二是延迟满足，即先不置换完成试炼任务所获糖果，此时用户拥有的14.4枚糖果仅能兑换到初级任务卷轴（兑换所需糖果数为10枚），第一个初级任务完成后，其拥有的糖果总数为16.28枚，在兑换并完成8个初级任务后（用户可领取的初级任务上限为8个），用户糖果总数为29.44枚，这些糖果不足以再兑换其他任何任务卷轴，此时用户不得不离场，置换糖果，按50%交易手续费计算，用户卖出约19个GHT获得约385元收益后，依靠运动发家致富之路便宣告终结。

（三）赚钱的代价：拉人或氪金

趣步后来更改了任务规则，增加了任务糖果奖励总量和每日糖果奖励量上限，不再限制糖果奖励天数，以此延长用户完成任务所需时间，增加用户黏性。② 以初级任务为例，在原规则

---

① 如无特别说明，本文所有图表均为作者自制，资料来源均为趣步科技官方网站：http：//www.51qub.cn/About.html，GHT交易平台：https：//www.91666.cloud/login。

② 趣步平台中，在原规则下，除手环、酷拉锐任务卷轴的任务时效为120天，其他任务卷轴时效均为45天；在新规则下，若以用户每天获得的糖果数都到达上限计算，原120天、45天的任务周期被分别延长至160天、60天。

中，任务时效为 45 天，过期后用户即使完成每日步数任务，也无法获得糖果奖励；在新规则下，若以用户每天获得的糖果数都到达上限计算，用户获得总奖励糖果数所耗费的时间将延长至 60 天。因此，用户如果选择"延迟满足"，忙忙碌碌 540 天之后，如果 GHT 还有市场价值，其能获得约 385 元收益。

趣步还"贴心"地为用户提供了更快赚钱、赚更多钱的方式：通过拉人或氪金来降低手续费、领取任务卷轴或直接获得糖果奖励等。

1. 拉人玩法——"开源节流"。由前文可知，要通过趣步获利的流程是"糖果→GHT→卖出 GHT 获得人民币"（见图 1），故"开源节流"是提高收益的关键，即获得更多的糖果，适用更低的交易手续费，趣步通过规则设计，将用户拉人行为与"开源节流"相联系，促使用户推广趣步。

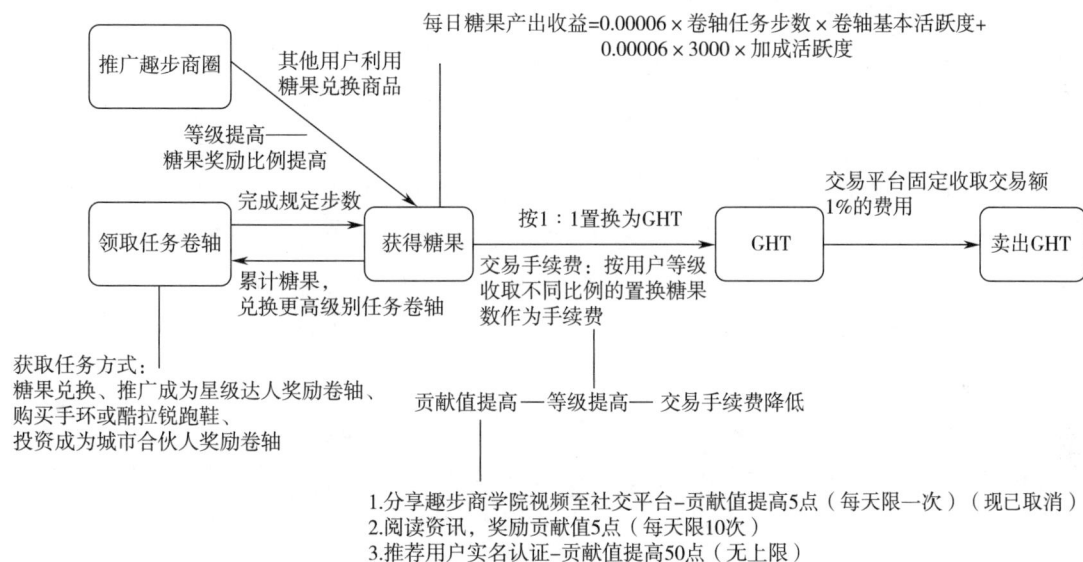

每日糖果产出收益=0.00006×卷轴任务步数×卷轴基本活跃度+0.00006×3000×加成活跃度

推广趣步商圈

其他用户利用糖果兑换商品

等级提高——糖果奖励比例提高

完成规定步数

领取任务卷轴

累计糖果，兑换更高级别任务卷轴

获得糖果

按1∶1置换为GHT

交易手续费：按用户等级收取不同比例的置换糖果数作为手续费

GHT

交易平台固定收取交易额1%的费用

卖出GHT

获取任务方式：糖果兑换、推广成为星级达人奖励卷轴、购买手环或酷拉锐跑鞋、投资成为城市合伙人奖励卷轴

贡献值提高——等级提高——交易手续费降低

1.分享趣步商学院视频至社交平台-贡献值提高5点（每天限一次）（现已取消）
2.阅读资讯，奖励贡献值5点（每天限10次）
3.推荐用户实名认证-贡献值提高50点（无上限）

图 1 趣步获利的流程

（资料来源：趣步科技官方网站、GHT 交易平台）

（1）增加糖果产出。根据趣步平台规则，"每日糖果产出收益 = 0.00006 × 卷轴任务步数 × 卷轴基本活跃度 + 0.00006 × 3000 × 加成活跃度"。① 用户可从提高基本活跃度或加成活跃度两方

---

① 根据趣步 2019 年 9 月 6 日发布的《9 月 6 日系统更新公告》，新兑换的卷轴每步产生糖果数量由 0.00008 降低为 0.00006。参见趣步科技：《9 月 6 日系统更新公告》，资料来源：http://www.51qub.cn/h-nd-97.html#_np=104_751，2019 年 9 月 27 日访问。同时，此前每日糖果产出收益 = 0.00008 × 卷轴任务步数 × 卷轴基本活跃度 + 0.00008 × 3000 × 加成活跃度，但现在"趣步"APP"商学院"模块的新手指南中将计算公式调整为每日糖果产出收益 = 0.00006 × 卷轴任务步数 × 卷轴基本活跃度 + 0.00006 × 3000 × 加成活跃度。

面来增加糖果产出量。在趣步规则设计下，用户可以通过多种方式提高活跃度，但这些方式无一例外地指向拉人行为。

第一，拉人提高基本活跃度。基本活跃度又称任务活跃度，提高基本活跃度需要通过兑换更高级别的任务卷轴来实现，任务卷轴等级越高，基本活跃度越高，如果用户不投入资金，其需要通过拉人成为星级达人获得卷轴奖励。

在趣步于 2019 年 9 月 6 日取消星级达人制度之前，[①] 星级达人的级别与拉人直推的数量直接相关，依据直推形成的团队基本活跃度之和的大小，成为小小达人、一星达人等 4 个不同星级的达人，并获得不同的任务卷轴奖励。

在原星级达人制度下，计算团队基本活跃度时，并不限于用户的第一层成员，还包括间接滚动发展的用户，小区活跃度则是指排除大区后（大区指第一层成员中拉来的下层成员数量排名第一和第二的第一层成员）的基本活跃度。以一星达人为例，当团队活跃度大于 2000 点小于 8000 点时，可享受全球交易手续费 16% 档分红权，还可获赠中级卷轴 1 个。

第二，拉人提高加成活跃度。提高加成活跃度的方法有三种：一是通过组建、加入组队或俱乐部分别可获得自身活跃度 2%、1% 的加成活跃度；二是通过拉人，即推荐好友实名认证，可获得直推会员的基本活跃度的 5% 加成，活跃度加成随被直推人基本活跃度变化而变化；三是成为趣步城市合伙人，享受推广城市所有会员基本活跃度之和的 0.6% 加成。[②] 因为用户只可组建、加入一个队伍或俱乐部，退出队伍或俱乐部后，相应的活跃度会被扣减，同时如果用户不打算投入资金，其主要就是通过拉人的方式来提高自身加成活跃度。

（2）降低交易手续费以减少交易成本。提高等级以享受更低的交易手续费也与拉人密切相关，通过拉人实名认证，可以无上限地获得 50 点/人的贡献值奖励，[③] 贡献值越高，用户等级越高，糖果置换为 GHT 时的手续费越低。1 级用户到 5 级用户，随着贡献值的提高，分别适用 50% ~ 25% 不等的手续费。

用户"拉人头"也不是一劳永逸的，根据趣步的规则，用户自身、直推成员、团队成员任务卷轴到期，对应的任务卷轴基本活跃度、对应的加成活跃度、对应团队的活跃度会相应减少，星级达人也就相应掉级，最后导致糖果产出率降低。

（3）邀请好友获得糖果奖励。2019 年 9 月 6 日，趣步科技发布《9 月 6 日系统更新公告》，

---

① 根据趣步科技发布的《9 月 6 日系统更新公告》，趣步取消了星级达人制度，不再统计团队活跃度，已达标星级达人身份不变，权益延续享受，但对达人享受的分红比例进行了调整。

② 根据趣步 2019 年 9 月 6 日发布的《9 月 6 日系统更新公告》，城市合伙人活跃度加成由原来的 1%，更改为 0.6%（身份证归属地 0.3%，手机号码归属地 0.3%）。参见趣步科技：《9 月 6 日系统更新公告》，资料来源：http：//www. 51qub. cn/h - nd - 97. html#_np = 104 _751，2019 年 9 月 27 日访问。

③ 用户也可通过阅读资讯增加贡献值，每篇奖励贡献值 5 点，每天上限为 50 点。

推出一个新的获得糖果奖励的制度，即"新增邀请好友排行榜，并拨出置换手续费的 10% 奖励推广者"。"推广者共同平均分享前一日全球置换手续费的 10% 的糖果，计算公式：直推奖励 = 前一日全球置换手续费 × 10% ÷ 前一日新增实名总用户数 × 个人前一日有效直推人数。"①

（4）推广趣步商圈获得糖果奖励。2019 年 8 月，趣步推出商圈模块，商户首先注册成为趣步 APP 用户，再通过申请入驻，缴纳履约担保/保证金、平台服务费、技术服务费后，于趣步商圈内开设网络店铺。趣步商圈设置了推广员制度，注册成为趣步 APP 用户后，用户需使用糖果兑换推广员资格。推广员负责在线上或者线下推广趣步商圈及邀请商户入驻。趣步 APP 用户在趣步商圈中推广员推荐来的商户店铺中使用糖果兑换商品后，该推广员可获得糖果兑换部分的 1% ~ 5% 糖果奖励，推广员根据其对接商家数量的不同分为五个等级，具体奖励比例则根据推广员等级来定。②

2. 氪金玩法：以钱生钱。氪金玩法可谓是趣步价值观的胜利，只有当用户足够相信 GHT 的市场潜力时，其才会选择投入真金白银以赚取虚拟的糖果、GHT，也只有这样，趣步不仅可以通过出售商品等获利，还可以将其向用户收取的以糖果或 GHT 形式计算的手续费变现，这正是趣步平台获利的关键。如果用户在试练任务、初级任务之后便退出趣步生态圈，或采用拉人玩法，那么趣步除了 1 元实名认证费，无从收取任何费用。

氪金玩法即用户购买糖果兑换任务卷轴；购买手环或酷拉锐跑鞋获得任务卷轴；或者付费谋求城市合伙人称号，从而获得任务卷轴奖励、享受城市会员基本活跃度加成等收益。用户花费 299 元购买趣步手环③或花费 599 元购买趣步酷拉锐跑鞋④领取手环、酷拉锐任务（按 50% 手续费计算，用户可获得约 463 元收益，但目前趣步已无手环、跑鞋活动的相关信息）。趣步宣称，每个地级区域仅招募一个城市合伙人，第一年的城市合伙人考核与淘汰制度已确定，其将在官网公布；第二年城市合伙人将实行面签制。⑤

---

① 趣步将以直推数量进行排名，实名认证成功视为有效直推。平台还会公布日、周、月排行榜，展示前五十名排行数据。参见趣步科技：《9 月 6 日系统更新公告》，http：//www. 51qub. cn/h – nd – 97. html#_ np = 104 _ 751，2019 年 9 月 27 日访问。

② 参见趣步科技：《趣步商圈商户业务推广员服务规则》，资料来源：http：//www. 51qub. cn/h – nd – 80. html#_ np = 130 _ 933，2019 年 9 月 27 日访问。

③ "趣步"APP 及其网页目前无手环价格展示页面，299 元的趣步手环售价资料来源于网络公开资料，参见《趣步骗局揭秘："趣步"APP 上线运动手环即将跑路》，资料来源：https：//www. sohu. com/a/288983068 _ 100301231，2019 年 9 月 27 日访问。

④ 用户登录"趣步"APP 后，可在趣步商圈中的趣步官方旗舰店获取酷拉锐跑鞋购买链接，售价为人民币 599 元。

⑤ 参见趣步科技：《9 月 6 日系统更新公告》，资料来源：http：//www. 51qub. cn/h – nd – 97. html#_ np = 104 _ 751，2019 年 9 月 27 日访问。

表2 城市合伙人可享有八种收益①

1	享受该城市会员 0.6% 的基本活跃度加成
2	赠送价值 1000 枚糖果的高级任务卷轴一个
3	享受全球糖果交易手续费 10% 分红
4	享受该城市会员所发布的玩家分享帖子所获打赏的 10%
5	享受该城市商城购物手续费 10% 分成（糖果部分）
6	享受该城市商家入驻审核权利及城市独立广告位一个
7	享受该城市运动产品销售分红
8	享受该城市运动大数据分红

资料来源：趣步科技官方网站、GHT 交易平台。

二、 趣步模式是否涉嫌传销

通过前文对趣步模式的解析，我们发现"实名认证费""买东西得任务卷轴""拉人组团队""付费谋求城市合伙人"等触及了"收取入门费""拉人头""团队计酬"等认定传销行为的常见敏感词，这也是趣步被各方评价为涉嫌传销的关键原因。趣步模式是否真正涉嫌传销，本文将以外在表现形式加实质要件为判断标准予以分析。

（一）我国对一般违法传销行为的判断标准

根据 2005 年颁布的《禁止传销条例》②（以下简称《条例》）第二条和第七条规定，③ 界定一般违法传销需要满足两个要件：一是形式要件，二是实质要件。外在表现形式上，表现为拉人头、收取入门费或团队计酬，实质要件上表现为牟取非法利益的目的和扰乱经济秩序、影响社会

---

① 趣步 APP"商学院"板块"新手指南"里删除关于城市合伙人收益的介绍资料，此为笔者在趣步删除前摘录的相关说明。但关于第一项收益，趣步 2019 年 9 月 6 日发布的《9 月 6 日系统更新公告》中有说明。参见趣步科技：《9 月 6 日系统更新公告》，资料来源：http：//www. 51qub. cn/h‐nd‐97. html#_ np = 104 _751，2019 年 9 月 27 日访问。

② 在我国，行政法领域和刑法领域对传销行为均有相关规范，但两者对传销的界定存在差异。我国刑事立法规定的构成要件比行政法规对一般违法传销的规定更严格，2009 年公布的《中华人民共和国刑法修正案（七）》增设组织、领导传销活动罪，将其作为第二百二十四条（合同诈骗罪）之一，据此规定，构成传销犯罪需同时具备"拉人头"和"收取入门费"的特征，"骗取财物"也是罪状特征之一。因此，本文将先分析趣步模式是否构成一般违法传销行为，如不构成行政法规所规范的一般违法传销行为，那么其肯定不构成刑法上的传销行为。

③ 《条例》第七条具体列举了三种传销行为，一是拉人头，指"组织者或者经营者通过发展人员，要求被发展人员发展其他人员加入，对发展的人员以其直接或者间接滚动发展的人员数量为依据计算和给付报酬（包括物质奖励和其他经济利益，下同），牟取非法利益的"；二是收取入门费，指"组织者或者经营者通过发展人员，要求被发展人员交纳费用或者以认购商品等方式变相交纳费用，取得加入或者发展其他人员加入的资格，牟取非法利益的"；三是团队计酬，指"组织者或者经营者通过发展人员，要求被发展人员发展其他人员加入，形成上下线关系，并以下线的销售业绩为依据计算和给付上线报酬，牟取非法利益的"。

稳定的损害后果。"[1] 拉人头和收取入门费属于诈骗型传销，团队计酬属于经营型传销。[2]

因此，满足一般传销行为的外在表现形式并不足以认定某种商业模式构成传销，传销违法性的根源在于其"牟取非法利益"的行为目的，并因此造成了"扰乱经济秩序等"危害结果。就收取入门费而言，用户以交纳一定费用或购买商品的方式换取加入资格是常见的一种商业模式，如兴趣社团通过收取会费来吸纳会员；视频网站要求用户交纳费用以获得会员服务等，我们更应当考察组织收取、成员支付入门费的目的。在违法传销中，成员交纳入门费不是为了正常的商品或服务需求，通常是为了满足组织设定的获取奖励的条件等；组织收取入门费的目的不在于为提供商品或服务的经营行为获得运营资金，组织除招募成员外，不从事或不以真正的经营活动为主业，其牟利来源是成员所交纳的入门费，通常用"以新偿旧"，即将后收取的入门费作为支付给先加入的成员的奖励，以维持组织运行假象。在此种非常态的运营模式中，组织者所谋求的是通过欺诈等不公正手段获得的非法收益。

就拉人头而言，如果仅有"人员链"，而未收受对价，即鼓励成员发展新成员，以成员直接或者间接发展的人员数量为依据计算和给付报酬，但成员未就加入组织、发展新成员等支付对价。由于组织不存在牟取非法利益的客观条件，这只是一种独具裂变效应的推广模式，属于性质中立的商业创新，并非本身违法的商业模式。利用物质奖励去鼓励宣传推广行为是营销行为的本质，如购物APP常通过鼓励用户完成订单后将相关信息分享到微信朋友圈、微信聊天群等社交场合的方式来提高知名度，并不属于法律所禁止的拉人头型传销行为。

就团队计酬而言，即使存在"金钱链"，即以下线的销售业绩为依据计算和给付上线报酬，但如果计酬依据是建立在能够指向最终消费者的真实销售行为基础上，成员购买商品是基于商品内在价值，组织支付报酬的收入来源是基于销售产品的营业收入，而非通过招募行为的入门费，不存在牟取非法利益的目的，此时，团队计酬就是一种激发市场活力，而非扰乱市场秩序的正常行销模式，而不是法律所禁止的"团队计酬"型传销行为。我国《刑法》也秉持着这种实质判断标准，根据2013年颁布的《关于办理组织领导传销活动刑事案件适用法律若干问题的意见》第五条的规定，以销售商品为目的，以销售业绩为计酬依据的单纯的"团队计酬"式传销活动，不作为犯罪处理；形式上采取"团队计酬"方式，但实质上属于"以发展人员的数量作为计酬或者返利依据"的传销活动，以组织、领导传销活动罪定罪处罚。

（二）趣步模式是否涉嫌传销

与《高明的庞氏骗局——趣步模式的讨论与揭露》一文从整体角度观察趣步模式不同的是，本文拟延续前文对趣步运行模式分析的逻辑，以趣步运转的关键节点划分，分别分析仅支付实

① 范晓：《借贷宝"拉人返现"推广模式的法律分析》，载《金融法苑》2016年第93辑。
② 陈兴良：《组织、领导传销活动罪：性质与界限》，载《政法论坛》2016年第2期。

名认证费后领免费任务玩法、拉人玩法、氪金玩法是否涉嫌传销。

1. 收取实名认证费的行为不构成传销。如果用户不采用拉人或氪金玩法，即用户不发展新用户，不购买糖果兑换任务卷轴，不购买手环、跑鞋兑换相应任务卷轴，不付费谋求城市合伙人称号，用户所获糖果完全依靠走路产出，除一元实人认证费外，没有资金投入，由于不涉及任何"人员链"或"金钱链"，因此不构成"拉人头"和"团队计酬"型传销。

对于是否构成"收取入门费"型传销，依据前文所述，不能机械地以符合"收取入门费"单一要素认定构成传销，还需要判断组织是否满足牟取非法利益等实质要件。"收取入门费"型传销中，成员通常会通过交纳高额入门费满足组织设定的获取奖励条件，组织则是以成员所交纳的高额入门费为牟利来源，并通过"以新偿旧"维持组织运行假象。

根据趣步 2019 年 7 月 8 日发布的《趣步公司对近期负面新闻的正式回应》，趣步称"实人认证费"是为交纳第三方有偿的实人认证服务费、短信息费和流量费而收取，并且是专款专用。[①]在趣步模式中，1 元实名认证费金额极低，考虑到趣步开发运维软件的成本，如给用户发送验证码短信所支付的资费，趣步无法通过向用户收取 1 元钱来牟取非法利益，趣步也没有把收取的入门费作为给后注册用户的奖励。因此在暂无其他证据情况下，趣步收取的认证费可以被认定为合理的营业收入，不属于非法利益，因此收取实名认证费的行为不构成"收取入门费"型传销。

2. 拉人玩法不构成传销。根据前文分析可知，用户发展新人实名注册趣步、邀请商家入驻趣步商圈，可以实现提高贡献值、增加加成活跃度或获得参与分享糖果资格的效果，而这三种效果又对应着降低糖果置换 GHT 手续费、增加每日完成任务可得糖果奖励数或获得糖果奖励的影响，这看似是以用户直接或间接发展的人员数量作为计酬依据，但实际上，通过分析趣步运行规则，我们可知用户发展人员数量的增加不必然提高用户可获糖果数，不必然提高用户最后可获得的人民币实际收益（以下简称实际收益）（见表 3）。首先，如果用户不走路，即使其拥有任务卷轴、发展无数新用户，也无法获得糖果奖励；其次，无论用户发展多少人员，用户可获得的糖果奖励总数无法超过系统设置的上限；最后，趣步并未保证用户买卖 GHT 以获得实际收益的交易一定能成功，用户即使拥有 GHT，也不必然获得实际收益。本文非常认同《高明的庞氏骗局——趣步模式的讨论与揭露》一文中指出的趣步"高明"之处之一在于使 GHT 以市场交易而非直接兑换的方式实现法币收益。但本文认为这种使糖果、GHT 与法币脱离刚性兑换关系的规则设定，会使得拉人玩法无法满足"拉人头"型传销中要求以用户发展人员数量作为计酬依据的外在表现形式要件。至于此种规则设定对于趣步是否构成非法集资行为的判定将于后文论述。

---

① 参见趣步科技：《趣步公司对近期负面新闻的正式回应》，资料来源：http://www.51qub.cn/h-nd-18.html#_np=104_751，2019 年 9 月 13 日访问。

表3 发展人员数量与实际收益关系

发展人员带来的效果	效果对应的影响	发展人员数量与获得糖果的关联度
贡献值提高	糖果置换为GHT手续费降低	发展人员数量对用户完成任务可获糖果数量无直接影响，只影响用户将糖果置换为GHT时可换得的GHT的数量，但GHT兑换为人民币还受GHT交易市场情况的影响，交易不一定能成功，不必然获得实际收益，故关联度有限。
加成活跃度提高	（原规则下）增加每日完成任务可得糖果数	在原规则下，任务时效、完成任务总糖果奖励数有限制，每日糖果获取数无上限，同时每日糖果获取数受加成活跃度影响，① 加成活跃度提高，有利于更快获得总糖果奖励，但仍无法超过趣步预设的任务总糖果奖励数。此时，发展人员数量与用户可得糖果关联度有限。 在新规则下，即使无加成活跃度，用户如完成规定任务步数，所获糖果数也能达到每日糖果奖励数上限，同时任务时效无限制，完成任务可得糖果总数有上限，故发展人员数量与用户可得糖果关联度有限。
获得参与分享糖果的资格	邀请好友实名认证，邀请人数与可参与分享的全球糖果置换手续费的10%的比例成正比②	邀请好友可得糖果奖励的计算基础是全球置换手续费的10%，因此还需要存在将糖果置换为GHT的交易，此时，发展人员数量与用户可得糖果关联有限，受置换交易数量的限制。
	邀请商家入驻趣步商圈，邀请数量与可参与分享的用户用于兑换商品的糖果的比例成正比	邀请商家入驻可得糖果奖励的计算基础是用于兑换商品的糖果，因此还需要存在将糖果兑换为商品的交易，此时，发展人员数量与用户可得糖果关联有限，受兑换交易数量的限制。

---

① 此前每日糖果产出收益 = 0.00008 × 卷轴任务步数 × 卷轴基本活跃度 + 0.00008 × 3000 × 加成活跃度，但现在"趣步"APP"商学院"模块的新手指南中将计算公式调整为每日糖果产出收益 = 0.00006 × 卷轴任务步数 × 卷轴基本活跃度 + 0.00006 × 3000 × 加成活跃度。

② 推广者共同平均分享前一日全球置换手续费的10%的糖果，计算公式为直推奖励 = 前一日全球置换手续费 × 10% ÷ 前一日新增实名总用户数 × 个人前一日有效直推人数。参见趣步科技：《9月6日系统更新公告》，资料来源：http://www.51qub.cn/h - nd - 97. html#_ np = 104 _751，2019年9月27日访问。

续表

发展人员 带来的效果	效果对应 的影响	发展人员数量与 获得糖果的关联度
获得参与 分享糖果的 资格	邀请好友实名认证，邀请 人数与达人等级、可参与 分享的全球糖果置换手续 费的比例成正比①	邀请好友可得糖果奖励的计算基础是全球置换手续费，因此 还需要存在将糖果置换为 GHT 的交易，此时，发展人员数量 与用户可得糖果关联有限，受置换交易数量的限制。

资料来源：趣步科技官方网站、GHT 交易平台。

除外在表现形式外，认定是否构成传销，还需要考察商业模式是否符合牟取非法利益、造成扰乱经济秩序的损害后果等实质要件。

从用户角度看，虽然市场上存在与趣步具有相似功能的免费手机应用软件，但用户选择支付 1 元认证费加入趣步，并不断推荐他人注册加入趣步，主要原因是用户可以因此获得糖果奖励，并从趣步搭建的"糖果→GHT→人民币"价值共识链中获得实际收益。趣步只是构建了一个生态圈，并通过宣传使人们对糖果、GHT 形成价值共识，糖果可以用于兑换趣步商圈内的商品，GHT 可以兑换人民币，交易 GHT 所涉及资金交流存在于真实的趣步个人用户之间，趣步平台在交易中并未给付报酬给用户，也无从获得非法利益。对于趣步搭建"糖果→GHT→人民币"价值共识链的行为对经济秩序、社会稳定的影响，本文认为从非法经营、非法集资角度而非传销予以判定更为适宜。综上所述，拉人玩法不符合"拉人头"型传销的外在表现形式和实质要件，不构成"拉人头"型传销。

3. 氪金玩法不必然构成传销。趣步的氪金玩法具体形式有三种：一是购买糖果兑换任务卷轴，完成任务获得糖果；二是购买手环或酷拉锐跑鞋获得并完成任务，取得糖果；三是付费谋求城市合伙人称号，获得并完成任务，享受城市会员基本活跃度加成权益、全球交易手续费分红和全城商品交易手续费分红等收益。

首先，用户购买糖果兑换任务卷轴，购买手环或酷拉锐跑鞋获得任务卷轴都是用户独立的个人行为，其所发展的新用户是否进行类似操作与用户自身可得糖果数量无关。其次，如前文分析，由于新旧规则对每日糖果奖励数、任务时效或任务总糖果奖励数设置限制，发展人员数量与用户可得糖果、可获得的实际收益关联度有限，因此不足以将平台设定的成为城市合伙人可享受城市会员基本活跃度加成权益、全球交易手续费分红、全城商品交易手续费分红等收益的规

---

① 根据趣步科技发布的《9 月 6 日系统更新公告》，趣步取消了星级达人制度，不再统计团队活跃度，已达标星级达人身份不变，权益延续享受，但对达人享受的分红比例进行了调整，参见趣步科技：《9 月 6 日系统更新公告》，资料来源：http：//www.51qub.cn/h - nd - 97. html#_np = 104 _751，2019 年 9 月 27 日访问。

则认定为系以用户直接或间接发展的人员数量为计酬依据。综上所述，前述三种氪金玩法不构成以用户直接或者间接发展的人员数量或者销售业绩为计酬依据，不构成"拉人头"和"团队计酬"型传销。

对于氪金玩法是否构成"收取入门费"型传销，我们需要综合考虑组织和用户行为动机，从外在表现形式和实质要件两方面进行判断。

首先，用户愿意花费资金购买糖果以兑换任务卷轴主要不是为了获取趣步提供的计步等服务，而在于其相信"完成走路任务→产出糖果→糖果置换为GHT→交易GHT赚钱获利"的平台运行模式，用户购买糖果所花费的资金可以被认定为领取任务卷轴、取得加入资格所支付的入门费。但是，趣步并不出售糖果、GHT，用户是先买入GHT，再将GHT置换为糖果。因此，只有在趣步出售糖果、GHT的情况下，才能认定趣步获得了非法利益，否则只能认定是真实用户之间的交易，趣步并未收取用户费用，不满足传销行为的牟取非法利益的实质构成要件。

其次，用户购买手环、酷拉锐跑鞋获得任务的行为从外在表现形式看似乎构成以购买商品的形式变相支付入门费。但是趣步对手环、酷拉锐跑鞋的标价与同种类运动手环、运动鞋售价相比并未畸高。[①] 同时如前文计算，根据趣步平台规则，完成手环任务或酷拉锐任务，用户可得收益约446元。[②] 在成本收益权衡下，至少就酷拉锐任务而言，用户不可能为获得任务而无限量购买跑鞋。

再次，趣步规定用户只可同时拥有1个手环任务、2个酷拉锐任务。趣步所设计的平台规则并未鼓励用户背离实际需求，无限制购买商品，用户在支付费用时也获取了较成比例的服务，因此，不满足传销中牟取非法利益的实质构成要件。

最后，根据公开资料，城市合伙人称号需要支付一定费用，除可享有该城市会员0.6%的基本活跃度加成、奖励一个高级任务卷轴等，城市合伙人还享有商家入驻审核权利及城市独立广告位一个、该城市运动产品销售分红、该城市运动大数据分红等权益，这些不仅仅是虚无缥缈的加入资格，部分权益或具有实际价值，如广告位；或指向真实经营活动，如运动产品销售分红。因此，如谋求城市合伙人称号的费用合乎一般商业实践定价的情况下，趣步也不满足收取入门费的外在表现形式，牟取非法利益的实质要件。综上所述，根据现有可得公开信息，无法认定趣步作为交易方参与了糖果、GHT买卖活动并直接获利，无法获知城市合伙人称号费用与预期收益比例的情况下，氪金玩法不必然构成传销。

---

① 趣步手环售价为299元，各款小米手环官方售价120~350元不等；京东商城中，酷拉锐KOOLARA跑鞋售价为599元。

② 以50%糖果置换GHT的置换手续费，20.51元/枚GHT计算。

三、 趣步模式涉嫌非法经营

通过前文的分析可知，根据现有可得公开信息，趣步模式不必然构成传销，但这不意味着趣步"走路→产出糖果→糖果置换为 GHT→交易 GHT 赚钱获利"的运行模式是合法的。

趣步靠着并不新鲜的计步、资讯、商城等功能，吸引了近 3000 万用户，其脱颖而出的关键就是构建了"糖果→GHT→人民币"的兑换交易链，这也是其运行模式备受质疑的根本原因。

尽管已陷入舆论旋涡，但趣步仍未放弃"糖果→GHT→人民币"兑换交易链。经测试，目前买卖 GHT、将 GHT 置换为糖果的功能仍运行正常，但糖果置换为 GHT 功能已无法正常使用。笔者按照 GHT 交易平台当日所挂卖单的最低价挂出一个 GHT 的卖单，在卖单发布后，所绑定的支付宝立即收到一笔转账，经电话问询，对方为趣步真实用户。同时，笔者在 GHT 交易平台购买 GHT 时，根据卖家提供的手机号，确认卖家为趣步真实用户。

尽管 GHT 交易平台宣称其发行方是一个组建于美国硅谷的俱乐部——Global Health Block Chain Club，但 GHT 的获取方式完全依托于趣步，即用户通过趣步获得糖果后再通过置换获得 GHT，所谓的通过 BTC、ETH 等虚拟货币置换获得 GHT 的币币置换渠道并未开通。笔者也未查询到 Global Health Block Chain Club 的相关注册信息。GHT 与趣步的关联性令人有足够的理由怀疑趣步是 GHT 的实际运营方。根据人民银行等六部委发布的《关于防范代币发行融资风险的公告》，我国已禁止法定货币与代币、"虚拟货币"相互之间的兑换业务，任何平台不得为代币或"虚拟货币"提供定价、信息中介等服务。因此，如果趣步是 GHT 交易平台的实际运营方，搭建交易平台，为 GHT 和人民币之间的兑换业务提供定价、信息中介等服务的行为涉嫌非法经营。即使 GHT 真如其所宣称的发行、交易平台服务器均设置于境外，根据《关于适用〈中华人民共和国刑事诉讼法〉的解释》第二条的规定，针对或者利用计算机网络实施的犯罪，犯罪地包括犯罪行为发生地的网站服务器所在地，网络接入地，网站建立者、管理者所在地，被侵害的计算机信息系统及其管理者所在地，被告人、被害人使用的计算机信息系统所在地，以及被害人财产遭受损失地，GHT 交易中支付款项是通过支付宝或银行卡，我国境内必然能被认定为犯罪地，趣步涉嫌非法经营的行为也为我国司法机关所管辖。

四、 趣步是否涉嫌非法集资

趣步模式与"收取入门费""拉人头"等传销敏感词的关联性吸引了一大部分"火力"，实际上，本文认为趣步模式更像是一种"与时俱进"的招摇着区块链、虚拟货币大旗的非法集资行为。

只要不与钱搭上茬，趣步就像一个正能量满满、鼓励全民运动的网络游戏，用户完成走路任务，糖果、GHT 是平台给用户的奖励积分，只不过积分套用了当下热门的"区块链""虚拟货币"等概念，并无违法性。趣步涉嫌非法集资的关键在于其建立了法定货币（人民币）与糖果、GHT 的兑换机制，以及步步诱人氪金的规则设计。如前文所介绍的，如果不氪金，[①] 在做完 8 个初级任务后，趣步就会对仅凭两条腿的用户关上走路赚钱的大门。为了更快地"走向人生巅峰"，用户在趣步规则"悄无声息"的诱惑下，基于对 GHT 市场价值的信任，开启了氪金玩法。让我们层层分解，探析趣步氪金玩法是否涉嫌非法集资。

在趣步"走路→产出糖果→糖果置换为 GHT→交易 GHT 赚钱获利"的运行链条中，糖果其实只是 GHT 与人民币交易的桥梁，笔者认为糖果概念的引入可能是趣步企图躲避监管关于 ICO、法定货币与虚拟货币交易兑换等业务禁令的手段。剥离糖果后再分析趣步模式，就可以发现：在用户开启氪金玩法时，本质上就是趣步吸纳用户资金—向用户发放任务卷轴—用户完成走路任务后换得并交易 GHT 实际获利。

对比非法集资行为的定义，依据 2010 年《关于审理非法集资刑事案件具体应用法律若干问题的解释》，非法集资是指违反国家金融管理法律规定，向社会公众（包括单位和个人）吸收资金，同时具备非法性、公开性、利诱性和社会性四个特征的行为：（一）未经有关部门依法批准或者借用合法经营的形式吸收资金；（二）通过媒体、推介会、传单、手机短信等途径向社会公开宣传；（三）承诺在一定期限内以货币、实物、股权等方式还本付息或者给付回报；（四）向社会公众即社会不特定对象吸收资金。[②]

趣步的氪金模式显然符合公开性和社会性，趣步是否构成非法集资行为，关键在于利诱性的判断。[③] 从表面上看，趣步并没有直接承诺在一定期限内向用户给付回报，用户获得实际收益需要通过交易 GHT。但首先走路本身并不能产生实际利益，因此任务卷轴只是一种道具，[④] 用户交易 GHT 的获利不能认为是其劳动所得；其次用户交易 GHT 的原因在于用户相信其具有市场价值，而 GHT 的市场价值是通过趣步宣传营造而得的，故而用户参与趣步具有被动投资性[⑤]——用户投入资金购买糖果是为了分享 GHT 的增值，而 GHT 的增值主要依赖他人的努力。在市场大肆吹捧"区块链""虚拟货币"的背景下，趣步称 GHT 是基于 EOS 公链发行的合约数字资产，发行总量为 10 亿枚，[⑥] 可以被认定为间接对用户承诺回报。因此，在氪金玩法中，趣步模式涉

---

① 本章节讨论趣步模式是否涉嫌非法集资行为，因拉人玩法并未涉及资金流动，故本章节仅讨论氪金玩法。

② 参见刘为波：《关于审理非法集资刑事案件具体应用法律若干问题的解释》的理解与适用，载《人民司法》2011 年第 5 期。

③ 非法性的判断依托于公开性、利诱性和社会性的认定。

④ 关于劳务收入道具化的论述，参见万子芊：《钱宝网模式的法律分析》，资料来源：https://mp. weixin. qq. com/s/UcSCaMmWJWGiupuPbG4T7A，2019 年 9 月 27 日访问。

⑤ 关于被动投资性的论述，参见万子芊：《钱宝网模式的法律分析》，资料来源：https://mp. weixin. qq. com/s/UcSCaMmWJWGiupuPbG4T7A，2019 年 9 月 27 日访问。

⑥ 参见 GHT 交易平台对 GHT 的介绍，资料来源：https://www. 91666. cloud/banner，2019 年 9 月 27 日访问。

嫌构成非法集资行为。

我们还可以看看趣步营销 GHT 过程中的种种猫腻，首先，在 EOS 代币查询网站中，GHT 代币显示的持有人数仅为 3 人，市值为 0，这与趣步宣称的 3000 万用户显然不符，因此趣步所说的 GHT 要么不是真正地基于区块链发行的虚拟货币；要么趣步现有的 GHT 交易平台，实际上是 3 个持有人作为庄家搭建了一个交易平台，供趣步用户使用，这显然也不是通常意义上的基于区块链的虚拟货币的交易方式。其次，趣步的 GHT 未在火币、OKCoin、OKEx① 等主流虚拟货币交易平台上线，而是自行搭建了交易平台，由于交易数据不公开透明，有极大的任由后台操控交易量、交易价格的风险。GHT 的发行没有任何基础资产，其价值基础来源于公众共识，这不禁令人怀疑趣步可能是在捏造虚拟买家或虚拟卖家，营造出 GHT 具有投资价值的假象，以诱骗用户入市炒币，然后趣步将以 GHT 形式收取手续费，甚至是直接篡改数据"自我发币"，入市交易，收割用户资金，此时趣步非法集资的野心昭然若揭。

传统"庞氏骗局"中资金链断裂的风险在趣步模式中荡然无存，因为趣步从未直接向用户承诺 GHT 与法定货币的刚性兑付关系，未直接向用户承诺支付回报，这影响了认定趣步是否构成传销，但并未断开认定趣步涉嫌非法集资的逻辑链条。趣步作为发币的中心，隐藏在"去中心化"的模式中，用户们互相收割，趣步在出售手环、城市合伙人称号等的同时，指不定还能"下海"交易收割一番，待 GHT 价值共识链崩溃，用户用真金白银换来的 GHT 成为一纸数字之时，趣步可能用一句"商业模式创新失败"予以搪塞。

五、 趣步模式的反思

趣步的兴与衰、沉与浮、荣与枯，与收实名认证费、拉人、氪金、区块链、虚拟货币密切相关，各方对其性质莫衷一是。面对颇具争议的商业模式，我们应该保持一份理智，不毫无缘由地猛踩，也不任意鼓吹创新。在注意力经济下，用户意味着流量，流量就能变现，趣步宣传的商业模式并非一无是处，正如其宣称的，"趣步公司的利润来源有：自营线上商铺、产品销售获利；经营商户平台，商家销售分佣获利；APP 流量变现获利；运动大数据应用获利；接受融资、资本运作上市获利"。② 但趣步的实际操作与其宣称的商业模式并不相符。2019 年 8 月，趣步在运行约一年后，才推出商圈模块，蛰伏期未免太长，同时目前趣步关闭了商品兑换功能，而商圈中趣步自营的官方旗舰店，除酷拉锐跑鞋外，仅展示有手机防水袋、保温杯等六种商品，不可通过糖

---

① 火币、OKCoin 币行、OKEx 是目前较为主流的数字资产交易平台，面向全球用户提供比特币、莱特币、以太币等数字资产的衍生品交易服务。

② 参见趣步科技：《趣步公司对近期负面新闻的正式回应》，资料来源：http：//www.51qub.cn/h－nd－18.html#_np=104_751，2019 年 9 月 13 日访问。

果兑换，标价均为人民币，但显示的库存、销量均为零。趣步打出的实业"招牌"，与 2017 年末暴雷的用实业粉饰诈骗实质的"钱宝网"① 颇有几分相似之处。

目前，各应用商店已无法搜索到趣步 APP；喜马拉雅中的趣步音频教程已下架；趣步 APP 中商学院模块的视频区和音频区资料被清空；趣步也不再宣传糖果与 GHT 之间的置换功能；趣步科技于 2019 年 5 月 21 日发布的《关于规范市场推广、宣传行为的通知》，其中还提到"禁止使用如 IWC、数字货币等字眼进行推广，严禁使用走路赚钱等文案、图片、视频形式进行利益诱导等推广方式"等要求，可见趣步对平台运行中的法律风险早已知晓，但 GHT 置换、交易服务仍在提供，各种微信、QQ 交流群中也仍在用走路赚钱等字眼儿进行推广。笔者在向某趣步交流群的群友咨询购买城市合伙人资格时发现，大部分趣步用户都"友好地"建议我通过拉下线来赚糖果，让我别投太多钱，或许大家都在心知肚明地等其他人做 GHT 的接盘侠。面对如此"理智"的用户，是否有人付费谋求城市合伙人称号，趣步用户是否遭受了实际损失，损失的规模如何，笔者希望行政司法机关进一步公布对趣步的调查结果，以便获取更多关于趣步运营模式的信息，对趣步模式进行更全面的法律分析。

（责任编辑：郑舒倩）

---

① 参见万子芊：《钱宝网模式的法律分析》，资料来源：https://mp.weixin.qq.com/s/UcSCaMmWJWGiupuP-bG4T7A，2019 年 9 月 27 日访问。

"高明" 的庞氏骗局

——趣步模式的讨论与揭露

■ 程海宁[*]

摘要： 曾经火极一时的趣步 APP 因涉嫌传销、非法集资、金融诈骗等违法行为，被长沙市工商部门立案调查，趣步帝国处于崩塌边缘。对其运营模式本质的讨论和争议在其发展和存续期间一直不断，其中一些观点认为趣步模式不构成（或在很大程度上不构成）传销。仔细梳理分析可以发现，趣步模式就是彻头彻尾的非法传销，[①] 尽管其所构建的庞氏骗局相比传统传销模式有不少"高明"之处，但本质上就是以运动 APP 作掩护，综合利用拉人头、许诺超额收益、骗取升级费用、团队计酬等模式，在用户群体内构建了一个金字塔式的拆东墙补西墙的传销网络体系，意图赚取不法收益。

关键词： 趣步　传销　集资诈骗　庞氏骗局　ICO

　　"让汗水不白流""只要每天走够 4000 步，每月就至少能赚 200 元"……凭借这些颠覆常人认知和想象力的噱头，趣步 APP 在仅仅一年多的时间里就吸引了 3000 多万注册用户。[②] "督促自己锻炼身体的同时又有钱拿，即便是骗人的赚不了钱，锻炼自己的身体也能得到健康和快乐，试试怕啥？"笔者家中长辈如是表达了自己对趣步模式的看法。的确，可期的经济实惠配合满满的正能量，趣步这一概念模式让人难以拒绝，一时间，趣步神话似乎就是电影《西虹市首富》故事的现实翻版。[③] 但是，电影中的王多鱼豪掷千金是为了完成"撒钱任务"进而继承百亿元遗产，现实中趣步的这出大戏又是为了什么？近日，因涉嫌传销、非法集资、金融诈骗等违法行

---

　　[*]　北京大学法学院 2017 级金融法方向法律硕士（非法学）。

　　[①]　大型集资诈骗很多情况下会采用传销模式进行，本文目的是揭露趣步运营模式的深层问题，对于集资诈骗和组织、领导传销活动两个可能想象竞合的犯罪行为不作过于具体、细致的区分，本文所指的"非法传销"包括以传销模式组织的集资诈骗行为。

　　[②]　资料来源：趣步官网，http：//www.51qub.cn/About.html，2019 年 9 月 27 日访问。但因趣步官方网站已无法访问，该数据现已无法考证。

　　[③]　在电影《西虹市首富》中，一夜暴富的王多鱼为了完成散尽手中 10 亿元的任务绞尽脑汁，最终通过设立可以让减肥健身变的"脂肪险"，激发了全市人民参与热情，并如愿散尽千金。

为，趣步已经被长沙市工商部门立案调查。①

虽然截至 2019 年 9 月趣步的运行模式是否构成违法犯罪仍无司法层面的定论，但经过研究分析，笔者认为趣步模式就是一场高明但清晰无误的庞氏骗局。之所以称其高明，是因为趣步模式在传统传销行为认定的关键点上都精心设置了伪装，并且在行为阶段和完成时间两个维度上，将传统传销中的拉人头、收取费用等表现形式和获取非法收益的最终目的都分隔开来，营造了二者脱离因果关系的假象，这给单纯依据法条的字面意思来认定趣步模式的性质造成一定困难。

目前社会各界对于趣步模式仍存争论和分歧，这也证明了趣步模式的复杂性和独特性。甚至北京大学金融法研究中心内部对于趣步模式的定性也存在不同观点，笔者撰写此文正是希望和另一篇文章《趣步模式的法律分析》（以下简称《趣步分析》）一起，将不同观点和分析角度呈现给大家，以供全面思考讨论。接下来，本文将结合《趣步分析》的内容提要，具体分析为何说趣步就是一场庞氏骗局，并揭露其相比于传统的传销和集资诈骗模式又高明在哪里。

一、 趣步运行模式简析②

（一） 诱人的糖果——走路挣钱

趣步 APP 基本功能包括计步、查看新闻资讯等，但其与一般运动或新闻软件不同之处在于，趣步为用户走路设置了不同类型的任务卷轴，完成任务可以获得平台分发的糖果，③ 这些糖果可以置换为名为 GHT 的区块链数字货币，④ 同时趣步还提供了 GHT 与人民币间的交易平台。趣步得以吸引用户的独特运行模式可以概括为："走路→产出糖果→糖果置换为 GHT→交易 GHT 赚钱获利"，其中糖果、GHT 与人民币之间的置换交易关系是用户使用趣步获利的关键。

当然，要想获得将糖果置换为 GHT 的资格，用户必须付出一定成本——提供姓名、身份证

---

① 长沙市人民政府：《请核实趣步公司是否合法并告知》，资料来源：http：//wlwz. changsha. gov. cn/webapp/cs/email/viewPublic. jsp？id＝245141&cxm＝，2019 年 9 月 27 日访问。

② 本文趣步运行模式介绍部分内容摘引自万子芊：《趣步模式的法律分析》，笔者在其基础上重新进行梳理，在此向原文作者表示感谢！

③ "糖果并非数字货币，产出方式是运动，总量为 10 亿枚，永不增发，随着会员数的增加，糖果将进行阶段性减产，用户可以通过平台匹配到买卖信息，然后自行交换。"目前趣步 APP"商学院"板块中的"新手指南3、趣步百问百答——趣步糖果相关问题"已将关于糖果数量的宣传内容删除，但网络仍有相关公开资料。资料来源：http：//blog. sina. com. cn/s/blog_a647a6ff0102yzhp. html，2019 年 9 月 27 日访问。

④ "GHT 是 Global Health BlockChain Club 俱乐部基于 EOS 公链发行的合约数字资产，发行总量为 10 亿枚。"目前趣步 APP 已删除关于糖果与 GHT 兑换的相关宣传资料，但糖果与 GHT 的交易平台网站中仍有对 GHT 的介绍。资料来源：https：//www. 91666. cloud/banner，2019 年 9 月 27 日访问。

号、支付宝账号等信息,并交纳一元实名认证费,[①] 用户方可获得后续交易资格。[②] 趣步设置了不同类型的任务卷轴,完成不同等级的任务卷轴可以获得不同的糖果奖励数,但兑换不同等级的任务卷轴所需糖果数也不同(见表1)。[③]

表1 任务卷轴等级与收益对照

任务卷轴等级	任务数量	兑换所需糖果数	总奖励糖果数	每日所需步数	完成任务可得基本活跃度	每日获得奖励糖果数上限	完成任务可置换GHT数(适用1级用户50%手续费率)	卖出GHT可得收益(20.51元/枚)	完成任务可置换GHT数(适用5级用户25%手续费率)	卖出GHT可得收益(20.51元/枚)
试炼	1	0	14.4	4000	1	0.24	9	182.76	11	223.38
手环	1	0	34.56	3600	1	0.216	22	446.75	27	548.29
酷拉锐	2	0	34.56	3600	1	0.216	22	446.75	27	548.29
初级	8	10	11.88	3300	1	0.198	7	142.15	8	162.46
中级	4	100	118.8	3300	10	1.98	78	1583.94	94	1908.85
进阶	2	500	612	3400	50	10.2	408	8285.23	489	9930.09
高级	2	1000	1260	3500	100	21	840	17057.82	1008	20469.39
精英	1	5000	6480	3600	500	108	4320	87725.94	5184	105271.13
超级	1	10000	13320	3700	1000	222	8880	180325.54	10656	216390.65
专家	1	100000	136800	3800	10000	2280	91200	1851992.08	109440	2222390.5

两手空空的新用户可以免费领取一个试炼任务卷轴,如果完成60天日行4000步的任务,用户可获得14.4枚糖果。不考虑趣步复杂的置换费用计算规则,14.4枚糖果对应同样数量的GHT,GHT交易平台显示目前GHT单价约2.93美元/个,[④] 交易平台使用人民币交易,并将汇率

[①] 根据趣步2019年7月8日发布的《趣步公司对近期负面新闻的正式回应》,趣步称"实人认证费"是为缴纳第三方有偿的实人认证服务费、短信息费和流量费而收取,并且是专款专用。参见趣步科技:《趣步公司对近期负面新闻的正式回应》,资料来源:http://www.51qub.cn/h-nd-18.html#_np=104_751,2019年9月13日访问。

[②] 根据趣步2019年9月6日发布的《9月6日系统更新公告》,新用户自行下载APP注册时,无须再填写老用户发送的邀请码。参见趣步科技:《9月6日系统更新公告》,资料来源:http://www.51qub.cn/h-nd-97.html#_np=104_751,2019年9月27日访问。

[③] 同一用户可领取的不同等级的任务卷轴数量有限,用户最多可同时做20个任务(1个试炼任务、8个初级任务、4个中级任务、2个进阶任务、2个高级任务、1个精英任务、1个超级任务、1个专家任务),如同时拥有多个任务,不同等级的任务可同时进行,所需步数无须叠加计算。

[④] 资料来源:GHT交易平台,https://www.91666.cloud/login,2019年9月27日访问。

固定为1:7，14.4枚糖果的账面价值高达295.34元。如此看来，新手无须投入任何费用，在"趣步"APP上60天打卡的24万步，每1000步就可以挣到约1.25元人民币，不愧是"让汗水不白流"。在如今"没有免费午餐"的社会里，这一天上掉下来的"诱人糖果"摆在你面前，它不香么？

（二）步步深入——离场or升级

用户在完成试炼任务后，便会面临一个重要选择，是变现离场还是滚动升级？一种选择是变现离场，此时用户需要将糖果置换为GHT，以等级为1、交易手续费率为50%为例，由于置换糖果数与卖出GHT数均需为整数，14.4枚糖果只能置换为9个GHT，交易平台还另外会固定收取交易额1%（以GHT形式）费用，[①] 故用户可卖出9个GHT并获得约182元收益。但是，由于不再有免费任务卷轴可以领取，靠走路免费赚钱之路便终结了。[②] 而另一种选择则是延迟满足——收益变本金滚动升级，即使用完成试炼任务所获糖果兑换到初级任务卷轴（兑换所需糖果数为10），第一个初级任务完成后，用户拥有的糖果总数为16.28枚，使用这些糖果，用户可以依次兑换并完成8个初级任务。[③]

初级任务全部完成后，用户糖果总数为29.44枚，此时用户将会面临第二次选择：一种选择仍是变现离场，即便是最忠诚的打卡用户，其辛勤积累的这些糖果也不足以再兑换任何更高级的卷轴，此时用户如果选择置换糖果离场套现，按50%交易手续费计算，用户卖出约19个GHT获得约385元收益后，依靠运动发家致富之路便宣告终结。另一种选择就是花钱购买糖果，再用糖果兑换更高级的卷轴任务，完成任务进而获得更高额的糖果奖励。趣步根本没有留给免费玩家继续游戏的机会，其实已经可以从此初步窥得趣步体系建立的根本目的。

这两次关键性的选择颇为考验人性，看似用户拥有选择变现离场或是滚动升级的自由，但其实趣步已经埋下心机。首先，当用户完成试炼任务面对第一次选择时，如果直接选择变现升级，那么此时超高的手续费会使账面价值为295元的糖果实际到手只有182元，折损近半，而且变现之后也无法再通过进一步完成其他任务获得更高的奖励，此时大家权衡利弊会更倾向于将收益滚存升级，因此实际上趣步并不会在短期内面临现金支付的压力。其次，如果用户选择了收益滚存升级，依次完成8个初级任务后，将面临第二次关键选择：这时天平一边是得到385元实际收益；而另一边是消耗账面价值603元的糖果，放弃已经培养的平台习惯和价值认同，无法开启更简单，但收益是初级任务十倍、百倍甚至上万倍的更高级任务，并放弃以后可能因升级而减

---

① 在用户买卖GHT时，GHT交易平台均收取交易额1%的费用，不因用户等级不同而变化。

② 如果变现后想要再次开启卷轴任务，用户只能花钱购买GHT，将GHT兑换为糖果，用糖果领取任务以赚取糖果，但置换或交易环节都会被平台收取手续费。

③ 用户可领取的初级任务上限为8个，完成时间最长可达540天。

免的手续费等福利。

其实如果没有后面的故事，仅看到目前这一步，趣步 APP 的运行模式无可厚非，平台愿意花钱推广并不损害社会和他人的利益，至于其是否可持续运营应该是股东去关心的事情。但配合后续的故事可以发现，其实前面的铺垫都是为了钓大鱼而放出的长线。面对一次次"明显失衡"的选择天平，普通人都很难经得起考验和诱惑，更不用提那些已经养成 APP 使用习惯、培养起基本信任的羊毛党。这一步步地诱人深入，显然是趣步精心设计的糖衣炮弹，引人越陷越深，逐渐走向之后的第三步。

（三）陷入泥潭——拉人或氪金

为了诱导用户继续留在这个庞氏帝国中，趣步自然十分贴心地为用户准备了比免费模式吸引力大得多的升级玩法：通过拉人或氪金，用户可以实现等级提升、降低手续费，换取收益上升数十百千万倍的任务卷轴，获得手续费分红奖励等无比诱人的高额不对等回报。

1. 拉人入伙——开源节流。由前文可知，要通过趣步获利的流程是"领取并完成任务→获得糖果→置换 GHT→卖出 GHT 获得人民币"，故"开源节流"是提高收益的关键——获得更多的糖果，适用更低的交易手续费。趣步通过规则设计，将用户拉人行为与糖果产出、交易费率等挂钩，促使用户拉人加入趣步。

首先，用户通过拉新人加入趣步，可以调高自己的糖果产出水平。[①] 用户通过邀请更多新人加入趣步，就可以根据规则成为对应的"星级达人"并获得奖励卷轴，[②] 更高等级的奖励卷轴对应更高的奖励计算系数，同时用户拉入伙新人的活跃度也会影响用户获得奖励的计算系数。其次，用户通过拉新人加入趣步，还可以降低自己的交易手续费，1 级用户到 5 级用户，随着贡献值的提高，分别适用 50% 至 25% 不等的手续费。另外，更为直接的是，拉新人加入趣步可以直接获得糖果奖励，趣步于 2019 年 9 月 6 日推出"新增邀请好友排行榜，并拨出置换手续费的 10% 奖励推广者"制度，用户邀请新人加入趣步即可获得糖果奖励。

但用户拉人头也不是一劳永逸的，如果想保持高收益、低费率，就需要督促已经拉入的新人保持高活跃度，或者持续拉新人入伙。这一要求其实很容易理解，如果拉来的新人只是为了"薅趣步的羊毛"，此后不再活跃、不再投资，其对于趣步来说就会毫无价值，因此通过上线督

[①] 根据趣步平台规则，"每日糖果产出收益 = 0.00006 × 卷轴任务步数 × 卷轴基本活跃度 + 0.00006 × 3000 × 加成活跃度"。另根据趣步 2019 年 9 月 6 日发布的《9 月 6 日系统更新公告》，新兑换的卷轴每步产生糖果数量由 0.00008 降低为 0.00006。参见趣步科技：《9 月 6 日系统更新公告》，资料来源：http://www.51qub.cn/h－nd－97.html#_np = 104_751，2019 年 9 月 27 日访问。同时，此前每日糖果产出收益 = 0.00008 × 卷轴任务步数 × 卷轴基本活跃度 + 0.00008 × 3000 × 加成活跃度，但现在趣步 APP"商学院"模块的新手指南中将计算公式调整为每日糖果产出收益 = 0.00006 × 卷轴任务步数 × 卷轴基本活跃度 + 0.00006 × 3000 × 加成活跃度。

[②] 注：根据趣步科技发布的《9 月 6 日系统更新公告》，趣步取消了星级达人制度，不再统计团队活跃度，已达标星级达人身份不变，权益延续享受，但对达人享受的分红比例进行了调整。

促、团队计酬的方式可以更好地提高免费用户向付费用户转化的效果。

2. 氪金玩法——用投入换产出。拉人带来的收益实则比较有限且见效缓慢，如果嫌拉人太麻烦，或是并不满足于拉人增加的收益，那么就轮到终极武器出场了——需采取氪金玩法，即用户购买糖果兑换任务卷轴、购买手环或酷拉锐跑鞋获得任务卷轴，或者直接谋求城市合伙人称号，从而获得任务卷轴奖励、享受城市会员基本活跃度加成等收益。

氪金玩法中较为简单直白的方式是通过消费换取新的高阶任务卷轴，包括直接购买卷轴，或是购买299元的趣步手环、599元的酷拉锐跑鞋，[①] 进而获得额外的手环、酷拉锐任务，[②] 完成这些卷轴任务用户就可以获得相应奖励。另外趣步还设计了所谓的城市合伙人制度，每个地级区域仅招募一个城市合伙人，而城市合伙人可享有包括全球手续费分红、该城市商城购物手续费分红等八种额外收益。[③]

毫无疑问，将普通用户转化为氪金用户是趣步的终极目标。依靠用户为了获得巨额不对等收益而投入的资金，趣步可以给尚在培养信任的新用户和更加靠近金字塔顶端的玩家支付奖励，借此扩大趣步的影响范围，用拆东墙补西墙的方式一步步加高杠杆、虚构信用，将骗局做大。至此，趣步与传统金字塔形的庞氏骗局无异的嘴脸已初步显露。

二、 寻根探底——整体认知趣步模式的虚伪与狡诈

在《趣步分析》一文中，其作者较为详细地梳理了我国传销行为相关法律制度，并对比分析了趣步的行为模式，认为趣步收取实名认证费、拉人玩法都不构成传销，并认为氪金玩法也不必然构成传销。对此笔者持不同意见，希望借此文对一些观点进行讨论，同时从阐释自己对趣步模式的认识。[④]

（一）走路赚钱——颠覆还是愚弄？

"让汗水不白流""只要每天走够4000步，每月就至少能赚200元"，无论之后发展出的玩法有多么新奇和有趣，趣步的核心运行逻辑都不曾脱下"走路赚钱"这个马甲。每天走走路打打卡就可以赚钱，这实在是颠覆常人的认知，令人心生好奇。但在互联网时代里，短短几年内上

---

① 趣步APP及其网页目前无手环价格展示页面，299元的趣步手环售价资料来源于网络公开资料，资料来源：https://www.sohu.com/a/288983068_100301231，2019年9月27日访问。

② 按50%手续费计算，用户可获得约463元收益，但目前趣步已无手环、跑鞋活动的相关信息。

③ 8种收益包括：该城市会员0.6%的基本活跃度加成；赠送价值1000糖果的高级任务卷轴一个；享受全球糖果交易手续费10%分红；享受该城市会员所发布的玩家分享帖子所获打赏的10%；享受该城市商城购物手续费10%分成（糖果部分）；享受该城市商家入驻审核权利及城市独立广告位一个；享受该城市运动产品销售分红；享受该城市运动大数据分红。

④ 参见万子芊：《趣步模式的法律分析》。本文偏重对趣步行为实质的分析，就该文中已经论述的法律规则将直接引用，不再赘述。

演了太多出颠覆大戏：外卖、网约车、短视频……谁也不敢贸然否认一个自己尚不理解的商业模式，当然包含笔者在内。不过，不敢贸然评论不代表没有可行的分析思路：逻辑闭环的模式创新最终能否实现颠覆可能难以预测，但自身逻辑都无法形成闭环的模式创新，非蠢即坏。

先来分析"走路赚钱"这一简单逻辑，走路是正常人几乎每天都会进行的动作，在现有技术下，通过手机、智能手表等设备，几乎已经可以没有额外成本地记录我们每天的行进步数甚至行进路线等信息。在不添加辅助设备的前提下，普通人日常行走能够产生的效果无非是使自己发生位移或者锻炼身体，并不会产生直接的额外经济利益，更不必说"步数"这一包含于其中的简单信息。① 近年来围绕"运动步数"这个概念，已经有很多非常成功的商业模式，其中大家最为熟悉的莫过于支付宝客户端的公益项目"蚂蚁森林""公益捐步"等，② 这些项目更多是依托公益活动发展和延伸的商业模式，通过公益活动培养与用户间的认同和联系、增加用户黏性，让用户有付出地参与某项活动，进而感受到强烈的参与感和使命感，间接实现其他商业效果。

反过来，观察趣步所谓的卷轴任务：首先，趣步并不要求用户穿戴异于平常的任何设备完成行走，用户在趣步中走路所产生的实际经济效益与平常无异，如果说初级玩家每天三四千步可以换大约4元钱还能理解的话，③ 那顶级玩家每天三四千步可以换取4万多元巨额回报该如何解释？其次，趣步给用户订立的每天需要完成的步数任务在仅仅 3300~4000 步不等，正常生活的普通人根本不需要刻意的额外活动即可轻松达到要求，从这一层面看，所谓的步数任务很难被理解为需要付出努力来达到的"门槛"，绝大多数参与者甚至不需要改变自己的日常生活行为即可满足要求，因此这一要求在性质上更像是一个幌子或是伪装，将这一要求改为"每天睡眠5小时以上"不会有显著区别。另外，极为重要的一点是，用户在趣步 APP 上通过走路获得的收益水平，实则与每日走路步数关系甚微，观察表1可以发现，趣步中不同的卷轴任务对应每日收益差别巨大，从最低的 0.216 枚糖果到最高的 2280 枚糖果不等，相差最高上万倍，而获得收益所需行走的步数几乎没有差别，都在 3000 多步，可以说对于正常生活走动的人，在趣步 APP 上获得的收益水平与行走步数几乎完全无关，而是与拉人头、氪金的程度紧密相关。

经过上述分析，趣步 APP 给出的所谓"走路赚钱"的颠覆性逻辑是蠢还是坏，想必大家已

---

① 当然，即便是单纯的走路、锻炼也并非不能产生经济效益，人们通过走路代替了其他交通方式、锻炼了身体等，能够间接实现减少污染排放、减少社会医疗支出、提高日常工作效率等正向作用，自然有对应的经济利益产生。更深一点，如果能对日常行走相关数据进行统计分析并加以利用，可能也会在保险、大数据等领域间接产生作用。

② 这些新模式在督促大家迈开腿锻炼身体的同时，也帮助大家做了公益、捐了爱心，实现了精神满足，可谓是一种商业宣传模式的颠覆创新。

③ 我国贫困人口认定标准：以 2010 年不变价 2300 元为基准，按每年 6% 的增长率调整测算，2020 年全国脱贫标准约为年人均纯收入 4000 元。参见人民网：《2020 年贫困户脱贫收入要达 4000 元》，资料来源：http://finance. people. com. cn/n1/2019/0308/c1004 - 30964216. html，2019 年 9 月 27 日访问。

经有了初步的判断。趣步根本无意督促大家通过多走路锻炼变得健康，走路赚钱说白了只是一个幌子，按照等级分配非法所得才是趣步模式的本质。

（二）趣步模式是否构成传销

1. 趣步模式具有类似传销的外在形式。前一部分的分析已经从基础逻辑层面指出了趣步模式存在的问题。但一个商业模式存在逻辑缺陷，能够确定得出的结论仅仅是其商业模式不可持续，并不必然能够认定其经营者构成违法犯罪。例如在外卖、网约车兴起初期，商家出于培养客户习惯、抢占市场份额等目的，都使用过不可持续的短期砸钱推广策略，使得相关商业模式在当时来看似乎也存在缺陷、长期无法持续。对于那些短期内使用砸钱推广策略，但又无法坚持到后期而被兼并淘汰的企业，只能说其在商业竞争上失利了，并不能认定其行为构成传销等违法犯罪，那么趣步模式是否也是如此？

在《趣步分析》一文中，作者先是论述了界定违法传销需要满足的两个要件："一是形式要件，二是实质要件。外在表现形式上，表现为拉人头、收取入门费或团队计酬，实质要件上表现为牟取非法利益的目的和扰乱经济秩序、影响社会稳定的损害后果。"继而又指出类似拉人头、团队计酬形式的裂变推广模式是一种性质中立的商业创新，并非本身违法的商业模式，如果拉人头、团队计酬背后所产生的收益来自后续合法经营收益，不存在谋取非法利益的目的，没有扰乱正常市场秩序，就不是法律所禁止的传销行为。笔者对此表示认同，不可否认在互联网时代的今天，先砸钱做大平台垄断流量，再寻找机会延伸业务收回前期成本，是一个屡试不爽，或者说至少是一个大家已经习以为常的商业策略。但笔者认为，趣步模式显然不能被归入前述合法营销策略的范畴。趣步模式确实存在特殊之处，这也正是笔者认为其是"高明"的庞氏骗局的原因之一。

2. 趣步模式具有谋取非法利益的内在实质。首先，从较为宏观的整体角度进行分析，趣步模式本身就不能归入合法营销范围。认定一个具有拉人头、收入门费等表面形式的营销策略是否合法，还是要检视其是否有谋取非法利益的最终目的，二者不能完全分开讨论，如果具有最终的非法目的，那前面所有看似合法的行为都可能是实现非法目的的手段和方式。

大规模砸钱推广在近几年我国的互联网行业屡次上演，对此大家并不陌生，但正常营销策略其实有较为明显的特征：一种就是商家虽然通过有偿拉人头的裂变模式进行推广，但拉人头显然不是其最终商业目的和获利手段，其目的是依托足够多的用户流量开展正常的信息中介、商品买卖或服务提供等业务实现盈利，例如支付宝、滴滴、美团等；另一种就是虽然早期盈利模式仍不清晰，但其开展的商业活动的确可以吸引大量、有特质的用户流量，商家也会通过有偿拉人头的裂变模式进行推广，之后再寄希望量变引发质变，或是依托这些流量进行业务拓展，从其他合法商业活动中获得收益，但拉人头也并非其最终商业目的和获利手段，例如早期的共享单车、瑞幸咖啡等。

然而，趣步并不属于上述任何一种。一方面，趣步并不属于后一种盈利模式暂未确定的形式，虽然我们无从知晓其是否实现盈亏平衡，但其盈利模式是十分清晰的；另一方面，从现有信息来看，趣步的盈利模式难言合法。

根据前文对于趣步模式的梳理和分析其实已经可以清晰地看出：一方面，在用户注册趣步APP并开始领取任务走路赚糖果开始，趣步就设置了一次次的"人性测试"，诱导用户一步步深入，最终将抱着"走路薅羊毛"的好奇心态的素人小白培养成一名融入趣步庞氏帝国、认同趣步"无故暴富"价值观的拉人机器、氪金玩家，一步步诱骗其投入巨额资金，使其深陷其中难以自拔。另一方面，趣步APP的基本功能仅包含计步、查看新闻资讯，本身几乎不开展实际商业业务。虽然趣步一度也装模作样地开起了网上商城，但其核心模式根本不是围绕将用户转化为商城消费者进行设计，商城中只有部分商品可以使用糖果进行消费，其设立的目的除了迷惑监管机关外，还是在诱导用户努力提升等级挣更多的糖果。总结起来，趣步模式的终极目的十分明确：就是让加入趣步的用户一步步深陷其设计的庞氏骗局体系，诱导用户为了升级、获得高额收益权疯狂拉新人加入趣步，并以各种所谓的规则想方设法引导、诱惑已经陷入传销体系的玩家氪金升级，维持所谓的等级和活跃度，换取不合理的高额回报。而这一运转系统几乎毫无实际价值，既起不到督促用户运动健身的作用，又没有其他有价值的商业活动，本质就是用金字塔式的庞氏骗局结构骗取用户投入大量资金。

除此之外，在趣步设计的任务卷轴体系中，初级以上任务卷轴就必须花钱购得的规则设置，最高的专家级卷轴任务、每日通过走路3000多步就可以换得价值4万多元的奖励，前文讲到的不同等级的任务卷轴的糖果奖励机制，以及用户每日糖果产出收益的计算方式都难有合理的解释。这一系列规则设置足以说明趣步的本质目的，无须多言。其实这些还都只是趣步骗局体系的一小部分，更甚的是，趣步不仅以"走路赚钱"为幌子引导用户拉人、氪金来"割韭菜"，还更进一步通过糖果兑换虚拟货币GHT、搭建GHT交易平台、收取所谓的置换手续费等方式，组建联合收割机"割第二茬韭菜"，这在下文也会有详细讨论。

总之，趣步模式就是利用互联网噱头作掩护，清晰无误且精准地构建起多层立体传销庞氏骗局，综合利用拉人头、许诺超额收益、骗取升级费用、团队计酬、拆东墙补西墙等模式，在用户群体内构建了一个金字塔式的集资诈骗网络，其目的就是谋取不法收益。趣步模式已经满足认定传销所需的形式要件和实质要件，构成非法传销。

三、 拨云见日——揭露 "高明" 的趣步模式

从宏观视角来看，趣步模式毫无疑问就是非法传销，但受其复杂形势的迷惑，社会各界到目前都没有能够达成清晰一致的共识，之所以大家对趣步行为模式的认定存在分歧，是因为趣步模式的确有别于传统非法传销，其独特的运行架构和获利方式刻意避开了传统传销认定的关键

节点，更具有迷惑性，使得从较为微观的具体行为要件层面对其定性存在一定困难，这也是趣步模式的"高明"所在。下面将逐一梳理讨论。

（一）"高明"之一：实名认证费

新用户加入趣步需要进行所谓的实名认证，认证时需要交纳 1 元钱的认证费用。就这一点，笔者认为其实完全没有必要讨论其是否构成违法犯罪，即便不从法律角度分析构成要件，仅从常情出发，1 元钱的入门费无论真实用途为何，从客观行为推断的主观目的也难以被解释为"谋取非法利益"，所谓的积少成多说根本就是抛开人均成本讨论总收益，总之 1 元入门费对趣步来说基本无利可图。那么为什么趣步要弄这么一出呢？笔者认为关于趣步如此行为的目的有以下几种可能性。

第一，在用户加入趣步时，收取 1 元钱费用有极强的心理作用：一方面，需要交纳 1 元实名认证费会让初来乍到仍心存疑虑的新玩家感到这个 APP 运营非常严谨、正规、务实，是在认真审核大家的身份，这几百元的奖励也不是随便就许诺给你的，靠谱！同时 1 元本身很少，无足轻重，几乎不会影响人们尝试加入的意愿。另一方面，1 元的认证费会给人心理上建设一道与外界区分"围墙"，虽然微小，但一点点加入成本会让加入趣步的人多少有些身份认同感，在初期摇摆阶段更能起到稳住用户的作用。

第二，其实笔者认为更为重要的是，趣步设置这 1 元认证费，极可能是为了迷惑监管机构和司法机关。收取入门费是传统传销重要的构成要素之一，大家在分析一个模式是否构成传销时往往会以此作为一个重要切入点，趣步在这里设置一个形式上相似，但实质根本不可能被解释为"谋取非法利益"的认证费，很可能就是为了带偏关注要点，误导大家舍本逐末，分散过多精力讨论这些表面现象，甚至还能很轻易地引发意见分歧，分裂外部质疑的声音。

因此，笔者认为 1 元认证费对分析趣步是否构成传销根本没有讨论价值，这正是趣步"高明"的烟幕弹之一，不应被此迷惑而分散注意力。

但其实，趣步并不是没有收取入门费，用户真正被要求交纳入门费，是在其完成所有初级任务后却发现再也无法免费继续其他赚钱任务时发生的。不过这一差价形式的入门费被隐藏得太深，一时让人难以直接联想到传统传销的模式。这一被伪装雪藏的真正入门费和故意当作诱饵挂出的 1 元认证费一起，配合完成了趣步模式的"高明"开局。

（二）"高明"之二：伪装"收割"方式

在传统的非法传销案例中，传销组织往往会直接要求新加入的成员交纳高额的入门费，或是变相要求其购买一些价格虚高的保健品、日用品等，上述这些模式都过于初级、直接，即便是有一些伪装，也难以掩盖其主要非法收益都来自向发展的新成员收取的各种费用的本质。

但相比之下趣步模式就要高级许多，新用户加入趣步 APP 除了 1 元钱象征性的实名认证费之外，不会被强制要求交纳任何额外费用，反而会被免费派发试炼卷轴，如果经得起诱惑、扛得住考验，甚至还真的可以从趣步帝国中"薅到羊毛"。也就是说，下载趣步 APP 的玩家并不会直接成为趣步传销体系的组成部分，而是存在一定的"转化率"。① 然而趣步其实并不在意在这一部分"无效客户"身上可能遭受的损失，这可以被视为趣步已经考虑在内的"展业成本"。趣步真正在意的是大多数没法经得住"人性考验"，乖乖交纳被伪装成"购买更高级卷轴所需差额"形式的入门费，并一步步陷入趣步陷阱的氪金玩家。通过这些人日后为了获得更高的不切实际的收益而充入的大量资金，趣步不仅足以弥补在"无效客户"身上的损失，还可以用来"拆东墙补西墙"，给少数既有的高阶玩家发放高额奖励，进而吸引下一批加入的玩家。类似独特的障眼法的确给大家的判断增加了难度，但这并不能改变趣步打造庞氏骗局骗取用户巨额投入的本质。

说白了，氪金玩家渴望的是薅羊毛，向往的是趣步给其描绘的"无故暴富"的美妙图景，而趣步惦记的是这些贪婪玩家为获得更高收益权所投入的本金。但趣步模式"高明"就"高明"在，趣步并没有将"加入趣步庞氏帝国"和"支付高额费用"二者直接绑定在一起，二者似乎是一个互不充分必要的关系：一方面，不支付高额费用也可以在趣步帝国中有限地参与游戏甚至获得收益，而支付高额费用是部分用户自由选择的结果；另一方面，支付了高额费用也不必然给用户带来高额回报，还需要付出一定的额外"努力"（即走路）。这就会让部分人在分析相关因果关系的时候受到迷惑，认为趣步似乎无意收取客户高额费用，收取的费用也并不是为了获得拆东墙补西墙维系庞氏骗局进而获得不法收益。这实则陷入了趣步的迷魂阵，大错特错！

一方面，不支付高额费用也可以参与游戏，支付高额费用是用户体验后自愿选择结果这一事实，并不能排除趣步模式的不法意图。钓鱼都要挂饵，在欺诈类犯罪中，先给被害人以小恩小惠骗取被害人信任，进而骗取更大额资产是基本模式。有部分得到小恩小惠却没有继续上当的客户并不代表不法行为和用户损失之间没有因果关系。另一方面，趣步模式中似乎客户支付高额费用之后也不必然带来高额回报，还需要付出一定的额外"努力"。这一点文中已经反复论述，趣步所要求的每天三四千步的行走量，与其获得的回报高低基本没有关系。同样是三千多步，使用初级卷轴的玩家只能获得 0.216 枚糖果，而专家级卷轴的玩家就可以获得 2260 枚糖果，相差上万倍，这中间的影响因素就是氪金多少。因此，趣步在支付高额费用和获得巨额回报预期间加入的"需要走路"这个条件，就是滑稽的障眼法，根本不影响二者因果关系的认定。

把模型简单化，趣步就是将原来金字塔式传销的剥削模式进行了一定的"改良"：普通传销中越靠近金字塔顶端就能获得越高收益，底层玩家只能被剥削；但趣步模式中，收取入门费并开始骗取玩家资金投入的时间节点被推迟，真正被剥削的是中间部分的玩家，而金字塔顶的上线用户和金字塔最底端的初期试玩用户都是获利者（见图1）。用户在加入趣步并不断升级的过程，

---

① 注：相应地，在计算上线因拉人头获得的奖励时，也会将转化率等因素考虑进去。

其实是"获利者→被剥削者→获利者"的发展路径。这一独特的设计不仅打乱了很多学者依据传统方式分析趣步模式的思路，也使整个趣步网络利用互联网实现了成效显著的病毒式推广。

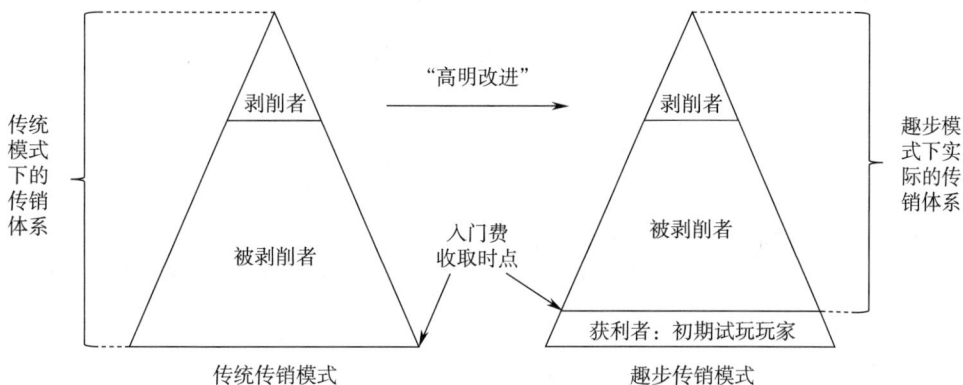

图1　传统传销模式与趣步传销模式

趣步基本的"收割"模式概括起来就是先用小恩小惠骗取用户的信任，再用虚妄的无缘由的暴富美梦抓住用户的贪婪之心，随后便设计一系列的"升级"条件，诱导用户一次次氪金，一步步走入深渊。其实，趣步在伪装收割方式上的"高明"之处还不止于此，为了让自己的骗术看起来更加合理、有根据，趣步还发明了所谓的收取交易手续费、置换手续费和虚拟货币交易等层层掩护，让参与者觉得趣步费尽心思为大家打造这个赚钱平台，似乎只是想收取一些有限的手续费，人畜无害，这也是平台维护者合理应得的，实则是在层层扒皮，一轮轮榨干这些陷入发财美梦的参与者。

（三）"高明"之三：伪装"奖励"来源

在传统的非法传销网络中，处于食物链上层的玩家，往往可以非常直接地从自己所发展的下线中得到好处，比如抽取下线缴纳的高额入门费，分享底层传销网络相互交易产生的收益等，整体上"按劳分配"，上层人员获得奖励与自己底层人员的行为密切相关，因此在行为性质认定上往往没有太大争议。但趣步模式在这一重要节点上显然要高明许多：参与者即便邀请众多亲友加入趣步，也不会直接感受到自己得到的奖励是从亲友那里盘剥而来的，甚至即使发展的下线都是理性玩家，参与者也能得到部分奖励（但下线的活跃度会影响后期收益水平）。即便是在趣步一度实施的类似团队计酬模式的团队活跃度玩法下，[①] 团队所获的收益加成名义上也是来自"全球交易手续费"的分红等，似乎"羊毛也没出在羊身上"。

---

① 根据趣步科技发布的《9月6日系统更新公告》，趣步取消了星级达人制度，不再统计团队活跃度，已达标星级达人身份不变，权益延续享受，但对达人享受的分红比例进行了调整，参见《9月6日系统更新公告》，趣步科技，http：//www.51qub.cn/h－nd－97.html#_np＝104_751，2019年9月27日访问。

在这一"高明"伪装下，趣步模式看起来似乎不仅合法而且还很优秀：用户拉人加入趣步可以得到奖励，奖励的高低虽然和下线的行为有一定影响，但这些奖励并不直接来自自己发展的下线。除了升级卷轴获得高额奖励外，这些奖励很多还被包装成了广告位分红、商场销售分红和交易费用分红等，这让趣步看起来是一个全民参与、全民共享收益的良心平台。

但是，静下心来细细思考会发现，这一切都是趣步的刻意伪装，与传统模式的区别仅仅是不直接将用户发展下线产生的收益分给用户，而是将骗取的财物先无差别汇聚在一起，消除它们对贡献来源者的依附性，再以等级高低为原则、结合某些复杂的规则，将部分财物以奖励或分红的形式分配给符合要求的用户。毫无恶意地举一个现实中合法企业的例子：熟悉金融业的读者可能知道，目前很多内资券商的投行部都实行"大锅饭"制度，简单来说就是经过一年的努力，整个大团队赚取的收益会被汇入一个奖金池，大家原则上根据职级的高低从奖金池里获得当年的业务奖励，根据实际表现情况这一分配会有小幅度调整，但某一个体并不必然因为自己个人当年业务有多么出色而获得过高的超额奖励，而是整个体系的繁荣对个体收益会有较大影响。

趣步很大程度上就是借鉴了这一模式，以一个较为生动的小故事帮助大家更好地看透趣步模式的逻辑：趣步开了个大农场，鼓励大家都行动起来去把周围老乡养的羊尽可能多地拉到趣步农场来免费吃草。有的人拉得多，有的人拉得少，有的人拉来的羊品种优良（羊毛长且质量好），有的人拉来的羊品种较差（吃草多且不长毛）。但没关系，羊来了都有草吃，在羊儿们开心吃草的时候，不用参与者亲自动手，趣步农场就统一悄悄地把羊毛都给剪了，等羊吃完了草，都没了毛。趣步也不含糊，把剪下来的羊毛都混在一起，拿出一部分，原则上根据每个人等级高低（也会依据拉来羊的质量进行微调），把这些羊毛分给了拉羊来吃草的人（假设其中有一个A），当然这个等级是根据每个人拉羊多少或者投资多少密切相关。等A把羊还给老乡B时，老乡B发现羊都没了毛，问A："我羊的毛怎么没了？"A："与我无关，我没有剪你羊毛，我只是带你的羊去趣步农场免费吃草了。"老乡B追问："那你背的包裹里是啥？上面还写着趣步农场四个字儿呢？"A："哦，这可不是我从你家羊身上剪的毛，这是农场今天给我的分红奖励，是农场运营产生的效益，你看你的羊是卷毛羊，我这分的毛都是直羊毛。"如果这样就能洗脱A获得的羊毛与老乡B的羊被剪了毛之间的关系，那岂不是滑天下之大稽？

趣步模式中，用户通过拉人头等获得奖励的计酬方式的确不是与人头数等直接挂钩，而且拉进APP的新人也并不必然会为趣步的传销体系贡献收入，但本质上拉人头所对应的奖励还是通过复杂的计算规则（影响系数包括拉新人个数、转化概率、分成比例、新人活跃度等）同人头数联系在了一起，且具有高度的相关性。在这种模式下，虽然个体层面可能会出现拉人多的玩家获得的奖励反而不如拉人少的玩家高、玩家拉入的新人都没有被成功转化却依然能够从趣步体系中分得难以理解的高奖励等普通传销模式中不太可能出现的情况，但在大样本下，这些个体情况的差异会被概率因素填平，整体层面上趣步还是能够按照预期收割传销网络的底层参与者（整个体系中的中层参与者，如图1所示）。不法所得的分配只不过是多绕几道弯、多加入几种影响因素，百川终入海，最终本质还是从下线的口袋流到了上线的腰包，不能因为其中的分配方式发生了微调，分配逻辑与普通传销有所不同，就认为趣步模式的计酬方式影响认定其构成传销。

（四）"高明"之四：留足逃生后路

1. 不法责任"防火墙"——GHT。传销之所以被法律所禁止，是因为其本身就是一场庞氏骗局，简而言之本质都是利用新参与者的钱向老参与者支付利息和短期回报，模式本身几乎不产生实际价值，但却制造赚钱的假象进而骗取更多的投资。但骗局终归是骗局，只要无法发展足够的下线来满足其"拆东墙补西墙"，整个欺骗体系就将顷刻间瓦解崩溃，此时组织者的丑恶嘴脸也必将暴露无遗。但对此趣步早有"预防措施"，而且不得不说这一步棋走得十分"高明"。

说趣步对骗局的崩溃早有预防措施，不是说趣步采取了有效方式可以防止骗局崩溃，而是说趣步早已经想好了如何在骗局崩溃时让自己得以全身而退，这一极其"高明"的预防措施就是在承诺奖励与法币之间又加入了一层骗局！通过前文的介绍大家应该已经意识到，在趣步APP体系内，支付工具和奖励都是以所谓糖果的形式展开，趣步一直的说法都是"运动产出的只是糖果，糖果并非数字货币"，且糖果本身与法币之间并没有直接的对应关系，用户想用糖果变现法币要通过一种所谓的"基于区块链技术的数字资产"GHT进行，而名义上GHT的价格又是由其交易平台上供需关系决定——来自市场因素。

这一步骤的加入就让趣步模式变得更加有意思了：在传统传销中，支付工具通常就是法币，即便是加入一层伪装也一定是与法币紧密挂钩的，[1] 而传销组织者本身没有能力印制法币，这就使得当新投资人被骗资金不足、系统资金周转出现困难时，资金链断裂、承诺奖励就无法兑付，骗局自然无法维系。但趣步模式与此不同，趣步给大家承诺的奖励是虚拟的糖果，虽然事实上其为糖果变现法币设置了较为明确、通畅的兑换渠道，但趣步从未承诺糖果与法币之间有何种兑换比例关系，因此实际上趣步已经掌握了传销体系中的"通货发行权"。[2] 即便是后期骗资金不足时，趣步体系中也完全不会出现"承诺的奖励无法兑付"的问题，糖果本身并没有价值，趣步要做的只是改改数据就可以如约给用户发放糖果奖励。

参与者获得的糖果与法币之间完全没有兑换承诺，至于糖果还能否兑换成GHT，GHT交易价格又会出现何种变化，这看起来就与趣步没有关系了，因为GHT的价格名义上是在交易平台

---

[1] 否则也难以说服参与者，难以建立共识和信用。

[2] 前文提到趣步承诺糖果上限10亿枚且永不增发，但在笔者看来这些都是无法真实约束力的说辞，实际的发行决定权完全掌握在趣步手中。

自由交易产生的，GHT 价格即便雪崩也能被解释为市场情况变化的结果。① 贪婪的人们参与趣步模式最终的结果会是：现实中的资产灰飞烟灭，但糖果账户和 GHT 钱包赚得"盆满钵满"。

2. 加密数字货币与 ICO。既然说到这里就不得不更加深入地探讨一下和趣步糖果紧密相关的"数字资产"GHT。随着近些年区块链概念甚嚣尘上，大家或多或少都听闻一些币圈故事，2019 年以 3000 万元天价拍下巴菲特午餐后又爽约的孙宇晨，就是币圈备受争议的明星人物。上一波热潮退去后的币圈如今已一地鸡毛，目前市面上绝大多数所谓的基于区块链技术数字资产、数字货币都被证明是毫无价值的骗局。② 请允许笔者暂且抛开技术和制度等细节，以一个外行的眼光简要谈一下自己对数字货币的看法：

数字货币价值体系的构建和普通法币以及黄金等一般等价物价值体系构建本质上是一致的，最重要的就是建立"共识"，也就是维持背后支撑等价物价值的信用体系。具体地，不同的等价物背后信用基础来源往往也有所不同，以法币为例，支撑其价值和"共识"的基础往往是国家信用、央行信用，具体可能包括国家经济实力、发展前景、自然禀赋、政府执政能力和军事力量等复杂因素。出于国家主权和金融稳定等考虑，各国政府、央行一般都垄断货币发行权。也就是说，多数政府和央行目前都禁止其他主体随意发行货币，更进一步地，本质上就是禁止其他主体随意构建、盗用法币之外的，类似货币的对某种等价物的"共识"和信用。③ 因为一旦允许普通主体随意构建类似货币的信用，其就有机会利用发行权操纵币值、随意增发，进行欺诈、剥削、掠夺等，这会给社会稳定和金融信用安全带来毁灭性打击。

3. 趣步 + GHT："如虎添翼"。话题似乎有些跑偏，但对理解趣步这一极其复杂的骗局体系来说并不多余。回到趣步模式，之所以说趣步"高明"地为自己留足逃生通道，是因为它未雨绸缪地在法币之外构建了自己的等价物信用体系。

趣步的传销体系最直接的信用基础并非法币，而是建立在其早期费尽心思构建的另一套"共识"——GHT 之上的。近年来 ICO 市场火热，但普通的 ICO 项目都还是有基于区块链技术的创业项目作为基础资产，通常也是以为项目发展募资的名义募集资金（虚拟货币资金），单纯发行基于区块链技术的加密货币其实已经很难得到市场认可，往往胎死腹中。GHT 的定位是"基于全球健康产业的区块链数字资产通行证"，本身并没有对应任何有价值的基础资产，④ 相比之

---

① 正如本文所分析，目前趣步已经暂时关闭了糖果兑换 GHT 的通道，但大多数参与者仍寄希望于日后交易可以恢复。

② 但并不能以此否认区块链技术的巨大价值，也不能阻止比特币等在未来社会中可能扮演的重要角色，目前包括各国政府、我国央行、大型跨国企业（例如 Facebook）等都在积极探索数字货币的应用。

③ 例如我国《刑法》中就规定了伪造货币罪，出售、购买、运输假币罪，擅自发行股票、公司、企业债券罪、有价证券诈骗罪等。

④ 从互联网公开渠道几乎无法找到与 GHT 发行相关的任何资料，包括代币发行的白皮书等。

下性质更加接近单纯的加密货币。

但即便是充分抓住了贪欲和投机等人性弱点，想要在公众心中构建起一个对全新的、没有实际资产支持的虚拟货币的基本"共识"也并非易事，相关交易市场的前期培育需要巨大的人力和资金实力，至少在市场形成之初要保证足够的交易活跃度、营造基本健康的价格走势，这都需要"庄家"有足够的资金作为买盘支撑。可以推测的是，趣步前期为了建立这一道"保险装置"一定花费了不小的成本，但 GHT 体系一旦搭建完成并培养起足够的市场共识，趣步模式配合 GHT 将变得"如虎添翼"，其好处"一言难尽"。

首先，GHT 的存在能够有效拖延趣步庞氏骗局的崩溃，延长骗局生命期，因为糖果无法直接兑换法币，当体系濒临崩溃时，由于有 GHT 交易在中间阻断，会大大延迟参与者感知到体系崩溃的时间，给组织留下最后剥削、跑路的时间，事实上目前趣步已经暂时关闭了糖果兑换 GHT 的渠道，但绝大多数论坛中的用户仍对日后的交易恢复抱有信心。其次，在糖果和法币之间加入 GHT，同时使 GHT 以市场交易而非直接兑换的方式变现法币，这使得糖果在外观上与法币脱离刚性兑换关系，即使骗局事实上已经崩溃，趣步依然可以没有成本地给大家发放没有任何价值的糖果奖励，届时参与者手握无法变现的糖果、GHT 将维权无门，甚至可能难以证明自己遭受了损失。另外，至关重要的一点的是，GHT 的信用共识一旦被培养起来，加上了 GHT 交易体系的趣步骗局可谓实现了"一鱼两吃"——趣步再攫取新用户投入资金的同时，甚至不用像传统传销那样拆东补西，而只用发行一文不值的糖果进行奖励支付，同时只要 GHT 交易市场足够活跃、趣步控制好糖果发行节奏，老用户将糖果变现时需要的资金就可以被市场上其他交易者消化，趣步甚至不用直接支付真正有价值的法币。

4. 分析 GHT 与趣步骗局责任关系的思路建议。对于发行 GHT 的行为，我国七部委已经联合发文明令禁止虚拟代币的 ICO，[①] 将其定性为："本质上是一种未经批准非法公开融资的行为，涉嫌非法发售代币票券、非法发行证券以及非法集资、金融诈骗、传销等违法犯罪活动。"但事实上，前述规定对 ICO 的定义存在明显漏洞。根据文件第一条，虚拟代币 ICO 被定义为："代币发行融资是指融资主体通过代币的违规发售、流通，向投资者筹集比特币、以太币等所谓'虚拟货币'。"可以看出，官方对于 ICO 的理解还限于常见的以区块链技术的创业项目为基础资产向社会募集资金（虚拟货币资金）的情况，而忽视了类似 GHT 这样"共识"建立难度系数高、较为少见的单纯发行区块链加密货币的形式。类似 GHT 这样本身就是独成体系的加密货币，发行之初完全不以募集比特币、以太币等其他加密货币为目的，其建立就是为了和比特币、以太币

---

① 《中国人民银行　中央网信办　工业和信息化部　工商总局　银监会　证监会　保监会关于防范代币发行融资风险的公告》，资料来源：http：//www. pkulaw. cn/fulltext _ form. aspx？Db = chl&Gid = 64264ae40d2e078dbdfb，2019 年 10 月 30 日访问。

一样直接作为等价物参与流通，即便到后期也只是像汇兑体系一样与法币、比特币、以太币建立兑换关系。这种试图代替法币信用的虚拟货币体系一旦建立，危害更加广泛、性质更为恶劣。

令人头痛的是，单纯发行 GHT 这一行为目前在国内甚至很难构罪，可能仅能依据《中华人民共和国中国人民银行法》第二十条和第四十五条进行解释适用，[①] 认定其为非法发售代币票券的违法行为，但相关行政处罚的威慑力实在有限。更进一步地，GHT 名义上的发行方设在美国硅谷，《中华人民共和国中国人民银行法》能否对其适用都是个值得探讨的问题。而设置交易平台提供 GHT 兑换人民币业务，或提供定价、信息中介等服务的，在前述七部委联合发文中已被明文禁止，对此可能依据《刑法》第二百二十五条非法经营罪定罪处罚，但这一罪名本身就饱受争议，且可能同样面临平台本身设置于海外的问题，颇显尴尬。

针对上述问题作简单总结：近年来与 GHT 类似的许多虚拟代币发行（募资）项目本身就是一场金融骗局，GHT 也不例外，而趣步将传销体系建立在 GHT 基础之上，目的是用 GHT 骗局掩护趣步骗局。当骗局崩溃之时，参与者遭受的损失表面上来自 GHT 交易价格的崩溃，实质却来自趣步传销体系。毫无疑问，趣步是将希望寄托在行政、司法部门对 GHT 相关不法行为追责障碍之上，可以预测的是，之后趣步在为自己辩护的时候，一定也会拿出 GHT 这道护身符，试图洗脱自己发行糖果与骗取参与者资金的关系。实际上，一开始趣步自己发行的毫无价值的糖果可以与有明确价格的 GHT 按 1∶1 双向兑换，本身就已经说明所谓的"糖果"和"GHT"实为一物、共事一主，除此之外，谁会承诺用自己手里对应真金白银的 GHT 等量兑换趣步的糖果？GHT 就是为了掩护糖果与法币互换关系而设置的一层"糖果皮"。

对此，笔者认为要明确思路，从本质上认清 GHT 和糖果的关系，认清 GHT 交易体系就是趣步传销诈骗谋取不法利益的部分手段和工具，切不可将二者完全分开讨论。限于现有的证据和资料等，在此只能提醒行政、司法机关不可被刻意伪装的交易形式所迷惑，要理清主观犯罪意图和客观犯罪事实间的关系，不能让 GHT 真正发挥趣步不法行为防火墙的功效。

四、小结

趣步模式目前仍没有司法层面的定性，社会各界对其性质也仍存争议。但笔者希望通过细致的梳理分析和说理，向大家呈现出自己对趣步模式的理解，供读者参考讨论。

在笔者看来，趣步模式的确复杂且花哨：在展业形式上刻意规避传统非法传销与集资诈骗罪的认定要素，在敏感点设置颇有心机的"烟幕弹"，并且配合境外发行的虚拟货币 GHT，搭建了庞大且目的明确的传销骗局体系。但从本质上来看，趣步模式毫无疑问是以运动 APP 作掩护，

---

① 第二十条：任何单位和个人不得印制、发售代币票券，以代替人民币在市场上流通。第四十五条：印制、发售代币票券，以代替人民币在市场上流通的，中国人民银行应当责令停止违法行为，并处二十万元以下罚款。

综合利用拉人头、许诺超额收益、骗取升级费用和团队计酬等模式，在用户群体内构建了一个金字塔式的拆东墙补西墙的传销网络体系，意图赚取不法收益。趣步和所谓的 GHT 交易体系交织在一起，就是一个无视秩序和法制，堂而皇之公开骗取不法收益、扰乱市场经济秩序的非法传销体系，理应受到法律的严惩。

总结对趣步模式的分析，笔者还有几点心得体会：首先，在分析复杂问题时，最重要的是先要直击问题本质要害，掌控全局、理清思路，在此基础上再抽丝剥茧将疑点各个击破，才不至于在思考梳理时被别有用心的陷阱带偏思路、分散精力。其次，提醒行政和司法机关，在面对像趣步这一高阶、狡猾对手时，不可被其刻意伪装的交易形式所迷惑，要理清主观犯罪意图和客观犯罪事实间的关系，揭露问题的本质，搜集足够的事实和证据，防止趣步使用 GHT 交易环节洗白自己的不法行为。最后，提醒普通参与者，当市场中某个交易出现了你看不懂的高额收益时，往往意味着其可能隐藏着你同样看不懂的风险甚至欺诈，免费的午餐背后总要有人为此付费，切不可怀有不劳而获的贪念，应提高警惕、智慧理财。

（责任编辑：郑舒倩）

《资管新规》 第一案评析

——规避监管型通道业务中的合同效力认定

■ 沈心怡[*]

摘要： 此案是《资管新规》发布以来，法院在裁判文书中对其内容进行直接援用和认可的第一案。最高人民法院虽然依据"过渡期"的规定最终认定案涉合同有效，但却回避了一些具体问题：案涉信托贷款业务是否违反《资管新规》的监管政策，以及若违反了监管政策，是否会影响本案交易合同的效力。在对案涉信托贷款业务的交易结构、性质以及合同内容进行综合分析之后可以发现，案涉信托贷款业务虽有规避监管、违反《资管新规》之嫌，但案涉合同没有损害社会公共利益，也不存在《合同法》第五十二条规定的其他合同无效情形，那么即使不考虑"过渡期"的规定，该合同也应当认定为有效。

关键词：《资管新规》 通道业务 规避监管 合同效力 社会公共利益

2018 年 4 月 27 日，中国人民银行、中国银行保险监督管理委员会、中国证券监督管理委员会、国家外汇管理局联合印发了《关于规范金融机构资产管理业务的指导意见》（银发〔2018〕106 号，以下简称《资管新规》），标志着资管业务正式进入统一监管时代。人们常习惯于将资管业务称为"受人之托，代人理财"，但在金融实务中，存在大量以金融创新为名违反资管业务之实的"资管"产品。本次《资管新规》就充分体现了对资管业务回归本源的要求，强调了实行穿透式监管这一重要原则，而限制通道业务的规定无疑是贯彻这一原则的具体体现。

在监管层面，"去通道"的政策要求无疑会使未来的通道业务急剧下降，[①] 但在司法层面，通道业务引发的法律纠纷如何处理，尤其是交易合同效力的认定仍是一个难题。北京北大高科技产业投资有限公司、光大兴陇信托有限责任公司借款合同纠纷案是一起涉及银信通道业务的典型案例，也是《资管新规》出台后，法院在裁判文书中对《资管新规》内容进行直接援用和

---

[*] 北京大学法学院 2018 级硕士研究生。

[①] 陈捷奕、吴嘉欣、彭璐：《通道业务时代终结？一文看懂银行通道业务的兴衰史》，资料来源：http://www.junzejun.com/publications/11170499f01b32 - 8. html，2018 年 11 月 13 日访问。

认可的第一案。①

一、 案情介绍②

2011 年 10 月 9 日，光大兴陇信托有限责任公司（以下简称光大兴陇信托）与北京北大高科技产业投资有限公司（以下简称北大高科公司）签订了甘信计贷字〔2011〕046 号《信托资金借款合同》。根据该合同约定，光大兴陇信托向北大高科公司发放 2.8 亿元信托贷款，贷款利率为 11.808%，贷款期限为一年。同日，领锐资产管理股份有限公司（以下简称领锐公司）与光大兴陇信托签订了甘信计保证字〔2011〕010 号《信托资金保证合同》，提供无限连带责任保证；北京天桥百货商场有限责任公司（以下简称北京天桥公司）与光大兴陇信托签订了甘信计抵字〔2011〕041 号《信托资金抵押合同》，以其位于北京某处的商业房产及土地使用权提供抵押担保。

2011 年 10 月 11 日，光大兴陇信托依约向北大高科公司一次性全额发放信托贷款。但上述借款到期后，北大高科公司未能按期向光大兴陇信托偿还借款本金及利息，光大兴陇信托与北大高科公司、领锐公司三方为此签订了甘信计贷展字〔2012〕01 号《信托借款展期合同》，合同约定本案借款还款日由 2012 年 10 月 10 日延展至 2013 年 10 月 10 日，领锐公司继续承担连带保证责任，保证期间为借款展期到期日起两年。同日北京天桥公司也向光大兴陇信托出具书面承诺继续提供抵押担保。

2013 年 10 月 10 日，上述借款到期，北大高科公司仅向光大兴陇信托偿付了本案借款截至 2013 年 10 月 10 日的利息，对本案借款本金以及 2013 年 10 月 10 日以后的逾期利息一直未予清偿。光大兴陇信托追索无果，一纸诉状将北大高科公司告上法庭，由此形成本案诉讼。

一审法院认定光大兴陇信托与北大高科公司订立的《信托资金借款合同》以及光大兴陇信托分别与领锐公司、北京天桥公司签订的《信托资金保证合同》《信托资金抵押合同》合法有效，并依据上述合同约定支持了光大兴陇信托要求北大高科公司支付全部本息和逾期贷款利息以及要求领锐公司、北京天桥公司承担各自担保责任的诉讼请求。诉讼进行到这里，看上去只是一个再普通不过的借款合同纠纷，但北大高科公司对一审判决不服，并上诉到最高人民法院，这才使得案涉借款合同背后的"幕后主使者"浮出水面。

北大高科公司最主要的上诉理由就在于原审法院对案件的事实认定错误：其诉称案涉贷款资金来自包商银行股份有限公司（以下简称包商银行），但包商银行并未直接作为贷款方与己方

---

① 王进：《资管新规第一案！资管通道业务是否有效？且看最高院怎么判》，载微信公众号"金融监管研究院" 2018 年 11 月 8 日。

② 本文案情相关部分参考自北京北大高科技产业投资有限公司与光大兴陇信托有限责任公司借款合同纠纷二审民事判决书（（2015）民二终字第 401 号），有适度改写。

订立借款合同，而是先与光大兴陇信托订立信托合同，再由该信托公司向己方发放信托贷款。其认为包商银行本就是有权发放贷款并以此为主营业务的金融机构，之所以这样迂回操作是因为若其直接作为贷款人签订借款合同，年利率仅在 6% 左右，但通过本案信托公司发放贷款，贷款年利率高达 11.808%，超过中国人民银行同期贷款利率近一倍，加上罚息更是高达 17.712%。包商银行此举显然是为了规避当时对银行贷款利率的监管规定，谋取更高额的利息。也因此北大高科公司坚持认为案涉信托借款合同属于《合同法》第五十二条第（三）项规定的"以合法形式掩盖非法目的"的情形，应当被认定为无效。这样一来其仅应按照中国人民银行同期贷款利率水平支付案涉借款利息。

北大高科公司的上诉理由的事实部分得到了最高人民法院的确认。最高人民法院在判决书中证实：就在案涉借款合同签订的前一天，也就是 2011 年 10 月 8 日，案外人包商银行与光大兴陇信托签订了《单一资金信托合同》，根据该合同的约定，包商银行通过设立单一资金信托方式，委托光大兴陇信托以信托贷款形式指定出借给北大高科公司，贷款本金为 2.8 亿元，年利率为 11.808%，且上述利息收入均归包商银行享有，同时包商银行向光大兴陇信托固定支付 2.8 亿元信托规模年化 4‰ 的信托费用。

这样一来，原本在一审中当事人之间似乎毫无争议的借贷法律关系，因为案外人包商银行的介入而变得微妙起来，案涉信托借款合同的合同效力也由此成为本案的争议焦点。最高人民法院首先对案涉信托贷款业务进行了定性：案涉信托贷款本金由包商银行提供，借款人北大高科公司也由包商银行指定，光大兴陇信托既不承担主动管理该信托财产的职责，也不承担该信托业务实质上的风险，因此案涉信托贷款属于银信通道业务。继而法院援引了《资管新规》第二十二条以及银监会发布的《关于规范银信类业务的通知》第三条，[①] 阐述了我国目前对通道业务的监管政策。但由于该业务发生在 2011 年，即上述监管政策实施前，根据《资管新规》的相关规定，[②] 属于处在过渡期内的存量银信通道业务。据此法院认为，案涉《单一资金信托合同》

---

① 《资管新规》第二十二条规定："金融机构不得为其他金融机构的资产管理产品提供规避投资范围、杠杆约束等监管要求的通道服务。"《关于规范银信类业务的通知》第三条规定："商业银行对于银信通道业务，应还原其业务实质进行风险管控，不得利用信托通道掩盖风险实质，规避资金投向、资产分类、拨备计提和资本占用等监管规定，不得通过信托通道将表内资产虚假出表。"

② 《资管新规》第二十九条："本意见实施后，金融监督管理部门在本意见框架内研究制定配套细则，配套细则之间应当相互衔接，避免产生新的监管套利和不公平竞争。按照'新老划断'原则设置过渡期，确保平稳过渡。过渡期为本意见发布之日起至 2020 年底，对提前完成整改的机构，给予适当监管激励。过渡期内，金融机构发行新产品应当符合本意见的规定；为接续存量产品所投资的未到期资产，维持必要的流动性和市场稳定，金融机构可以发行老产品对接，但应当严格控制在存量产品整体规模内，并有序压缩递减，防止过渡期结束时出现断崖效应。金融机构应当制定过渡期内的资产管理业务整改计划，明确时间进度安排，并报送相关金融监督管理部门，由其认可并监督实施，同时报备中国人民银行。过渡期结束后，金融机构的资产管理产品按照本意见进行全面规范（因子公司尚未成立而达不到第三方独立托管要求的情形除外），金融机构不得再发行或存续违反本意见规定的资产管理产品。"

和《信托资金借款合同》不存在北大高科公司主张的"以合法形式掩盖非法目的"的情形，而系各方当事人的真实意思表示，且不违反法律、行政法规的强制性规定，应认定为合法有效，最终驳回上诉，维持原判。

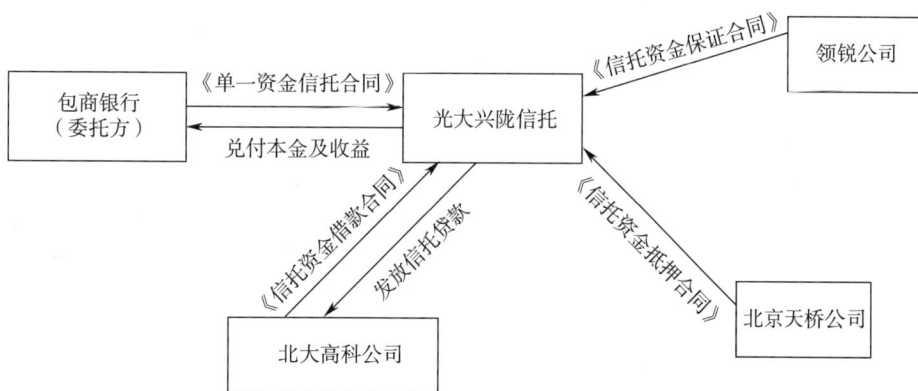

图1 交易架构

通过对案情的梳理可以发现本案其实并不复杂，并且由于本案中领锐公司与光大兴陇信托之间的保证合同关系、北京天桥公司与光大兴陇信托抵押合同关系并无任何争议，也不纳入本文的讨论范围，因此本案的争议焦点就是案涉合同的效力认定问题。接下来，本文就将对本案裁判中信托贷款业务的定性、是否违反《资管新规》以及案涉合同的效力这几个具体问题进行分析。

二、案涉关键问题分析

（一）案涉信托贷款是否属于通道业务？

"通道业务"并非严格意义上的法律概念，我国现行的法律和行政法规尚未对其进行界定。① 不过，原银监会、原保监会发布的多项规范性文件已经明确提及此概念，最早可以追溯到原银监会发布的《关于印发信托公司净资本计算标准有关事项的通知（征求意见稿）》。② 本案可能成立的是银信通道业务，这是通道业务中最早诞生的类型，原银监会发布的《关于规范银信类业务的通知》（银监发〔2017〕55号）对其进行了明确界定：银信通道业务是指在银信类业务中，

---

① 王进：《资管新规第一案！资管通道业务是否有效？且看最高院怎么判》，载微信公众号"金融监管研究院" 2018年11月8日。

② 该征求意见稿将通道业务信托定义为"委托人自主决定信托设立、信托财产运用对象、信托财产管理运用处分方式等事宜，自行负责前期尽调及存续期信托财产管理，资源承担信托风险，受托人仅负责风险提示、账户管理、清算分配及提供或出具必要文件以配合委托人管理信托财产等事务，不承担积极主动管理职责的信托业务"。

商业银行作为委托人设立资金信托或财产权信托，信托公司仅作为通道，信托资金或信托资产的管理、运用和处分均由委托人决定，风险管理责任和因管理不当导致的风险损失全部由委托人承担的行为。

根据该定义可以总结出银信通道业务的主要界定标准：一是商业银行作为委托人，主动履行管理职责，对信托资金或信托资产进行管理、运用和处分；二是信托公司作为受托人即通道方，并不承担主动管理职责，而一般是根据商业银行的指示开展投资活动；三是投资活动的风险由商业银行承担，收益也由商业银行享有，通道方并不承担投资风险，一般收取固定的信托费用或管理费用。

在本案中，包商银行作为委托方，与光大兴陇信托签订了《单一资金信托合同》。首先，根据合同约定可以发现，其设立的信托资金由包商银行主动管理，其自主确定了用资人（北大高科公司）以及贷款本金及利率，并指令光大兴陇信托将资金以信托贷款的形式发放给北大高科公司。其次，光大兴陇信托作为受托人，并没有主动管理信托资金的责任或义务，而只是按照包商银行的指令与北大高科公司签订了本金和利率都已事先确定的信托贷款合同。包商银行与光大兴陇信托之间虽有信托关系的形式，光大兴陇信托却没有承担信托关系中最为核心的信义义务。最后，贷款的利息收入均归包商银行享有，风险也由包商银行承担，光大兴陇信托只收取固定的信托费用。

根据上述对通道业务的界定标准，再具体观察本案中《单一资金信托合同》和《信托资金借款合同》的约定，笔者认为法院将案涉信托贷款业务认定为通道业务应无疑义。

（二）案涉通道业务是否违反《资管新规》的监管政策？

通道业务的产生，可以说是金融机构为了规避外部监管与内部"红线"要求而创造出的一种法律规避手段，[①] 其发展历程就是金融创新与金融监管之间反复博弈的一个缩影。本文首先对通道业务诞生以来的金融监管情况进行系统的梳理，再观察目前对通道业务的监管政策。

表1　通道业务监管情况梳理

时间	通道业务模式	主要监管政策文件	监管及发展情况
2006—2008 年	银信通道业务诞生	无	处于监管真空期，[②] 自由发展

---

① 杨征宇、卜瑞祥、郭香龙等：《金融机构资管业务法律纠纷解析》，法律出版社 2017 年版，第 60 页。

② 陈捷奕、吴嘉欣、彭璐：《通道业务时代终结？一文看懂银行通道业务的兴衰史》，资料来源：http://www.junzejun.com/publications/11170499f01b32 – 8.html，2018 年 11 月 13 日访问。

续表

时间	通道业务模式	主要监管政策文件	监管及发展情况
2008—2011 年	银信通道业务是通道业务的主要模式	1.《银行与信托公司业务合作指引》（银监发〔2008〕83 号） 2.《关于进一步规范银信合作有关事项的通知》（银监发〔2009〕111 号） 3.《关于规范银信理财合作业务有关事项的通知》（银监发〔2010〕72 号） 4.《关于进一步规范银信理财合作业务的通知》（银监发〔2011〕7 号）	正式对银行通过信托通道发放贷款这一业务模式进行了许可，开始被纳入监管，而随着银监会监管力度的加大，银信合作的通道业务在 2010 年后风光不再①
2011—2013 年	银证合作模式兴起，银行的合作对象也逐渐走向多元化，银基合作、银保合作等通道业务的新模式出现	1.《证券公司客户资产管理业务管理办法》 2.《证券公司集合资产管理业务实施细则》 3.《证券公司定向资产管理业务实施细则》	不断的金融创新使得银监会监管效果大打折扣，新的监管政策也随之不断出台。但随着 2012 年起我国资管行业迎来新一轮的监管放松、业务创新热潮，通道业务进入飞速扩张的时代②
2013—2017 年	银信、银证、银基、银证信、银证保等各类通道业务模式	1.《关于清理规范保险资产管理公司通道类业务有关事项的通知》（保监资金〔2016〕98 号） 2.《商业银行理财业务监督管理办法（征求意见稿）》	多头监管的弊端凸显，监管层开始协同监管
2017—2018 年		1.《关于规范银信类业务的通知》（银监发〔2017〕55 号） 2.《关于进一步深化整治银行业市场乱象的通知》（银监发〔2018〕4 号） 3.《关于规范金融机构资产管理业务的指导意见》（银发〔2018〕106 号）	统一监管时代来临，"去通道"的政策导向使通道业务进入寒冬

---

① 王喆、张明、刘士达：《从"通道"到"同业"——中国影子银行体系的演进历程、潜在风险与发展方向》，载《国际经济评论》2017 年第 4 期。

② 杨征宇、卜瑞祥、郭香龙等：《金融机构资管业务法律纠纷解析》，法律出版社 2017 年版，第 60 页。

纵观我国对通道业务的金融监管政策，是一个从无到松再到紧的过程。虽然《资管新规》表现出了明显的"去通道"的监管政策导向，但对通道业务的态度也只是限制而非禁止，并未采取"一刀切"的处理方式。根据《资管新规》第二十二条的表述，其禁止的是"规避投资范围、杠杆约束等监管要求"的通道服务，即根据设立目的的不同，将通道业务分为规避监管型通道业务和有一定正当理由的通道业务，① 并只绝对禁止前者。

在本案的裁判文书中，法院直接援引了《资管新规》第二十二条以及《关于规范银信类业务的通知》第三条来对我国目前的通道业务监管政策进行说明，但其并没有回答本案的通道业务是否违反上述监管政策，即是否属于被禁止的规避监管型通道业务。那么在本案中，包商银行通过光大兴陇信托向北大高科公司发放信托贷款的业务设计，是否属于规避监管的情形呢？

1. 投资主体。首先从投资主体来看，包商银行作为一个商业银行，其登记的营业范围包括发放短期、中期、长期贷款，也就是说包商银行本身就是有权发放贷款的金融机构，其委托光大兴陇信托发放信托贷款的行为，在投资主体方面不属于规避监管的情形。

2. 主要监管指标。关于主要监管指标，笔者通过查询包商银行和银保监会官网公布的信息，对案涉合同订立时即 2011 年包商银行的主要监管指标情况进行了整理。

从数据上看，包商银行当年的主要监管指标如资本充足率、资产流动性比率似乎均无异常。并且，根据笔者计算，即使假设案涉 2.8 亿元贷款是由包商银行作为贷款人直接发放，对存贷比、最大十家客户贷款占资本净额比例等相关监管指标的影响均不超过 3%，仍明显低于法定的监管要求，最大单一客户贷款占资本净额的比例则不受影响。因此，包商银行开展案涉通道业务是为了规避这些主要监管指标的可能性并不大。

另外，根据包商银行公布的该行存贷利率信息来看，案涉合同订立时其一年期短期贷款利率为 6.31%，但《单一资金信托合同》的约定显示，包商银行委托光大兴陇信托贷款给北大高科公司时确定的贷款利率为 11.808%，高出其正常贷款业务的利率近一倍，因此我们有合理的理由推测包商银行开展案涉通道业务的目的是获取高额利息。但从 2004 年开始央行就已经放松了对银行贷款利率的管制，对银行贷款利率上限不再作限定，因此即使包商银行是为了获取高额利息，也不属于规避监管要求的情形。

---

① 万子芊：《对资管新规关于通道业务相关规定的理解与思考》，载《金融法苑》2018 年总第九十七辑。该文认为后者主要是指两种情况：一是由于不合理的市场准入等监管要求而设立的通道，二是基于相关法律法规对业务模式的规定而设立的通道。由于案涉业务显然不属于此种有一定正当理由的通道业务，因此下文仅对其是否属于规避监管型通道业务进行考察。

表2 包商银行主要监管指标对比

	包商银行2011年年度报告摘要公布的主要监管指标情况	法定监管指标要求	原银监会公布的2011年第四季度商业银行主要监管指标数据①
资本充足率	14.36%	不低于8%	12.7%
资产流动性比率	37.08%	不低于25%	43.2%
存贷比	41.38%	不高于75%	64.9%
最大十家客户贷款占资本净额比例	18.71%	不高于50%	
最大单一客户贷款占资本净额比例	3.66%	不高于10%	

资料来源：笔者通过公开资料整理而得。

3. 投资范围。最后从投资范围来看，本案判决书中并未提及案涉信托贷款的最终用途，案涉合同的具体内容也无从得知，因此并不能直接判断上述通道业务是否出于规避投资范围的监管要求的目的。笔者尝试从北大高科公司的经营范围、其他涉诉案件、关联公司等角度对其投资情况进行分析，以探寻其取得的信托贷款的用途。

北大高科公司的经营范围包括投资管理和资产管理。在与本案一审非常相近的时间，北大高科公司有另一类似涉诉案件值得关注，即中航信托股份有限公司与北京北大科技实业发展中心、北京北大高科技产业投资有限公司借款合同纠纷案。② 该案以原告撤诉结案，裁定书中并无与具体案情有关的实质性内容。不过从案件标题和原被告信息等内容可以看出，中航信托曾向北大高科公司贷款，而该案中另一个共同被告是北京太合嘉园房地产开发有限责任公司（以下简称太合嘉园）。该案中的贷款应正是投资于太合嘉园并用于房地产开发。值得关注的是，北大高科公司恰恰是太合嘉园的前任控股股东（持有股份51%，持股时间为2009年9月至2011年3月），后北大高科公司在2011年3月将其股权转让给北大青鸟地产投资有限公司（后更名为北京北大青鸟发展投资有限公司，以下简称北大青鸟地产），而北大青鸟地产又在2011年7月将该股权转让给北京弘久盛科技发展有限公司（以下简称北京弘久盛）。上述三家公司不仅注册地完全相同，在人员管理上也存在明显重叠：北大高科公司、北大青鸟地产在2011年的时任法定代表人都是张永利，且北京弘久盛在2011年的时任法定代表人邓岩彬至今仍担任北大高科公司的监事。此外，北大青鸟地产与北大高科公司由同一控股股东控股（广州北大青鸟商用信息系统有限公司持有北大高科公司80%的股份以及北大青鸟地产51%的股份），北大青鸟地产在2011年

---

① 原银监会的该统计数据覆盖的机构范围包括5家大型商业银行和12家股份制商业银行。

② 参见江西省高级人民法院（2015）赣民二初字第52—3号民事裁定书，中航信托股份有限公司与北京北大科技实业发展中心、北京北大高科技产业投资有限公司借款合同纠纷案。

之前曾是北京弘久盛的股东（持股比例不详，退出时间为2011年7月）。上述频繁的股权转让与明显的关联公司关系不得不让人产生质疑：北大高科公司为何不自己持有太合嘉园的股权而大费周章地通过其关联公司将该股权层层转让？

考察当时的房地产政策，根据《商业银行房地产贷款风险管理指引》（银监发〔2004〕57号）第四章的规定，商业银行向房地产开发企业发放贷款受到诸多规定的限制，① 房地产开发企业获得商业银行贷款的难度加大。而太合嘉园曾因未取得预售许可证而擅自预售商品房受过行政处罚。② 这样的不良记录难免使得其申请商业银行贷款难上加难。并且，在2011年，国务院发布了《国务院关于坚决遏制部分城市房价过快上涨的通知》（国发〔2010〕10号），明确规定："房地产开发企业在参与土地竞拍和开发建设过程中，其股东不得违规对其提供借款、转贷、担保或其他相关融资便利。"时任住房和城乡建设部副部长齐骥也表示：中国人民银行规定，商业银行不得向房地产开发企业发放用于缴纳土地出让金的贷款。③ 如果某房地产开发企业的股东将他的贷款提供给企业用于缴纳土地出让金，就是明显地违反了中国人民银行的有关规定。④

据此笔者大胆推测，本案中之所以会存在这样的交易结构，极有可能是因为在当时的监管政策环境下，一方面北大高科公司难以通过正常途径从商业银行处获得贷款投资于自己控股的太合嘉园这一房地产企业，另一方面太合嘉园也难以直接从商业银行处获得贷款，因而北大高科公司才先将自己的股权层层转让给关联公司，再通过光大兴陇信托这一通道从包商银行处取得贷款，最终实现太合嘉园获取贷款进行房地产开发的目的。而观察包商银行的存贷比等数据，可见其营业利润并不可观，那么其为了获取高额贷款利息与北大高科公司一拍即合也在情理之中。并且，太合嘉园在房地产开发业务中必然需要大量资金，北大高科公司为了筹集资金很可能借助了多个通道，其在相近期间内的其他涉诉情况也佐证了这一点。综上所述，笔者认为，高科公司之所以借助光大兴陇信托这一通道而不直接向包商银行贷款，甚至愿意承受高于正常商业贷款近一倍的高额利息，极有可能是为了规避监管部门在投资范围方面的监管要求。

综上所述，笔者认为案涉业务极有可能属于规避投资范围的监管要求的通道业务，违反了《资管新规》第二十二条的监管规定。

---

① 《商业银行房地产贷款风险管理指引》对商业银行发放房地产开发贷款的限制主要集中在第15~25条，主要规定了房地产开发企业需要满足的贷款条件以及商业银行的放贷审核要求及风险控制机制。

② 北京市住房和城乡建设委员会：《关于北京太合嘉园房地产开发有限责任公司等20家企业违规行为的通报》，资料来源：http://www.bjjs.gov.cn/bjjs/xxgk/qtwj/fwglltz/353620/index.shtml，2019年3月4日访问。

③ 《中国人民银行关于进一步加强房地产信贷业务管理的通知》（银发〔2003〕121号）规定：商业银行不得向房地产开发企业发放用于缴纳土地出让金的贷款。

④ 人民网：《齐骥：开发企业股东不得将贷款用于缴纳土地出让金》，资料来源：http://house.people.com.cn/GB/11544919.html，2019年2月24日访问。

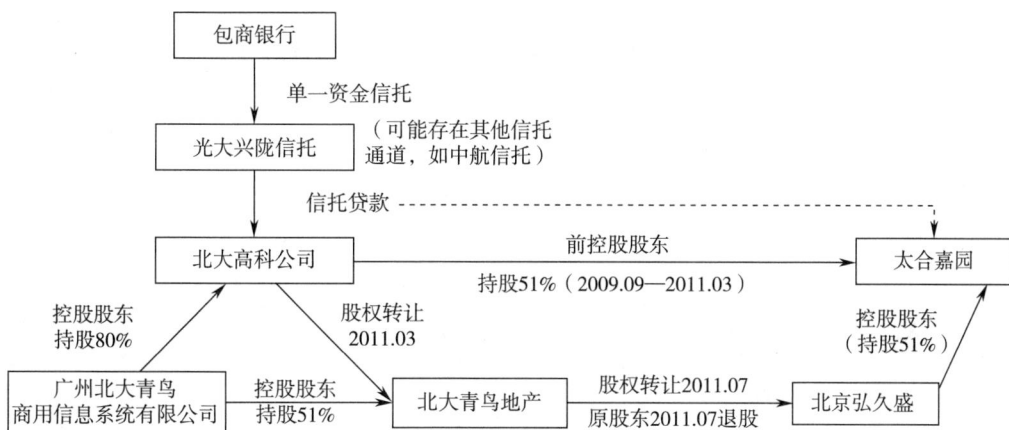

图2　案涉信托贷款资金推测流向

（三）案涉合同是否因违反金融监管政策而无效？①

从认定合同效力的传统路径来看，在设计通道业务时，当事人虽有规避监管之嫌，但要从法律上否定交易合同的效力，仍要依据《合同法》的相关规定进行判断。在认定通道业务所涉交易合同的法律效力时，法院应当遵循意思自治原则，并进一步考察当事人之间意思表示的真实性、合同约定是否违反法律、行政法规的强制性规定。并且，法院通常采取从严审慎把握的原则，即使是违反监管政策的交易安排，也要对其是否存在损害国家或集体或社会公共利益等合同无效情形进行实质考察。②

具体到本案中，一审法院和二审法院均认定案涉合同有效，但其在裁判依据和论证思路上具有根本性的不同。

一审法院始终未提及案外人包商银行的存在，其原因是当事人未主张还是法院未认定不得而知。我们能看到的是一审法院仅以争议的合同为审查对象，而没有突破合同当事人去探究背后可能存在的其他交易关系，且其据以认定案涉合同效力的理由中也并未提及任何规范性文件中的任何监管规范，而是认为光大兴陇信托与北大高科公司订立的《信托资金借款合同》系当事人之间真实意思表示，其内容符合法律规定，应确认合法有效。

二审法院虽然维持了一审判决，但在事实认定和裁判依据上发生了根本的转变：其在判决书中首先确认了案外人包商银行的相关事实，对交易关系进行了穿透性的识别，继而论证了案涉信托贷款业务的本质为通道业务，并援引了相关规范性文件中的监管规范，其虽然最终仍确

---

① 鉴于对因违反法律、行政法规中的强制性规定的合同无效并无争议之处，此处讨论的金融监管政策限于以规范性文件等为载体的监管原则和监管要求。

② 杨征宇、卜瑞祥、郭香龙等：《金融机构资管业务法律纠纷解析》，法律出版社2017年版，第63页。

认案涉合同合法有效，但其理由是案涉业务属于《资管新规》规定的"过渡期"内的业务。根据上文对通道业务的金融监管政策的梳理可以发现，在本案中的合同订立时，银信通道业务尚未被否定，根据"法不溯及既往"这一原则，无论认为金融监管政策能否否定合同效力，案涉合同的效力都不应当受合同订立之后公布的监管政策的影响。① 这也是最高人民法院在处理本案时的基本逻辑：虽然未说明案涉业务是否违反了《资管新规》的金融监管政策，但本着"法不溯及既往"的原则，结合《资管新规》的"过渡期"规定，最终认定案涉合同有效。

本案的问题虽然得到了解决，但法院却回避了一个问题：在过渡期之后的通道业务中，相关交易合同的效力又该如何认定。换言之，抛开"过渡期"的规定，案涉合同是否因违反监管政策而无效？下面本文便逐一考察可能导致合同无效的情形。

1. 以合法形式掩盖非法目的？案涉合同违反监管政策的情形能否解释为"以合法形式掩盖非法目的"？这正是北大高科公司在上诉时主张案涉合同无效的理由。北大高科公司认为，包商银行为了取得高额利率而通过信托公司放贷，属于《中华人民共和国合同法》第五十二条第（三）款规定的"以合法形式掩盖非法目的"的情形。但如前文所述，中国人民银行已经放开对银行贷款利率的管制，对银行贷款利率上限不再做限定，因此即使包商银行是为了获取高额利息，也不属于"非法目的"，并且合同约定的贷款利率为 11.808%，逾期还款利率按上述利率加收 50% 罚息（17.712%），均未超过法律准许的利息上限。因此，北大高科公司的该上诉理由不成立。

2. 通谋虚伪行为？案涉合同违反监管政策的情形能否解释为"通谋虚伪行为"？先观察包商银行与光大兴陇信托签订的《单一资金信托合同》。在该合同中，包商银行明确指定将案涉贷款出借给北大高科公司，并约定了包商银行享有利息收入且向光大兴陇信托支付固定的信托费用。事后，光大兴陇信托确实按照合同对于本息的约定向北大高科公司发放了贷款，可见该合同是双方当事人真实的意思表示，而不存在通谋的虚伪行为。对于光大兴陇信托与北大高科公司之间的《信托资金借款合同》，当事人显然也是存在真实的贷款目的的，对贷款的期限、本金以及利息都达成了明确的合意，光大兴陇信托也按照合同约定完全履行了合同义务，在本合同中同样不存在所谓的"通谋虚伪行为"。因此，上述两份合同均为当事人的真实意思表示，这一点也在终审判决书中得到了肯定。

3. 损害社会公共利益？在本案中，"损害社会公共利益"是最可能成立的导致案涉合同无效的事由，也是本文需要重点讨论的内容。

观察过去的司法实践可以发现，将违反金融监管政策的情形解释为"损害社会公共利益"

---

① 赵宇：《〈商法案说〉第 5 期：资管新规第一案》，载微信公众号"商法界"2018 年 11 月 19 日。

是法院认定合同无效的一个典型解释路径。① 违反金融监管政策而订立的合同究竟是否损害社会公共利益显然不可能存在明确、统一的判断标准，只能在个案中具体情况具体分析。那么在本案中，假设前文推测事实均为真，包商银行这种规避我国房地产调控政策中的相关监管要求、变相为房地产企业提供融资便利的行为是否能被解释为"损害社会公共利益"呢？

（1）相关监管要求是否体现社会公共利益？社会公共利益是我国立法上频繁出现的一个重要概念，但没有一部法律对其进行明确的定义。一般认为，公共利益是指有关国防、教育、科技、文化、卫生等关系国计民生的不特定多数人的利益。②

对商业银行向房地产企业发放贷款进行管制是我国房地产调控政策的一个重要组成部分，其监管目的无疑是防止房地产市场投资过热、遏制房价过快上涨，因此对商业银行向房地产开发企业发放贷款进行严格限制并禁止房地产开发企业的股东违规为企业提供融资便利，以此增加房地产开发企业获得资金的难度。换言之，这些监管要求的背后，体现的是对房价稳定的追求。

而对房价稳定的追求，缘于我国当前房价畸高的社会现实。从我国房地产价格水平现状来看，高昂的房价也已经成为一般收入人群不能承受之重。上海易居房地产研究院发布的"全国35个大中城市房价收入比排行榜"显示，2014年35个大中城市房价收入比均值为8.7，有14个城市房价收入比高于该均值。③ 而2018年中国商品住宅房价收入比为8，比2017年的7.7小幅上升，④ 明显高于合理区间。⑤ 姑且不论上述统计结果是否准确、结论是否科学，我国目前的房地产价格水平已经远远超过居民正常工作收入所能承受的范围是毋庸置疑的。作为某种程度上的

① 参见万子芊：《对资管新规关于通道业务相关规定的理解与思考》，载《金融法苑》2018年总第97辑。虽然尚未看到判例直接仅以违反金融监管政策认定合同无效，但可以很明显地发现法院在试图运用法律解释技术，突破规范层级逻辑的约束，实际上达到了将之间接作为认定合同无效的效果。具体而言主要体现为两种解释路径：一是将违反金融监管政策的情形解释为"损害社会公共利益"，例如福建伟杰投资有限公司与福州天策实业有限公司营业信托纠纷案；二是将违反金融监管政策的情形解释为"通谋虚伪行为"，例如民生银行南昌分行与上海红鹭公司票据追索权纠纷案、日照港公司与山西焦煤公司借款合同纠纷案。上述案件参见最高人民法院（2017）最高法民终529号民事裁定书，福建伟杰投资有限公司与福州天策实业有限公司营业信托纠纷案；最高人民法院（2017）最高法民终41号民事判决书，中国民生银行股份有限公司南昌分行、上海红鹭国际贸易有限公司票据追索权纠纷案；最高人民法院（2015）民提字第74号民事判决书，日照港集团有限公司煤炭运销部与山西焦煤集团国际发展股份有限公司企业借贷纠纷案。

② 王利明：《论征收制度中的公共利益》，载《政法论坛》2009年第2期。

③ 中房网：《易居院独家发布35个大中城市房价收入比排行榜》，资料来源：http://www.fangchan.com/news/1/2015-06-08/6013578149538107660.html，2019年2月26日访问。

④ 新浪财经：《2018年中国房价收入比升至8，为近20年第二高》，资料来源：http://finance.sina.com.cn/roll/2019-01-23/doc-ihqfskcn9662234.shtml，2019年2月26日访问。

⑤ 房价收入比，是指住房价格与城市居民家庭年收入之比。尽管房价收入比是一个全球通用的指标，但其合理范围却没有严格界定。该研究院认为根据我国的实际情况，全国房价收入比保持在6~7属合理区间。

生活必需品，房子已成为绝大多数居民巨大的生活负担，严重拉低了生活质量和福利水平。可以说，在当前的社会背景下，房价的稳定已经影响到社会绝大多数人的福利，成为关系国计民生的不特定多数人的利益，甚至影响整体的经济健康发展以及社会稳定。

因此，上述房地产调控政策中限制商业银行发放贷款的相关监管规定主要是基于社会公共利益的考量，即体现了公共利益。

（2）案涉合同是否因损害社会公共利益而无效？——利益衡量。就法律行为效力的判定上，认定社会公共利益本身是一回事，而对于社会公共利益与法律行为有效所体现的私人自治的利益之间的利益衡量则是另一回事，而利益衡量的实质就是赋予法官以自由裁量权。为了对自由裁量权进行有效的控制，应当借助比例原则进行利益衡量。① 比例原则的重心是寻求目的（维护社会公共利益）与手段（合同无效）间的均衡。要贯彻比例原则，确保目的与手段间的适当性，就必须对合同效力判断过程中的具体考量因素予以充分展开。具体而言，应该考虑以下几个因素。②

第一，合同本身是否具有合理性？无效合同制度具有谦抑性，被认定为无效的合同本身必然具有一定程度的不合理性。在本案中，商业银行借助信托通道向房地产企业发放贷款，确实违反了相关金融监管要求，但从实践情况来看，这类房地产企业往往有着稳定良好的营业利润并且能提供优质抵押物，按照商业银行发放贷款的一般规则，其本来应该是受到商业银行偏爱的贷款对象，因而应当很容易得到贷款。换言之，如果不考虑房地产调控的监管政策，商业银行选择向房地产企业发放贷款不但不违反银行的审慎经营原则，甚至可以说是商业银行的理性选择。事实上，在本案中包商银行确实得到了质量有保证的担保，包括领锐公司提供的无限连带保证以及北京天桥公司提供的商业房产及土地使用权抵押。因此从商业逻辑和金融风险的角度来看，此类规避监管要求的贷款合同具有一定的合理性，不仅符合正常的商业逻辑，相对而言贷款风险也较低。

第二，认定合同无效是否是实现社会公共利益的必要手段？一方面，从实现房价稳定这一社会公共利益的目的而言，判定规避我国房地产调控政策中的相关监管要求的贷款合同无效并非实现该目的的唯一手段。即使认定此类合同有效，国家依然可以通过限购、限制房屋销售价格、限制个人住房贷款和购房条件等政策从源头上遏制房价的过快上涨、维持房价的稳定，而实在没有必要通过否定上述类型的贷款合同的效力来达到行政管理的目的，并且事实上上述限购、限价等政策在实现房价稳定这一目的上都具有更为直接、有效的作用。商业银行违规发放贷款应当通过行政处罚等途径解决，即"监管的归监管，司法的归司法"。另一方面，判定该类贷款

---

① 黄忠：《无效法律行为制度研究》，西南政法大学法学院 2009 年博士学位论文，第 246～255 页。

② 黄忠：《比例原则下的无效合同判定之展开》，载《法制与社会发展》2012 年第 4 期。

合同无效是否是实现上述社会公共利益的有效手段都是值得怀疑的。造成我国房价畸高现实的原因有很多，房地产企业的投资热只是其中的一个方面，甚至不是最重要的方面。考虑到经济学上的供求关系理论，房地产开发企业若能不受现有监管政策限制而正常获得贷款，在房地产高额利润的驱动下，必然会进行更多的房地产开发和投资，反而会增加房源的供给。虽然影响房价的因素非常复杂，增加供给也许并不必然有利于房价的稳定，但要说不对房地产企业获取商业贷款进行限制将会损害社会公共利益，这一逻辑也不是必然成立的。换言之，将违反上述监管规定的贷款合同认定为无效并不一定是实现社会公共利益的有效手段。

第三，认定合同无效的可能后果？既然认定合同因违反社会公共利益而无效，那么通过判定合同的无效就应当能实现维护社会公共利益的效果。[①] 若将此类合同认定为无效，则商业银行要面对行政处罚，且借款方仅需按照中国人民银行同期贷款利率水平支付案涉借款利息，案涉保证和抵押合同也无效，因此商业银行经过成本收益衡量，将不再有动力去违规发放贷款给房地产企业。但一旦如此，房地产企业将不得不转向融资成本更高、风险更大的民间借贷。如此，房地产企业将大概率通过提高房产销售价格或者削减房产建造成本、降低房产质量的手段来达到转移高昂融资成本的目的，这不但很难实现维护社会公共利益的目的，相反可能带来新的社会问题。

综上所述，笔者认为将本案中规避相关房地产调控政策的贷款合同认定为无效不符合比例原则，案涉合同应当有效。

三、 结语

本文的行文逻辑其实很简单：首先判定案涉业务属于通道业务，再根据笔者查阅并梳理出的案外事实，进一步推测该业务极有可能属于规避监管型通道业务，最后在上述假设的基础上分析案涉合同的效力。而笔者想要强调的是，违反金融监管政策并不必然导致合同无效，在认定通道业务所涉交易合同的法律效力时，仍然应当严格遵循传统合同法所规定的合同效力认定路径，并且在解释"违反社会公共利益"时要持克制、审慎的态度，应当考虑到其违反监管政策的情况，并对所违反的监管政策的性质、程度以及交易本质等进行综合分析，从严认定"社会公共利益"的范围，避免对其进行任意扩大解释。但鉴于《资管新规》已经对通道业务表现出了明显的"去通道"的监管政策导向，即使交易合同的效力不被否定，商业银行等交易主体也应当对通道业务保持审慎态度，以防范运营风险以及合规风险。

（责任编辑：张翁）

---

① 黄忠：《比例原则下的无效合同判定之展开》，载《法制与社会发展》2012 年第 4 期。

真实的谎言

——电票诈骗第一案评析

■ 蒋瀚云[*]

摘要： 本案作为一向以"安全""规范"著称的电票业务出现的第一单风险事件，不仅打破了电票"零案件"的纪录，而且反映出了票据市场及银行电票业务蓬勃发展背后的一些问题与隐患。本文根据现有披露信息，首先梳理案件基本情况，其次从持票人的损失补偿问题和出票人的行政责任与刑事责任入手分析其中的法律问题，最后对本案较为特殊的票据代理接入制度进行反思并提出建议，包括强化责任机制、增强金融机构审慎经营意识、落实好票据法上对善意持票人的保护制度和促进票据市场健康发展。

关键词： 电子商业汇票　代理接入同业户　票据诈骗

我国银行业票据市场风波不断，而且一旦案发数额都极为巨大。在纸票风险事件频发和银行考核制度变化的背景下，人民银行自 2016 年以来实施了更为有效的行政手段来促进电子商业汇票（以下简称电票）的发展，建立并完善了电子商业汇票系统（以下简称电票系统或 ECDS）。基于电票的规范化和电子信息的可追踪性，人民银行力推在未来几年全面实现商业汇票的电子化办理。但本案即全国首单电票诈骗案的曝光，打破了电票"零案件"的纪录，涉及的银行包括工商银行、恒丰银行和河南焦作中旅银行。2018 年 12 月 19 日，上海市第一中级人民法院对我国首例利用电子银行承兑汇票进行诈骗案作出一审判决，判决逯某某、崔某、张某无期徒刑，其余三名被告人胡某、黄某某、周某被判处 7 年至 13 年有期徒刑。[①] 本案瞒天过海的作案手法令

---

* 北京大学法学院 2017 级法律硕士。

① 本案目前尚在二审审理中，一审刑事判决书暂时未公开，案情简介主要整理自郭大威：《我国首例电票诈骗案一审宣判，涉案资金 20 亿，三名被告被判无期》，问天票据网：http://www.cdhptxw.com/mryt/796.html。郭大威律师为该案某方的代理律师之一。另有相关民事争议案件：（1）赵勤与焦作中旅银行股份有限公司劳动争议一审民事判决书，案号：（2018）豫 0802 民初 1537 号；（2）恒丰银行股份有限公司青岛分行、邢台银行股份有限公司合同纠纷二审民事判决书，案号：（2018）最高法民终 778 号；（3）恒丰银行股份有限公司青岛分行、邢台银行股份有限公司票据追索权纠纷二审民事裁定书，案号：（2017）最高法民辖终 415 号。

人惊叹，究竟是机缘巧合还是制度缺陷，值得反思。

一、案情简述

（一）共谋大计

本案讲述了一群各怀鬼胎、图谋不轨的小人物通过相互配合，巧用制度漏洞牟取巨额不义之财的离奇故事。首先出场的三个人物一是社会上的资金掮客崔某，专门帮人牵线搭桥融资；二是前焦作中旅银行副总经理逯某某，对焦作中旅银行内部了如指掌；三是某银行票据部职员张某，对票据业务轻车熟路。

崔某以帮人介绍资金周转为业，总有缺乏抵押物或现金流而想要获得融资的客户令崔某为难，经张某指点，利用电子银行承兑汇票并贴现，稍加"变通"就可以为企业带来无抵押融资，"空手套白狼"的生意值得"迎难而上"。

银行承兑汇票是商业汇票的一种，是由付款人委托银行开具的一种延期支付票据，票据到期，银行具有见票即付的义务。在正常的银行承兑汇票业务中，出票人要向银行支付一定的保证金，银行才会承兑票据，零保证金相当于信用贷款，是极少出现的。而张某等人正是想零保证金开出票据，在不可能有银行配合情况下他们决定假扮银行。

1. 有保证金的银行承兑汇票。正常的银行承兑汇票对开票企业（出票人）、收票企业（收款人）和承兑银行（承兑人）而言都是便利的融资工具，具有一石三鸟的功效。[①]

对开票企业而言，其存在资金需求，如果申请银行贷款，审批要求高、周期长、额度有限，而开立银行承兑汇票只需要在承兑行存储一定比例的保证金，一旦该票据被银行承兑，银行要承担保证金和票据金额之间的风险敞口，由企业信用转变为银行信用，但是审批门槛低于贷款。另外，汇票是一种远期付款方式，相比于即时付款，至少可以多出几个月的利息收入，所以付款企业乐于采取远期付款方式。

对收票企业而言，在对方不愿意即时付款的情况下，手握一张银行承兑汇票比信誓旦旦的欠条让人放心，毕竟到期日可以要求承兑银行无条件付款。另外，如果急需用钱，还可以通过转让票据的方式（即贴现）马上获得资金。对银行而言，主要的好处是通过吸收保证金扩大存款规模，进一步扩大贷款规模；次要的小利在于通过后期的贴现、转贴等活动获得手续费等收益。

2. 零保证金的"假"银行承兑汇票。保证金是一个关键要素，出票人的汇票想要获得一家银行承兑，需要在该行存入一定比例的保证金，相当于定期存款，保证金比例基于企业信用状况

---

① 张虎成：《张虎成讲票据（三）终于有人把银行承兑汇票彻底讲清楚了》，载搜狐财经：https://www.sohu.com/a/209343051_611513，2019年5月14日访问。

从 0 到 100% 不等。根据保证金比例的不同，银行承兑汇票分为全额保证金银行承兑汇票和差额保证金银行承兑汇票。

全额保证金银行承兑汇票是指保证金本金与票面金额等额的银行承兑汇票。对于银行来说，该业务属于低风险业务，无风险敞口，不涉及银行授信；对于企业来说，因不涉及银行授信审批，因此申请手续简单快捷，与现金付款相比，可以增加保证金利息收益。差额保证金银行承兑汇票是指保证金本金不足以覆盖票面金额等额的银行承兑汇票。对于银行来说，该业务属于授信业务，企业要向银行提交流动资金贷款时相应的申请文件，但是难度要小于贷款。①

需要融资的企业往往无法提供充足的保证金，如何不用掏出真金白银就能开出电票，张某等人的如意算盘就是冒用银行的名义承兑电票。

（二）步步为营

接下来的核心操作分为两步：一是让银行在不自知的情况下被接入电票系统；二是通过系统控制承兑。

首先需要了解电票系统。电票系统是指经中国人民银行批准，依托网络和计算机技术，接收、登记、转发电子商业汇票数据电文，提供与电子商业汇票货币给付、资金清算行为相关服务并提供纸质商业汇票登记、查询和商业汇票（含纸质、电子商业汇票）公开报价服务的综合性业务处理平台。电票系统于 2009 年 10 月 28 日上线，2010 年 6 月 28 日进一步在全国范围内推广运行，面向全国提供电子商业汇票相关业务及纸质商业汇票登记查询业务。2015 年底，在国家政策指导下，电票开始发力，开始大量占领市场，替代纸票。

继而寻找合适的背锅侠。自电票系统设立以后，能够在电票系统上对电票进行承兑的银行有两类：第一类是实力雄厚的国有商业银行，可以直接接入电票系统；第二类是资金总量较小的地方城商行，不能直接接入电票系统，只能通过大的国有商业银行代理接入电票系统。大型国有银行管理相对更严格，冒用难度更大，因此张某等人将目光锁定在小型城商行。逯某某在焦作中旅银行工作多年，难免要拉老东家下水，于是逯某某轻松得到焦作中旅银行的营业执照、金融许可证、印鉴模板等相关执照复印件，凭借复印件轻而易举地"克隆"了原件。

接入电票系统需要满足两个条件：第一，与大的商业银行签订《电子商业汇票系统代理接入协议》；第二，在大的商业银行开立同业户（见图1）。

第一个条件比较容易满足。由于逯某某认识工商银行票据营业部郑州分部的工作人员赵某，代理接入协议签订过程十分简单、顺利。而且此时赵某并不知道逯某某已经离职，而逯某某利用私刻的焦作中旅银行印章进一步蒙蔽了赵某。

---

① 天下通：《银行承兑汇票全额保证金和敞口保证金的新发现》，载搜狐财经：https://www.sohu.com/a/272970861_789488，2019 年 5 月 14 日访问。

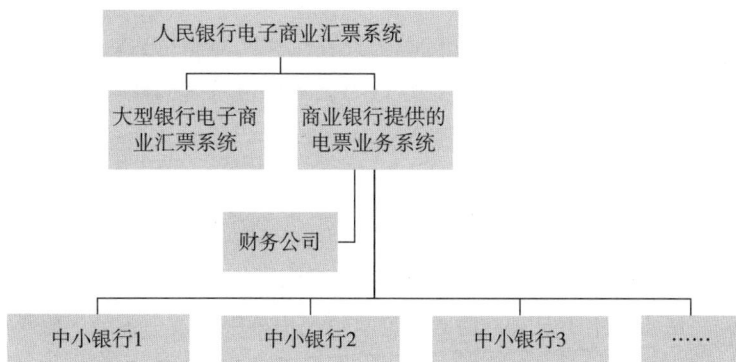

图1 银行机构接入电子商业汇票系统的模式

第二个条件却格外艰难。这需要首先了解被代理机构为什么必须在接入机构开立同业户。这一明确规定来自《电子商业汇票业务管理办法》（中国人民银行令2009年第2号，以下简称《电票办法》）。① 这一强制性要求的原因在《电票办法》中没有解释，从技术上看，被代理银行在代理银行开立同业户并非必要，因为仅仅是借用系统，被代理银行在承兑时的付款、直贴时的付款、转贴时的收款都可以通过自己的原有账户完成。笔者推测开立同业户的强制性要求是为了起到监督作用，使代理银行及时掌握被代理银行与票据有关的资金收付情况，同时在最终承兑付款时，赋予代理行在特定条件下作出付款应答或拒付应答的权利。②

但是，同业户却不容易冒名开立。根据《关于加强银行业金融机构人民币同业银行结算账户管理的通知》（银发〔2014〕178号）（以下简称《同业账户管理通知》）的规定，银行为其他银行开立同业户，除了需要核实银行资质材料的真伪外，还要通过大额支付系统核实银行身份，并派人到申请开户银行上门审核进行面签。根据《通过大额支付系统查询、查复同业开户业务

---

① 《电子商业汇票业务管理办法》第七条，票据当事人办理电子商业汇票业务应具备中华人民共和国组织机构代码。被代理机构、金融机构以外的法人及其他组织办理电子商业汇票业务，应在接入机构开立账户。

② 《电子商业汇票业务管理办法》第六十条，……电子商业承兑汇票承兑人在票据到期后收到提示付款请求，且在收到该请求次日起第3日（遇法定休假日、大额支付系统非营业日、电子商业汇票系统非营业日顺延）仍未应答的，接入机构应按其与承兑人签订的《电子商业汇票业务服务协议》，进行如下处理：（一）承兑人账户余额在该日电子商业汇票系统营业截止时足够支付票款的，则视同承兑人同意付款，接入机构应扣划承兑人账户资金支付票款，并在下一日（遇法定休假日、大额支付系统非营业日、电子商业汇票系统非营业日顺延）电子商业汇票系统营业开始时，代承兑人作出付款应答，并代理签章；（二）承兑人账户余额在该日电子商业汇票系统营业截止时不足以支付票款的，则视同承兑人拒绝付款，接入机构应在下一日（遇法定休假日、大额支付系统非营业日、电子商业汇票系统非营业日顺延）电子商业汇票系统营业开始时，代承兑人作出拒付应答，并代理签章。

处理规定》，商业银行需要登录系统，使用特定的"大额支付系统查询报文"①，核实同业开户证明相关信息，被查询银行应使用"大额支付系统查复报文"对查询银行要求核实的内容进行确认。而逯某某等人根本不可能掌握焦作中旅银行的大额支付系统的账号密码，也就无法确认回复"大额支付系统查复报文"。如果工商银行通过大额支付系统查询的方式对真焦作中旅银行进行核实，那么事情便会败露。

张某等虽然很难找到无须通过大额支付系统便可完成核实的合作伙伴，但是神通广大的崔某结识了工商银行廊坊支行副行长李某，并以焦作中旅银行员工的身份把焦作中旅银行想要在工行开立同业户的想法告诉了李某，同时解释道，焦作中旅银行被中国港中旅集团收购后，行内新旧两派内斗严重，以致大额支付系统无法收到核行信息，但可以接受工作人员亲自面签。拉业务心切的李某就此同意了绕开大额支付系统，仅履行面签程序即可开立同业账户。

（三）以假乱真

伪造一个逼真的面签程序比篡改人民银行的大额支付系统数据容易得多，演员、场景统统就位，一切自然水到渠成。第一步，布景必须以假乱真，逯某某在焦作中旅银行工作多年，以私人名义向银行保卫部赵某中午借办公室，号称要约几个朋友谈点业务。赵某欣然同意，中午将办公室钥匙留在门卫处，并交代逯某某可取用，便早早回家。当天中午，逯某某以焦作中旅银行办公室主任的名义在保卫部经理办公室里接待了前来面签的工行廊坊支行的两名员工。由于一些核签材料需要焦作中旅银行法定代表人签名，他们又找来李某冒充焦作中旅银行的法定代表人。群演加片场统统到位，廊坊支行工作人员的面签录像真实记录了这一没有 NG 的精彩表演。

面签结束后，张某等人在工行开立了中旅银行的同业账户，并申请办理网银，设置网银密码，领取密钥。掌握了这个网银密钥，就可在电票系统进行电票业务操作了。操作时，接入机构的责任是审核输入的密码和密钥是否与颁发的一致。至此，中旅银行在不知情的情况，被他人以自己的名义在工行开立同业账户，并接入电票系统。

（四）巧妙配合

顺利出票少不了出票人和收款人，还得找几个靠谱的企业在没有真实交易关系的情况下帮忙开票。于是，四号人物胡某和五号人物黄某某出场了，两人手中握有几家实际控制的企业，听说可以免费融资，欣然同意加入。

---

① 《关于加强银行业金融机构人民币同业银行结算账户管理的通知》附件1：一、商业银行利用"大额支付系统查询报文"进行查询时，应输入的查询内容及格式为：1. 开户申请人全称；2. 负责人姓名；3. 营业执照编号；4. 金融许可证证件编号；5. 税务登记证件编号；6. 拟开立的账号；7. 申请开立账户类型（结算账户/定期存款/通知存款/协议存款等）；8. 申请开立账户用途。二、被查询银行（法人）利用"大额支付系统查复报文"进行查复时，应输入"我行同意开立该账户"或"我行未同意开立该账户"，不得输入其他无关内容。

通过电票系统，胡某和黄某某控制的企业A和企业B分别作为出票人和收票人构造了某“真实交易”开具40份电子银行承兑汇票，每张票据金额5000万元，合计开出电票金额20亿元人民币。犯罪嫌疑人扮演的“假中旅银行”① 这时再通过自己控制的电票系统账户承兑了这些汇票。

通过代理方式接入，代理行在电票上会显示为承兑人的开户行（见图2）。这一角色本身不具有票据法上的承兑责任，但是容易给市场主体造成误导，因为代理机构需要在开立同业账户和接入电票系统时履行特定审查义务，② 无形中为小银行提供了增信。但是了解票据法原理的市场主体，应当不会混淆代理行和承兑行的法律责任。

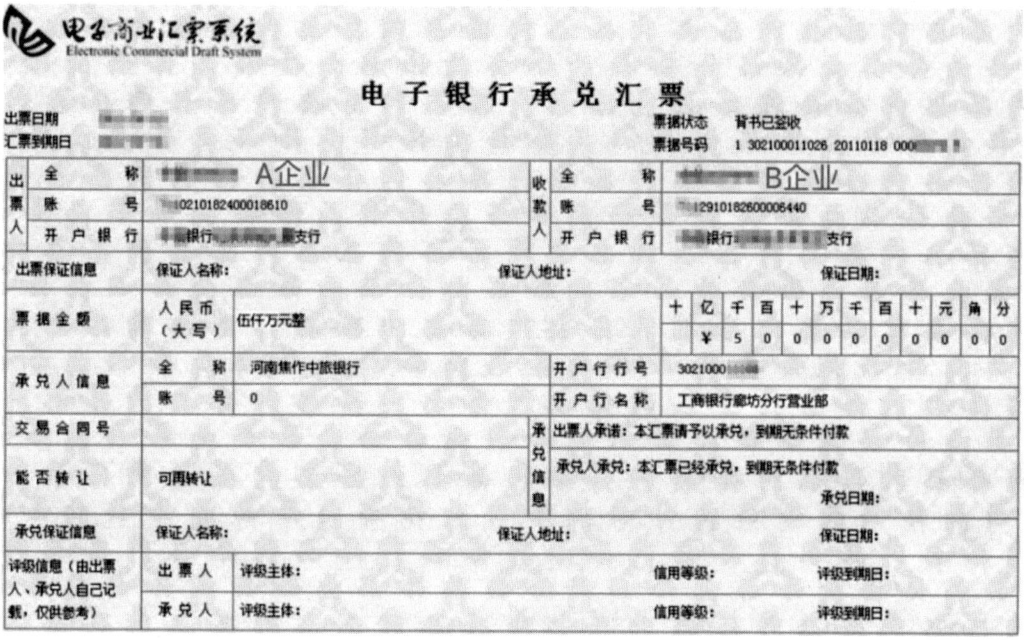
电子商业汇票系统
Electronic Commercial Draft System

电子银行承兑汇票

出票日期
汇票到期日
票据状态 背书已签收
票据号码 1 302100011026 20110118 000

出票人 全称	A企业	收款人 全称	B企业
出票人 账号	0210182400018610	收款人 账号	2910182600006440
出票人 开户银行	银行 支行	收款人 开户银行	银行 支行
出票保证信息	保证人名称： 保证人地址： 保证日期：		
票据金额	人民币（大写） 伍仟万元整		十 亿 千 百 十 万 千 百 十 元 角 分：¥ 5 0 0 0 0 0 0 0 0 0
承兑人信息 全称	河南焦作中旅银行	开户行行号	3021000
承兑人信息 账号	0	开户行名称	工商银行廊坊分行营业部
交易合同号		承兑信息	出票人承诺：本汇票请予以承兑，到期无条件付款
能否转让	可再转让	承兑信息	承兑人承兑：本汇票已经承兑，到期无条件付款 承兑日期：
承兑保证信息	保证人名称： 保证人地址： 保证日期：		
评级信息（由出票人、承兑人自己记载，仅供参考） 出票人	评级主体：	信用等级：	评级到期日：
评级信息（由出票人、承兑人自己记载，仅供参考） 承兑人	评级主体：	信用等级：	评级到期日：

图2 本案电子商业汇票示意

然后，收票人企业B向“假中旅银行”申请直贴票据，贴现利率为3.4%。“假中旅银行”获得了该汇票后再向其他银行（恒丰银行青岛分行）申请转贴票据，最终张某等人套现出了接

① “假中旅银行”代指犯罪嫌疑人通过电票系统控制的中旅银行账户。

② 如《电票办法》（中国人民银行令〔2009〕第2号）第八条，接入机构提供电子商业汇票业务服务，应对客户基本信息的真实性负审核责任，并依据本办法及相关规定，与客户签订电子商业汇票业务服务协议，明确双方的权利和义务。客户基本信息包括客户名称、账号、组织机构代码和业务主体类别等信息。第十八条规定，接入机构应对通过其办理电子商业汇票业务客户的电子签名真实性负审核责任。

近20亿元（见图3）。① 而邢台银行、恒丰银行上海分行作为最后持票人成为本案的受害者，而真中旅银行虽然作为票面上的承兑人，但是根据票据法司法解释的有关规定②，被伪造签章者不承担票据责任。

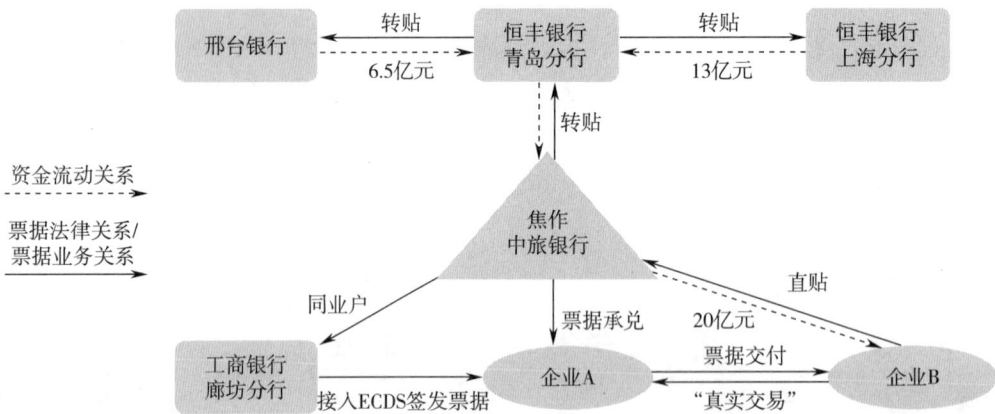

图3 本案关系示意

（五）东窗事发

如果及时金盆洗手尚有瞒天过海的一线生机，只要获得融资的企业能够按时还款，张某等人真正承担起中旅银行承兑人的角色，用企业的还款向最后持票人付清票据款项，也许一切都风平浪静。

但是，这一空手套白狼的过程来钱实在太快，张某等很快又开出了第二个10亿元级的电子银行承兑汇票。再次承兑并直贴后，假中旅银行便开始热切询问之前交易的金融机构是否继续收票。其中，恒丰银行的徐某也想趁机再赚一笔，提出把交易利率从之前的2.9%提高到3.4%，这一利率水平高于票据市场平均交易利率，没想到张某等人急于交易成功一口答应。心有怀疑的徐某找到在中旅银行的朋友打听情况，这才发现对方一问三不知。

报案后，这个自导自演的故事逐渐浮出水面。

二、 持票人的自救之路

东窗事发之后，从刑法上诈骗罪的角度追究了逯某某、崔某、张某等始作俑者的刑事责任，

---

① 直贴是指企业和银行之间的票据贴现。转贴是指银行和银行之间的票据贴现。
② 《最高院关于审理票据纠纷案件若干问题的规定》第六十七条规定，依照《票据法》第十四条、第一百零三条、第一百零四条的规定，伪造、变造票据者除应当依法承担刑事、行政责任外，给他人造成损失的，还应当承担民事赔偿责任。被伪造签章者不承担票据责任。

但是犯罪所得的近 20 亿元却已人去财散不知所踪，作为受害者的最后持票人——邢台银行、恒丰银行上海分行走上了艰难的维权之路。

（一）邢台银行的民事赔偿之诉

无辜的持票人可以向谁要求赔偿呢？根据《票据法》第六十八条，汇票的出票人、背书人、承兑人和保证人对持票人承担连带责任。持票人可以不按照汇票债务人的先后顺序，对其中任何一人、数人或者全体行使追索权。持票人对汇票债务人中的一人或者数人已经进行追索的，对其他汇票债务人仍可以行使追索权。被追索人清偿债务后，与持票人享有同一权利。

也就是说，一般汇票到期被拒绝付款时，持票人就可以不分先后顺序地选择对背书人①、出票人②以及汇票的其他债务人行使追索权。根据"恒丰银行股份有限公司青岛分行、邢台银行股份有限公司合同纠纷二审民事判决书"③，持票人恒丰银行上海分行选择了向背书人恒丰银行青岛分行行使追索权。恒丰银行没有选择向出票人行使追索权是其理性判断的结果，因为出票人企业存在法定代表人或实际控制人滥用职权，私自签发和买卖不实票据的问题，因此对于是否需要承担票据责任存在争议。持票人恒丰银行上海分行则是有苦说不出，因为背书人恒丰银行青岛分行和自己是"本是同根生相煎何太急"。

就邢台银行与恒丰银行青岛分行的案件，一审之后，法院基于《转贴现合同》的真实有效性，认可邢台银行的追索权，认定恒丰银行青岛分行有义务向邢台银行支付 6.5 亿元票面金额，双方对此没有争议。争议之处在于邢台银行的 6.5 亿元资金占用损失利息是按照《票据法》规定的央行规定利率④还是《转贴现合同》约定的日万分之五利息计算标准，后者要高于前者。

（二）对法院判决的理解

法院的判决涉及三个层次：涉案票据的有效性、《转贴现合同》的有效性和合同具体条款的有效性认定。

1. 涉案票据的有效性。判断电票的有效性主要根据《票据法》和《电子商业汇票业务管理

---

① 《票据法》第三十七条，背书人以背书转让汇票后，即承担保证其后手所持汇票承兑和付款的责任。背书人在汇票得不到承兑或者付款时，应当向持票人清偿本法第七十条、第七十一条规定的金额和费用。

② 《票据法》第二十六条，出票人签发汇票后，即承担保证该汇票承兑和付款的责任。出票人在汇票得不到承兑或者付款时，应当向持票人清偿本法第七十条、第七十一条规定的金额和费用。

③ 案号：（2018）最高法民终 778 号。

④ 《票据法》第七十条规定，持票人行使追索权，可以请求被追索人支付被拒绝付款的汇票金额，以及汇票金额自到期日或者提示付款日起至清偿日止按照中国人民银行规定的利率计算的利息。《最高人民法院关于审理票据纠纷案件若干问题的规定》第二十二条，票据法第七十条、第七十一条所称中国人民银行规定的利率，是指中国人民银行规定的企业同期流动资金贷款利率。这一利率一般在 5% 以下。

办法》①，其要求有效的商业汇票应符合特定形式要求和记载事项要求。本案中，从电票系统的外观看，一系列票据活动，包括出票、承兑、转让都是正常进行的，并未存在非法入侵计算机系统篡改信息的情况。从电票系统的基本规则来看，出票人签发电子商业汇票，由于系统强制性要求，必须准确、完整填写《电票办法》第二十九条规定的全部内容，才能够单击"出票"这个系统操作。因此，涉案票据的票面记载要素符合《票据法》和《电票办法》的规定。

涉案票据是通过正常的操作在电票系统开出，且符合电票的法定形式要求和记载事项，因此涉案票据应为有效。

2.《转贴现合同》的有效性。经法院认定，《转贴现合同》为可撤销合同，因为虽然双方进行转贴现的意思表示是真实的，但双方对汇票承兑系犯罪嫌疑人冒用焦作中旅银行名义所为这一事实并不知情。恒丰银行青岛分行对作为《转贴现合同》标的物的汇票存在重大误解，因此《转贴现合同》为可撤销合同。但是，根据《合同法》第五十四条，当事人行使撤销权，需要以诉讼或者仲裁的方式向人民法院或仲裁机构提出相应请求。本案中，恒丰银行青岛分行并未以诉讼或者仲裁的方式向人民法院主张行使撤销权，故《转贴现合同》依然合法有效，合同双方当事人仍应受合同约束，并承担违反合同的法律责任。

3. 合同约定利息条款的有效性。争议点在资金占用损失利息计算，法院否定了合同部分条款的效力，而适用了《票据法》的一般规定。二审法院从两个方面论证了恒丰银行青岛分行只需要承担央行规定利率，而非约定的日万分之五利率：一是不满足合同约定的行使追索权的条件。根据《转贴现合同》第六条，日万分之五违约利率的具体条件包括：（1）时间上需是汇票到期；（2）须提示付款；（3）须取得有关拒绝付款证明。法院认定第三项没有满足，因为在案涉汇票到期后，邢台银行仅是用大额自由格式报文"询问"焦作中旅银行能否按时付款，并未用专用提示报文"提示"付款。焦作中旅银行有关"你行支付交易自由格式查询票据，我行未签发，无委托任何银行代签"的回复，既无拒绝履行的明确意思表示，形式上也不符合拒绝证明的要求，因而不符合《转贴现合同》第六条约定的主张违约责任的条件。二是日万分之五利率显失公平。双方当事人均为票据犯罪的受害人，对损失的发生均无过错，且恒丰银行青岛分行系邢台银行指定的过桥银行，约定的高利率将导致双方的利益明显失衡。

其理由一侧重形式要求，容易补足，略显牵强。理由二基于恒丰银行也是票据诈骗的受害者，而显示出司法者的同情之心。法院认为，双方之所以在《票据法》规定的利息计算标准之

---

① 《票据法》第二十二条，汇票必须记载下列事项：（一）表明"汇票"的字样；（二）无条件支付的委托；（三）确定的金额；（四）付款人名称；（五）收款人名称；（六）出票日期；（七）出票人签章。汇票上未记载前款规定事项之一的，汇票无效。《电票办法》第二十九条，电子商业汇票出票必须记载下列事项：（一）表明"电子银行承兑汇票"或"电子商业承兑汇票"的字样；（二）无条件支付的委托；（三）确定的金额；（四）出票人名称；（五）付款人名称；（六）收款人名称；（七）出票日期；（八）票据到期日；（九）出票人签章。

外约定如此高的违约利息计算标准,很大程度上与本案特殊的交易方式和交易背景有关。涉案票据交易是在电子票据系统中进行的交易,而电子票据系统素以无假票、无风险著称。涉案票据背书连续,并且从形式上看焦作中旅银行作为承兑人进行了承兑。在此情形下,恒丰银行青岛分行有充足的理由对票据的真实性以及焦作中旅银行到期会付款产生合理信赖。通常情况下,发生拒绝付款而需要承担《转贴现合同》第六条项下违约责任的概率极低。而本案恰恰是犯罪嫌疑人冒用焦作中旅银行名义进入电子商业汇票系统,从事冒名承兑行为,并骗取了巨额票据贴现款,给当事人造成了重大损失,这种情形是双方当事人在订立《转贴现合同》时完全无法预见因而未曾事先作出约定的。

三、 其他可能存在的责任追究问题

除了上文提到的民事和刑事诉讼,笔者认为本案中还存在其他可能需要追究的责任,包括金融机构的特别赔偿责任、出票人的刑事和行政责任等。

(一)金融机构的特别赔偿责任

《票据法》第一百零四条规定了票据业务中玩忽职守的法律责任[1],而本案中,工行在同业账户开立环节、中旅银行在同业账户面签环节均存在对员工管理不严的问题,放任银行员工玩忽职守,从而导致票据的虚假承兑,给持票人带来损失。因此对于持票人无法承兑的损失,金融机构和直接责任人员可能负有承担赔偿的责任。

1. 工行在同业账户开立环节的过错。银行作为资金集聚的金融中介机构,相互之间如果涉及资金往来,往往需要专门的账户进行记账,方便统一结算,这就是同业账户的来源。出于审慎经营、控制风险的考虑,监管层为同业账户管理制定了诸多具体监管措施。例如在《同业账户管理通知》中,要求执行同一银行分支机构首次开户面签制度,由开户银行两名以上工作人员共同亲见存款银行法定代表人(单位负责人)在开户申请书和银行账户管理协议上签名确认。至少采取下列两种方式对存款银行开户意愿的真实性进行核实:一是通过大额支付系统向存款银行一级法人进行核实;二是到存款银行上门核实或者通过本银行在异地的分支机构上门核实。

同业账户开立审核把关不严的问题长期存在,问题成因多元且复杂,包括同业业务时效性要求与账户开户手续的时间性要求相矛盾、同业账户的复杂性与监管手段的薄弱性相矛盾等。[2]本案中,工行廊坊支行副行长李某由于急于拓展客户、积累业绩,而同意对熟人介绍的同业账户

---

① 《票据法》第一百零四条,金融机构工作人员在票据业务中玩忽职守,对违反本法规定的票据予以承兑、付款或者保证的,给予处分;造成重大损失,构成犯罪的,依法追究刑事责任。由于金融机构工作人员因前款行为给当事人造成损失的,由该金融机构和直接责任人员依法承担赔偿责任。

② 王清涛、白雪峰:《加强银行同业账户管理》,载金融时报—中国金融新闻网:http://finance.jrj.com.cn/2017/12/25091023845149.shtml,2019 年 5 月 14 日访问。

业务略过大额支付系统，仅履行面签程序即可开立同业账户。大额支付系统操作的优势在于信息的共享性和公开性，而面签则具有更大人为操作的空间。李某作为工行某支行的副行长，属于银行系统内具有一定级别的核心员工，擅自做主简化账户开立程序，虽然从主观上对于犯罪嫌疑人的整体诈骗活动并不知情，但是给犯罪嫌疑人伪造面签现场、完成诈骗活动提供了方便，属于典型的玩忽职守，对后期票据的虚假承兑负有一定责任。因此对于持票人无法承兑的损失，工行及其直接责任人员依法应当承担一定的赔偿责任。

此外，根据《电票办法》第八十条①，接入机构为客户提供电子商业汇票业务服务时，未对客户基本信息尽审核义务、未对客户电子签名真实性进行认真审核，对其他票据当事人资金损失的，应承担相应赔偿责任，且中国人民银行有权视情节轻重对其处以警告或 3 万元以下罚款。从这一规定来看处罚的力度过轻，缺乏市场威慑力。在本案中，是否对工行进行了处罚未见相关公开信息。

2. 焦作中旅银行在同业账户面签环节的过错。由于焦作中旅银行对员工和办公场所的管理不严，导致犯罪嫌疑人有机会轻而易举地营造虚假的面签现场，从而顺利在工行开立同业账户，为后期的虚假承兑扫平了障碍。焦作中旅银行原保卫部总经理赵某，作为银行安全的负责人，安全意识薄弱，擅自出借办公场所，属于典型的玩忽职守。虽然事后焦作中旅银行已经对其作出了解雇的处理，但是焦作中旅银行未对自己的员工做好保密教育和管理工作，对后期票据的虚假承兑负有一定责任，因此对于持票人无法承兑的损失，焦作中旅银行及其直接责任人员依法应当承担一定的赔偿责任。

（二）出票人的刑事和行政责任

《票据法》第一百零二条规定，有下列票据欺诈行为之一的，依法追究刑事责任：（一）伪造、变造票据的；（二）故意使用伪造、变造的票据的；（三）签发空头支票或者故意签发与其预留的本名签名式样或者印鉴不符的支票，骗取财物的；（四）签发无可靠资金来源的汇票、本票，骗取资金的；（五）汇票、本票的出票人在出票时作虚假记载，骗取财物的；（六）冒用他人的票据，或者故意使用过期或者作废的票据，骗取财物的；（七）付款人同出票人、持票人恶意串通，实施前六项所列行为之一的。

基于刑法上罪行法定原则的要求，上述规定在《刑法》上对应的罪名为第一百九十四条票

---

① 《电票办法》第八十条，电子商业汇票相关各方存在下列情形之一，影响电子商业汇票业务处理或造成其他票据当事人资金损失的，应承担相应赔偿责任。中国人民银行有权视情节轻重对其处以警告或 3 万元以下罚款：（二）接入机构为客户提供电子商业汇票业务服务，未对客户基本信息尽审核义务的；（四）接入机构为客户提供电子商业汇票业务服务，未对客户电子签名真实性进行认真审核，造成资金损失的。

据诈骗罪①。在本案的情形下，出票人（A类企业）的行为可能构成"签发无资金保证的汇票、本票或者在出票时作虚假记载，骗取财物的"。本案的出票人和收款人均为票据中介事先串通好的企业，其负责人对于整个诈骗活动很可能是知情的，具有诈骗的故意。从目前推测的案件判决结果看，只是对企业负责人个人追究了刑事责任，然而涉案票据的出票人实际上是公司不是个人，公司作为法人，其意志需要通过一定的集体决策程序加以体现，因此本案需要关注的是，这几家企业开出的涉案票据是经过了公司内部的决策程序，还是企业负责人完全独立决策的结果。如果经过了公司内部的决策程序，则可以视为单位意志的体现，刑法上对于单位犯金融诈骗罪也具有相应的处罚规则。②

此外，即使作为出票人的企业不构成刑事犯罪，仍然有可能需要承担《票据法》第一百零三条下的行政责任③。然而目前未见对于作为出票人的企业有任何单位责任的体现，这一做法或许不利于控制票据活动的风险。

四、 结语

本案作为中国票据市场乱象的一部分，在涉案人员的"完美配合"与时间地点的"机缘巧合"下虽然案发具有一定的偶然性，但反映出了银行电票业务的一些问题与隐患。

首先，电票系统代理接入存在漏洞。村镇、"三农"接入国有大型商业银行的电票系统，代理人是国有大型商业银行，承兑人却是村镇、"三农"，有时候会出现一张电子银行承兑汇票开出的金额比村镇银行自身净资产高出十倍以上的情况。虽然代理人不承担票据法上的承兑或保证责任，但是由于代理接入中存在一定的审核义务，因此无形中会为承兑人提供信用背书。在代理模式下，代理行存在严重的道德风险，可能放松对同业账户的审核。多家银行为竞争接入业

---

① 《刑法》第一百九十四条，有下列情形之一，进行金融票据诈骗活动，数额较大的，处五年以下有期徒刑或者拘役，并处二万元以上二十万元以下罚金；数额巨大或者有其他严重情节的，处五年以上十年以下有期徒刑，并处五万元以上五十万元以下罚金；数额特别巨大或者有其他特别严重情节的，处十年以上有期徒刑或者无期徒刑，并处五万元以上五十万元以下罚金或者没收财产：（一）明知是伪造、变造的汇票、本票、支票而使用的；（二）明知是作废的汇票、本票、支票而使用的；（三）冒用他人的汇票、本票、支票的；（四）签发空头支票或者与其预留印鉴不符的支票，骗取财物的；（五）汇票、本票的出票人签发无资金保证的汇票、本票或者在出票时作虚假记载，骗取财物。使用伪造、变造的委托收款凭证、汇款凭证、银行存单等其他银行结算凭证的，依照前款的规定处罚。

② 《刑法》第二百条，单位犯本节第一百九十二条、第一百九十四条、第一百九十五条规定之罪的，对单位判处罚金，并对其直接负责的主管人员和其他直接责任人员，处五年以下有期徒刑或者拘役，可以并处罚金；数额巨大或者有其他严重情节的，处五年以上十年以下有期徒刑，并处罚金；数额特别巨大或者有其他特别严重情节的，处十年以上有期徒刑或者无期徒刑，并处罚金。

③ 《票据法》第一百零三条，有前条所列行为之一，情节轻微，不构成犯罪的，依照国家有关规定给予行政处罚。

务，各分行在材料审核等方面很可能会有走样的情况发生。

该案爆发后市场影响恶劣，电子承兑汇票代理直接被叫停。随着上海票据交易所的发展，电票系统和票据交易系统统一归上海票据交易所管理。① 同时，目前票交所分为自主直连接入和集中直连接入（通过省联社、村镇银行发起行或农信银资金清算中心等第三方机构集中接入）两种直连系统接入方式，绝大多数票交所会员单位为自主直连接入，② 仅有十余家单位采取集中直连接入方式。③ 未来应当进一步减少集中接入，避免在代理环节新增额外的风险。

其次，可以看出电票系统的安全是建立在银行对员工和工作场所的严格管理基础之上。即便是实现票据交易的电子化，也难防诸如焦作中旅银行、工商银行廊坊分行在本次电票诈骗案中相关工作人员触发的道德风险和操作风险。因此，强化员工和工作场所管理对于控制票据风险具有基础性地位。

最后，不论是电票还是纸票，在票据诈骗发生后，多个主体都负有弥补持票人损失的责任，未来应进一步强化责任机制，增强金融机构审慎经营意识，落实好《票据法》对善意持票人的保护，才能真正发挥好票据的流通功能。

（责任编辑：余鑫甜）

---

① 详见《中国人民银行关于实施电子商业汇票系统移交切换工作的通知》（银发〔2017〕73号）、《上海票据交易所关于电子商业汇票系统接入有关事宜的通知》（票交所发〔2018〕7号）、《上海票据交易所关于加快中国票据交易系统（一期）推广上线进度的通知》（票交所发〔2017〕13号）、《上海票据交易所关于纸电票据交易融合与系统参与者接入相关工作的通知》（票交所发〔2018〕54号）。

② 张末冬：《上海票据交易所的九个月》，载金融时报——中国金融新闻网：http://www.financialnews.com.cn/gc/ch/201708/t20170829_123659.html，2019年5月14日访问。

③ 集中接入金融机构分别为农信银资金清算中心、城市商业银行资金清算中心、辽宁省农村信用社联合社、江西省农村信用社联合社、浙江省农村信用社联合社、江苏省农村信用社联合社、四川省农村信用社联合社、桂林银行股份有限公司、浙江民泰商业银行股份有限公司、日照银行、广东顺德农村商业银行。

永续债解除之惑

——评首例永续债合同解除案件

■ 戴若云*

摘要： 2017年度上海法院金融商事审判十大案例之中国城市建设控股集团有限公司与景顺长城基金管理有限公司公司债券交易纠纷一案，是首例通过解除合同实现永续债提前还本付息的案件。法院试图借助司法裁量支持永续债持有人主张解除合同的请求，然而这一尝试并不成功。对于永续债提前还本付息的请求，合同法无法提供清晰的适用规则。在法院使用的两项判决理由中，违反信息披露义务构成根本违约存在对永续债合同的违约责任和合同目的的错误理解，因行使不安抗辩权解除合同存在适用法律上的重大缺陷。此外，法院未对当事人提出的预期违约解除合同的请求作出回应。在通过合同路径请求提前兑付债券时，不仅要尊重双方合意的交易安排，而且要注重对各个构成要件下交易事实的分析。

关键词： 永续债　合同解除　信息披露　不安抗辩　预期违约

永续债的特殊安排几乎堵死了投资人主张违约的全部途径：主张到期违约，永续债没有约定到期日；主张未支付到期利息违约，发行人有权递延付息。投资人看起来似乎无计可施。但在2017年度上海法院金融商事审判十大案例之中国城市建设控股集团有限公司与景顺长城基金管理有限公司公司债券交易纠纷一案中，法院支持了投资人提出的解除永续债合同的请求，这是否宣告永续债能够通过合同路径得到提前兑付呢？

文章首先通过案情介绍梳理法院的裁判逻辑，其次结合本案永续债的交易安排，分析其在合同解除中的特殊性，最后评析法院适用违反信息披露义务构成根本违约和不安抗辩权解除合同，以及投资者主张预期违约的合理性。

---

* 北京大学法学院2018级法律硕士（法学）。

一、案件概述①

（一）案件事实

2015 年 11 月 11 日，中城建公司（以下简称发行人）发布《中国城市建设控股集团有限公司《2015 年度第二期中期票据募集说明书》》（以下简称《募集说明书》），称将在全国银行间债券市场发行 2015 年度第二期中期票据，该债券简称 15 中城建 MTN002。景顺长城公司（以下简称投资人）合计购买了 5000 万元该债券。根据《募集说明书》中的约定，该债券起息日为 2015 年 11 月 23 日，票面利率为 5.35%，付息日为自 2016 年起每年的 11 月 23 日。《募集说明书》中以粗体字形式提示："凡通过认购、受让等合法手段取得并持有本公司发行的本期中期票据，均视同自愿接受本募集说明书对各项权利义务的约定。"

具体而言，债券发行人享有如下权利：第一，赎回权归发行人所有，该债券在发行人赎回时到期；第二，发行人享有递延付息的权利。除非发生强制付息事件，在本期中期票据的每个付息日，发行人可自行选择将当期利息以及按照本条款已经递延的所有利息及其孳息推迟至下一个付息日支付，且不受到任何递延支付利息次数的限制。因此，案涉债券被称为"永续债"的原因，不仅是债券的到期日由发行人决定，更是由于付息日可以延期。对于投资人而言，其既无权要求发行人付息，又无回售权。

《募集说明书》同时约定发行人应履行信息披露义务：第一，承诺根据法律法规的规定和本募集说明书的约定履行义务，接受投资人监督。截至本募集说明书签署日，除已披露信息外，无其他影响偿债能力的重大事项。第二，承诺将严格按照中国人民银行颁布的《银行间债券市场非金融企业债务融资工具管理办法》及中国银行间市场交易商协会的相关规则和指引，真实、准确、完整、及时地进行信息披露，不存在虚假记载、误导性陈述或重大遗漏。

在实际履行中，发行人于 2016 年 11 月 23 日按期支付了永续债的第一期利息。根据一审法院的认定，在合同履行中还存在以下重要事实。事实一：在债券募集过程中，发行人存在不实陈述行为，包括未全面披露该公司股权结构，未披露其子公司转让事项；事实二：在债券存续期间，发行人未按约披露重大信息，包括未披露募集资金用途的改变，未披露相关定期报告，未按约披露可能影响其偿债能力的其他重大事项；事实三：发行人公司出现大量违约并转移了部分资产，包括未能按约履行其他多支债券的给付义务并且转让其持有的四家公司的全部股权等。

（二）当事方的主张

在 2017 年 5 月 15 日，投资人以发行人发布的《募集说明书》中隐瞒了部分信息，在履约过

---

① 景顺长城基金管理有限公司与中国城市建设控股集团有限公司公司债券交易纠纷，上海市黄浦区人民法院（2017）沪 0101 民初 13670 号；中国城市建设控股集团有限公司与景顺长城基金管理有限公司公司债券交易纠纷，上海市第二中级人民法院（2018）沪 02 民终 3136 号。

程中又出现多项违约事件导致评级下降、未能及时披露相关信息，致使不能实现债券交易取得对价的合同目的，以及发行人以自己的行为表明不履行在一定期限内还本付息的主要义务为由，向上海市黄浦区人民法院请求解除双方之间的合同关系，并要求偿还本金、赔偿利息损失。

发行人辩称：（1）投资人应自行判断和承担投资风险。因为发行人按照《银行间债券市场非金融企业债务融资工具信息披露规则》（〔2017〕32 号）规定发行中期票据，并且对于募集说明书中的重要内容以显著方式进行了提示，其内容也不存在排除持票人主要权利、免除自己责任的情形。（2）发行人已经如约支付债券的第一年利息。《募集说明书》中对于赎回权的期限也进行了明确约定，不存在无法兑付本案债券本息的风险。（3）即使投资人享有解除权，发行人也无义务再按照票据存续期内的利率支付利息。

案件的争议点很明确，即《募集说明书》能否解除。投资人请求解除合同，提前兑付；发行人则主张《募集说明书》是当事人合意的交易安排，在发行人享有赎回权并且在履行期并没有出现无法兑付风险的情况下，投资人提出解除合同的请求不能被支持。

（三）法院的裁判

一审法院经过审理，判定支持解除《募集说明书》；被告支付原告 2015 年度第二期中期票据本金 5000 万元；被告赔偿原告自 2016 年 11 月 23 日起至实际清偿日止，以 5000 万元为基数，按年利率 5.35% 计算的利息损失。2018 年 4 月，发行人不服一审判决，向二审上海市第二中级人民法院提起上诉，由于其上诉请求仅包括要求撤销一审中按永续债约定的年利率 5.35% 作为利息计算基数算得的利息损失，并未对一审法院判定合同解除提出异议，故在本文中不具体展开。从一审裁判中看，法院支持本合同被解除的逻辑如下：

1. 发行人未披露公司重大信息的行为构成根本违约行为。法院认为事实一和事实二违反了《募集说明书》中关于发行人履行信息披露的约定，构成违约。并且认定投资人持有债券的重要目的是通过流通债券实现自己的经济利益，该违约行为导致合同目的无法实现，构成根本违约。

2. 投资人能够以转移资产、清偿能力下降为由行使不安抗辩权。法院认为事实三体现了发行人的偿债能力在合同签订后已明显下降，据此投资人要求行使不安抗辩权并无不当。

3. 投资人公司可以据此解除合同，并要求被告兑付本息以及确定利息的支付标准。法院根据《中华人民共和国合同法》（以下简称《合同法》）第六十九条[①]适用了不安抗辩下的解除权，又根据《合同法》第九十四条第四款的规定[②]适用了根本违约的解除权。而针对发行人关于投资

---

① 根据《合同法》第六十九条，当事人依照本法第六十八条的规定中止履行的，应当及时通知对方。对方提供适当担保时，应当恢复履行。中止履行后，对方在合理期限内未恢复履行能力并且未提供适当担保的，中止履行的一方可以解除合同。

② 根据《合同法》第九十四条，有下列情形之一的，当事人可以解除合同（四）当事人一方迟延履行债务或者有其他违约行为致使不能实现合同目的。

人在认购时明知系争票据是永续债券且存在诸多风险的答辩意见，法院认为不能对抗发行人未披露公司重要信息的根本违约行为以及债务履行能力根本性下降的事实。

（四）小结

由于本案判决对维护债券市场稳定和保护投资人权益而言存在重要意义，故被选为"2017年度上海法院金融商事审判十大案例"。① 但是法院裁判对新类型金融产品的理解是否到位？法院的说理能否经得起分析和推敲呢？

本案永续债合同中并没有约定解除权，法院实际上是适用了两种法定解除权：第一是适用《合同法》第九十四条第四款的迟延履行违约产生的解除权，第二是适用《合同法》第六十九条的基于不安抗辩权产生的解除权。此外，对于投资人以"发行人以自己的行为表明不履行在一定期限内还本付息的主要义务"为由，主张解除合同的请求，法院并没有给予明确回应。下文将对这三个合同解除的具体方案展开分析。

但在进一步分析之前，有必要明确永续债在合同解除问题上相较于普通债券的特殊性。

二、 永续债在合同解除上的特殊性

永续债作为一种金融凭证，其持有人从民商法的角度下是债权人，在金融法的角度下又是证券投资人。因此，在处理债券合同纠纷中，不能忽视该金融产品的特殊性对双方履行合同的影响。

（一）交易安排的特殊性

本案永续债从分类上属于中期票据，其作为债务融资工具的一种最早出现在2009年《银行间债券市场非金融企业中期票据业务指引》的规定中，是指具有法人资格的非金融企业在银行间债券市场按照计划分期发行的，约定在一定期限还本付息的债务融资工具。根据《募集说明书》中的基本信息，本案永续债相较于普通中期票据的特殊性包括：（1）未约定固定到期日，发行人行使赎回权时到期；（2）无须按期付息，发行人拥有延期付息的权利。

具体而言，这两个特点对合同履行存在的影响在于：永续债的发行人对返还本金的义务享有选择权，只有其选择赎回时，才会触发还本义务；发行人对付息的义务也享有选择权，其可以选择延期付息，直到其赎回时才履行付息的义务。

但是，为了避免发行人对以上权利的滥用，本案中的永续债通过设置票面利率重置和跳升

---

① 法院认为该裁判的意义是：第一，对新类型金融产品的结构理解深刻，关注了永续债与普通债券的不同点。第二，对法律规定掌握透彻。永续债的特点将导致持有人如何举证证明发行人存在根本违约、要求解除合同，存在巨大的法律障碍。第三，对法律技巧运用适当。在缺乏具体法律规定和监管规则的情况下，尊重双方合同约定，并以《合同法》第九十四条关于根本违约的规定出发，综合分析事实因素，结合永续债持有人的投资目的和获利方式，从而认定发行人的行为足以构成根本违约，支持持有人要求解除合同诉请。

机制来平衡双方的风险和利益。① 票面利率重置是指票据自第 6 个计息年度起，每 5 年重置一次票面利率。票面利率跳升机制是指如果发行人递延付息，则每笔递延利息在递延期间应按当期票面利率再加 300 个基点累计计息，并且如果发行人不行使赎回权，则从第 6 个计息年度开始，票面利率调整为当期基准利率加上初始利差再加上 300 个基点。

本案永续债的初始利率是 5.35%，一旦出现了一次递延，则票面利率将升至 8.35%，以此类推，理论上至少存在某个平衡点使得发行人无法负担如此高昂的利息，从而行使赎回权，同时达到投资人还本付息的投资目的。

（二）合同法救济上的特殊性

不可否认，发行人拥有递延支付利息的权利，不排除存在发行人利用永续债的交易模式逃债的情形。从交易安排上，发行人可以通过不行使赎回权和延递付息的方式让债券"永远存续"，使投资人在交易上处于被动的境地。由于合同解除的救济需要构成实质性违约，一般而言是指债券发行人实质上无法履行债券的本息兑付义务，债券持有人投资无法收回。② 而永续债无固定到期日的性质使得这一方案受阻。

那么，永续债投资人提前兑付的请求是否还能得到救济呢？从司法实践来看，若发行人只出现到期不能兑付利息的行为，即便债券本金尚未到期，也可以通过发行人出现了导致合同目的无法实现的违约行为，向法院主张解除合同。③ 若双方约定发生违约事件能够触发加速到期或交叉违约条款，债权人也有权请求发行人提前还本付息。但是，由于永续债无须按期付息以及合同并未约定上述条款，以上请求提前兑付的方案并不能将永续债投资人从永续债的交易中解脱出来。本案中，法院采用的是违反信息披露义务产生的解除权和不安抗辩下的解除权两种法定解除权，当事人主张了预期违约制度。这些措施又能否满足投资人请求发行人提前兑付的目的呢？

三、 违反信息披露义务在永续债合同中的适用

法院依据《合同法》第九十四条第四款的规定，判定债券发行人在募集期间和存续期间的行为违反了合同中约定的披露义务，构成迟延履行，致使合同目的无法达成，故支持解除。下文将对在募集期间和存续期间违反信息披露义务作分别论述。

---

① 依据《募集说明书》，债券中赋予投资人的权益包括：第一，如果发行人递延付息，则每笔递延利息在递延期间应按当期票面利率再加 300 个基点累计计息；第二，如果发行人不行使赎回权，则从第 6 个计息年度开始，票面利率调整为当期基准利率加上初始利差再加 300 个基点，在第 6 个计息年度至第 10 个计息年度内保持不变；第三，票据自第 6 个计息年度起，每 5 年重置一次票面利率。

② 冯果：《债券市场风险防范的法治逻辑》，法律出版社 2016 年版，第 244 页。

③ 中国城市建设控股集团有限公司与中国太平洋人寿保险股份有限公司公司债券交易纠纷，上海市高级人民法院（2018）沪民终 71 号。

（一）债券募集期间

1. 募集期间违反披露义务不构成违约。笔者认为，在募集期间《募集说明书》的性质并非是合同，更类似于要约或者要约邀请，[①] 因此投资人和发行人之间并未构成合同关系，发行人在募集过程中不实披露的行为，仅仅违反了金融监管法下的强制性义务，而证券监管规范并非是合同义务，所以法院认为募集期间违反披露义务构成违约是没有根据的。

2. 募集期间违反披露义务构成可撤销合同。不构成违约解除并没有穷尽合同法下的救济方式，投资人可以依据《合同法》第五十四条[②]，主张发行人的虚假陈述使其陷入错误而订立债券合同，请求受欺诈而撤销债券合同。同时，行使撤销权可以请求返还通过债券合同而取得的价金及利息，这也满足投资者请求提前兑付的目的。根据欺诈导致合同撤销的构成要件[③]具体分析如下：

第一，发行人有欺诈的故意和欺诈的行为。本案永续债作为银行间市场的中期票据，根据《银行间债券市场非金融企业债务融资工具信息披露规则》和《银行间债券市场非金融企业债务融资工具管理办法》等规则，企业发行债务融资工具时应当遵循诚实信用的原则进行信息披露，以此作为投资者作出投资决策的基础。本案中，发行人在明知债券发行的法律规定的情况下，没有全面披露股权结构和子公司转让事项，存在故意，满足这一构成要件。

第二，投资人由于受到欺诈而陷入错误判断，且受欺诈人基于错误判断作出意思表示。发行人在《募集说明书》中陈述其为中国城市发展研究院有限公司（以下简称中城院）的全资三级子公司，但是根据法院查明的事实，发行人没有披露其与中城院之间的两家公司以及中城院对发行人100%持股股东的持股比例从99%降至1%的事实。因此，实际上发行人不仅是"五级"子公司且也并非为全资子公司。由于中城院原隶属中华人民共和国住房和城乡建设部，[④] 投资人选择与发行人订立永续债合同是基于对中城院的信用与资质的信赖，但发行人未披露其与中城院的真实股权关系，导致发行人对此陷入错误判断，并且基于该判断支付了5000万元债券对价，订立了债券合同。

就违反禁止虚假陈述义务引起的民事纠纷，不限于最高人民法院于2003年颁布的《关于审理证券市场因虚假陈述引发的民事赔偿案件的若干规定》（法释〔2003〕2号）中的规定。从上文的论述中，由于投资人和发行人之间存在合同关系，满足欺诈构成合同撤销的要件。因此，在

---

① 曹明哲：《债券募集说明书的性质及其司法效应》，载《债券》2018年第11期。

② 根据《合同法》第五十四条，一方以欺诈手段，使对方在违背真实意思的情况下订立的合同，受损害方有权请求人民法院或者仲裁机构变更或者撤销。

③ 韩世远：《合同法总论》，法律出版社2018年第四版，第252～257页。

④ 中国城市发展研究院：《中国城市发展研究院有限公司简介》，资料来源：http://www.ccda.org.cn/About.aspx，2019年6月11日访问。

虚假陈述的民事救济中，援引合同法下的合同撤销权作为请求权基础具有合理性。

根据《中华人民共和国民法总则》（以下简称《民法总则》）的规定，因欺诈而行使的撤销权，除斥期间是当事人自知道或者应当知道撤销事由之日起一年内。① 虽然本案案件事实中没有证据可以表明投资人知道发行人欺诈事实时间至案件起诉是否超过 1 年，但是经过分析，至少存在投资人行使合同撤销权退出交易的可能性。

（二）债券存续期间

1. 双方按照《募集说明书》的约定全面履行各自义务。本案永续债的《募集说明书》约定，凡通过认购、受让等合法手段取得并持有本公司发行的本期中期票据，均视同自愿接受本募集说明书对各项权利义务的约定。当投资人支付 5000 万元对价并取得该永续债券时，可以看作经过双方合意应按照《募集说明书》的内容履行各自的权利义务。

2. 违反信息披露义务构成违约。本案永续债合同不仅约定按照《银行间债券市场非金融企业债务融资工具信息披露规则》履行披露义务，还明确约定了在中期票据存续期间，及时向市场公开披露可能影响公司偿债能力的重大事项的义务。本案中，发行人不仅未披露 2016 年年度报告及 2017 年各季度财务报表，并且在偿债能力披露中，发行人未合规披露公司抵（质）押等资产受限情况，未合规披露持有部分子公司股权转让情况，未及时披露控股股东变更事项。综上所述，发行人在存续期间未履行披露义务的行为构成了对合同义务的违反，法院判定违约是正确的。

3. 违反信息披露义务不构成合同目的无法实现。投资人主张的存续期间违约成立，但并非所有的违约都能获得合同解除的救济，根据《合同法》第九十四条第四款，我们需要明确，永续债合同的合同目的是什么，发行人的违约行为能否导致合同目的的不能实现？

（1）永续债合同的合同目的。投资人和法院认为债券合同的目的是通过债券的流通性实现自己的经济利益，笔者认为这一观点不正确。

在《合同法》上，"不能实现合同目的"与"严重影响订立合同所期望的经济利益"具有相同的含义。② 那么永续债的投资人订立该合同所期望的经济利益是什么？一般而言，债券合同的投资人作为公司的外部人，不参加公司的经营决策，因此订立合同时所期望的经济利益是能够获得固定收益。③ 永续债作为债券的一类，投资人当然以获得固定收益为合同目的。即使永续

---

① 根据《民法总则》第一百五十二条，有下列情形之一的，撤销权消灭：（一）当事人自知道或者应当知道撤销事由之日起一年内、重大误解的当事人自知道或者应当知道撤销事由之日起三个月内没有行使撤销权。

② 崔建远：《论合同目的及其不能实现》，载《吉林大学社会科学学报》2015 年第 3 期。

③ 实务中法院也是的说理也是如此，以"债券交易""合同解除"为关键词搜索，在（2018）沪民终 70、71 号案例中，法院裁判太平洋保险公司购买债券的主要目的也是获得利息收益，故中国城建公司未按期支付债券利息之行为，已构成迟延履行合同主要债务。

债存在特别的交易安排，投资人要承担发行人有权不履行按时付息的风险，但是只能说明永续债投资人实现合同目的存在较大风险。并且，投资人明知永续债递延付息后可获得高利率的回报，因此其在订立合同时所期待的固定收益还包括未来可能获得的高收益。

至于法院将流通性作为债券合同目的的原因，笔者认为二级市场的流通性源于永续债的证券属性，其赋予了投资人在未届清偿期时有权转让持有债券的权利，但享有该权利并非是合同的目的。同时，由于永续债在二级市场流动性和交易量并不高，故流通价值也并不是投资人实现经济利益的主要手段。

（2）违约行为不违背合同目的的实现。违反信息披露义务是否会使投资人获得固定收益的目的落空？依据《合同法》第九十四条条文释义，不能实现合同目的的违约行为是指违反的义务对合同目的的实现十分重要，如一方不履行这种义务，将剥夺另一方当事人根据合同有权期待的利益。[1]

首先，投资者主张发行人在 3 月和 5 月的报告中未披露募集资金的投向，以及相关定期报告应当于 4 月 30 日以及 8 月 31 日前披露，但以上未披露的行为并没有影响发行人于 11 月 23 日按期支付本案永续债的第一期利息。因此，违反信息披露义务并不必然导致发行人丧失不能支付利息的能力。

其次，对于其他未披露事项，投资者所主张的是"可能影响偿债能力的重大事项"，由于本案起诉时还未到第二次约定的付息日。因此，尚不存在证据证明违反信息披露义务与发行人的偿债能力直接相关。

因此，违反信息披露义务并不必然使得永续债的合同目的落空。

（3）进一步讨论：违反信息披露义务的合同救济。虽然不能解除合同，但由于发行人存在违反信息披露的义务，构成一般的债券违约，故根据《合同法》第一百零七条的规定，发行人应该承担继续履行、采取补救措施和损害赔偿责任。

对于继续履行和补救措施，由于投资人提出的是发行人未能按时披露，这些事实现均可以从法院查明的事实中得知，因此要求发行人继续履行本该按期履行的信息披露义务已经丧失了意义。

对于损害赔偿责任，笔者认为可以参照证券法中虚假陈述引发民事赔偿的规定，[2] 要求投资人证明其在证券交易中遭受的实际损失。本案投资人于虚假陈述实施日之后买入债券并且持有证券至揭露日后，如果能够证明发生损失，则属于损害赔偿范围。由于投资差额的确定要依据截

---

[1] 胡康生主编：《中华人民共和国合同法释义》，法律出版社 2013 年第 3 版。

[2] 根据《关于审理证券市场因虚假陈述引发的民事赔偿案件的若干规定》第三十条，虚假陈述行为人在证券交易市场承担民事赔偿责任的范围，以投资人因虚假陈述而实际发生的损失为限。投资人实际损失包括投资差额损失以及投资差额损失部分的佣金和印花税。

至基准日投资者是否已经卖出证券，如果在确定损失计算的基准日时持有证券，损失表现为其所持证券账面价值的减损金额，如果卖出，损失为买卖平均价格之差。[1] 因此本案中如果要证明存在损失，需要确定投资差额损失计算的基准日，投资人是否在该日卖出债券等具体事实。仅从现有事实来看，笔者认为投资人存在请求损失的可能性。

（三）小结

综上所述，由于法院对永续债的交易安排与合同的目的判定有误，故违反信息披露义务的违约行为不能适用《合同法》第九十四条第四款下产生的解除权。在募集期间，存在通过撤销合同退出交易的可能性；在存续期间，存在一般违约下损害赔偿救济的请求权。

四、 不安抗辩权在永续债合同解除中的适用

永续债很难存在现实违约的情形，同时《募集说明书》中没有约定投资人存在提前解除或者加速到期的权利，故如果投资人需要在履行期限届满前解除合同，《合同法》中不安抗辩权制度和预期违约制度或许可以为其提供合同解除的路径。法院采用不安抗辩权的解除制度，认定事实三证明发行人的偿债能力在合同签订后已明显下降，故支持投资人公司据此要求行使不安抗辩权，判决解除合同。笔者认为法院的认定存在适用法律错误。原因在于，根据《合同法》第六十八条，不安抗辩权的目的是使先履行一方在相对方无力履行的情况下享有拒绝履行合同义务的权利，因此该制度的适用前提是应当先履行债务的当事人尚未履行。而投资人在认购时已经履行了给付 5000 万元本金的先履行义务，因此不存在拒绝履行合同义务的情形，不符合不安抗辩权的适用条件。

五、 预期违约制度在永续债合同解除中的适用

代理律师提出，结合本案永续债的特性，可以适用预期违约制度请求法院支持合同解除请求。[2] 相应地，原告在其诉讼请求中主张："发行人以自己的行为表明不履行在一定期限内还本付息的主要义务。"

虽然法院在裁判中没有回应这一说法，但是作为期限届满前解除永续债合同的另一种手段，预期违约制度存在以下的优势：首先，预期违约的适用不存在前提条件，不以双方当事人履行债务的时间有先后之别为前提条件；其次，如果一方当事人在履行期限未届时存在违约行为，受害

---

① 翁晓健：《证券市场虚假陈述民事责任研究——美国证券法经验的反思与借鉴》，上海社会科学院出版社2011 年版，第 166 页。

② 杨培明：《上海高院十大金融案例丨永续的末路？评首例永续债合同解除案件》，载微信公众号"大队长金融"2018 年 12 月 26 日。

人有权在约定的履行期到来前立即请求救济，从而使当事人及时地从确定要死亡的合同关系中解脱出来。[①] 故预期违约制度满足永续债无固定到期时，投资人想在交易期间退出交易的诉讼目的。那么适用预期违约制度是否存在合理性呢？

（一）现行法下预期违约制度的剖析

预期违约制度规定在《合同法》第九十四条和第一百零八条：当事人一方明确表示或者以自己的行为表明不履行合同义务。具体包括三个构成要件：存在有效的债务；存在不履行的意思表示；债务人没有正当事由。

本案满足第一和第三要件，因此需要重点讨论第二个构成要件。从条文来看，不履行的意思表示包括"明确表示"和"以行为表明"。投资人在诉请中的主张是发行人以自己的行为表明不履行在一定期限内还本付息的主要义务。

对"以行为表明拒绝履行"的构成条件是存在争议的。由于《合同法》不安抗辩权下所列举的情形，如经营状况严重恶化、转移财产以逃避债务、丧失商业信誉以及有丧失或者可能丧失履行债务能力，与"以行为表明拒绝履行务"的情形难以区分，造成法律适用上的混乱，故对这一情形如何构成预期违约制度仍没有明确的定论。[②]

首先，通过文义解释，"以行为表明拒绝履行"是指债务人通过一定行为明确表明自己主观上不愿意履行合同义务。[③] 其次，由于"以行为表明拒绝履行"的经典例子是房屋所有权人将房屋二次出卖并作移转所有权的登记，对第一次的买卖合同而言，便可构成拒绝履行。因此，在难以证明其主观意愿的情形下，如果客观行为足以确定合同无法履行，债权人也能够基于预期违约制度直接主张解除合同，请求债务人承担违约责任。

结合本案，发行人存在清偿能力下降和转移资产两个事实。具体而言，清偿能力下降是指本案债券的信用等级均被联合资信从发行债券时的 AA + 级下调至 C 级，未能按约履行"11 中城建 MTN1""12 中城建 MTN1"等多支债券的利息给付义务；转移资产是指 2016 年 12 月至 2017 年 1 月转让了其持有的四家公司的全部股权。以上事实是否构成"以行为表明拒绝履行"呢？

1. 主观上拒绝履行。主动转移资产存在以行为明确表明自己主观不愿意履行合同的可能性。根据《募集说明书》披露的信息，法院查明转让的 4 家公司[④]中，第十六工程公司未在《募集说明书》中予以披露，因此该笔对外投资并未用于履行债券合同，不在投资人缔约时的信赖范围

[①] 韩世远：《合同法总论》，法律出版社 2018 年第 4 版，第 561 页。

[②] 陈韵希：《合同预期不履行的救济及其法理基础——再论〈合同法〉不安抗辩权和预期违约的界分》，载《比较法研究》2017 年第 11 期；王利明：《预期违约与不安抗辩权》，载《华东政法大学学报》2016 年第 6 期，这两篇文章均对已有的学说进行概括和综述。

[③] 蓝承烈：《预期违约与不安抗辩的再思考》，载《中国法学》2002 年第 3 期。

[④] 转让了其持有的建筑材料公司、第五工程公司、第八工程公司及第十六工程公司的全部股权。

内；建筑材料公司属于发行人的股权投资，但是具体投资额没有披露；第五工程局和第八工程局属于发行人控股子公司，经过计算，两者对外投资额仅占到总投资额的2%[1]。

由于四家公司的投资额相较于发行人所有的对外投资而言，所占比例小，因此，对上述四家公司的转让不能证明发行人存在主观明确拒绝履行的意图。

2. 客观上无法履行

（1）评级下降。虽然根据《中国人民银行信用评级管理指导意见》，借款企业的C级是指短期债务支付困难，长期债务偿还能力极差。但是，根据本案永续债评级机构联合资信评估公司的公告，评级机构于2016年11月29日将信用评级调低只因为中城建另一只债券存在11月28日未能及时兑付的违约事实。[2]

在司法实践中，绝大多数案件均将债券发行人信用评级降低作为判断发行人是否预期违约的证据之一，而非决定因素。[3]

因此，仅凭借评级下降，不能得出合同客观上无法履行的结论。

（2）其他债券违约。合同因客观行为确定无法履行，需要该行为的外化表现使得合同履行不能，例如在经典例子中，房屋作为履行标的被第三人取得时，原合同出现事实上履行不能的情形。在存其他债券违约的情形时，笔者赞同在宝钢集团财务有限责任公司与保定天威集团有限公司其他证券纠纷案[4]中法院的裁判理由："每一项债券的发行和兑付均系被告的独立履约行为，对其中任何一项债券丧失兑付能力并不必然延及其他债券的兑付结果，且被告对债券一直按期兑付利息，无论从主观上还是行为的外化表现上，均未'表明'其将不履行本案债券的兑付义务。"

债券合同的属于金钱给付，依赖发行人的总体资产状况，在存在其他债券违约的情形时，只能证明发行人的履行能力受到影响，或者出现了财务状况恶化。特别在发行人按约支付了第一期利息的情形下，更不能直接得出本案债券合同履行不能的结论。

通过上文分析，发行人主观上仍有继续履行之意愿，客观上也不存在履行不能，根据《合同法》第九十四条和一百零八条的规定，债权人没有办法直接适用预期违约下的解除权。

（二）进一步思考

尽管评级下降、其他债券违约的事实都不足以满足预期违约的条件，但债权人的确还是会

---

[1] 第五工程公司：18031.20万元，第八工程公司：1250.00万元，投资额合计：931060.70万元。

[2] 联合资信评估有限公司：《联合资信评估有限公司关于下调中国城市建设控股集团有限公司主体长期信用等级及相关中期票据信用等级的公告》，资料来源：http://www.lhratings.com/reports/B0956 – ZQPJ0604 – GG2016 – 1.pdf，2019年6月11日访问。

[3] 曹明哲：《债券发行人预期违约的司法判定》，载《金融市场研究》2019年第2期。

[4] 宝钢集团财务有限责任公司与保定天威集团有限公司其他证券纠纷，上海市浦东新区人民法院（2015）浦民六（商）初字4310号判决书。

对债务人的履约能力感到不安。[①] 这种情况下，预期违约制度是否完全没有了适用空间？从域外法来看，美国《统一商法典》中规定的充分履约保障制度对这一问题有所规定。根据该制度，在债权人有合理依据相信债务人将违反合同时，有权要求债务人就合同的履行提供充分的保障，若债务人未在合理期限内提供保障，债权人可将此种不作为视为拒绝履行。[②] 基于债务人的拒绝履行，债权人可提前终止合同并请求损害赔偿。

本案中也存在类似的情形：投资人通过函件、债券持有人会议等形式催告发行人提供履约担保，但发行人拒绝履行提供保障。那么，是否足以认定发行人以其行为拒绝履行合同？

笔者认为在债券违约中引入这一制度并不合理。将比较法上的制度用于解决本案的问题需要进行利益衡量，私法救济不宜过度干涉商事交易安排：一方面，应当考虑该制度是否会对发行人增加额外的负担；另一方面，还要看是否存在合同法以外的其他制度对投资人进行保护。

其一，提供担保并不是原合同的义务，即便有学者认为提供担保的法律基础在于附随义务的违反，即当债权人因合理理由陷入不安时，根据诚信原则债务人负有提供充分履约保障的附随义务，债权人催告而债务人不提供履约保障时，即构成对于该法定义务的实际违反，[③] 但是并非所有对义务的违反都足以构成合同的解除，而诚信原则仅为债券合同中的附随义务，难以证明其会导致合同目的不能实现。

其二，合同解除作为严格责任，需要有明文的法律规定。如果在债券违约案例中推广这一制度的适用，投资人可以在出现任何合理不安时随时要求发行人提供担保，那么无疑会影响发行人的正常经营。此外，债券作为金融产品存在其固有的商业风险，就如发行人的抗辩所言，这是投资人在选择投资时应该承担的风险，不能在缔约时期待高利益，而一旦出现风险就提出要求解除合同。

其三，还存在其他救济的路径。投资人可以在立案后进行财产保全，以债权人身份以债务违约为由向法院申请请求发行人破产，还有上文提到的可撤销合同等方案，这些方法都可以在一定程度上实现投资人提前兑付的目的，因此无须额外引入充分履约制度保护投资人的利益。

（三）小结

综上所述，即便根据投资人代理律师的思路，法院也不应支持适用预期违约制度而解除合

---

① 陈韵希：《合同预期不履行的救济及其法理基础——再论〈合同法〉不安抗辩权和预期违约的界分》，载《比较法研究》2017 年第 11 期。

② 但是在司法实践存在依据这一制度判定构成预期违约的案例：在太平洋资产管理有限责任公司与中国城市建设控股集团有限公司公司债券交易纠纷一审民事判决书中（2016 沪 02 民初 638 号），法院根据被告对于对未到期债务无法确保能如期支付，也不能提供进一步的保证措施的事实，认定构成预期违约。

③ 葛云松：《预期违约规则研究——兼论不安抗辩权》，中国政法大学出版社 2003 年版，第 193～203、310～334 页。

同，故投资人在履行期限届满前解除合同的诉求不能成立。

六、 尾声

在北京二中院近期发布的一份裁判文书①中，发行债券同为 15 中城建 MTN002 中期票据。法院在认定发行人资信情况已极度恶化并且丧失清偿能力的事实后，没有区分具体的法定解除权，直接依据《合同法》第九十四条判决债券合同解除，这一判决依然没有为永续债的提前兑付提出合理的路径。这也侧面说明了上海法院和投资人一方的代理律师为满足投资人诉求，试图在司法自由裁量下，通过合同法第九十四条第四款的根本违约、《合同法》第六十九条的不安抗辩权以及第九十四条第二款预期违约解除制度来寻找案件的突破口。但是通过上文的分析，上述思路在本案的具体适用上都不能成立，法院并没有得出正确的判决。

对于本案的反思，笔者认为，在政府隐形担保下的中国债券市场被打破"零违约的神话"②和破除刚兑的趋势下，债券违约类案件会更加普遍。因此，对于投资人而言，在进入市场时，应当在期待获取投资收益的同时牢记债券市场中的风险无处不在。在交易过程触及自身利益时，由于通过合同解除提前兑付的救济路径在目前的法律框架下存在一定的操作难度，笔者发现存在召开债券持有人会议③主张对未到期的债券提前兑付等其他可行的救济路径，这些具体的措施也将等待我们进一步的讨论。

（责任编辑：王传竣）

---

① 上海农村商业银行股份有限公司与中国城市建设控股集团有限公司公司债券交易纠纷，北京第二中级人民法院（2018）京 02 民初 6 号。

② 凤凰财经：《＊ST 超日无法按期全额支付公司债券第二期利息》，资料来源：http：//finance. ifeng. com/a/20140304/11803507 _0. shtml，2019 年 6 月 11 日访问。

③ 根据《公司债券发行与交易管理办法》第五十五条第十项，发生其他对债券持有人权益有重大影响的事项时，债券受托管理人应当召集债券持有人会议。

银行存款账户错误汇款问题的实证案例分析

■ 彭粒一*

摘要： 通说认为，银行存款属于存款人对银行的债权，当支付指令完成时，汇款人仅能通过请求得利人返还不当得利的方式获得一项债权性救济。为检验通说在实践中是否得以遵循，本文以"执行异议之诉"为切入点，通过对筛出的 45 个案例的梳理归纳，发现各级法院并非一成不变地赋予汇款人一项债权性救济；在某些特殊情形下，法院会赋予汇款人一项具有优先性的物权性救济。这种物权性救济方式，虽合乎情理，但说理逻辑却难以自洽：本文认为，此为法院为保障错汇人权利，不得不将本应由《破产法》中相关制度来解决的问题，错位到不当得利制度和物权返还制度的结果。鉴于此，本文提出，在我国语境下，解决银行存款账户错误汇款问题，应以收款人的财产是否充足为出发点。具言之，可将"收款人是否破产"作为临界点，对错误汇款的救济路径二分讨论。在收款人未破产时，错汇人应在不当得利制度中寻求救济。在收款人破产或者"本应破产却未破产"时，错汇人可在对其保护力度更强的破产法中寻求救济。

关键词： 错误汇款　不当得利　实证案例分析

随着经济发展和技术进步，不同主体之间资金往来的方式也朝着兼顾便捷与安全的方向发展。从物物交换到一般等价物的出现，从晋商钱庄、镖局到现代商业银行，资金流、信息流传递的形式越来越标准化、规范化、专业化。

商业银行作为传递资金流、信息流的专业中介机构，吸收存款、发放贷款、办理结算、代理

---

* 作者系 2015 级北京大学法学院法律硕士，现供职于深圳证券交易所。本文成稿于 2018 年 3 月，仅为作者个人观点，不代表所供职单位观点。导师张双根对全文进行了指导，楼建波、刘燕、许德风老师对本文提出了许多宝贵的建议，特致谢意。

收付款等是其主要业务。① 与这类业务关联的存款人，为高效、快捷地结清其各项法律关系中的资金关系，也惯常使用银行账户进行支付结算。② 而在此过程中，存款人和银行则时常遭遇"错误汇款"问题，从而引发汇款人、银行、收款人之间的三角关系。这个三角关系，应如何进行拆解、分析？

通说认为，因存款货币③（bank money）错误支付引起的法律关系，可运用多人给付不当得利的思路来处理，即以指示给付原理为切入点，④ 在指示给付的情况下，汇款人、收款人、银行之间存在对价关系与资金关系。所谓对价关系，是指汇款人与收款人的法律关系，或为清偿债务，或为对收款人的赠予等；所谓资金关系，是指汇款人与银行的法律关系。错误汇款属对价关系缺失或瑕疵的典例，归类于给付型不当得利。因此，当存款人错误汇款的支付指令完成（被收款行接受）后，便无法撤销，汇款人只得请求得利人返还不当得利。⑤

那么在实务中，上述观点是否得以贯彻呢？

本文将从实证分析的角度展开。先交代本文案例来源及筛选方法，确定拟分析案例；然后分析具体案例，重点关注法院赋予错汇人何种权利及相关理由；最后，总结归纳，厘清法院说理逻辑的不足之处，并借此提出本文的分析逻辑。

一、 样本的来源、 筛选与确定

（一）样本的来源

首先，我们确定以"北大法宝司法案例"中所收录的案例为本文的样本来源库。

---

① 《中华人民共和国商业银行法》（2015 年修）第二条："本法所称的商业银行是指依照本法和《中华人民共和国公司法》设立的吸收公众存款、发放贷款、办理结算等业务的企业法人。"第三条："商业银行可以经营下列部分或者全部业务：（一）吸收公众存款；（二）发放短期、中期和长期贷款；（三）办理国内外结算……（十二）代理收付款项及代理保险业务……"

② 本文提及的"银行存款账户"或"存款账户"，仅指中国法下，存款人在银行开设的人民币结算账户（即个人 I 类户和银行基本存款账户），而不包括保证金专户、证券资金账户、信托资金账户等特殊银行账户。

③ 本文提及的存款货币也被称为记账货币（Buchgeld），它不同于动产货币（chattel money）或实体货币（Sachgeld）。后者是指在法律性质上属于动产，应适用动产相关法律规则的货币，它以某种物质载体为基础，比如现金纸币、实体钱币等，前者则是指抽象形态的货币。参见 Richard Calnan, Proprietary Rights and Insolvency, Oxford University Press, 2010, p. 145；朱晓喆：《存款货币的权利归属与返还请求权——反思民法上货币"占有即所有"法则的司法运用》，载《法学研究》2018 年第 2 期。

④ 王泽鉴：《不当得利》，北京大学出版社 2015 年版，第 212～221 页。在指示给付理论下，被指示人只要完成指示人发出之指令即视为义务履行完毕，指令的错误并不会影响到被指示人已履行完毕的义务（参见陈自强：《委托银行付款之三角关系不当得利》，载《政大法律评论》1996 年第 12 期）。在此意义上，被指示人并没有"实质审查"指令正确性的义务，故属于原因关系非必要说。（关于原因关系必要说和原因关系非必要说，可参见其木提：《委托银行付款之三角关系不当得利—以错误汇款为研究对象》，载《法学》2014 年第 11 期。）

⑤ 王泽鉴：《不当得利》，北京大学出版社 2015 年版，第 212～221 页。

接着，我们在"高级检索"中，通过"关键词"锁定与本文研究问题相关的内容。具体来说，我们将"执行异议之诉"① 作为案由，在"全文"上选择"错误汇款""汇款错误""错误转账""转账错误""错误汇入""错汇"六项内容作为检索关键词分别进行搜索，分别得到 15 个、6 个、6 个、3 个、82 个、30 个案例（分别标记为 A 类、B 类、C 类、D 类、E 类、F 类），共 142 个案例。②

表 1　检索关键词、类别和案例个数

检索关键词	类别	案例个数（件）
错误汇款	A	15
汇款错误	B	6
错误转账	C	6
转账错误	D	3
错误汇入	E	82
错汇	F	30
合计	—	142

资料来源：经笔者整理所得。

（二）样本的筛选

通过样本初步筛选得到 142 个案例，但需剔除其中重复或与本文无关的案例，③ 同时仅保留截至选取日判决仍有效的案例。

进一步筛选过程为：在"错误汇款"类（A 类）案件中，剔除了 1 个重复案例④和 1 个证据问题案例⑤，共 2 个案例；在"汇款错误"类（B 类）案件中，剔除了 2 个重复的案例⑥；在

---

① 经过笔者充分考虑后，选择以"执行异议之诉"作为切入点。笔者曾在 2017 年 7 月 23 日，以"案由""民事""错误汇款"为关键词检索，共得 474 个案例，经梳理归纳效果并不好，因为绝大多数案例的争议点都是证据问题，即原告是否真实发生了错误汇款——这并非本文关注的内容。所幸笔者注意到：在所有的执行异议之诉中，原被告（以及第三人）争议的焦点，与本文研究的内容恰好契合（即法院对银行存款法律性质的界定及提供给汇款人救济的类型），且各级法院对该问题的阐述较为详细。选择"执行异议之诉"作为样本关键词，能极大地提高案例的可用性，使本文的样本具有更强的说理性。

② 这六个关键词能够涵盖绝大部分与本文研究问题相关的案例，这也是笔者通过前期工作（即上注中 474 个案例的梳理工作）得出的结论。第二次筛选的 142 个案例，截至 2017 年 12 月 10 日。

③ 此处所谓"重复"，指不同关键字下检索到的同一个案例（重复筛选），或是同一案件二审或者再审，推翻或修改了前审判决结果的情况；"与本文无关"，是指一些案件证据不足或争议焦点并非本文所研究的情况。

④ （2015）银民终字第 1947 号，该案进行了再审。

⑤ （2015）温乐执异初字第 15 号，该案中争议点为：原告是"错误汇款"还是存在其他基础法律关系，并非错误汇款后的救济问题，故排除。

⑥ （2017）浙 0213 民初 138 号、（2016）内 0623 民初 1348 号属筛选重复。

"错误转账"类（C 类）案件中，剔除了 1 个重复案例①和 1 个证据问题案例②，共 2 个案例；"转账错误"类（D 类）案件中，剔除了 1 个重复案例③；"错误汇入"类（E 类）案件中，剔除了 9 个重复案例④和 63 个同类案例⑤，共 72 个案例；"错汇"类（F 类）案件中，剔除了 11 个重复案例⑥、4 个无关案例⑦和 3 个证据问题案例⑧，共 18 个案例。

（三）样本的确定

经上述步骤，共得 142 - 2（A）- 2（B）- 2（C）- 1（D）- 72（E）- 18（F）= 45 个案例，下文将以这 45 个案例为基础展开分析。⑨

---

① （2015）穗海法民一初字第 1366 号，因（2016）粤 01 民终 6714 号进行了二审而剔除。

② （2015）鹤民终字第 392 号属证据问题。

③ （2017）赣 04 民终 928 号属重复筛选。

④ （2016）粤 01 民终 6714 号、（2016）鲁 15 民终 649 号、（2015）银民终字第 1947 号、（2013）浙湖执异终字第 2 号、（2016）辽 1202 民初 371 号、（2015）甬海法执异初字第 8 号、（2015）穗海法民一初字第 1366 号、（2014）海民（商）初字第 25701 号属于重复筛选，（2014）湖长执异初字第 10 号因（2015）浙湖执异终字第 1 号进行了再审剔除。

⑤ 该类案件中被告均为李淑祥，而原告属于挂靠其账户的 64 位司机。由于判决除原告以外其他内容全部一致，故可将这 64 个案例统称为"×××诉李淑祥等案外人执行异议之诉案"，本文将重复案例归为一类。

⑥ （2016）津 01 民终 5303 号、（2016）粤 01 民终 6714 号、（2016）鲁 01 民终 1278 号、（2015）沈中民三初字第 157 号、（2016）浙 0302 民初 10103 号、（2015）温乐执异初字第 27 号、（2016）辽 1202 民初 371 号、（2015）甬海法执异初字第 8 号、（2015）雨民初字第 04473 号均属重复筛选；（2015）温龙执分初字第 1 号因（2015）浙嘉执分终字第 2 号再审而剔除。

⑦ （2016）粤 01 民终 7731 号属于诱发性错误汇款问题（合同诈骗），（2017）津 02 民终 3697 号属于外汇账户而非人民币账户的问题，二者不属于本文探讨内容。（2015）温龙执分初字第 1 号、（2015）浙温执分终字第 4 号均属于诉讼请求错误，也与本文主题无关。

⑧ （2015）沪一中民一（民）终字第 908 号、（2014）浦民一（民）初字第 28347 号、（2016）浙 0381 民初 8816 号均属于证据不足问题。

⑨ 45 个案例分别为：（2013）浙湖执异终字第 2 号、（2013）浙湖执异终字第 2 号、（2014）海民（商）初字第 25701 号、（2014）川民初字第 218 号、（2014）肇德法民二初字第 11 号、（2014）宁商终字第 1235 号、（2015）温苍执异初字第 63 号、（2015）瑶民二初字第 00844 号、（2015）温乐执异初字第 27 号、（2015）温苍执异初字第 63 号、（2015）温苍执异初字第 62 号、（2015）雨民初字第 04473 号、（2015）台黄执异初字第 1 号、（2015）合民二终字第 00986 号、（2015）甬海法执异初字第 8 号、（2015）沈中民三初字第 157 号、（2015）锡商终字第 0574 号、（2015）浙嘉执分终字第 2 号、（2015）浙湖执异终字第 1 号、（2015）民提字第 189 号、（2016）宁民申 315 号、（2016）浙 0303 民初 3877 号、（2016）内 0623 民初 1348 号、（2016）辽 1202 民初 371 号、（2016）浙 0302 民初 10103 号、（2016）浙 0109 民初 2871 号、（2016）鲁 0724 民初 3337 号、（2016）粤 1973 民初 7428 号、（2016）粤 2071 民初 11574 号、（2016）浙 0302 民初 3966 号、（2016）鲁 15 民终 649 号、（2016）粤 01 民终 6714 号、（2016）津 01 民终 5303 号、（2016）鲁 01 民终 1278 号、（2016）辽 01 民终 9349 号、（2016）苏 05 民终 3355 号、（2017）浙 1081 民初 954 号、（2017）浙 0213 民初 138 号、（2017）浙 1081 民初 954 号、（2017）浙 0881 民初 1365 号、（2017）浙 1081 民初 954 号、（2016）浙 0109 民初 2871 号、（2017）赣 04 民终 928 号、（2017）鲁 03 民初 11 号、（2017）最高法民申 322 号。

二、 基于 45 个案例的数据分析

在确定 45 个案例之后，本文主要从案件基本情况、案件中法院提供的救济方式以及各案中法院赋予相应救济的理由三个方面归纳分析。

（一）45 个案例的基本情况

1. 案例覆盖的地区。

表 2　案例覆盖地区统计（从左到右按占比降序排列）

	浙江	山东	广东	江苏	安徽	辽宁	全国①	天津	北京	湖南	江西	内蒙古	宁夏	总计
数量（件）	21	5	4	3	2	2	2	1	1	1	1	1	1	45
占比（%）	46.7	11.1	8.9	6.7	4.4	4.4	4.4	2.2	2.2	2.2	2.2	2.2	2.2	100

资料来源：经笔者整理所得。

从表 2 可以看出，本文抽取的 45 个案例涵盖了 12 个省份，在覆盖区域上具有较强的代表性。

2. 案例的审结日期。

表 3　审结日期统计

	2013 年	2014 年	2015 年	2016 年	2017 年	总计
总计（件）	2	4	14	16	9	45
占比（%）	4.4	8.9	31.1	35.6	20.0	100

资料来源：经笔者整理所得。

如表 3 所示，本文选取案例的审结日期都在最近五年内，主要集中在 2015 年、2016 年、2017 年三年。这说明"错误汇款"中权属争议的"频发性"以及本文所选取案例的"应时性"（笔者注：此文成稿于 2018 年 3 月）。

3. 案件终审法院的级别。就终审法院的级别而言，本文所选取的 45 个案例覆盖基层到最高院四个级别，具有较好的代表性。各法院的案例数量和所占比例如表 4 所示。

表 4　检索关键词、类别和案例个数

	基层法院	中级法院	高级法院	最高法院	总计
数量（件）	25	17	1	2	45
占比（%）	55.6	37.8	2.2	4.4	100

资料来源：经笔者整理所得。

---

① 由最高院审理的案件，未纳入"北京"一栏，而是放到"全国"一栏中统计。

4. 案例中提供救济的类型。

表 5　救济类型与终审法院统计

	基层法院	中级法院	高级法院	最高法院	总计
债权性救济（件）	21	16	1	0	38
物权性救济（件）	4	1	0	2	7
债权性救济占比（%）	84.0	94.1	100	0	84.4
物权性救济占比（%）	16.0	5.9	0	100	15.6

资料来源：经笔者整理所得。

从表 5 统计结果来看，提供物权性救济的案例有 7 件（占比 15.6%），提供债权性救济的案例有 38 件（占比 84.4%）。说明法院在救济方式的供给上，不同案件中会有差异（需关注的是，最高院的两个案例均支持并赋予了汇款人一项物权性救济）。由此引发的下一个问题为：法院在何时会赋予汇款人一项物权性救济，又在何时会赋予汇款人一项债权性救济？其理由分别是什么？

（二）赋予债权性救济的理由

所谓债权性救济，是指汇款人错误汇款后，汇款人仅能向特定人主张债权，并且该项债权与其他普通债权相同。因此，该种救济仅具有使权利人得到"平等受偿"的特性，[①] 但无法提供救济的优先性。

本文选取的 45 个案例中，有 38 个案例赋予汇款人债权性救济。其阐述的理由可大致归结为下列 3 项：

1. "货币属于种类物"或"货币所有权"。

根据本文统计，在债权性救济的 38 个案例中，提及"货币属于种类物"或"货币所有权"概念的共有 36 例，约占 95%；未提及的仅有 2 例，[②] 约占 5%。法院阐述的理由通常是：银行存款属于货币的一种，而货币是物的一种，且属于种类物，因此，银行存款属于种类物，在其之上

[①]　关于债权平等原则，参见王泽鉴：《债法原理》，北京大学出版社 2013 年版，第 10 页；同时参见王洪亮：《债法总论》，北京大学出版社 2016 年版，第 30 页。

[②]　这两例分别为（2016）鲁 01 民终 1278 号和（2016）辽 01 民终 9349 号。遗憾的是，这两个案例并没有提出新的见解和理由。如鲁 01 民终 1278 号判决认为原审判决错误（原审判决支持汇款人主张物权返还），将其改判为汇款人仅能向收款人主张不当得利之债，没有对此阐述理由；辽 01 民终 9349 号判决："根据《最高人民法院关于适用执行程序若干问题的解释》第十五条的规定，案外人对执行标的主张所有权或者其他足以阻止执行标的的转让、交付的实体权利的，可以向执行法院提出异议。则案外人据以提出执行异议主张的实体权利应为物权及特殊情况下的债权，特殊情况的债权应为法律有特殊保护规定并且当事人完成了其要求要件时所获取的权利……本案中，原告的权利仅为普通债权请求权，并不足以排除强制执行。"该案的裁判内容也跳过了阐述理由的部分。

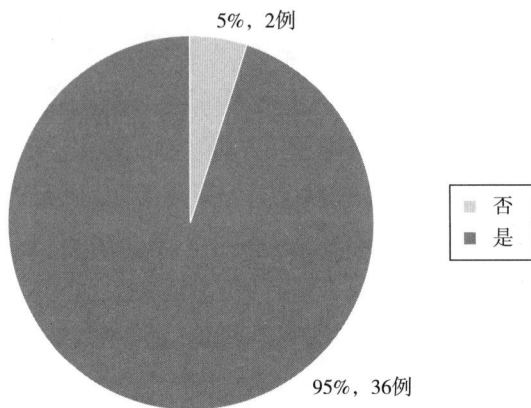

图 1 提及"货币属于种类物"或"货币所有权"观点的占比

（资料来源：经笔者整理所得）

可成立"货币所有权"。

由于"货币所有权"或者"货币属于种类物"的概念往往会和"占有即所有"的概念同时使用，从而引出下一项内容。

2. 货币适用"占有即所有"规则，交付即移转所有权。在该类案例中，提及"货币属于种类物"，往往是作为下一步分析的前提，因此，在法院进一步阐释时，就会顺带引出所谓的"占有即所有"规则（图表和概率分布与图 1 一致）。

在提及"货币属于种类物"与"占有即所有"规则的 36 个案例中，法院说理的基本逻辑是：首先，如前所述，货币之上存在所谓的"货币所有权"且货币属于种类物，银行存款是货币，所以也是种类物，应当适用关于货币的规则；[①] 接着，货币作为一种特殊动产，流通性系其生命。在商品经济条件下，为维护交易安全，人们在交易中无须考察货币的来源，不问货币占有变动的原因如何，均能导致所有权变动的结果，即货币所有权的转移具有无因性，货币的所有权具有与货币的占有的一致性；货币的权属确认与权属流转中适用"所有与占有一致"的基本规则，货币占有的取得即意味着货币所有权的取得，货币占有的丧失即意味着货币所有权的丧失；因此，"账户内货币的占有与所有高度一致，货币占有取得即视为货币所有权的取得，所有权自

---

① 需要反思的是：货币一定是指"动产货币"吗？如果没有引入"货币"的概念，银行存款和纸币（动产）之间的区别可谓天壤。"货币"这个概念只能说明银行存款和动产货币之间存在某种功能上的相似性，二者均能够充当交易中介之"货币"。但是功能上的相似性并不能理所当然地认为二者在法律适用上也具有相似性。故笔者认为，法院的此种分析逻辑难谓妥当。因此还需要更为细致的理论进行阐述。

交付时发生转移。"①

通过上述1、2两项的规则，法院基本上完成了一整套说理过程，可以"顺利地"得出"汇款人的银行存款货币所有权已经转移给了收款人，并且收款人将其与自身财产混合，汇款人无权请求返还原物"的结论，故"错误汇款人仅能向收款人主张债权"。

3.《执行规定》（法释〔2015〕10号）第二十五条之规定。

除了上述第1、2项内容，有的法院还通过《执行规定》第二十五条来增强说理性。② 在本文统计的38个案例中，提及该项规定的共有9例，占比24%（见图2）。法院在说理过程中提及《执行规定》，缘于执行程序中若案外人对被执行财产享有实体权利，可向法院提起执行异议以阻却执行程序的开展。③ 为判断"账户中银行存款"的权利归属，法院往往援引《执行规定》第二十五条第一款第三项，并结合中国人民银行《支付结算办法》（银发〔1997〕393号）第十六条"谁的钱进谁的账，由谁支配"，认定收款人属于款项的权利人，其银行存款可被法院强制执行；与此同时，法院还会认定由于该笔银行存款已不在错误汇款人账户名下，因此汇款人不是该笔款项的权利人。④

---

① 以上这一整套逻辑被称为"占有即所有"规则的表述（可参见刘保玉：《论货币所有权及其在运营中的流转》，载《中国商法》2004年第1期）。该项规则目前也备受争议，因为即使是动产货币，也不完全适用"占有即所有"规则，比如在货币能够特定化的时候。（"金钱亦得为所有物返还请求权之标的，但仅以金钱在占有人处，仍已特定化时为限。"参见［德］鲍尔/施蒂尔纳著：《德国物权法》（上册），张双根译，法律出版社2004年版，第210页）与其说"占有即所有"是货币的通用规则，不如说动产货币适用动产中种类物的一般规则。关于占有即所有问题的反思，可参见其木提：《货币所有权归属及其流转规则——对"占有即所有"原则的质疑》，载《法学》2009年第11期。

② 《最高人民法院关于人民法院办理执行异议和复议案件若干问题的规定》（法释〔2015〕10号，本文简称为《执行规定》）第二十五条："对案外人的异议，人民法院应当按照下列标准判断其是否系权利人：……（三）银行存款和存管在金融机构的有价证券，按照金融机构和登记结算机构登记的账户名称判断；有价证券由具备合法经营资质的托管机构名义持有的，按照该机构登记的实际投资人账户名称判断……"

③ 参见《关于适用〈中华人民共和国民事诉讼法〉执行程序若干问题的解释》（法释〔2008〕13号）第十五条；《民事诉讼法》（2012年修正）第二百二十七条。

④ 在权属确认规则上，《执行规定》和央行《支付结算办法》都采用了以账户名称来判断权利归属的方式，殊值赞同。本文认为，银行以存款人"账户名称"来界定"银行存款"的权利归属是符合商业实践的（国际上主要是《贷记划拨示范法》，国内则是央行制定的《电子支付指引（第一号）》（〔2005〕第23号））。这种方式的好处在于将银行从基础法律关系的争议中排除出去，从账户显示结果的角度来推断权利归属，使银行能够按账户显示来进行资金操作，有利于降低银行的运营成本，提高业务效率。倘若银行对权属的"真实性"负有甄别义务，则银行需对每一笔资金的基础交易进行实质审查，这与银行的商业实践不符，也违反了《支付结算办法》旨在简化给付程序，加速货币资金周转的目的（参见其木提：《委托银行付款之三角关系不当得利——以错误汇款为研究对象》，载《法学》2014年第11期）。并且，强行要求银行对权属的"真实性"负有甄别义务也不符合银行的基本职能——银行作为支付结算和资金清算的中介机构，通常仅担任媒介付款之角色，其不欲且不应介入他人之法律关系。但是，这并不意味着"银行存款"属于"物"（因为债权本身也具有特定性，以账户名称来判断权利归属的方式，实际上恰好表明债权本身的归属性。账户中的数字，也恰好对应存款人对银行享有的债权数额）。

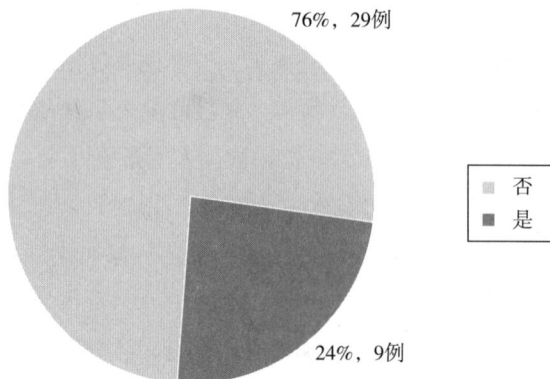

图2　提及《执行规定》第二十五条之规定观点的占比示意

（资料来源：经笔者整理所得）

（三）赋予物权性救济的理由

除了赋予错误汇款人债权性救济，在某些特定情形下，法院会支持汇款人取得物权性救济的主张，认定汇款人的权利具有一定的优先性。[①]

在本文选择的45个案例中，有7个案例给汇款人提供物权性救济（实则为4个案例）。[②] 对于这种优先性，法院阐述的理由大致也可归纳为以下三项：

1. 货币尚未"混合"或者已经特定化。在4个案例中，有3个案例（占75%）提到了这条理由。

在浙民初3877号案例[③]中，法院认为：银行账户发挥其流通功能的情形下，账户内货币的占有与所有才高度一致，而本案被告……自获得不当利益15万元时，该账户即处被冻结状态。其绝大部分的流通功能已经丧失，之后该账户除结息外也再无其他交易情况，故本院确定被告……应当返还的不当利益15万元在该账户中并未被混同[④]，应作为特定款项返还……

---

① 本文提及的物权性救济，并非指"物权上的救济"，而是区别于"平等受偿"的债权救济。如果某种救济方式体现了"优先性"的特征，本文也会将其归入"物权性救济"中。

② 因为并非每个案例都给出了充分的理由，比如（2015）温乐执异初字第27号、（2014）肇德法民二初字第11号、（2017）浙0881民初1365号三个案例，在判决理由中，法院要么以"当事人已经报警"，要么以"财产所有权的取得，不得违反法律规定"，径行得出"收款人并没有取得该项财产"的结论，而没有给出详细的理由。由于这类案例没有提供对本文有价值的信息，故舍去。故下文仅余4个案例进行详细分析。

③ 中国工商银行股份有限公司温州龙湾支行诉温州市创立鞋材有限公司等执行分配方案异议纠纷案，（2016）浙0303民初3877号。

④ 此处应为"混合"，似属法院笔误。"混同"一般属于债法上的概念（广义上可能包含物权），其描述的是"债权与债务同归于一人，合同的权利义务终止"的情况（参见我国《合同法》第一百零六条；韩世远：《合同法总论》，法律出版社2011年版，第578页。而"混合"则是物权法上的概念，其描述的是"属于不同所有权人的物根本不能分开或只有支付不成比例的费用才能被分开"的情况（参见［德］鲍尔/施蒂尔纳著：《德国物权法》（下册），申卫星、王洪亮译，法律出版社2006年版，第449～450页；王泽鉴：《民法物权》，北京大学出版社2010年版，第202～203页）。

可以看出，该院的逻辑前提依然是"银行存款"上存在"所有权"，但是由于其没有"混合"，故可以取回。①

在 2015 年的民提 189 号案例②中，最高院的逻辑和上述案例一致，认为：货币系种类物，通常情形下，占有即所有，应当以占有状态确定货币的权利人。但在本案中，由于……中级人民法院冻结该账户时，该账户余额为 0；到期续冻及 2013 年 5 月 22 日金赛公司（笔者注：汇款人）汇入 948000 元后，该账户除了此 948000 元及由此而产生的存款利息外，并无其他资金进入该账户，故该款并未因为进入双驼公司（笔者注：收款人）的该账户而与其他货币混同③，已特定化……双驼公司既未以权利人的主观意思实际占有该款，也无法使用、处分该款，故不应是该款的实际权利人。

但在 2017 年的民申 322 号案例④中，最高院转变了观点，认为：（款项）通过银行账户转账实现，并非以交付作为'物'的货币实现，元恒公司（笔者注：收款人）事实上并未从金博公司（笔者注：汇款人）处获得与案涉 4244670.06 元相等价的货币；且如前所述，案涉款项因被榆林中院冻结账户并直接扣划至执行账户，元恒公司并未实际占有、控制或支配上述款项……故不具备适用"货币占有即所有原则"的基础条件。

我们看到，相较于 2015 年的民提 189 号案例，对同一类案件，最高院在 2017 年的民申 322 案例中改变了态度，认为此种情形下不能适用所谓的"占有即所有"的规则，而应当将银行存款的"转账行为"区别于动产中的"交付行为"。同时，最高院认为，收款人从一开始就没有实际控制这笔款项，该款项仅在其账户上停留了一瞬间便被划入法院的执行账户，因此，款项的实际控制人是法院而非收款人。最后，最高院认为："因账户冻结及被划至执行账户使其得以与其他款项相区别，已属特定化款项。在此情况下，金博公司对该 4244670.06 元款项享有合法的民事权益，该民事权益足以排除榆林中院对该款项的强制执行。"⑤

2. 没有移转款项的意思表示或意思表示有瑕疵。提及该项理由的案例，共有 2 个（占

---

① 就该种逻辑来看，依然和前文"债权性救济"部分理由的第一、二项内容相同，只不过法院认为账户被冻结的时候，资金可以特定化罢了。这种观点依然没有摆脱将"银行存款"看作"动产货币"的理论困境。

② 河北银行股份有限公司维明街支行与青岛金赛实业有限公司、青岛喜盈门双驼轮胎有限公司申诉、申请民事判决书，（2015）民提字第 189 号。

③ 此处应为"混合"，似属法院笔误。

④ 刘玉荣诉河南省金博土地开发有限公司等外人执行异议之诉案，（2017）最高法民申 322 号。

⑤ 最高院在此处并没有说明其权属的性质，而是笼统地称其为"民事权益"。但从其否认"交付物"的方式实现款项转移的态度来看，这里的"民事权益"应当实指"存款债权"。根据《关于适用〈中华人民共和国民事诉讼法〉执行程序若干问题的解释》（法释〔2008〕13 号）第十五条："案外人对执行标的主张所有权或者有其他足以阻止执行标的转让、交付的实体权利的，可以依照民事诉讼法第二百零四条的规定，向执行法院提出异议。"最高院认为这种"民事权益"足以阻却执行程序的进行。但是这种观点与其说是法律逻辑的推理，不如说更多的是基于法律政策的考量，详见下文阐述。

50%），均为最高院提审的案例。

在 2015 年的民提 189 号案例中，最高院认为：金赛公司虽实施了将该款误汇到双驼公司账户的行为，但金赛公司并无将该 948000 元支付给双驼公司的主观意思，双驼公司也无接受此 948000 元的意思表示，故金赛公司将案涉款项汇入双驼公司……账户，仅系事实行为，而非金赛公司向双驼公司交付 948000 元。

本案中，最高院认为汇款人尽管客观上支付了款项，但从主观上来看，汇款人并没有转移款项的意思表示，① 因此，"货币所有权"没有发生转移。

与此类似，在 2017 年的民申 322 案例中，最高院认为：金博公司向元恒公司划款 4244670.06 元系误转所致，金博公司对于划款行为不具有真实的意思表示，元恒公司也缺乏接受款项的意思表示，故该划款行为不属于能够设立、变更、终止民事权利和民事义务的民事法律行为，而仅属于可变更或撤销的民事行为，即该误转款项的行为未能产生转移款项实体权益的法律效果，该款项的实体权益仍属金博公司所有，而不属于元恒公司。

此处法院将划款行为界定为一项法律行为，用意思表示的解释路径，认为双方当事人并没有达成划款合意，故属于可撤销的法律行为。② 而汇款人起诉到法院（实则想撤销该项法律行为，因此该行为被撤销后），③ 该款项的实体权益归属于汇款人。

3. 基于诚实信用、诉讼效率等原则。除上述两项理由，有 2 个案例（占 50%）还从法律原则的角度进行了阐述。

在甬海初 8 号案例④中，法院认为：依据诚实信用原则，工艺品公司（笔者注：收款人）以及工艺品公司的所有债权人不应期待以工艺品公司不当取得财产和背负债务的方式获得可供执行的财产。三被告认为杰鑫公司（笔者注：汇款人）应当以不当得利之诉向工艺品公司要求返还涉案款项，实则使杰鑫公司与其他债权人就涉案款项处于同等受偿顺位，客观上有利于三被告从工艺品公司不当所得款项中获益，如本院予以支持，则与诚实信用及公平原则相悖。

---

① 此处采用了意思表示的理论，但法院有两处难以自圆其说：第一，汇款人转账的意思表示并不是直接向收款人发出的，而是向汇款银行发出的。第二，汇款人在划款时有处分自己"银行存款"的意思表示（实际上是同意银行进行抵销操作），而不是单纯的事实行为。

② 这里的解释路径也很奇怪。按照最高院的解释，如果意思表示未达成一致，法律行为是否成立尚属存疑，何来撤销一说？（关于意思表示的解释理论，可参见朱庆育：《民法总论》，北京大学出版社 2013 年版，第 215 ~ 222 页。）

③ 括号内的内容乃笔者所补充，否则无法解释在当事人并未行使撤销权的情形下，原法律行为的效力问题。（可撤销法律行为在被撤销前应属有效，即可撤销法律行为效力上的二阶性。朱庆育：《民法总论》，北京大学出版社 2013 年版，第 309 ~ 316 页。）

④ 宁波杰鑫进出口有限公司等诉化学品海运私人公司（Chemship B）等外人执行异议之诉案，（2015）甬海法执异初字第 8 号。

在该案中，法院的阐述的理由是"不得以他人财产清偿自身之债务"，否则将违背"诚实信用原则"，进而支持了汇款人的执行异议。

此外，在上述的民申 322 号案中，最高院动用了诉讼效率原则，认为：案外人执行异议之诉旨在保护案外人合法的实体权利，在已经查明案涉款项的实体权益属案外人金博公司（笔者注：汇款人）的情况下，直接判决停止对案涉款项的执行以保护案外人的合法权益，该处理方式符合案外人执行异议之诉的立法目的，也有利于节省司法资源和当事人的诉讼成本；如仍要求案外人再通过另一个不当得利之诉寻求救济，除了增加当事人诉讼成本、浪费司法资源之外，并不能产生更为良好的法律效果和社会效果，也不符合案外人执行异议之诉的立法初衷。

三、 实证案例评析

本文认为，上述判决法院无论赋予权利人"债权性救济"还是"物权性救济"，其说理逻辑均存有瑕疵，有待改进。

（一）不恰当地适用"动产货币"的相关规则

在上述绝大多数案例中，法院判决理由都提及"货币所有权""货币属于种类物""占有即所有"的观点，并运用动产货币的逻辑分别赋予错汇人一项债权性救济或者物权性救济。但这样的逻辑难以在现行法中寻求足够的支撑，理由如下：

首先，在利用银行电子划拨系统进行汇款时，上述案例并不涉及"物"的相关问题。银行存款属于存款人对银行的债权，汇款人在利用银行电子划拨系统进行支付结算时，就是债权债务关系的一个变化（会计账簿上的复式记账），而不会用相应的动产货币进行"面对面"地交付。这就意味着，在现代错误汇款案件中，几乎无法寻觅《物权法》中"物"的影子，何来"存款货币"属于"种类物"的观点，又何来适用"占有及所有"的基础呢？

其次，法院若欲适用《物权法》上关于动产货币的交付规则，必先解决的问题是"物权法定原则"对物权种类和内容上的框定。① 在我国法律中，银行存款属于何种物权？银行存款是"动产"吗？银行存款之上存在"所有权"吗？

最后，法院虽"创造性"地提出"货币所有权"的概念，但其概念和逻辑均不清晰。其一，"货币"并不是一个标准的法律概念，它源于经济学。但即使在经济学上，对于货币的一般性定义也是很困难的。经济学往往从功能角度来界定"什么是货币"，比如货币可以作为交易媒介，作为价值或财富的贮藏手段等。凡是满足了"货币之功能"定义的东西，在某种意义上都可以

---

① 《物权法》第五条："物权的种类和内容，由法律规定。"

被称为货币。① 其二，经济学上关注的"货币"，主要是从其发挥的功能上来看的。但是民商法关注的"货币"并非功能角度，而是从权利之归属适用何种规范的角度——"货币"是物权还是债权，还是所谓的"财产权"。在民商法中，动产货币与存款货币，是两个完全不同的概念。动产货币应适用动产的规则，而存款货币通过电子划拨系统进行支付结算，属于存款人对银行债权的范畴，与"物"无涉（故不能直接适用动产货币中的相关规则）。其三，尽管权利可以成为某些物权的客体，比如权利质权等，但权利之上却无法存有"所有权"。② 所有权，是完整的权利，是对"物"的全面支配，包括对物的占有、使用、收益、处分等并排除他人的干涉。③ 银行存款很明显不符合所有权的属性。其四，退一步讲，即使对银行存款准用动产货币的相关规则，根据《物权法》上关于"混合"的规定，也不存在所谓"占有即所有"的规则，而应为"各动产所有人，按其动产混合时的价值，共有混合物；若存在主物的，主物所有人取得混合物的所有权"。④

（二）忽略汇款人与汇款行之间的法律关系

在最高院审理的两个案件中（即民申 322 号与民提 189 号），虽然最终都赋予汇款人一项物权性救济，但均忽略了汇款人与汇款行之间的法律关系，径行认定划拨或转账行为属于汇款

---

① 参见［英］查理斯·普罗克特著：《曼恩论货币法律问题》，郭华春译，法律出版社 2015 年版，第 8 ~ 9 页；［美］弗雷德里克·S. 米什金著：《货币金融学》，郑艳文、荆国勇译，中国人民大学出版社 2015 年版，第 52 ~ 64 页。关于定义的方式存在假设性定义和直觉性定义，当假设性定义难以完成时，往往通过直觉感受作为定义的基础（参见 Fimmer S. C. Northrop, The Complementary Emphases of Eastern Intuition Philosophy and Western Scientific Philosophy, Philosophy, East and west, Princeton University Press, 1946, p. 187, 205. 转引自冯友兰：《中国哲学简史》，涂又光译，北京大学出版社 2013 年版，第 24 ~ 26 页。），"货币所有权"就是一种直觉式的定义。

② "权利上的权利"，一般包括用益权和质权。参见［德］鲍尔/施蒂尔纳著：《德国物权法》（下册），申卫星、王洪亮译，法律出版社 2006 年版，第 717 ~ 758 页。我国"物"和英美法下"物"的概念也存在巨大差异。我国《物权法》第二条第二款："虽然未使用有体物的概念，因不动产与动产属于幼体物的分类，可知本法所称物，是指有体物。而'无线电频谱资源''空间'以及权利作为物权客体，属于例外。""德日等国民法采狭义概念，而排斥无体物概念……电、热、声、光等自然力亦被称为物，而不拘于'无形'。但权利仍不包括在内。"参见梁慧星：《民法总论》，法律出版社 2011 年版，第 150 ~ 151 页。"物并不包括权利。"参见王泽鉴：《民法总则》，北京大学出版社 2009 年版，第 198 ~ 199 页。"物，'仅指有形物'……与物对应的是无形的权利……"参见［德］迪特尔·梅迪库斯著：《德国民法总论》，邵建东译，法律出版社 2013 年版，第 875 ~ 876 页。英美法下，尽管银行存款属于存款人对银行的一项债权，但是由于这项债权的可转让性，通过"抽象权利具体化"（Reification）的技术手段，它依然被视为被视为一项"权利动产"（Things in action or Choses in action），并伴有特别的财产识别（identify）规则。参见 F. H. Lawson and Bernard Rudden, The Law of Property, Oxford University Press, 2002, pp. 29 ~ 49。

③ 王泽鉴：《民法物权》，北京大学出版社 2010 年版，第 109 ~ 119 页。

④ 王泽鉴：《民法物权》，北京大学出版社 2010 年版，第 202 ~ 204 页；同时参见［德］鲍尔/施蒂尔纳著：《德国物权法》（下册），申卫星、王洪亮译，法律出版社 2006 年版，第 346 ~ 348 页、第 446 ~ 450 页。也有观点认为，在数人金钱混合发生共有的情况下，不如赋予每人一项单方"分离权"（也作"取回权"），使得每人可径行从中取走自己的部分（持此观点的德国学者有赫克、韦斯特曼/古尔斯基、沃尔夫/赖泽尔、泽格尔/米尔等）。

与收款人之间的行为，然后再按照意思表示瑕疵的理论对错汇人进行救济。本文认为，这种观点属于"面对面"动产货币交付下的分析逻辑，不符合利用电子划拨系统进行支付结算的银行存款的相关规则。

因为在利用电子划拨系统支付结算时至少涉及三方主体，即汇款人、银行、收款人；同时，在银行系统内至少涉及三组框架性协议，即汇款人与汇款行，汇款行、央行、收款行，收款行与收款人之间的协议。因此，当汇款人想要进行汇款操作时，其意思表示的相对方并非收款人，而是汇款行。汇款人与收款人之间并不存在所谓的"划款合意"，而只存在划款行为之外"基础法律关系"的问题。①

汇款人发出指令要求汇款行进行转账操作，通说认为属于委托第三人付款的问题。第三人（汇款行）只要按照指令要求完成了委托事项（若汇款人和汇款行之间的资金关系/填补关系无瑕疵），那么该项行为的效力基本上不会因对价关系的瑕疵而受到影响。② 这就意味着，汇款人发出错误支付指令时（比如支付对象错误或者支付数额错误），若汇款行确属按照汇款人的指令支付结算，一旦结算完成，汇款行便不必对此担责。

同时，在划拨终结时，根据电子划拨系统的相关规则，收款行就必须对此付款，付款行或汇款人无权主张错误（mistake）而撤销交易指令。③ 收款人因取得该笔款项而不当得利，汇款人可向收款人主张不当得利返还。④

（三）不严谨地使用法律原则

在两个案例中（甬海初 8 号与民申 322 号），法院分别提到了"诚实信用"和"诉讼效率"两项原则，用以说明其赋予错汇人一项物权性救济的正当性。但本文认为，两法院在此处援引这两项原则略有不妥。

在甬海初 8 号案例中，法院阐述的理由是"不得以他人财产清偿自身之债务"，否则将违背"诚实信用原则"，进而支持了汇款人的执行异议。尽管这看起来很有道理，但根据《执行规定》第二十五条的规定按账户权属显示的内容为权利人的认定方式，该项财产是属于收款人的，是

---

① 参见王泽鉴：《不当得利》，北京大学出版社 2015 年版，第 212～221 页；同时参见陈自强：《委托银行付款之三角关系不当得利》，载《政大法律评论》1996 年第 12 期。

② 陈自强教授认为这是"三角关系之无因性"，其为"债之关系相对性之当然结果……补偿关系与对价关系所生之抗辩关系，基本上，彼此不受影响"。参见陈自强：《委托银行付款之三角关系不当得利》，载《政大法律评论》1996 年第 12 期。

③ "在支付指令被接受后，对该指令的撤销或者修改的指令不产生效力，除非收款行同意或资金划拨系统规则允许在未经该银行同意的情况下撤销或修改"。参见 U. C. C. §4A-211（c）（美国《统一商法典》4A 编），同时参见 UNCITRAL Model Law on International Credit Transfers（《国际贷记划拨示范法》）第十二条。

④ 参见王泽鉴：《不当得利》，北京大学出版社 2015 年版，第 212～221 页；同时参见陈自强：《委托银行付款之三角关系不当得利》，载《政大法律评论》1996 年第 12 期。

可供执行的财产。因此，此时法院执行的并非是他人的"财产"，而是收款人对银行的"存款债权"。那么，法院在案例中使用"诚实信用原则"这样的"帝王条款"，又不阐述不采用《执行规定》的理由，略有不当。

在民申 322 号案例中，最高院则动用了诉讼效率原则。它从立法目的上阐述了"案外人执行异议"制度，认为从诉讼效率和诉讼效果的角度来讲，既然执行异议之诉能够解决纠纷，就没有必要再让当事人以"不当得利"去诉讼。但这种观点也难以自圆其说。因为案外人异议制度的前提是"案外人对执行标的主张所有权或者有其他足以阻止执行标的的转让、交付的实体权利"。若最高院认为，汇款人因错汇而取得的"民事权益"足以阻却执行程序的进行，就意味着最高院认为错汇导致的"不当得利"具有某种优先性，这就会引出一项悖论——当款项被强制执行时，错汇人提起"不当得利之诉"仅能获得不具有优先性的债权性救济，而提起"执行异议之诉"却能够获得一项物权性救济——那么理性的错汇人必定在执行时才提出自己的诉求，这反而有损诉讼效率原则。并且，如果被告资金充足，足以偿还原告的不当得利之债，最高院也没有必要赋予原告的不当得利之债阻却执行程序开展的效力。因此，本文认为，最高院在此处没有必要援引"案外人执行异议"制度的立法目的以及"诉讼效率原则"，直接采用不当得利制度即可解决。

四、 本文提出的分析思路

上述逻辑的不足，难道法院从来没有察觉过吗？

答案是否定的。最高院在 2017 年民申 322 号案件中就意识到了，并在说理层面作出了一定的调整：不再认可所谓的"占有即所有"规则，也不再从货币属于"种类物"的角度进行阐述，而是从转账行为、"案外人执行异议"制度的立法目的、诉讼效率原则出发进行说理。但如上文所揭，这条路径依然困难重重，法院难以自圆其说。既然最高院已经察觉到应当通过不当得利制度对错汇人给予救济，为何又非得以诉讼效率原则赋予其一项物权性救济呢？

（一）本文观点的来源

考虑到物权性救济的特殊性，笔者注意到最高院审理的民提 189 号和民申 322 号案件中一个比较特殊的情况，即"收款人银行存款账户被持续冻结"。

这种情况下，比较容易想到的是动产货币下的交付逻辑，即转账的款项没有发生"混合"能够被"特定化"，从而支持错汇人返还原物的请求权。但如前所述，这并不符合电子划拨系统中支付结算的逻辑。因此，我们不妨转换一下思路：从初审法院到最高院提审，在这段时间里，收款人银行存款账户被持续冻结，这很可能是债务人财产严重不足而产生的"破产信号"。

因为一个正常企业的基本存款账户是其流动资金的主要存放处，倘若在汇款人诉讼过程中账户一直处于冻结状态，在某种意义上讲该企业已陷入"流动困境"，很有可能难以偿还该项债务。① 并且，在执行程序中若债务人的其他财产足以清偿错汇人，错汇人没有必要非得揪着这笔汇款不放（因为错汇人的最终目的是获得全部清偿，通过不当得利制度就可以解决）；若当错汇人发现债务人财产不足以清偿其债务时，能顺利、及时地启动破产程序，也能通过破产法获得全面救济（而没有必要在执行异议程序中提出物权性的主张）。② 因此，这似乎暗示着在该类（执行异议）案件中，错汇人揪着这笔款项不放，并将案件打到最高院（提审），极大可能是因为收款人既无法偿还债务，又难以及时启动破产程序造成的（即"本应破产却未破产"）。③

（二）上述观点的证据

通过网络信息，本文查询到一些较为有力的证据用于支撑上述观点。

在 2015 年最高院审理的民提 189 号案件中，被执行人青岛喜盈门双驼轮胎有限公司，在其《2014 年度报告》的资产负债表情况是"资产 37240 万元，负债 40377 万元，所有者权益 –314 万元，利润 –360 万元"④，按照《破产法》第二条的规定，⑤ 该企业在 2014 年就应当破产。但其依然存续至今，且经营状况显示为"在营（开业）"，只不过股东的股权全部处于冻结状态。

在 2017 年最高院审理的民申 322 号案件中，笔者通过"国家企业信用信息公示系统"查询该案被告"河南元恒建设工程有限公司"时无法查到该公司，但发现其名下的林州分公司和郑州分公司状态分别为"列入经营异常名录"和"已注销"。通过企查查网站，笔者找到该企业包括上述两家分公司已改名为"濮阳市元恒建设工程有限公司"⑥。企查查网站显示，该公司共有306 条自身风险警示、6 条关联风险警示和 12 条失信信息。但笔者再以"濮阳市元恒建设工程有限公司"到国家企业信用信息公示系统中查询时，显示该企业经营状况良好，无任何不良信息

---

① 根据笔者询问相关实务人士，在执行程序中，依照《最高人民法院关于人民法院执行工作若干问题的规定》第八十九条（"被执行人为企业法人，其财产不足清偿全部债务的，可告知当事人依法申请被执行人破产。"）启动破产程序的情况较少，一方面是地方不希望企业破产，另一方面是法院处理一项破产案件将耗费大量时间，也不愿意让企业进入破产程序。

② 比如我国《破产法》第四十二条规定法院受理破产申请后发生的不当得利债务属于共益债务（财团债务）；同法第四十三条规定，共益债务可获优先清偿。再如，同法第 38 条规定了破产取回权，这也为存款债权的取回奠定了基础。

③ 这种情况比较常见，与此类似，许多公司被强制司法解散但依然存续。参见张双根：《指导案例制度的功能及其限度——以指导案例 8 号的引用情况为分析样本》，载《清华法学》2017 年第 3 期。

④ 国家企业信用信息公示系统："青岛喜盈门双驼轮胎有限公司 2014 年度报告"，资料来源：http://www.gsxt.gov.cn/corp – query – homepage.html，2018 年 3 月 7 日访问。

⑤ 《中华人民共和国企业破产法》"第二条企业法人不能清偿到期债务，并且资产不足以清偿全部债务或者明显缺乏清偿能力的，依照本法规定清理债务。企业法人有前款规定情形，或者有明显丧失清偿能力可能的，可以依照本法规定进行重整。"

⑥ 企查查："濮阳市元恒建设工程有限公司"，资料来源：http://www.qichacha.com/firm _ 84cc638f383cd5a9444bf07efbfb06a3.html，2018 年 3 月 7 日访问。

（但在 2017 年年报中其利润亏损 224.2 万元，而 2016 年全年盈利才 39.8 万元）。企业控股情况从"私人控股"（2016 年年报）变为了"国有控股"（2017 年年报），即公司在 2016 年至 2017 年引入国有资金进行了资产重组。①

（三）本文的分析结论

鉴于此，本文认为上述案件中，最高院赋予错汇人物权性救济的根源并不是因为错汇人享有某种"物权"，不是"执行异议之诉"的立法目的，也不是"诉讼效率原则"或者"诚实信用原则"，而是收款人自身财产的不足——收款人本应破产，但由于种种政策上的考虑，收款人又无法顺利、及时地进入破产程序。② 为保障错汇人的权利，法院不得不将本应当由破产取回权制度解决的问题，错位到由含有同种理念的不当得利制度和物权返还制度上。③

综上所述，本文认为，在我国语境下，银行存款账户错误问题，应当以收款人的财产是否充足为出发点。具而言之，可将"收款人是否破产"作为临界点④，对错误汇款的救济路径进行二分：

在收款人未破产时，错汇人应当在不当得利制度中寻求救济。

在收款人破产或者"本应破产却未破产"时（特别是在我国不存在个人破产制度以及执行程序中难以启动破产程序的大背景下）⑤，错汇人可在对其保护力度更强的破产法中寻求救济。

（责任编辑：余鑫甜）

---

① 令人费解的是企业修改名称就可以抹掉国家企业信用信息公示系统中的不良记录么？

② 现有的一个解决思路是将执行程序和破产程序进行紧密衔接，相关文献可参见：曹守晔、杨悦：《执行程序与破产程序的衔接与协调》，载《人民司法》2015 年第 21 期；詹应国：《执行与破产程序的衔接规范》，载《人民司法·应用》2016 年第 4 期；徐阳光：《执行与破产之功能界分与制度衔接》，载《法律适用》2017 年第 11 期；曹爱民：《执行转破产程序：制度理性及进路》，载贺荣主编：《深化司法改革与行政审判实践研究》，最高人民法院出版社 2017 年版。

③ 这一共同的理念是"保护权利人的合法权益"以及"不得将他人财产清偿自身之债务"。

④ "收款人是否破产"的命题，在我法的语境下似乎只有当收款人是企业时才能成立（因为我国现行法只有《企业破产法》，而暂无"个人破产法"。与此不同的是，在德国《破产法》第十一条第一款第一句规定"破产程序可以对任何自然人和任何法人的财产启动。"（当然无权利能力社团、无法律人格公司、遗产和共有财产、公法法人等也可以作为破产债务人。参见［德］莱因哈德·波克著：《德国破产法导论》，王艳柯译，北京大学出版社 2014 年版，第 13~18 页）因此，本文若无特别说明，破产程序中的收款人，仅仅指代能够适用《企业破产法》的主体；而非破产程序中的收款人则涵盖所有接受款项的主体。

⑤ 为解决"执行转破产"的难题，最高院在 2017 年还新出台了《关于执行案件移送破产审查若干问题的指导意见》，其第四条将原来的"小破产程序"，即执行中参与分配制度，调整到破产法中。"4. 执行法院在执行程序中应加强对执行案件移送破产审查有关事宜的告知和征询工作。执行法院采取财产调查措施后，发现作为被执行人的企业法人符合破产法第二条规定的，应当及时问问申请执行人、被执行人是否同意将案件移送破产审查。申请执行人、被执行人均不同意移送且无人申请破产的，执行法院应当按照《最高人民法院关于适用〈中华人民共和国民事诉讼法〉的解释》第五百一十六条的规定处理，企业法人的其他已经取得执行依据的债权人申请参与分配的，人民法院不予支持。"

收益权之争落定？ 通道业务不担责？

——评南昌农商行诉内蒙古银行一案

■ 毛升平[*]

摘要： 最高院近期披露的南昌农商行诉内蒙古银行一案，涉及资产收益权、通道业务等资产管理领域的热门议题。首先，最高院对收益权的认可有理有据，但论述中使用的权能说仅为说明债券收益权区分于债券本身，不应扩大解释为对实务中广泛使用的"收益权"概念作出了理论定性。其次，借户交易的核心在于账户名义人与实际投资人的分离，南昌农商行仅持有收益权从而合法避开了借户交易的禁止与合格投资者的审查，司法上不认定为"借户交易"有其道理，但监管上有必要进行穿透式审查。最后，交易中定向资管计划与前后收益权转让是南昌农商行投资私募债的通道，定向资管计划收益权转让合同的合同目的为以低成本获取高收益，不属于非法目的，合同合法有效。

关键词： 收益权　借户交易　通道业务

2018年11月15日，最高人民法院披露了一起通道业务案件的判决，原告南昌农村商业银行股份有限公司（以下简称南昌农商行）起诉被告内蒙古银行股份有限公司（以下简称内蒙古银行），民生证券股份有限公司（以下简称民生股份）与民生证券投资有限公司（以下简称民生投资）为第三人。最高院在判决中对债券/资管计划收益权的合法性与收益权转让协议的效力作出分析，网络评价本案对资管计划收益权的性质认定有指导意义，本案同时明确了"通道不担责"。市场对判决结果的理解准确吗？我们该如何理解与评价最高院的裁判呢？

一、 案情梳理①

（一）交易经过

2013年6月，华珠鞋业通过信达证券公司在深圳证券交易所（以下简称深交所）发行华珠私募

---

* 北京大学法学院2018级法律硕士（法学）。

① 参见南昌农村商业银行股份有限公司、内蒙古银行股份有限公司合同纠纷案，最高人民法院（2016）最高法民终215号民事判决书。

债。该私募债券总面值为人民币 8000 万元，期限 3 年，年息 10%，主承销商为信达证券公司，担保人为中海信达担保公司。华珠私募债于 2013 年 7 月 1 日在深交所备案通过，8 月 23 日为发行起息日。

从融资端看，这不过是一次普通的中小企业私募债筹资，追溯其投资端，事情似乎并不简单。2013 年 8 月 19 日一天之内，围绕着华珠私募债及其收益，竟然诞生了四份合同，牵扯了七家主体。第一份合同《2013 年华珠鞋业中小企业私募债券认购协议》（以下简称认购协议），由民生投资与信达证券公司签订，合同约定由民生投资公司认购华珠私募债的全部份额 8000 万元，付款期限为 2013 年 8 月 23 日。第二份合同《华珠私募债收益权转让协议》，由民生投资与其母公司民生股份签订，约定民生投资将认购协议下的标的私募债收益权转让给民生股份，民生股份支付 8000 万元作为对价；同时，民生股份作出陈述与保证，自己是根据资产管理计划相关文件的规定，以委托资金购买协议项下民生投资公司持有的标的私募债收益权。资产管理计划相关文件即第三份合同《民生 12 号定向资管合同》（以下简称《定向资管合同》），该合同下委托人为内蒙古银行，管理人为民生股份公司，托管人为中国邮政储蓄银行（以下简称邮储银行）。委托人内蒙古银行同时也是资管合同项下的受益人，持有资管合同项下的全部资管计划收益权。第四份合同是《定向资管计划收益权转让合同》，由南昌农商行与内蒙古银行签订，约定在南昌农商行支付价款 8000 万元之日，内蒙古银行将定向资管合同项下的全部资管计划收益权转让给南昌农商行，价款应在 8 月 23 日支付，收益权转让为买断式。

8 月 22 日，南昌农商行转款 8012 万元至内蒙古银行，同日内蒙古银行将 8012 万元转至邮储银行上海分行营业部，账户对应的收款人姓名为民生证券理财 12 号定向资产管理计划。8 月 23 日，上述账户转款 12 万元至内蒙古银行。

8 月 23 日，内蒙古银行向民生股份发出投资指令，委托民生股份投资 8000 万元人民币用于认购华珠私募债收益权，委托期限为 3 年。并约定无论因任何原因，对合同所产生的后果，民生股份公司作为管理人无须承担任何责任。

依托四份合同，交易框架搭建完成（见图 1），交易内容也顺利展开，各方相安无事、合作愉快。

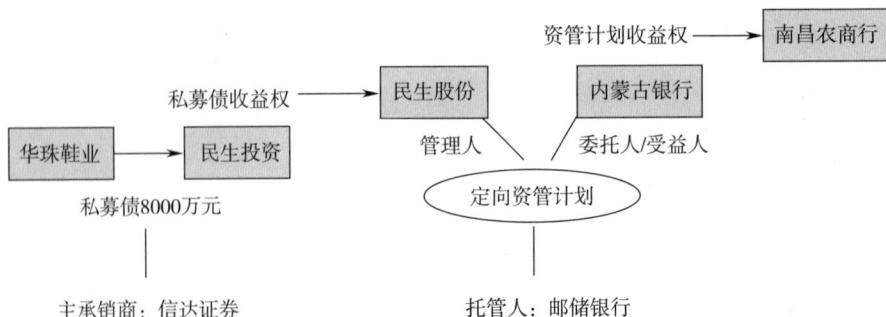

图 1 交易架构示意

然而天有不测风云，2014 年华珠鞋业出现严重经营困难，华珠私募债爆发违约。南昌农商行不愿承担债券违约的不利后果，遂将内蒙古银行诉至法院，同时，交易的参与者民生投资、民生股份被列为第三人。

（二）诉讼概况

昔日生意场上的合作伙伴走上了法庭兵戎相见。原告南昌农商行将这笔交易定义为借户交易、通道交易，其认为：一方面，四份合同是由民生投资为"借户交易"设计的"四步走"，交易的标的表面上是债券收益权，实际上是债券本身，自己与民生投资构成"借户交易"的事实法律关系无效。另一方面，自己与内蒙古银行间的《定向资管计划收益权转让协议》是实施"借户交易"和规避有关法律法规的产物，属以合法形式掩盖非法目的，合同无效。基于此，南昌农商行要求内蒙古银行返还本金 8000 万元及相应利息、12 万元安排费及违约损失 100 万元，同时要求民生投资、民生股份对此承担连带责任。内蒙古银行及民生投资、民生股份则反对构成借户交易的说法，认为交易建立在平等、自由的基础上，合同内容真实有效，应尊重合同约定。

2015 年 12 月，江西高院一审驳回南昌农商行的诉讼请求。南昌农商行不服判决遂上诉至最高人民法院。2018 年 6 月，最高院维持了原判。

（三）小结

资产收益权、通道业务在实务领域是屡见不鲜的。本案的复杂之处在于，原告南昌农商行在诉讼过程中提出了纷繁的理由：债券与债券收益权、借户交易与证券账户实名制、合格投资者制度和通道业务等。概念频出着实令人眼花缭乱，但细究其逻辑，我们不难发现可以将其分为两个层次进行分析：其一，交易内容，即交易标的是债券还是债券收益权；其二，合同效力，使合同无效的可能理由主要有借户交易、合格投资者问题、规避监管而构成以合法形式掩盖非法目的。

下文将依此逻辑，依次讨论诉讼中的三个重点问题：第一，交易标的是债券收益权还是债券？第二，是否构成借户交易，以及该案件与证券账户实名制、合格投资者制度之间的关系？第三，是否构成通道业务，并因"以合法形式掩盖非法目的"而无效？

二、 交易标的： 收益权之争

本案中，原被告在对交易标的的认识上出现了严重的分歧：被告主张交易的标的是合同中约定的收益权，而原告则主张将四份合同联系在一起，当事人实际上交易了债券本身。

（一）交易标的

基于四份合同的安排，债券/债券收益权在民生投资、民生股份、内蒙古银行、南昌农商行之间依次流转。根据约定，交易链条上的每个主体对债券分别享有什么权利呢？

民生投资是私募债的认购人，债券在其账户上，账户由其本人持有。民生投资将债券的收益权转让给民生股份，该收益权的内容在《华珠私募债券收益权转让协议》第1条第1项中作出具体说明："协议项下标的私募债收益权是指民生投资公司签署《2013年华珠鞋业中小企业私募债券认购协议》购买的华珠私募债投资本金8000万元对应的收益权及自标的私募债收益权转让价款支付之日起的全部利息以及为实现收益权及担保权利而支付的一切费用等。"

内蒙古银行对债券权利基于定向资管计划中受益人的身份而获得，在定向资管计划中，民生股份为管理人，内蒙古银行为委托人。根据《证券公司定向资产管理业务实施细则》，证券公司进行定向资产管理买卖证券应当使用客户的定向资产管理专用证券账户，且该账户名称为"客户名称"，买卖其他交易品种也应开立相应账户。账户内资产归委托人所有，资产上权利的行使与义务的承担也归属委托人，除非委托人书面委托券商代其行使权力。因此，资管计划下委托人对债券的权利是可以获得基础资产即债券收益权未来所能带来的全部现金流，同时，委托人也需要承担全部的投资风险。

南昌农商行对债券的收益权则是基于其与内蒙古银行签订的《定向资管计划收益权转让协议》而获得。协议约定：鉴于内蒙古银行与民生股份公司签署了《民生12号定向资管合同》，内蒙古银行是资管合同项下的受益人，持有了该资管合同项下的全部资管计划收益权。协议约定资管计划收益权包括委托人根据资管合同约定应当收取的所有投资净收益及要求返还资产清算后的委托财产的权利，及为实现资管计划利益的其他权利。除了资管计划收益权外，南昌农商行还享有资管合同等相关文件下的委托人权利和义务。因此，从转让日起，内蒙古银行不再享有资管合同下的任何权益，也不再承担任何风险，南昌农商行完全买断了资管计划带来的收益。

由此可见，民生股份、内蒙古银行以及南昌农商行依次获得债券的收益权的法律基础与权利性质各不相同，但南昌农商行未来有权获得债券投资带来的全部收益，同时也负担债券投资的全部风险。

（二）交易实质

依据前文，在交易正常的情况下，债券的盈亏将被完整地传递给最终的投资方南昌农商行。那么，既然目标是获得私募债的收益，为何要采取由民生投资购买私募债，由委托人内蒙古银行以定向资管计划形式投资该私募债收益权，最后再将定向资管计划收益权转让给南昌农商行的操作模式，而不由南昌农商行直接投资私募债呢？

基于判决书披露的信息，可能的原因有：一方面，当时南昌农商行未在深交所办理私募债合格主体资格认定，无法直接购买私募债；另一方面，购买资管计划收益权对银行也相对有利，因为购买资管计划收益权占用的是银行的投资额度而非信贷额度，是银行挪腾信贷规模的常见手段之一，且资管计划收益权在财务账册上反映为银行间非标资产，按规定风险权重仅20%或

25%（传统信贷风险权重为100%），这样就可以减少风险资本计提，缓释资本充足率的压力。[①]

出于上述利益考量，南昌农商行选择了这样一种复杂的交易架构以达到投资目的，交易同时为各方当事人带来了好处：对于投资方南昌农商行，私募债的利率高达10%，银行大约可以从中赚取3%~4%的价差。对于内蒙古银行，可以收取12万元的通道费。而对于民生股份与民生投资，银行对中小企业的严格筛选与指定，也帮助减缓了私募债带来的风险和承销压力。[②]

总而言之，交易的实质是南昌农商行为了从现行监管规则中套利，以期达到低成本获取华珠私募债的收益的效果。

（三）法律评价

从法律角度，究竟该如何认识当事人的交易标的呢？

首先，从合同解释的角度，是否存在虚伪通谋，即设计出债券收益权流转以掩盖交易债券的实质合意？这种解释是牵强的，因为持有债券的权利大于持有债券/资管计划收益权的权利，而南昌农商行显然无法获得债券的所有权，也未拥有达到所有权同样效果的全部权能。作为协议约定的债券带来的收益与风险的最终承担者，南昌农商行可以享有收益，但并不能占用、使用、处分债券；甚至由于多层嵌套存在的诸多风险，收益权都未必完整。各交易主体有意并最终传递或者获取的仅仅是债券的收益权而已。

其次，从法律规制的角度，是否承认债券收益权是独立于债券本身的权利？即使当事人有意转让债券的收益权并设计这一交易，收益权是否能得到法律的承认呢？最高院在判决书中作出了如下的阐述：债权虽是相对权，但其如物权一样，内部也存在着多项可以分辨的权能。我国法律除了物权法定原则之外，对其他财产性权利并未禁止。具体到本案的实践中，私募债券/资管计划收益权都是双方当事人通过合同创设的一种新型债权债务关系，本质在于收益，即获取基于华珠私募债而产生的经济利益的可能性，包括本金、利息等资金收益。因此，本案的交易标的不是法定物权种类，而是一种可分的债权权能之一，即债券收益权。我们可以从以下两个层面解读与评价最高院对于收益权的承认。

第一，就债券与债券收益权而言，以债券为基础财产的收益权是不同于债券本身的独立权利形态，性质为债权。这一层认定并不令人惊讶。从基础资产中抽离出收益权已经是金融业务中的常见模式，对于实务中蓬勃生长的收益权业务，虽然法律法规并没有对收益权作出明确规定，

---

① 《商业银行资本管理办法（试行）》第六十一条："商业银行对我国其他商业银行债权的风险权重为25%，其中原始期限三个月以内（含）债权的风险权重为20%。"

② 吴松：《银证合作通道类产品受阻，中小企业私募债雪上加霜》，载《中国经济导报》2014年9月16日，第B07版。

金融监管规定中已广泛认可了收益权这一概念。且我国遵守物权法定原则，实践中的收益权往往基于交易合同设定，应认为收益权属债权属性。

第二，就债券收益权本身而言，其定性是采权能说，还是其他诸如未来债权说、应收账款说等，尚无定论。尽管最高院的论述中采取了收益权能的论述方法，但是其目的在于说明债券收益权与债券的区别，到此为止即可解决本案的纠纷。至于对收益权作出理论上的最终定性，不在本案的讨论范围，也非法院在本案中可以一锤定音之事。

综上所述，本文赞同最高院对债券收益权的承认，但反对将最高院采取的权能说扩大解释为对收益权的理论定性。

（四）小结

从交易约定上看，对于私募债，不同主体拥有不同内容或者性质的权利：私募债留在民生投资的账户中，民生股份作为定向资管计划的管理人获得私募债的收益权，定向资管计划的委托人内蒙古银行则获得以私募债收益权为基础资产的定向资管计划收益权，并将其转让给南昌农商行。从交易实质上看，交易收益权的实质是让南昌农商行突破监管限制，以低成本获得投资债券的收益。

但是，以债券为基础财产的收益权始终不同于债券本身，既然当事人自愿约定且实际转让的都仅是收益权，且监管上基本承认收益权是独立于基础财产的权利，司法上还是应将交易标的认定为债券收益权。

三、 违法性之一： 借户交易之辩

在诉讼的过程中，"借户交易"是原告方南昌农商行的主要论点；在阐述的过程中，南昌农商行还提出了违反证券账户实名制、违背了合格投资者制度等相关内容。这些说法是否站得住脚呢？它们之间是何种逻辑呢？

（一）概念厘清

1. 借户交易的内涵。借户交易只是对一类行为的概括性说法，法律上更为准确的表述在《证券法》第八十条："禁止法人非法利用他人账户从事证券交易；禁止法人出借自己或者他人的证券账户。"该条为 2005 年证券法修订时新增，其立法背景是当时一些法人企业，主要是国有企业和上市公司，为逃避监管，非法利用他人账户炒作股票，出借自己或者他人的证券账户，扰乱了证券交易秩序，给国家和股东的利益造成损害。[①] 借户交易的不利影响主要有两点：其一，对穿透式监管造成巨大阻碍，直接减损依托于账户实名制的上市公司权益披露制度、一致行动人持股披露制度及投资者适当性制度等监管机制的效能；其二，加剧了资本市场信息的不对称

---

① 李飞主编：《中华人民共和国证券法（修订）释义》，法律出版社 2005 年版，第 119~120 页。

性，难以精准监测、评估、应对风险的累积和传导，容易给金融市场稳定留下风险隐患。①

那么，什么样的行为构成《证券法》第八十条所谓的"非法利用"与"出借"呢？典型的情形是出借人将自己的证券账户借给他人，他人掌握账号密码，实际支配该账户。但是，掌握账户密码并实际使用该账户并不是"实际支配"的唯一方式，通过协议的形式支配账户，约定由他人提供资金、决定投资标的、承担投资的全部收益或亏损，显然也可以达到类似"借户"的效果，并会对监管产生不利影响。因此，从实质上看，针对某一笔交易，只要开户人将账户置于他人完全支配之下，无论账户实际由谁来操作，都可能触发借户带来的不利影响，需要受到监管。

2. 借户交易与证券账户实名制、合格投资者保护。理论上，证券账户实名制的要求贯穿运用账户的诸多环节，主要可以分为开户的实名制与交易的实名制，交易的实名制集中体现为禁止借户交易。当出借人作为账户的名义人是某项投资品的合格投资者，而借用人作为实际的投资人并非合格投资者时，借户交易的行为将触发对合格投资者制度的规避。

实名制制度立足于监管，有助于打击证券违法行为，规范市场交易秩序；合格投资者制度则不同，其出发点是对投资者的保护。合格投资者制度的基本理念是高风险、高收益的投资证券或产品只能在具备风险认知、承受能力的合格投资者之间进行封闭式交易，这样才能形成安全、稳定、有序的市场秩序。因而，应当将不合格投资者排斥于市场交易之外，避免引发系统金融风险，更好地保护投资者的利益。②

由此可见，证券账户实名制可以囊括对借户交易的禁止，两者的立法目的是同一的。具体情况下的借户交易可能构成对合格投资者制度的规避，而这两者的规制逻辑与目的是不同的。

（二）谁是真正的投资人？

根据前文分析，我们不难发现，无论是借户交易还是合格投资者制度，最重要的就是发现真正的投资人。当账户的名义人与实际的投资人出现分离时，就可能产生借户交易的问题，也可能存在实际投资人利用账户名义人的身份逃避合格投资者监管的情形。

1. 形式与实质。从形式上看，交易标的是债券收益权而非债券，故南昌农商行投资的仅是债券的收益权，民生投资投资了债券并持有债券，并不存在账户名义人和实际投资人分离的问题。因此，一方面，民生投资并未出借账户，账户与账户中的债券始终处于民生投资的控制之下，不存在借户交易的问题；另一方面，南昌农商行并未持有债券，也就无须面临合格投资者制度的考察。

---

① 陈剑、王志明、蒋迅锋：《关于借用证券账户行为的问题分析与监管思考》，载《证券法苑》2018 年第 2 期。

② 郭富青：《论资本市场合格投资者：资格塑造与行为规制》，载《证券法苑》2012 年第 2 期。

然而，从实质上看，投资的主要目的就是获取收益，交易债券收益权的后果其实就让南昌农商行成为真正的投资人。虽然南昌农商行没有直接操作民生投资的账户，但是，其一，南昌农商行是交易链条上唯一对华珠私募债有真实投资意愿的主体；其二，本案中投资标的与投资资金的决定在先，所有合同签订在后，可见投资决策权在实际投资人南昌农商行手中；其三，民生投资用自己账户买卖私募债的收益与风险转由南昌农商行承担。综上所述，虽然账户名义上是民生投资的，但账户买卖私募债的数额、开销、收益与风险均由南昌农商行决定与承担。因此，一方面，就此8000万元私募债的投资事项而言，民生投资的账户是置于南昌农商行的支配之下，构成实质上的借户交易；另一方面，南昌农商行作为真正的投资者也需受到合格投资者制度的约束。

2. 法院立场的前后有别。对于采取形式还是实质标准，最高院在借户交易与合格投资者两个事项上的处理并不一致。

对于借户交易，最高院严格区分债券与债券收益权，认为交易标的仅是债券的收益权，民生投资没有借出账户，相当于认为债券的投资者是民生投资，南昌农商行投资的是债券的收益权。可见，在借户交易的讨论中，最高院对交易的认识停留在形式层面，认为南昌农商行只是收益权的投资人，而非债券的投资人。

然而，对于合格投资者制度，最高院则颇费心思地为南昌农商行辩解：监管部门对证券投资者实行适当性管理，目的是保护投资者利益，避免不具有风险识别能力和风险承受能力的投资者进行证券投资而受损失。而本案中南昌农商行符合私募债券合格投资者的实质要求，[①] 只是没有完成申请备案，且作为专业投资者对私募债券交易的利益和风险均有充分认识，故应承担交易的相应风险。最高院的言下之意是只要满足了合格投资者的实质要求，即使不经过交易所的认证，缺少申请备案程序，也不影响投资的有效性。

本文认为法院的说理有一定的道理：第一，从整个监管规则来看，合格投资者制度基于理性立场保护投资者的利益，具体实现途径是为发行人、承销机构、证券经营机构设定一系列相关义务。[②] 在当时的监管规则中，合格投资者的定义中仅提出实质条件，并未作程序要求，程序要求放在了投资者适当性管理具体规则中：承销商应先甄别合格投资者，在对方签署《风险认知书》

---

① 《深圳证券交易所中小企业私募债券业务试点办法》（现已失效）第十八条："参与私募债券认购和转让的合格投资者，应符合下列条件：（一）经有关金融监管部门批准设立的金融机构，包括商业银行、证券公司、基金管理公司、信托公司和保险公司等；（二）上述金融机构面向投资者发行的理财产品，包括但不限于银行理财产品、信托产品、投连险产品、基金产品、证券公司资产管理产品等；（三）注册资本不低于人民币1000万元的企业法人；（四）合伙人认缴出资总额不低于人民币5000万元，实缴出资总额不低于人民币1000万元的合伙企业；（五）经本所认可的其他合格投资者。有关法律法规或监管部门对上述投资主体投资私募债券有限制性规定的，遵照其规定。"

② 参见《深圳证券交易所债券市场投资者适当性管理办法》，深证上〔2017〕404号。

后，为其开通私募债券认购与转让权限，同日向交易所上报已开通权限的所有合格投资者情况。① 可见，实质条件与风险告知程序才是合格投资者制度的核心精神的体现，备案程序只是承销商对交易所负担的程序要求。第二，最新的《深圳证券交易所债券市场投资者适当性管理办法》第二十二条规定："投资者不按照规定提供相关信息，提供信息不真实、不准确、不完整的，应当依法承担相应法律责任，证券经营机构应当告知其后果，并拒绝向其销售产品或者提供服务。投资者不得以不符合投资者适当性标准为由拒绝承担认购和交易债券的履约责任。"可见，投资者适当性制度不仅考虑风险适配，也在乎交易稳定，如果不符合条件的投资者在了解投资风险的情况下已经自愿签约，后续就不能以合格投资者一事作为挡箭牌反悔不干。具体到本案中，南昌农商行符合合格投资者的实质条件，即使未完成签署《风险认知书》等程序，但其实对私募债的风险有充分认知且主动选择、完成实质投资。这笔投资既没有让投资者承担大于其能力的风险，也木已成舟多时，没有理由因为欠缺申请备案程序而否定其投资行为的效力。

可是，在合格投资者制度上为南昌农商行开脱真的有必要吗？如果延续否定借户交易的思路，从形式上仅认为民生投资是债券的持有人，那么只要民生投资满足合格投资者要求即可。而检验南昌农商行是否违背合格投资者的前提是认为南昌农商行是债券真正的投资人。可见，在借户交易和合格投资者制度两个事项上，最高院的态度是前后有别的：在借户交易的问题上停留于形式，而在合格投资者的讨论中，则改为采取穿透性的目光，从实质上认定南昌农商行才是债券真正的投资者。

3. 司法的选择。从有效监管的角度考量，当然应该穿透性地识别资金端的实际投资者与产品端的底层资产。但在司法角度，是否应认为本单交易构成借户交易，规避了合格投资者制度，从而使合同的效力受到影响？

本文认为，司法上对合同效力的判断应回到合同约定上看：南昌农商行因获得以债券收益权为基础资产的定向资管计划收益权而达到投资债券的目的。虽然当事人构建这一收益权交易有降低投资成本的私心，但法律并不禁止收益权交易。因此，在债券与债券的收益权相区别的逻辑下，直接推定南昌农商行是债券实际购买者于法无据，故而南昌农商行的行为也就不落入借户交易的禁止范围，更无须接受合格投资者制度的审查。

四、 违法性之二： 通道业务之论

原告方南昌农商行对该交易的另一个定性是"通道业务"，认为《定向资管计划收益权转让协议》是为达成借户交易目的，用于规避监管的产物，属于以合法形式掩盖非法目的的无效合

---

① 参见《深圳证券交易所中小企业私募债券业务试点办法》（现已失效）、《深圳证券交易所中小企业私募债券试点业务指南》（现已失效）。

同。这一观点能否成立呢？

（一）通道业务

通道业务并非严谨的法律概念，目前并无统一定义。在大资产的语境下，通道业务指由委托方（或第三人）确定资金和资产，履行主动管理职责、承担投资风险，受托方（即通道方）按照委托方的投资指令开展业务，不承担主动管理责任，通过合同约定原状返还等条款不承担投资风险的各类业务。[①] 其核心在于受托方不承担主动管理责任，即被动的受托人。

定向资管计划是券商系资管计划的一种，其代表的交易模式是：证券公司接受单一客户委托，与客户签订合同，根据合同约定的方式、条件、要求及限制，将客户资产交由取得基金托管业务资格的资产托管机构托管，通过专门账户管理客户委托的资产。[②] 理论上，定向资管计划是否沦为通道，要看管理人是否留有一定的主动性。若管理人对投资依然具有一定的主动决策权，则仍落入"受人之托，代人理财"的范围。然而，根据2013年中国证券业协会发布的《中国证券业协会关于规范证券公司与银行合作开展定向资产管理业务有关事项的通知》："一、本通知所称银证合作定向业务，是指合作银行作为委托人，将委托资产委托证券公司进行定向资产管理，向证券公司发出明确交易指令，由证券公司执行，并将受托资产投资于合作银行指定标的资产的业务。"可见，在监管规则对银证合作开展定向资管业务的理解中，管理人丧失自主管理的决策权，所有的投资行动都听凭委托人指令，定向资管计划仅作为通道存在。

具体到本案中，表面上，定向资管合同于2013年8月19日签订，委托人内蒙古银行于2013年8月23日向管理人民生股份发出投资指令，称根据审慎研究，委托贵公司投资，投资金额为人民币8000万元，用于认购华珠私募债券收益权。但实际上，早在定向资管合同签订的同一天，民生股份就明确以定向资管计划管理人的身份从民生投资处受让华珠私募债券的收益权，南昌农商行也从内蒙古银行处受让定向资管计划的收益权。可见，虽然定向资管计划签订在前，投资指令发出在后，但投资标的其实早在案涉四份合同订立前就已确定。民生投资作为管理人在投资决策上并无话语权，仅负有如约执行的职能。因此，整个定向资管计划包括委托人内蒙古银行，都仅是南昌农商行获得债券的收益权通道。

（二）以合法形式掩盖非法目的？

"以合法形式掩盖非法目的"是《合同法》第五十二条规定合同无效的情形之一，指的是行为人为达到非法目的以迂回的方法避开了法律或者行政法规的强制性规定的情形。之所以把此类合同也纳入无效合同，是由于合同被掩盖的目的违反法律、行政法规的强制性规定，并且会造

[①] 万子芊：《对资管新规关于通道业务相关规定的理解与思考》，载《金融法苑》2018年第2期。

[②] 郭强：《中国资产管理：法律和监管的路径》，中国政法大学出版社2015年版，第274页。

成国家、集体或者第三人利益的损害。① 我们不难发现，"以合法形式掩盖非法目的"的重点在于对"非法目的"的认定：其一，合法形式之下的真实目的是什么？其二，该目的是否违反法律、行政法规的强制性规定，或损害国家、集体或第三人利益？南昌农商行主要主张的是资管计划收益权转让协议之无效，故下文关注资管计划收益权转让协议的效力，展开分析。

合同目的是指合同所欲实现的法律效果。根据前文，通道业务的野心昭然若揭，即让南昌农商行以自有资金投资华珠私募债，获取收益，同时也承担风险。具体到资管计划收益权转让协议，合同目的可以有多种不同的提炼，法院认为合同目的是南昌农商行投资债券获取私募债的收益，本文认为这一说法或许并不周全。投资债券获取私募债收益的方法有很多，南昌农商行之所以在多种交易方式、多类交易合同中选择以从另一家银行处受让资管计划收益权的方式达到投资私募债券的效果，有其特别的动机。为了区分开实现同一投资目的的不同类型合同，并且更加准确地形容本次交易类型的合同，此处应将动机也纳入合同目的的内涵。因此，一个更为完整的说法是资管计划收益权转让协议的合同目的在于：基于受让资管计划收益权的形式，以更低的成本投资债券获取私募债的收益。

至于这一合同目的是否非法，则分两方面考察：一方面，是否损害国家、集体或第三人的利益？案涉交易均是在平等自愿的基础上达成的，除南昌农商行外的其他交易主体均获得固定回报，私募债券投资的风险由南昌农商行承担。南昌农商行自负盈亏的投资显然未损害国家、集体或第三人的利益。另一方面，是否违反法律、行政法规的强制性规定？与一般直接投资私募债券相比，南昌农商行是通过层层嵌套的通道业务拉长了交易链条，达到以低成本获取高收益的目的。以更低的成本换取更高的收益是每一个投资者的合理追求，法律、行政法规，包括当时的监管规则都没有对此作出限制。

综上所述，定向资管计划收益权转让合同并不存在非法目的，不应以"合法形式掩盖非法目的"为由归于无效。

（三）资管新规的适用

法院在是否以合法形式掩盖非法目的是论述中，采取了如下思路：首先，目的是投资，属合法目的；其次，交易不违反当时实行的金融监管规则；最后，合同效力的判断依据应是法律与行政法规的强制性规定，故合同应为有效。但又特别说明，当事人据以主张合同无效的相关监管规定是管理性规范，不能作为认定合同效力的法律依据。那么，如果说是违反了金融监管中的强制性规范，合同的效力会受到影响吗？

与这一问题紧密相关的是《关于规范金融机构资产管理业务的指导意见》（以下简称资管新规）对诸如本案的通道业务的影响。资管新规对通道持抑制态度："金融机构不得为其他金融机

---

① 胡康生主编：《中华人民共和国合同法释义》（第3版），法律出版社2013年版，第104页。

构的资产管理产品提供规避投资范围、杠杆约束等监管要求的通道服务。"法院认为本案的交易模式存在拉长资金链条，增加产品复杂性之情形，可能导致监管部门无法监控最终的投资者，对交易风险难以穿透核查，不符合监管新规之要求。但由于尚处过渡期内，法院也仅是提点本案各方当事人今后应严格按照资管新规，规范开展业务，并不以此为依据判断合同效力。

未来，若以资管新规为依据，本案所涉合同效力将受到否定吗？根据资管新规及中央银行有关负责人答记者问，资管新规的立法目的可以归纳为三点：一是防控风险，实现有效监管；二是避免资金脱实向虚，服务实体经济投融资需求；三是加强金融消费者权益保护。[①] 回到本案来看，其一，对于风险防控与有效监管，最重要的是识别出风险点做好相应监管工作，如果违约后不利后果的承担方是明确的，监管上能实现底层资产的穿透识别，风险将被大大降低。其二，从资金脱实向虚与服务实体经济的角度来说，交易的链条的确被拉长了，但从交易效果上看南昌农商行的投资最终流向了华珠鞋业，走向了实体经济，通道为投融资创设了新渠道。其三，对于金融消费者权益保护，本案并不涉及社会公众投资，真正的投资人南昌农商行属于专业金融机构，具备相当的经验与知识，无须政策倾斜保护。可见，本案中的通道业务并没有严重违背资管新规的初衷。

此外，若因金融监管的禁止性规定，直接否定本案中通道业务的效力，导致的后果是：投资的不利后果将由交易链条中的内蒙古银行或者民生投资、民生股份承担，也就是归责于通道。令通道担责的确是一种消灭通道的强力手段，但这种做法完全忽略了当事人最初的交易约定，助长了投资端的不诚信行为，违背合同法的基本原则，也易造成市场的混乱。

总之，考虑到资管新规对通道业务持消极态度，本案中的通道业务的确需要从监管层面加以约束与规范，但鉴于其本身并没有严重危害，并不需要否定其合同效力。

五、 总结

故事的发生其实很简单：一项高风险与高收益并存的投资标的，一群背靠监管优势赚取过路费的通道主体，以及一位想套利却在风险来临之际不愿"接锅"的投资者。

故事的走向却显得扑朔迷离：资产收益权、借户交易、合格投资者、定向资管计划、通道业务、以合法形式掩盖非法目的等，每一个争论不休的词语背后，其实是从交易标的到合同效力在认识上的分歧。本文认为，就交易标的而言，应承认合同约定的债券/资管计划收益权。就合同效力而言，一方面，南昌农商行仅持有债券收益权，不落入借户交易的语义和合格投资者的考察范围；另一方面，定向资管计划收益权转让合同虽是通道，但并不存在非法目的，合同效力不受影响。

---

① 万子芊：《对资管新规关于通道业务相关规定的理解与思考》，载《金融法苑》2018年总第九十七辑。

故事的启示也不应被误读：该案判决采用权能说来解释债券收益权与债券的区别，不应被扩大解释为对收益权的理论属性定性；判决对借户交易与合格投资者制度分别采取了形式性与实质性的认识，有自相矛盾之嫌；通道是否担责，要回到合同约定本身，未来也有待观察资管新规对司法上合同效力裁判的影响。

（责任编辑：施晨晨）

Financial Law Forum

金融法苑

2020 总第一百零二辑

资本市场

差异化表决权结构下的 "创始人—投资者天平"

——兼评科创板中的差异化表决权结构

■ 白 芸[*]

摘要： 本文首先梳理了差异化表决权结构的优点及问题，阐明其具有不可替代的制度优势，并从域外实证研究中总结出该结构下公司发展的周期规律；其次指出了差异化表决权结构下的投资者保护原则，即应根据公司发展的周期，在结构设置时、公司运营过程中和特别表决权行使时选择合适的 "创始人—投资者保护天平" 上的 "平衡筹码"，以维持创始人对公司控制权的稳定与投资者保护之间的平衡。最后在结合各国在该结构下对投资者保护的具体制度之上，对科创板的差异化表决权结构加以评析，并提出丰富日落条款的情形、完善设置差异化表决权结构公司的特别信息披露、公司治理要求等方面的建议。

关键词： 差异化表决权结构　中小投资者保护　公司发展的周期平衡　科创板

经党中央、国务院同意，证监会于 2019 年 1 月 30 日发布《关于在上海证券交易所设立科创板并试点注册制的实施意见》，上交所随即于 3 月 1 日出台《上海证券交易所科创板股票上市规则》等配套文件。相关文件允许科技创新企业发行具有特别表决权类别股份，吹响了国内引入差异化表决权的号角，并再次引发其是否会影响中小投资者利益的热议。本文从该争议出发，试图分析差异化表决权结构的优点与问题，并考虑差异化表决权结构在公司发展的不同阶段对增进公司效益、促进投资者分享公司红利的作用，以期构建该结构下投资者保护的最优制度路径，并据此评析科创板中的表决权差异安排。

一、 差异化表决权结构的优点与问题

差异化表决权结构，即表决权差异安排，在域外又称为双层股权架构（dual class share struc-

---

*　白芸，北京大学法学院 2017 级金融法方向硕士研究生。

ture)①，是相对于单一股权架构而言的一种特殊股权架构。在差异化表决权结构下，每一特别表决权股份拥有的表决权数量大于每一普通表决权股份拥有的表决权数量。一般情况下，存在差异化表决权结构的公司是向创始股东发行特别表决权股份，向公众发行普通表决权股份，达到创始股东用少量股份锁定公司多数表决权即控制权的效果。特别表决权股份（一般被称为高表决权股份，A 类股份）与普通表决权股份（一般被称为低表决权股份，B 类股份）除了表决权不同，在其他股东权利方面几乎不存在差异。②

（一）差异化表决权结构的优点

差异化表决权结构能够实现公司大量融资的同时，维持创始人对公司控制权的稳定，相较于一致行动人协议、表决权委托以及有限合伙持股等制度有不可替代的优越性。具体而言：

第一，有助于解决公司持续融资与维护控制权稳定之间的矛盾。传统公司法的"资本多数决"可以反映股东资本的多少，却无法直接反映创始股东的商业远见与领导才能对公司发展的影响。事实上，创始股东往往具备上述素质却缺乏资金，随着公司不断融资，其股权不断稀释，可能会丧失对公司的控制权，进而无法决定公司的发展方向。因此，为了更好地保护创始人的积极性，发挥投资人所珍视的"人的因素"的作用，需要这样创始人、投资人和企业共赢的融资模式。③

第二，有助于维持公司发展"航向"，减少敌意收购的侵扰。差异化表决权结构下股东拥有对公司的控制权，在面对敌意收购时有更多的谈判筹码，可以防止短期金融资本将公司作为炒作对象。

第三，其他变相实现创始人控制的制度存在"天然的缺陷"，无法形成一个稳定的股权结构。首先，一致行动人协议可以被随时解除，随股权比例不断稀释需要不断增加一致行动方，操作起来具有困难；其次，有限合伙持股的形式下，有限合伙人（LP）既无表决权也无其他法定股东权利，较难得到投资者的认可；④ 最后，表决权委托的形式⑤决定了其需要随着股权的融资

---

① 差异化投票权架构，又称双重股权架构（Dual - Class Share Structure）。林海、常铮：《境外资本市场差异化投票权监管路径探究及启示》，载《证券法苑》2018 年第 1 期，第 86 页。

② 《关于在上海证券交易所设立科创板并试点注册制的实施意见》，证监会公告〔2019〕2 号。

③ 林海、常铮：《境外资本市场差异化表决权监管路径探究及启示》，载《证券法苑》2018 年第 1 期，第 90 ~ 91 页。

④ 即创始股东设立有限合伙并担任普通合伙人（General Partner，GP），公众投资人担任有限合伙人（Limited Partner，LP），实际控制人以 GP 身份行使有限合伙的表决权以实现对公司的控制。在该模式下，公司有两种后续融资路径，一是公司通过销售有限合伙的 LP 份额进行融资，相当于发行无表决权的股票；二是公司向实际控制人发行股票，相当于发行特别表决权股。这样，实际控制人可以在控制公司表决权的情况下，进行股权融资。

⑤ 即创始股东用表决权委托方式维持公司控制权，在股票发行协议中规定，将发行对象认购股票的表决权委托给公司实际控制人或其控制的机构，由后者代为行使表决权。

不断寻找新的委托人，增加了公司维持控制权的成本，不宜长期使用。

综上所述，差异化表决权结构具有结构稳定、预期明确、实践经验较为成熟等特征，可以在实现公司股权明晰的基础上持续融资，更符合创新企业的现实需求。

（二）差异化表决权结构的问题

差异化表决权结构因上述优点被以京东、百度、小米等为代表的公司普遍采用，但是这一结构也带来了规避控制权市场监督、增加代理成本的问题

第一，从规避控制权市场监督的角度，一股一权下，即使中小投资者因为集体行动等问题较难行使表决权监督，也可以通过转让股权给收购方的形式，依靠控制权市场威慑创始股东。这种威慑的存在使得公司管理层需始终保持勤勉尽责，避免因经营决策的失误导致股价下跌，公司吸引收购方的注意进而大权旁落。而差异化表决权结构创造出了一个掌握公司巨大资源却无须承担相应责任的管理层，即使经营效率低下其他股东也难以撼动其地位，降低了控制权市场的威慑作用。

第二，从代理成本增加的角度，差异化表决权结构下创始股东持有较少的股权却能够决定公司的重大事项，这种收益权和表决权的不对等使其有更高的激励谋求控制权带来的私人利益，可能会产生公司对创始股东的利益输送问题，增加公司的代理成本。①

但是，考虑到反收购措施并非《公司法》的禁止行为，内部人关联交易、公司私有化等行为也会增加代理成本，所以上述问题并非差异化表决权制度所独有的，但是该结构拥有其他制度不能取代的优势，本文认为无须"因噎废食"，而应选择合适的"筹码"保护中小投资者的利益。

二、 差异化表决权结构下公司发展的周期规律

差异化表决权结构的核心是解决公司的持续融资需求和维护创始股东控制权之间的矛盾，因此采取该结构的公司通常需满足两个特点：一是具有持续性、大规模的融资需求；二是创始人团队对公司的长期发展具有重要意义。满足以上特点的公司一般是高速发展的科技创新类企业（见表1），从实施阶段上看一般为 pre - IPO 的企业，这是因为公司在公众化前可以采用协议的方式实现管理经营权和受益权的分离，而在 IPO 之后，其将接受更加严格的公司监管，前期内部协议的安排有不稳定之虞，需要一种长期有效的方式来维护公司控制权稳定。

---

① Simeon Djankov, Rafael LaPorta, Florencio Lopez - de - Silanes and Andrei Shleifer, The Law and Economics of Self Dealing, 88 Journal of financial economics 430（2008），p. 465.

表1　1980—2016 年美国科技类与非科技类上市公司采用差异化表决权结构情况

年份	美国科技公司 IPO 统计			美国非科技公司 IPO 统计		
	双层股权结构 IPO 数量	所有科技公司 IPO 数量	双层股权结构 IPO 比例	双层股权结构 IPO 数量	所有非科技公司 IPO 数量	双层股权结构 IPO 比例
1980	0	22	0	1	49	2.00%
1981	2	72	2.80%	4	120	3.30%
1982	0	42	0	0	35	0.00%
1983	3	173	1.70%	3	278	1.10%
1984	2	50	4.00%	5	122	4.10%
1985	2	37	5.40%	6	150	4.00%
1986	3	77	3.90%	21	316	6.60%
1987	1	58	1.70%	23	227	10.10%
1988	3	28	10.70%	6	74	8.10%
1989	1	35	2.90%	6	78	7.70%
1990	0	31	0	7	79	8.90%
1991	7	70	10.00%	16	216	7.40%
1992	2	113	1.80%	16	299	5.40%
1993	3	126	2.40%	30	383	7.80%
1994	8	117	6.80%	25	286	8.70%
1995	8	204	3.90%	22	257	8.60%
1996	16	274	5.80%	46	403	11.40%
1997	10	173	5.80%	41	301	13.60%
1998	9	113	8.00%	21	168	12.50%
1999	22	371	5.90%	19	106	17.90%
2000	19	261	7.30%	7	120	5.80%
2001	2	23	8.70%	5	56	8.90%
2002	2	20	10.00%	12	46	26.10%
2003	3	18	16.70%	5	45	11.10%
2004	3	61	4.90%	10	112	8.90%
2005	9	45	20.00%	13	114	11.40%
2006	1	48	2.10%	10	109	9.20%

续表

年份	美国科技公司 IPO 统计			美国非科技公司 IPO 统计		
	双层股权结构 IPO 数量	所有科技公司 IPO 数量	双层股权结构 IPO 比例	双层股权结构 IPO 数量	所有非科技公司 IPO 数量	双层股权结构 IPO 比例
2007	4	75	5.30%	14	84	16.70%
2008	0	6	0	3	15	20.00%
2009	2	14	14.30%	3	27	11.10%
2010	2	33	6.10%	7	58	12.10%
2011	5	36	13.90%	9	45	20.00%
2012	5	39	12.80%	11	54	20.40%
2013	5	43	11.60%	23	114	20.20%
2014	6	53	11.30%	18	153	11.80%
2015	13	35	37.10%	9	80	11.30%
2016	4	19	21.10%	6	54	11.10%
1980—2016 总计	187	3015	6.20%	483	5233	9.20%

资料来源：佛罗里达大学数据统计①。

根据美国 Martijn、Beni 和 Anete 教授对 1980 年至 2015 年在美国 IPO 的差异化表决权结构公司与同行业的单层股权结构公司（包括中国的红筹企业）的研究报告，发现差异化表决权结构在公司发展初期会带来纯粹的制度红利。

第一，总体来看，差异化表决权结构公司比单层股权结构公司估值更高，年度回报率更好。数据显示，在 IPO 当年年底，具有差异化表决权结构的公司市场估值平均比同类公司高出 11 个

---

① 实践表明，采用差异化表决权架构的公司多数为拟 IPO 的科技创新企业，非科技创新领域公司选择双层股权结构 IPO 的比例相较逐步减少。该样本选择 5 美元/股以上的上市公司，排除了 ADRs, unit offers, closed - end funds, REITs, natural resource limited partnerships, small best efforts offers, banks and S&Ls, and stocks not listed on CRSP（CRSP includes Amex, NYSE, and NASDAQ stocks）。参见 FactSet, Ritter, Jay R, Initial Public Offerings, Updated Statistics. University of Florida, 资料来源: https://site. warrington. ufl. edu/ritter/files/2018/01/IPOs2017Statistics - 1. pdf January 3, 2018, 2019 年 3 月 4 日访问。

百分点。① 此外，MSCI 发布的报告显示，拥有差异化表决权结构的公司的年度总回报率优于市场平均水平。在样本期内，如果将这些公司排除在市场指数之外，这些指数的总回报率将会降低约 30 个基点（见图 1）。由此可见，采取差异化表决权结构的公司业绩优于同股同权公司。

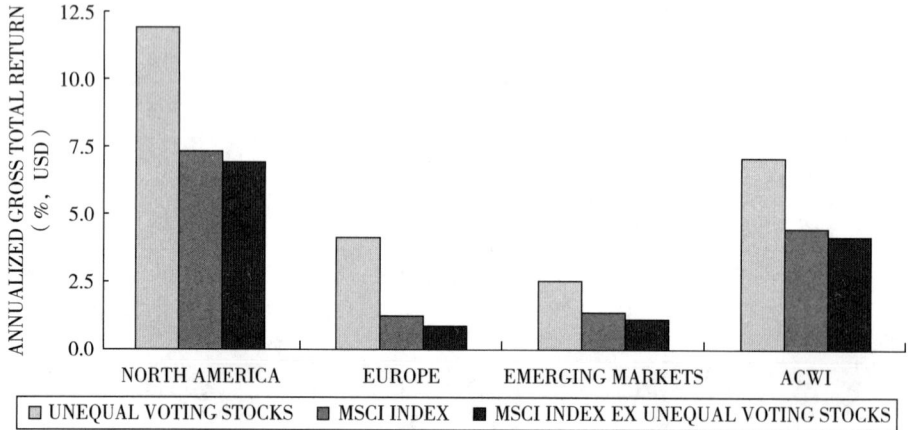

图 1　MSCI 指数加入和不加入差异化表决权结构公司的年度回报率的区别
（资料来源：MSCI 官方网站）

这种红利也确实会随着企业的成熟而逐步降低，但是研究表明，具有差异化表决权结构且 IPO 时估值比同比公司更高的公司，在几年后变得和同比公司一样（但没有更差）；而估值比同比公司更低的公司，在几年后与同比公司的差距并没有增大，这说明前期差异化表决权结构为该类公司带来纯粹的红利（见图 2、图 3)②。

Panel A. Matched single-and dual-class firms with a positive initial dual class Tobin's Q premium

	Years relative to the IPO				
	All	1 – 3	4 – 5	6 – 8	9 +
Dual dummy	0. 50 ***	0. 88 ***	0. 20	0. 034	0. 086

图 2　具有差异化表决权结构且 IPO 时估值比同比公司更高的公司与同比公司的估值对比
（资料来源：欧洲公司治理研究所统计③）

---

① Martijn Cremers, Beni Lauterbach & Anete Pajuste, The Life – Cycle of Dual Class Firms, European Corporate Governance Institute (ECGI) – Finance Working Paper 550 (2018), p. 59.

② Martijn Cremers, Beni Lauterbach & Anete Pajuste, The Life – Cycle of Dual Class Firms, European Corporate Governance Institute (ECGI) – Finance Working Paper 550 (2018), p. 59.

③ Martijn Cremers, Beni Lauterbach & Anete Pajuste, The Life – Cycle of Dual Class Firms, European Corporate Governance Institute (ECGI) – Finance Working Paper 550 (2018), p. 59.

Panel B. Matched single-and

dual-class firms with a negative initial dual class Tobin's Q

premium	Years relative to the IPO				
	All	1 – 3	4 – 5	6 – 8	9 +
Dual Dummy	– 0. 54 ***	– 0. 43 ***	0. 16	– 0. 22	– 0. 37 **

图 3　具有差异化表决权结构且 IPO 时估值比同比公司更低的公司与同比公司的估值对比[①]

（资料来源：欧洲公司治理研究所统计[②]）

第二，差异化表决权结构对于处于上升期的朝阳企业尤其有效。[③] 虽然有观点认为，对于这些好公司，无论是否采取差异化表决权结构，公司的估值、发展都会很好。但即使基于这样的前提，也可以说正是在该结构下，好公司才可以大规模进行融资，否则为了避免控制权的稀释，公司会对持续融资持谨慎态度，不利于公司业务扩展及估值水平提高。研究证明，采取双层权结构的公司创始股东的持股比例和表决权比例之间的差距不断减少（见图 4），正是说明采取结构的公司在不断地融资。

	IPO + 1	IPO + 2	IPO + 3	IPO + 4	IPO + 5	IPO + 6	IPO + 7	IPO + 8	IPO + 9	IPO + 1 vs. IPO + 5 (p – value)
Panel A. Dual-class firms										
Controlling shareholders' equity share,%	50. 13	45. 52	41. 79	40. 67	37. 44	37. 09	36. 74	37. 63	37. 43	0. 000
Vote minus equity（wedge）,%	16. 27	17. 53	19. 64	20. 82	21. 77	22. 23	23. 57	24. 79	26. 48	0. 001
Number of observations	346	320	276	238	204	193	172	163	150	

图 4　创始股东的持股比例和持有表决权的差距在逐渐减少

（资料来源：欧洲公司治理研究所统计[④]）

[①]　Martijn Cremers, Beni Lauterbach & Anete Pajuste, The Life – Cycle of Dual Class Firms, European Corporate Governance Institute（ECGI）– Finance Working Paper 550（2018），p. 59.

[②]　Martijn Cremers, Beni Lauterbach & Anete Pajuste, The Life – Cycle of Dual Class Firms, European Corporate Governance Institute（ECGI）– Finance Working Paper 550（2018），p. 59.

[③]　Martijn Cremers, Beni Lauterbach & Anete Pajuste, The Life – Cycle of Dual Class Firms, European Corporate Governance Institute（ECGI）– Finance Working Paper 550（2018），p. 59.

[④]　Martijn Cremers, Beni Lauterbach & Anete Pajuste, The Life – Cycle of Dual Class Firms, European Corporate Governance Institute（ECGI）– Finance Working Paper 550（2018），p. 59.

研究报告同样显示，在IPO后的6年到9年里，差异化表决权结构公司的估值优势正在逐渐消失（见图2、图3），即差异化表决权结构带给公司业绩的正面效果（例如由创始人的独特的商业眼光或者领导力所带来的优势）会随着时间的延续而逐渐衰退。但即使差异化表决权结构已经变得效率低下，创始股东仍有不正当动机去保留该结构，比如在Hollinger Int'l v. Black案中，Black就利用自己的超级表决权在公司并购过程中谋求超额利益①，此时结构的正外部性可能会让位于负外部性。

综上所述，本文认为，差异化表决权结构在公司发展初期带来了不可替代的制度红利，但是在公司发展后期也存在所有制度红利不断衰减的问题，应选择合适的投资者保护制度，实现"创始人—投资者天平"的平衡，充分发挥差异化表决权结构的制度优势。

三、 差异化表决权结构下的 "创始人—投资者保护天平"

（一）"创始人—投资者保护天平"的基础理论——公司发展的周期平衡

根据公司发展的周期规律，本文认为在公司发展之初，无须对创始股东进行过多的限制，充分发挥差异化表决权结构的制度红利将公司做大做强，是对中小投资者最好的保护。当然，这不意味着放任创始股东的行为：首先，《公司法》和《证券法》对其在公司担任的职位、超级表决权的转让和持有期限一般会作以限制；② 其次，在公司治理方面，交易场所和《公司法》也会对公司治理提出要求，如要求设置独立董事；③ 最后，在风险提示方面，各国均要求对公司采用差异化表决权结构作以明确表示，以确保投资者在买入该公司股票时，明确知晓该结构的风险。

而随着公司运营时间的延续，"制度红利"不断消退，一方面，公司在运营成熟期或许不再依赖创始人的商业战略；另一方面，即使公司的治理效率变得低下，创始股东也有动力维持其对公司的控制权，使得收购难以进行，导致中小投资者的利益受到侵害。在此阶段，有必要保护中小投资者的"筹码"，实现"创始人—投资者"的周期平衡。

（二）"创始人—投资者保护天平"下的平衡筹码

上文已论述差异化表决权结构下投资者保护的"平衡筹码"直接影响着结构的公平和效率，下面将详细介绍这些"平衡筹码"的内容及作用。

---

① Hollinger Int'l v. Black，Court of Chancery of Delaware，New Castle，February 22，2004，Submitted；February 26，2004，Decided，C. A. No. 183 – N.

② 例如，新加坡的规定如下：（1）超级表决股份持有人中至少有一人担任特别表决权股份特别表决权股份担任董事长或CEO。（2）创始股东应当为附有信义义务的董事。（3）创始股东应当承诺其所持股份在上市后至少限售12个月。

③ 例如，日本的规定如下：（1）公司应当成立一个有外部董事组成委员会，关联交易等涉及利益冲突的事项应获得该委员会许可。（2）在一些重大决策的决议时，应当对普通股和超级表决权股进行分类表决。这些重大决策包括修订章程、股份分拆和并购重组等。

1. 结构设置时的平衡筹码。

（1）公司须在IPO时须完成差异化表决权结构的安排。按照结构设立时点可以区分为在最初上市和上市以后采用股权重组的方式设立差异化表决权结构。[1] 相对而言后者存在更大的风险，各国《公司法》《证券法》和交易场所规则对此大多并不支持。美国纽交所、纳斯达克等的上市规则规定，公司在首次公开发行前和首次公开发行时可以设置投票权不同的股票，公开发行并上市后，不得再发行含有较高表决权的股票；香港联交所上市规则同样规定，上市后，不同投票权架构发行人不得提高已发行的不同投票权比重，不得增发任何不同投票权股份。

这一规定在于禁止上市公司控股股东通过修改公司章程的方式，自行提高自身的表决权比重。因为投资者最初在二级市场中购买股票时，预期是获得完整表决权的股份，如果允许上市公司再次发行特别表决权股，就会折损投资者的表决权——即使上市公司承诺较高股息对中小投资者补偿，但是也会存在补偿数额不足以及上市公司不分红，使股息补偿沦为空谈的风险。当然，中小投资者也可以选择要求公司回购股票或在二级市场上抛售股票，但是前者仍然存在回购价格确定的问题，后者由于表决权的折损可能已经体现在股价上，投资者依然会受到经济利益的损失。[2] 并且，上市后再次发行特别表决权股可能使得管理层完全不受敌意收购的约束，从而侵害中小投资者的利益。

此外，由于差异化表决权结构的制度红利在IPO后的6到9年不断下降，此后创始股东通过公司再次发行特别表决权股，未必会使公司治理的效率增加，相反可能会带来更高的代理成本。

（2）限制特别表决权股份的表决权倍数。世界主要交易所均对特别表决权股份的表决权"放大规模"作出了限制。如日本东京交易所规定特别表决权比例最高不得高于普通股份表决权的10倍；中国香港一方面规定不得超过10倍，另一方面也规定特别表决权股东持股比例不得低于10%。

差异化表决权结构下，表决权的"放大效应"显著，创始人团队得以以较小的持股比例获得公司控制权。测算显示，特别表决权的表决权比例是普通表决权的10倍，特别表决权股东仅需要持股比例达到16.7%（1/6）以上就可以持有2/3以上的表决权，形成在修改公司章程、决定公司重大事项上的绝对控制；特别表决权股东仅需持股比例达到9.1%（1/11）以上就可以持有1/2以上的表决权，控制公司的管理层，这种情况下几乎是杜绝了敌意收购的可能性（见图5）。

---

[1] See Peter N. Flocos, Toward a Liability Rule Approach to the "One Share, One Vote" Controversy: An Epitaph For The SEC's Rule 19c‑4?, 138 University of Pennsylvania Law Review 1761 (1990), p. 1762.

[2] 任孝民：《双层股权结构的实现模式》，北京大学法学院2018年硕士论文，第35页。

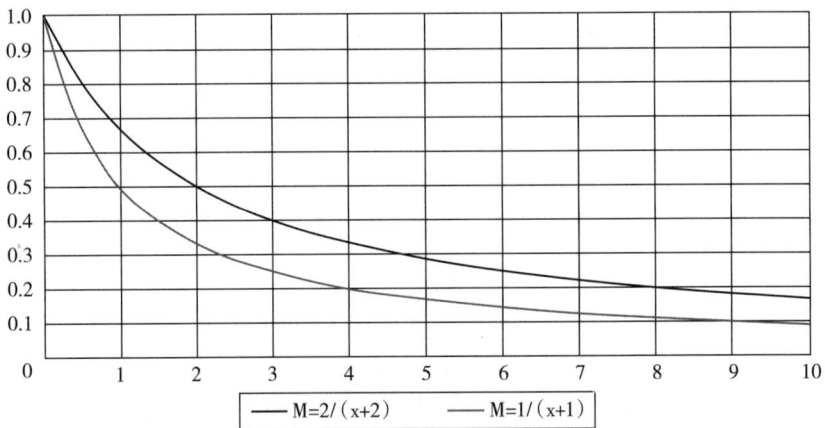

图5 特别表决权股东（为获得控制权）需持有的最低股份数与特别表决权倍数的关系[①]

（资料来源：作者自制）

（3）限制行业和公司规模。中国香港联交所和新加坡交易所对设置结构公司的行业和规模都予以了限制，这是一项特殊要求。香港联交所要求实施差异化表决权结构的公司应为创新产业公司，公司业务应具有高速增长性，且要求具备机构投资者的实质性投资（该投资上市后限售6个月）。此外，公司预期市值应不低于100亿港元；预期市值低于400亿港元的，最近一年经审计财报收入不低于10亿港元。新加坡交易所要求公司市值不低于5亿新加坡元，且具有机构投资者一定比例的投资（如市值在10亿新加坡元以上的，持股比例不低于10.8%）。

对公司行业与规模的限制一方面是实践中高科技创新公司对该结构有更加强烈的需求，更重要的是为了通过行业和规模的筛选，让预期有更高回报率的公司上市，用股票的收益权在一定程度上弥补中小投资者的表决权"折损"。

2. 公司运营中的平衡筹码：特殊的信息披露要求。信息披露是在有效市场假说前提下消除中小投资者和公司之间信息不对称的核心机制。研究表明，在差异化表决权结构下，创始股东对公司的控制权和现金流权利分离程度越大，由其担任管理层的代理成本就越高，[②] 所以创始股东

---

① 注：横轴为特别表决权股份的倍数 X，纵轴为特别表决权股东获得控制权所需持有的最低股份比例 M（M＝X/A）。上方线条为获得2/3控制权，下方线条为获得1/2控制权。假设公司发行总股份数为 A，特别表决权股的表决权比例是普通表决权股的 B 倍，特别表决权股东持股数为 X。则有普通表决权股东持股数为（A－X），超级表决权股东的持股比例为 BX/（BX＋A－X）。另其≥2/3，则超级表决权股东的持股比例（X/A）≥2/（B＋2）；另其≥1/2，则超级表决权股东的持股比例（X/A）≥1/（B＋1）。

② See Gompers, P. A., Ishii, J., Metrick, A., Extreme Governance：An Analysis of Dual – Class Firms in the United States, 23 Review of Financial Studies, 1051（2009）；Amoako – Adu, Vishael BAulkaran, Brian F. Smith, Analysis of Dividend Policy of Dual and Single Class U. S. Corporations, 72 Journal of Economics and Business, 1（2014）.

与中小投资者之间的利益冲突也会加剧。此时，投资者保护的核心安排应该是强化其信息披露义务，让公司的信息反映在股价上，从而通过市场约束创始股东的行为。

采取双层股权架构公司的特殊信息披露义务可概括为以下几点：

第一，发行人应就上市公司采用差异化表决权结构的必要性予以披露。在美国，使用差异化表决权结构的行业主要为通信、印刷和出版行业，分别占到行业比例的22.64%和26.58%。[1] 港交所认为新经济企业才能采用差异化表决权结构，实践中主要应用于互联网、高科技和生物制药研发等成长型公司。[2] 所以发行人应从商业经营模式、行业特征、创始股东对企业不可替代的贡献等方面对必要性予以披露。

第二，在发行材料和持续披露材料中对双层股股权结构安排、特殊法律风险的予以特殊披露。例如对公司股票、定期报告、临时报告的特别标识，与"同股同权"公司作出区分，在公司章程中对公司发行股票的种类、数量及可以表决的事项予以说明。此外，对于股东行使特别表决权的重大事项也应就股东之间可能存在的利益冲突予以充分的披露，并请中介机构对表决权行使的合规性发表专业意见，以保护中小投资者的利益。

第三，对超级表决权股东的身份进行穿透式监管。新加坡的规则允许团体股东担任超级表决权股东，这可能使创始股东将"叠金字塔"与差异化表决权结构结合，使得创始股东通过对上市公司控股主体的控制，持有更少的股份达到控制整个公司的目的，[3] 引发更加严重的代理成本问题。所以需要对金字塔式持股结构、股份代持、不同表决权股的受益人等情况进行"穿透式"披露，以便中小投资者了解公司的真实情况。

3. 特别表决权行使时的平衡筹码。

（1）重大事项恢复"一股一权"表决、重大事项恢复"一股一权"表决，指在某些涉及普通股股东重大利益的事项上，特别表决权失效，所有股东按照一股一票的方式进行表决。中国普通股股东认可创始股东的特别表决权，是基于其独特的商业眼光，并非让渡自身参与所有决策事项的权利。故当创始人行使的权利与其进行商业判断无关时，该股份不应享有特别表决权。

日本东京交易所规定，在修订章程、股份分拆、并购重组等事项上应当恢复同股同权表决。中国香港联交所规定，在章程修订、类别股相关权利变动、委任/罢免独立非执行董事、委聘/辞退审计师、清算等事项上，应当恢复同股同权表决；新加坡交易所规定，在修改章程等公司基础性文件、改变任何组别股票的权利、任免独立董事、任免审计人员、反向收购、主动解散上市公

① See Arugaslan, Douglas, Kieschnick. On the Decision to Go Public with Dual Class Stock, 16 Journal of Corporate Finance, 170 (2010), p. 181.

② 香港交易所：《研究报告：双重股权架构与生物科技行业的上市制度改革》，第1页。

③ 清澄君：《创造条件也要上：清澄君看港、新两地的同股不同权》，载微信公众号"比较公司治理"，2019年1月6日。

司、主动退市情形下，应当恢复同股同权表决。

（2）日落条款。日落条款是指，在发生特定事件后或者经过特定期限，公司的差异化表决权结构转换为单一股权结构。学者将日落条款概括为持股比例日落条款、固定期限日落条款、特定事件触发型日落条款。①

持股比例日落条款指特别表决权股东的持股低于一定比例，或者要约收购者收购的普通表决权股份达到一定比例将导致差异化表决权结构的终结。后者在日本被称为"打破规则"，该规则是参照欧盟收购指令的突破性规则制定的，目的是防止风险承担和控制之间的过度失衡。固定期限的日落条款指在 IPO 时确定差异化表决权结构的存续时间，到期由股东大会决议是否继续采用。特定事件的日落条款指在特定事件发生时差异化表决权结构宣告终结。

如上所述，差异化表决权结构的制度红利会随着时间的推移逐渐消失，而潜在代理成本也会较公司 IPO 时不断上升。当保留差异化表决权结构不再有效率时，创始股东却仍有动力继续保留该架构，来"维护既得利益"。因此，需要日落条款来中止没有效率的结构。

日本东京交易所要求公司章程规定，当要约收购者持有的股份超过一定数量时，公司超级表决权股转化为普通股；当超级表决权股满足被转让、其持有人原有身份丧失、死亡等条件时，超级表决权股自动转换为普通股；中国香港联交所要求：不同投票权的受益人应担任发行人的董事，当其不再为董事（包括被联交所视为不再适合担任董事的情形）、身故或失去行为能力、转让给他人，其差异化表决权将失；此外，将股票转让给他人也视为转换为普通股。新加坡交易所规定，差异化表决权股的交易将视为转换为普通股。

四、 对科创板差异化表决权结构的评析

随着 2019 年 1 月 30 日中国证监会发布《关于在上海证券交易所设立科创板并试点注册制的实施意见》（以下简称《实施意见》），2019 年 3 月 1 日上交所发布《上海证券交易所科创板股票上市规则》（以下简称《上市规则》）等配套规则，科创板的表决权差异安排正式尘埃落定。与差异化表决权结构相关的原则性规定见于《实施意见》第五条，细化规定主要见于《上市规则》第 2.14 条及第 4.5 节。

（一）科创板差异化表决权结构下的"创始人—投资者天平"

从结构设置时的平衡筹码来看：第一，公司设置差异化表决权结构的，应当满足特定的设置时点要求，公司设置表决权差异安排应经出席股东大会股东三分之二表决权通过，公司能且仅能于 IPO 前完成公司的表决权差异化安排，上市后不得再次发行特别表决权或提高特别表决权

---

① 任孝民：《双层股权结构的实现模式》，北京大学法学院 2018 年硕士论文，第 41～42 页。

比例。①

第二，公司设置差异化表决权结构的，应当满足特定设置倍数要求。科创板规定了倍数及特别表决权比例上限：一份特别表决权之于普通表决权的倍数不得超过 10 倍，且要求公司特别表决权比例不得高于 90%。②

第三，设置差异化表决权结构的公司需要有一定的行业及规模要求。科创板服务于符合国家战略、突破关键核心技术、市场认可度高的科技创新企业。③ 市值要求包括，预计市值不低于 100 亿元或者预计市值不低于 50 亿元且最近一年营业收入不低于 5 亿元。④

从公司运营的筹码来看，科创板为设置结构的公司设置了特殊的信息披露要求：公司在招股说明书、定期报告等公开发行文件中，应充分披露并提示有关差异化表决权安排的主要内容、相关风险和投资者保护措施。⑤ 上市公司应及时披露股份的转化情况。⑥ 同时设置了特殊的公司治理要求，即监事会应在年度报告中对于差异化表决权制度的实施的合规性以及投资者合法权益是否受损的情况出具专项意见。⑦

从特别表决权行使的筹码来看，科创板规则规定了差异化表决权的行使限制和强制失效情形：第一，重大事项恢复"一股一权"表决：股东大会决议与中小股东相关的特定重大事项时，应当恢复一股一票表决且采用三分之二表决权通过的特别表决程序，包括章程修改、改变特别表决权股份享有的表决权数量、聘请或解聘独立董事、聘请与解聘出具审计意见的会计师事务所、公司的合并分立解散及变更公司形式;⑧ 第二，持股比例日落条款包括不满足最低持股要求（10%），特定事件触发型日落条款包括股东失去董事资格、股东失去对相关持股主体的实际控制、丧失相应履职能力、离任、死亡、向他人转让特别表决权股份或者委托他人行使、公司控制权发生变更，没有规定固定期限日落条款。

（二）评析与建议

本文将科创板和联交所对差异化表决权结构的要求进行了对比（见表 2）。

---

① 《上海证券交易所科创板股票上市规则》第 4.5.2 条。

② 《上海证券交易所科创板股票上市规则》第 4.5.4 条、第 4.5.7 条。

③ 《实施意见》二、设立科创板（三）准确把握科创板定位。

④ 《上海证券交易所科创板股票上市规则》第 2.1.4 条。主要行业包括新一代信息技术、高端装备、新材料、新能源、节能环保以及生物医药等高新技术产业和战略性新兴产业；以及互联网、大数据、云计算、人工智能等行业。

⑤ 《实施意见》一、总体要求（五）允许特殊股权结构企业和红筹企业上市；《上海证券交易所科创板股票上市规则》第 4.5.11 条。

⑥ 《上海证券交易所科创板股票上市规则》第 4.5.9 条。

⑦ 《上海证券交易所科创板股票上市规则》第 4.5.12 条。

⑧ 《上海证券交易所科创板股票上市规则》第 4.5.10 条。

表 2　科创板与联交所实施差异化表决权结构要求的对比

制度类别	科创板	香港联交所	对比情况
时点要求	IPO 前完成设置。	IPO 前完成设置。	相同。
最高倍数限制	10 倍。	10 倍。	相同。
行业规模要求	1. 行业：科技创新企业。 2. 市值规模： ● 预计市值不低于 100 亿元；或者 ● 预计市值不低于 50 亿元且最近一年营业收入不低于 5 亿元。	1. 行业：创新产业公司。 2. 市值： ● 预期市值应不低于 400 亿港元；或者 ● 预期市值低于 100 亿港元的，最近一个会计年度收益不低于 10 亿港元（生物科技公司为 15 亿港元）。 3. 具有金融机构等资深投资者实质性的投资，且该投资额的 50% 上市后限售 6 个月。	1. 相同：均要求创新科技公司，均面向具有一定规模的企业； 2. 差异：联交所要求企业应有机构投资者参与。
适用股东	具有重大贡献董事或者董事持股主体。	具有重大贡献的董事。	1. 相同：均要求有董事身份（或持股主体的控制人任董事），且应对公司具有重大贡献； 2. 差异：科创板允许董事的持股主体持特别表决权。
持股及表决权比例上限	1. 持股比例最低 10%； 2. 表决权比例最高 90%。	1. 持股比例不低于 10%； 2. 表决权比例最高 90%。	相同。
特别披露要求	1. 年报披露实施及比例的变化情况，投资者权益保护情况； 2. 表决权的重大变化或者调整。	1. 特别的股份代码（股份代号结尾标记"W"）； 2. 所有披露文件标识"具有不同投票权架构的公司"； 3. 披露文件中详述该架构、依据与风险。	基本相同：均要求应对特别表决权情况进行特别披露。

续表

制度类别	科创板	香港联交所	对比情况
特别治理要求	1. 监事会定期报告出具专项意见; 2. 保荐人、发行人律师发表意见①。	1. 设立由非执行董事组成的企业管治委员会; 2. 委任合规顾问。	1. 相同:均要求内部机构进行监督; 2. 差异:联交所要求成立专门的管制委员会并聘任合规顾问,科创板则要求监事会进行监督。
日落条款范围	1. 股东死亡、离任、失去董事资格、丧失履职能力或者不满足最低持股要求; 2. 股东失去对相关持股主体的实际控制; 3. 向他人转让特别表决权股份或委托他人行使; 4. 公司控制权发生变更。	1. 股东死亡、失去董事资格、丧失履职能力或者不满足最低持股要求(10%); 2. 向他人转让特别表决权股份或者委托他人行使。	1. 相同:均包括董事身份的丧失、失去能力等要求,均要求特别表决权股份转让即丧失特别表决权; 2. 差异:科创板规定控制权变更后,整体性的丧失差异化表决权安排。
恢复一股一权表决的情形	1. 章程修改; 2. 改变特别表决权股份享有的表决权数量; 3. 聘请或解聘独立董事、聘请与解聘出具审计意见会计师事务所; 4. 公司的合并分立解散及变更公司形式。	1. 章程修改; 2. 类别股相关权利变动; 3. 聘请与解聘独立董事、聘请与解聘出具定期报告审计意见的会计师事务所; 4. 公司的合并分立解散及变更公司形式、清算。	相同。

资料来源:作者自制。

---

① 《科创板首次公开发行股票注册管理办法(试行)》第四十一条第二款:"保荐人和发行人律师应当就公司章程规定的特别表决权股份的持有人资格、特别表决权股份拥有的表决权数量与普通股份拥有的表决权数量的比例安排、持有人所持特别表决权股份能够参与表决的股东大会事项范围、特别表决权股份锁定安排及转让限制等事项是否符合有关规定发表专业意见。"

总体上看，科创板规则中的"平衡筹码"和联交所基本类似，几个差异体现在：

第一，从行业规模的要求方面，联交所要求有机构投资者参与，通过机构投资者的认可为公司发展背书，但也提高了设置结构的"门槛"，科创板并未设置这一要求，允许更多科技创新企业设置结构，但是，也对投资者的风险识别能力提出了更高的要求。

第二，科创板允许董事的持股主体持特别表决权股，而联交所仅允许自然人担任特别表决权股东[①]。科创板的规则与新加坡相同，目的是解决多名创始人希望共同控制公司的发展方向，但是无法让太多人同时担任董事的情况，但是这种"叠金字塔"与双重股权结构的结合会加大公司的经济利益与控制权的分离，增加代理成本的风险，对此应该进行更加严格的信息披露。

第三，科创板要求监事会问对差异化表决权行使的合规性发表意见，联交所要求成立完全由独立董事构成的公司治理委员会，每半年发布一次公司治理报告，[②] 并配备一名常任合规顾问，就结构事宜提供咨询意见[③]。由于在我国股东大会、董事会、监事会的治理结构下，监事由股东大会选举产生，控制人可以更换监事，从而使监事的独立性无法保障，所以在此方面可以纳入独立董事，与监事共同组成相对独立的机构，防止公司控制人出于自身利益选举不适格者担任监事，同时防止监事在履职时罔顾公司及投资者利益而一味顺从控制人的意愿。

此外，科创板在普通股股东召开临时股东大会和提案权方面[④]，对股东权利的保障比起联交所的规定又有加强，值得肯定。但是，无论是科创板还是联交所都未规定固定期限的日落条款以及打破规则。

针对上述分析，本文从"创始人—投资者天平"的视角试着提出以下建议。

1. 丰富日落条款的情形。如本文第二部分所述，研究表明随着公司年限增加，代理成本会增加，差异化表决权结构会渐显颓势。此时需要敌意收购的存在使投资者可以"用脚投票"，督促管理层勤勉尽责，也要允许公司股东有机会中止没有效率的结构。第一，增加"打破规则"的规定，即规定要约收购者收购的普通表决权股份达到一定比例（如75%时）将导致差异化表决权结构的终结。虽然设立差异化表决权结构的一个重要目的是防御敌意收购，但防御不等于完全禁止。为了避免后期代理成本急剧增加而中小投资者无法终结结构的风险，可以规定在要约收购者收购一定比例的股份（如东京交易所要求差异化表决权结构公司必须规定"打破规则"，于是 Cyberdyne 公司章程中规定要约人持有 75% 以上的已发行股份，终止差异化表决权结

---

① 2010 年 1 月 31 日，联交所刊发咨询文件，就容许法人在施加额外条件及投资者保障措施的前提下享有差异化表决权征求市场意见。

② HKEX Listing Rule 8A. 32.

③ HKEX Listing Rule 8A. 34.

④ 《上海证券交易所科创板股票上市规则》第 4.5.7 条。

构①）差异化表决权结构宣告终结。退一步讲，即使不用直接中止差异化表决权结构，也可以规定在这种情形发生时，让除特别表决权股东以外的其他股东通过特别决议的方式决定是否继续采用差异化表决权结构，从而实现抵御敌意收购和中小投资者权利保护之平衡。第二，增加固定期限的日落条款。在上市规则没有强制要求的情况下，创始人会倾向于规定事件性日落条款而不是固定期限日落条款，所以基于差异化表决权结构公司发展的周期规律，应该强制在此予以专门规定，比如 5 年或 10 年后由无利害关系股东通过股东大会决议的形式决定是否继续采用该结构。②

2. 完善设置差异化表决权结构公司的特别信息披露要求。第一，发行人应从商业经营模式、行业特征、创始股东对企业不可替代的贡献等方面对设置结构的必要性予以披露。第二，公司进行持续披露和临时披露的过程中，应特别注意特别表决权股东和普通表决权股东的利益冲突，充分披露重大交易的决策程序和决策依据，③ 也可以请会计师事务所对公司行使特别表决权的事项发表合规意见。第三，结合《上市规则》第 4.5.3 条第一款中允许采用"叠金字塔"和差异化表决权结构结合的形式，还应对持股主体穿透至实际控制人进行信息披露，充分向投资者披露风险。第四，对采用差异化表决权结构公司的股票、定期报告、临时报告予以特别标识，如令其证券简称末两位字符为"WV"，在定期报告和临时报告的扉页进行风险的特别提示，上述做法有助于向投资者进一步提示风险。

3. 完善设置差异化表决权结构公司的特别公司治理要求。本文认为可以由独立董事和监事共同成组成独立的风险委员会看护公司利益，并对管理层的行为进行监督审查。

另外，针对《上市规则》4.5.9 条规定："出现下列情形之一的，特别表决权股份应当按照 1∶1 的比例转换为普通股份：……（三）持有特别表决权股份的股东向他人转让所持有的特别表决权股份，或者将特别表决权股份的表决权委托他人行使；……"本文认为在特别表决权股东不止一人的情况下，投资者信任的是整个创始人团队对公司发展方向的掌控。如果创始股东之间转让股权时，特别表决权需转化为一股一权，那么可能会带来创始人团队对公司控制权的不稳定，所以本文认为该种情况不应转化为普通股份，该条可以更改表述为："……（三）持有特别表决权股份的股东向除特别表决权股东以外的其他人转让所持有的特别表决权股份，或者将特别表决权股份的表决权委托给除特别表决权股东以外的其他人行使；……"

---

① Koji Toshima, Cyberdyne's Dual – Class IPO, 12 International Financial Law Review, 20（2015），p. 44.

② 清澄君：《创造条件也要上：清澄君看港、新两地的同股不同权》，载微信公众号"比较公司治理"，2019 年 1 月 6 日。

③ 清澄君：《创造条件也要上：清澄君看港、新两地的同股不同权》，载微信公众号"比较公司治理"，2019 年 1 月 6 日。

五、 结语

从公司发展的周期平衡角度来看，差异化表决权结构对于处于成长期的公司可产生积极作用，即创始股东基于其对公司的控制权可以为公司带来业绩的提升。在此阶段，公司的发展壮大是对中小投资者最好的保护，然而制度红利会随着时间的推移而削减：一方面，创始股东的商业策略可能不再适应公司的发展需求，另一方面，公司的代理成本也在不断攀升，在这个阶段有必要通过前期、中期和后期设立的中小投资者保护筹码重新平衡日益倾斜的"创始人—投资者天平"。具体包括：

第一，在结构设置时，仅允许在 IPO 时设置特别表决权股，限制特别表决权股份的倍数，防止创始股东完全规避控制权市场的监督，使得中小投资者丧失"发言权"，并对行业和公司规模进行限制，期以公司的高回报对冲中小投资者的表决权缺陷；第二，在公司运营中，为具有差异化表决权结构的公司设置更严格的信息披露要求，向投资者充分提示结构风险，尽可能降低后期逐渐增强的代理成本；第三，在特别表决权行使时，规定重大事项恢复"一股一权"与各种情形的日落条款，前者限制创始股东行使特别表决权的事项，后者在特定条件下中止没有效率的差异化表决权结构。

综上所述，差异化表决权结构视角下的中小投资者保护，需要考虑公司发展的周期及未来成长性，同时也应兼顾市场投资者的特点。在我国，证券市场以散户为主，投资者自我保护能力相对较弱，监管机构可能就要多一些"父爱主义"的关怀，匹配更严格的投资者保护措施，维持"创始人—投资者天平"的动态平衡。随着科创板的设立，差异化表决权结构的春风终于吹向了内地，愿这股春风可以真正助力于科技创新企业的发展，吹活资本市场，实现鼓励创新、提升公司治理有效性的作用。

（责任编辑：卢漫）

定向可转债： 公司并购的新型支付利器

■ 张　迈*

摘要： 作为公司并购重组的关键一环，对价支付工具的选择是交易双方博弈的重要领域。恰当的支付工具能够增加并购交易的谈判弹性，均衡并购双方不同的利益诉求，促进交易的达成。目前，中国并购市场的对价支付工具仍以现金和股份为主，但传统的现金支付和股份支付的弊病和交易双方不同利益诉求之间的矛盾已逐渐显现出来。为丰富并购对价支付工具的类型，给并购交易双方提供更为灵活的利益博弈机制，2018 年 11 月 1 日，证监会发布公告称将积极推进定向可转债作为并购重组交易支付工具的试点工作。公告发出一周后，赛腾股份便发布相关预案，成为并购市场中首家试水将定向可转债作为支付工具的公司。毫无疑问中国"首单定向可转债并购案"能够为整个并购市场带来关于支付工具选择的一些新思路。

关键词： 定向可转债　支付工具　现金支付　股份支付

一、 定向可转债可作并购支付工具

2018 年 11 月 1 日，证监会发布公告"证监会试点定向可转债并购支持上市公司发展"，称将结合企业具体情况，积极推进以定向可转债作为并购重组交易支付工具的试点，支持包括民营控股上市公司在内的各类企业通过并购重组做优做强。[①] 该公告一经发出即引来并购市场热议。诸多专业人士认为定向可转债支持并购政策对于整个并购市场而言无疑是个重大利好消息，[②] 上市公司在并购重组中定向发行可转换债券作为支付工具，有利于增加并购交易谈判弹性，为交易提供更为灵活的利益博弈机制，有利于有效缓解上市公司现金压力并降低股东股权稀释的风险，丰富并购重组融资渠道。

---

* 北京大学法学院 2018 级金融法方向法律硕士（法学）。

① 中国证券监督管理委员会：《证监会试点定向可转债并购支持上市公司发展》，资料来源：http: // www. csrc. gov. cn/ pub/ newsite/ zjhxwfb/ xwdd/ 201811/ t20181101 _346074. html，2019 年 2 月 4 日访问。

② 南方财富网：《试点定向可转债并购落地迎重大利好?》，资料来源：http: //www. southmoney. com/gupiao/ jjzcg/ 201811/ 2710290 _2. html，2019 年 3 月 25 日访问。

（一）何为定向可转债

定向可转债即采用非公开方式发行的可转换公司债券。《上市公司证券发行管理办法》第十四条第二款对可转换公司债券的概念进行了界定：可转换公司债券，是指发行公司依法发行、在一定期间内依据约定的条件可以转换成股份的公司债券。由于债券持有人对于是否将债券转换成股票享有选择权，因而对于债券持有人而言，定向可转债相当于内嵌看涨期权的债券，可以实现"保底＋向上弹性"。当债券发行公司的股价上涨时，债券持有人能够通过转股获得股价上涨的弹性收益；当股价下跌时，债券持有人可以不行使转换权，在债券到期时请求债券发行人还本付息。

可转换公司债券最本源的发行目的是促进企业的再融资。相较于公募可转债而言，理论上定向可转债的发行程序更为便捷，成本更低，融资效率较高，可以很好地解决中小企业融资问题。但证监会本次公告的目的并非鼓励市场采用定向可转债作为融资工具，而是旨在将定向可转债推向支付工具的舞台。

（二）定向可转债并购第一案花落赛腾股份

在证监会宣布试点定向可转债作为并购重组支付工具的次日，苏州赛腾精密电子股份有限公司（以下简称赛腾股份）跟紧最新政策，立即采取行动，发布《关于拟发行定向可转债及股份购买资产并配套融资的停牌公告》，向市场宣布其将成为定向可转债用作并购支付对价的"第一个吃螃蟹的人"。2018 年 11 月 8 日，赛腾股份发布《发行可转换债券、股份及支付现金购买资产并募集配套资金预案》。据其内容显示，赛腾股份拟通过发行可转债、股份及支付现金的方式购买张玺、陈雪兴、邵聪持有的苏州菱欧自动化科技股份有限公司（以下简称菱欧科技）100% 股权。赛腾股份使用现金和股份支付本次交易 40% 的价款，定向可转债的发行规模为并购标的资产交易作价的 60% 。

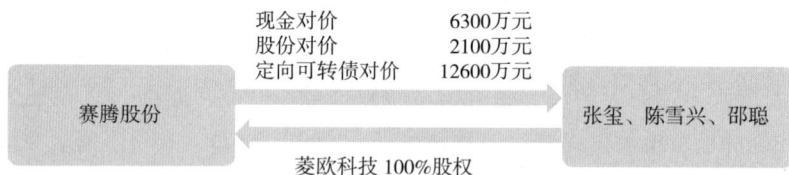

现金对价　　　　6300万元
股份对价　　　　2100万元
定向可转债对价　12600万元

赛腾股份 ⇄ 张玺、陈雪兴、邵聪

菱欧科技 100% 股权

图 1　赛腾股份并购支付对价的金额及具体方式
（资料来源：作者自制）

赛腾股份发布的预案显示，赛腾股份本次欲发行 126 万张面值为 100 元人民币的可转换债券，债券的年利率为 0.01% 。债券初始转股价格参照发行股份购买资产部分的定价标准，经双方协商最终确定为 19.30 元/股。并且，该定向可转债设置了转股价格向上、向下修正条款、强制转股条款和提前回售条款。按照交易协议约定,可转换债券的锁定期为 12 个月,限制期届满之后,若标的公司菱欧科技达到其承诺的业绩指标,可转债将按照 30%、30% 和 40% 的比例分 3 期解锁。并且,本次发行的可转换债券并不设立担保和评级。

作为定向可转债用作并购支付工具的市场第一单,赛腾股份的并购支付方案着实新意十足,并购市场也对赛腾股份能否顺利"过会"充满期待。2019 年 2 月 27 日,中国证监会并购重组委无条件通过赛腾股份发行定向可转债、股份及支付现金购买资产并募集配套资金方案。[①] 公司并购支付方式的新纪元也由此正式开启。

二、 定向可转债是并购支付工具的最优解?

(一) 现行支付工具难以满足市场需求

1. 现金支付和股份支付仍占主流。回看中外并购历史,可以清晰地发现支付工具的诞生与发展伴随着各次并购浪潮一同涌向资本市场。以美国并购市场为例,19 世纪与 20 世纪之交美国出现了第一次并购浪潮,在这次"大并购"中,现金是最为主要的支付方式。等到了 1963—1968 年的第三次并购浪潮,由于股票支付的免税优惠,约 85% 的大型并购转而采用股份作为支付对价;在第四次浪潮中,债权换股权的支付方式取代了股份支付,杠杆收购[②]异常流行;而在始于 1994 年的第五次并购浪潮中,股票市场的雄厚实力使股票成为更受欢迎的收购支付方式,采用换股或者混合支付的比重增大。[③]

中国的并购市场起步较晚,市场上运用的支付工具种类较为单一。无论是始于 1988 年的首次并购浪潮还是自 1992 年开始的第二次并购浪潮,并购支付方式主要为现金和无偿划拨。[④] 直到 2005 年,我国启动股权分置改革的试点工作以后,股份支付的情形才逐渐增多。纵观中美并购支付工具的发展史,现金是并购支付方式必经的"初级阶段"。但令人遗憾的是,中国的并购支付工具貌似依然处于这种"初级阶段"。据中国并购网的统计数据显示,2018 年中国并购案例共计 12185 件,其中 7732 起并购以现金作为支付工具,纯粹以股份作为支付对价的仅有 164 起,而带有强烈行政色彩的无偿划拨并购共 148 起。通过图 2 也可以直观地看出,在中国的并购市场中,传统的现金支付和股份支付仍占据绝对优势。

---

① 证监许可〔2019〕270 号。

② 此处所提及的杠杆收购 (LBO) 与中国语境下的杠杆收购不同,仅是指收购方以目标公司的资产或将来的现金收入作为抵押,向金融机构贷款,用贷款收购目标公司的方式。LBO 通常由投资银行安排过渡性贷款收购目标公司,一旦收购成功,目标公司将在投行的安排下发行高收益债券 (垃圾债券),所筹措的资金用于偿还过渡性贷款。

③ 王燕:《企业并购交易中支付方式的研究综述》,载《经济师》2003 年第 4 期。

④ 陈海燕、李炎华:《中外公司并购支付方式的比较研究》,载《河海大学学报(社会科学版)》1999 年第 1 期。

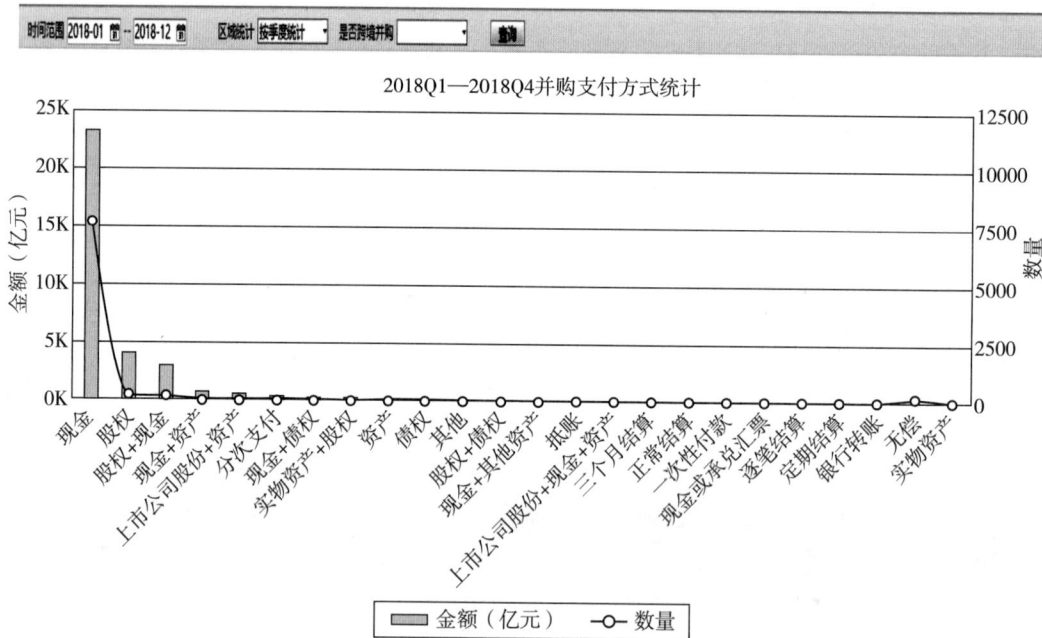

图 2 2018 年第 1～4 季度并购支付方式统计

(资料来源：Wind 数据库)

2. 现金支付的优与劣。既然现金支付能在并购重组市场中保持如此高的受欢迎程度，自有其道理。其中，高效快捷是现金支付最为明显的优势之一。一般而言，能够提高并购效率、节省并购时间的支付方式更容易得到并购双方，尤其是并购公司的青睐。目前，以现金为支付工具的并购交易无须经过证监会的审核。虽然对于跨界收购，高估值、高业绩承诺的"两高"类收购，以及收购资金来源和自身资产负债比例存在问题的公司进行的并购难逃交易所的问询。① 但就整体而言，由于证监会审核程序的免除，并购交易成本被大幅度压低，并购双方能够高效快速地完成整个交易流程。尤其是在敌意收购中，并购公司也更加倾向采用现金作为支付对价，快速完成整个并购交易，以免夜长梦多。

并且，在现金支付下，由于交易的对价是现金而非并购公司的股份，因而并购公司的股权结构并未受到影响，控股股东的控制权并不会受到任何威胁，中小股东也不必担心自己的股东权益被摊薄和稀释。站在目标公司股东的角度上，其到手的是价值稳定的现金，也不必承担任何证券价格下跌的风险。

---

① 并购战略：《定向可转债市场解析与创新案例解读——发行费率、资金用途及市场趋势分析》，资料来源：https://mp.weixin.qq.com/s/t7z3s6nzWnjvKm1lIuII7Q，2019 年 3 月 27 日访问。

当然，现金支付本身也存在不少的缺点。其一，现金支付对并购公司的现金流和融资能力提出了挑战。理论上讲，并购公司只要有足够的现金，完全可以直接利用公司经营所得的内部留存进行支付。现金支付也能给市场透露出并购公司现金充足、运营情况良好的信号。但聪明的并购公司并不会选用这样的做法。一般来说，并购的交易金额较大，即使是"有钱"的公司也未必会有足额的现金。为了减轻支付大量现金对公司现金流和正常的生产经营活动产生的影响，并购公司更倾向于通过债务融资的方式筹集现金，以调节公司的资本结构，使得并购公司的原股东享受到财务杠杆带来的超额收益。如果并购公司的资产负债率本身就偏高，坚持通过债务融资、采用现金支付的方式将会进一步增大并购公司的财务风险，对公司后续的融资产生严重的不利影响，甚至可能对公司未来的经营发展造成较大的压力。

其二，由于现金支付较为缺乏黏性，这可能会对目标资产的估值以及并购公司的后续发展产生某些不利的影响。对目标资产的估值是整个并购交易中最为重要的环节。并购方不希望因为估值产生的偏差而需要付出多余的成本，与此同时，目标公司的股东自然希望自己所持的股份"价超所值"。由于双方对并购交易资产所掌握的信息并不对称，并购交易最终的成交价可能与并购资产的价值并不完全匹配。尤其是在上市公司并购非上市公司的情形下，对非上市公司的资产进行准确估值并非易事。由于缺乏对目标公司股东的黏性，如果并购公司直接以现金作为支付对价，其可能会因为对并购资产的估值过高而吃亏。

在并购公司的后续经营方面，目标公司的股东在完成交易后，立即拿钱走人，和并购公司再无半分瓜葛，以后的经营业绩如何全靠并购公司经营。但是，在一些目标公司，尤其是在初创公司中，"人"的属性占比很高，创始人"功成身退"可能会对并购的后续整合和并购公司的生产经营产生不利的影响。因而实践中为了增加两者之间的黏性，并购公司一般会要求目标公司的股东在二级市场上购买本公司的股票。

其三，现金支付不利于后续的税务筹划。税收作为经济杠杆能对公司并购产生一定的影响，并购中不同支付工具的运用将会给并购公司和目标公司的股东带来不同的税收影响，并购双方自然会基于对税费缴纳的考量，选取最能带来税收协同效应的支付工具。若并购方选用现金收购的方式，目标公司的股东则需要在收到现金时立即纳税，无法享受递延纳税的优惠。当然，并购公司可以分批次给付现金对价，这样既能减轻自身一次性支付大量现金的财务负担，目标公司的股东也能变相获得延期纳税的好处。通常情况下，并购公司支付的现金源于其债务融资，此时发生的利息支出在一定条件下可以税前列支。但对并购公司而言现金支付也存在一定的缺点，即目标公司的净经营亏损将消失，任何相关方都无法获得亏损的税收抵免。[①]

3. 股份支付的优与劣。股份支付在一定程度上能够弥补现金支付的缺点。首先，由于并购

---

① 欧阳光、张杨清著：《公司税务管理与筹划》，法律出版社2007年版，第477页。

交易的对价是并购公司股份而非现金，并购公司不必承担现金流压力，其资产负债率也不会因此增加。其次，并购公司通过股权融资或者债务融资获得的现金毕竟有限。若采用股份支付的方式，理论上公司完全可以定向增发大量的股份，能够覆盖巨额的交易对价。

股份支付的另一明显优势在于增加了并购公司和目标公司股东之间的黏性。在目标资产估值环节上，以并购公司的股份作为支付对价能够有效缓解非上市公司目标资产信息不对称的情况。此时，目标公司的股东手中持有并购公司的股票，且通常情形下会伴随锁定期的安排，目标公司的股东将会在一段时期内与并购公司实现利益的绑定。若目标公司的股东报价过高，当并购公司购入资产价值虚高的信息传递至市场并引起并购公司股价下跌时，同样作为并购公司的股东，其自身享有的利益也会受损；在并购公司的后续发展问题上，当并购公司采用股份作为支付对价时，目标公司的股东和高管仍需要继续认真履职，以期股份在解锁之后能在二级市场上获得较高的价值。如此一来，目标公司的股东和并购公司的利益实现了绑定，有助于并购公司后续的整合。

此外，股份支付在税务筹划方面也具有显著的优势。对于目标公司的股东而言，其不用立即确认因获得并购公司股票所形成的资本利得。直到这些股票被出售之后，目标公司的股东才需确认资本利得缴纳所得税，因而能够享受到递延纳税的优惠。[①] 对于并购公司而言，其支付的股息分红只能在税后利润中分配，不得作为费用在税前扣除，但目标公司以往年度的经营净亏损可以结转到并购公司弥补。

当然，股份支付的缺点也是较为明显的。第一，股份并购的效率远不及现金并购。《上市公司重大资产重组管理办法》第四十四条第二款规定，上市公司发行股份购买资产应当编制发行股份购买资产预案、发行股份购买资产报告书，并向中国证监会提出申请。因而，以股份为支付对价的并购需要经证监会并购重组委的审批。股份并购监管在增加并购交易成本的同时，其较长的审核周期和结果的不确定性也增加了整个并购交易的风险。

第二，股份支付最大的缺点在于并购公司需要引入新的股东，原股东的股权会被稀释，并且可能会对原大股东、控股股东的控制权产生威胁。股权分置改革之后，国内上市公司股东持股的分散度提高，大股东对控制权稳定性的要求日益增强，尤其是目睹"宝万之争"后，大股东更会避免采取可能引起控制权稀释的举措。虽说新股东加入引发的股权稀释问题可能是原股东不乐于见到的，但是对于整个并购公司而言，新股东的加入未必是件坏事。有学者通过实证分析的方法证明了股份支付可以通过引入与原大股东制衡的新股东带来股权结构的改善，有效限制了

[①] 参见《中华人民共和国个人所得税法实施条例（2018 修订）》第十七条。

大股东为获取控制权收益而侵占小股东利益的行为，有效改善公司内部治理环境。[①]

第三，虽说股份支付能够帮助并购公司解决并购资产估值难的问题，但同时也会给目标公司的股东带来烦恼。在股份支付的情形下，目标公司的股东获得的并不是价值稳定的现金，而是价格波动的上市公司股票。并且，上市公司的股票价格越高，并购公司更倾向于将自身的股份作为支付对价。此时的高股价究竟是货真价实，还是注水之后的虚高，外人不得而知。如此一来，目标公司的股东则需承担着股价信息不对称带来的风险。由于股份支付一般会伴有锁定期条款，目标公司股东获得的对价难以在短期内变现。锁定期届满后，并购公司的股价是否面临下跌风险，目标公司股东获得的对价是否会缩水，仍是未知之数。

（二）定向可转债对传统支付工具缺点的解决

作为支付工具的定向可转债能够较好地弥补传统现金支付和股份支付的缺点，为均衡并购双方不同的利益诉求提供了一个解决方案。在现金支付中，囿于自身内部留存的限制，并购公司可能无法支付足额的现金。又或是在进行外部的债权融资时，并购公司需要付出较高的融资成本。若使用定向可转债作为支付对价，既不会对当期的现金流产生负担，并购公司也无须再进行外部融资。并且，一般情况下定向可转债的票面利率远低于普通债券的利率，即使债券持有人在到期日主张还本付息，并购公司付出的现金成本也比较低。

若定向可转债转换的股份来源于并购公司新增股份，原股东的股东权益受到稀释是在所难免的。但新《公司法》规定公司为发行可转换公司债券可以回购本公司股份。[②] 因而，在定向可转债支付中，转换之后的股份完全可以是来源于公司因回购产生的库存股。在此情形下，并购公司的总股本并没有扩大，股东权益被摊薄的问题也得到了很好的解决。当然，现实交易中由于目标资产的价格可能高于公司能够回购的股份价格，并购公司仍需要增发新股，此时原股东的股东权益多少会受到影响。但由于并购双方能够在定向可转债的转股价格和转股周期上进行协商，因而可转债带来的股权稀释较为平缓。定向可转债转股之后，也可实现目标公司的股东和并购公司的利益绑定，便于并购公司后续整合工作的开展。

针对现金支付和股份支付下并购双方同时面临的交易对价估值难的问题，定向可转债提供了解决路径。由于定向可转债的票面利息远低于其他种类的债券，但转股价格可观，因而债券持有人自然对转股满怀期待。此时，债券持有人作为潜在的并购公司股东，多少会顾及并购公司的利益，从而产生与股份支付相类似的效果，能在一定程度上缓解并购方对目标资产估值困难的情形。股份支付下，目标公司的股东将会承担并购公司股价虚高的风险，但是在定向可转债支付

① 周绍妮、王惠瞳：《支付方式、公司治理与并购绩效》，载《北京交通大学学报（社会科学版）》2015 年第 2 期。
② 参见《中华人民共和国公司法》第一百四十二条第一款第五项。

下这种情况有所缓解。原因在于转股价格已在事先确定。如果原先商定的转股价格是并购方有意抬高，双方并购合同达成之后股价可能有所回落，此时确实是目标公司股东得到的对价缩水。[①] 但是，如在转股时股价仍未回复到目标公司股东的预期状态，合同中预先约定的转股价格下调条款将会得以运用；若股价下跌严重时，作为债券持有人，目标公司的股东将会拒绝转股，转而主张债券的本息。定向可转债支付中的转股价格下调条款和可转债本身的特性有效解决了股份支付中存在的难题。

在税务筹划方面，定向可转债能较好均衡并购双方之间的利益。在定向可转债并购模式下，当目标公司的股东未行权时，并购公司支付的债券利息可以在税前列支；当目标公司的股东选择行权，其与并购公司的债权债务关系湮灭，转而成为并购公司的股东，此后公司支付的股息红利不能在缴纳企业所得税前扣除。对于目标公司的股东而言，直至股票被出售才需缴纳资本利得税，从而能够享受递延纳税的优惠。

总体而言，定向可转债的债券保底性和转股期权的灵活性平抑了现金和股份作为支付对价存在的缺点，增加了并购双方之间谈判的弹性，更有利于并购交易的达成。

（三）定向可转债只是"蜜糖"？

前文已经分析过作为支付工具的定向可转债能够更好地均衡并购双方不同的利益诉求，但定向可转债对于并购双方而言只是一块纯粹的"蜜糖"吗？事实上，较股份支付而言，定向可转债支付可能意味着并购公司需要负担更多的风险。具体而言，在股份并购下，当不触及股票发行价格调整方案时，股价上涨的红利归属于目标公司股东，与此同时其也需承担股价下跌带来的风险。但在定向可转债支付模式下，由于定向可转债本身兼具股性和债性，当股价上涨时，目标公司的股东乐于行使换股权利来享受股价上涨带来的收益；但是在股价下跌时，其可拒绝换股转而主张债券本息，这也意味着并购公司需要帮助交易对方承担股价下跌的风险。一旦目标公司的股东拒绝转股转而主张债券本息，届时将增加并购公司的现金支出压力，从而对公司财务稳健性带来一定风险。因而，在并购重组的交易方案设计中均倾向于保护并购公司的利益，突出定向可转债的股性，并采取多种交易手段促使交易双方积极行使换股权。赛腾股份的并购方案也无不体现着这样的交易思路。

三、 细看赛腾股份并购支付方案

转股价格的双向修正、强制转股、提前回售与业绩补偿的交易安排是本次赛腾股份定向可转债支付的亮点，本部分将对以上条款进行详细分析。

---

① 假设并购公司总共发行 20 元的定向可转债，原定转股价格为 5 元/股，则达到转股条件之后，可转 4 股。当股价下跌到 4 元/股且未触发转股价格下调条款时，债券持有人获得的对价是 16 元。

（一）向下修正转股价格条款

赛腾股份的公告显示，在可转换债券存续期间，当公司股票在任意连续 30 个交易日中至少有 15 个交易日的收盘价低于当期转股价格的 90% 时，公司董事会有权提出转股价格向下修正方案并提交公司股东大会审议表决，修正后的转股价格不得低于董事会决议公告日前 20 个交易日、60 个交易日或者 120 个交易日交易均价的 90%。上述方案须经出席会议的股东所持表决权的三分之二以上通过方可实施。

向下修正转股价格条款是可转债中的常见条款，主要是用来保护债券持有人的利益。当并购公司的股价下跌，如果债券持有人仍按照之前约定的价格转股，其所获得的对价将较之前减少。[①] 若债券持有人仍看好并购公司的未来发展，对转股充满期待时，其将会主张此时仍按照之前约定的价格转股将会使得自身利益受损，希望能与并购公司重新商定转股价格。而站在并购公司的角度，转股价格的向下调整意味着其需要付出的股份数额增加，原股东的股权将会被进一步稀释。因而，转股价格下调的动因一般来源于债券持有人而非作为债券发行人的并购公司。但是，在赛腾并购案件中，提出股价下调的主动权掌握在并购公司手中。这样看似会剥夺了本应属于债券持有人请求股价向下调整的权利。但是，如果并购公司没有积极行使这项权利时，转股即损害自身利益，在这种情形下，债券持有人可以拒绝转股，转而向并购公司主张偿付到期债券的本息。这样一来，并购方的财务成本将陡然上升，对自身的现金流产生极大的冲击。并购公司基于以上考量想必也不会怠于行使其享有的提出转股价格下调的权利。

同时需要注意的是，转股价格向下修正只是选择修正而非当然修正，最终的决定权掌握在并购公司的董事会和股东大会手中。承接之前的分析，既然赛腾股份惮于债券持有人拒绝转股而带来的财务成本，股东大会将会更倾向通过转股价格向下修正的议案，尤其是赛腾股份这种股权相对集中，大股东的持股比例能有效主导股东大会决议的情形。如果这种转股价格下调机制掌握在股权分散的并购公司手中，可能会因为价格下调后原股东的股权被稀释，动了中小股东的"蛋糕"，而使得该条款难以真正有效的执行。

（二）提前回售条款

赛腾的可转债并购交易中也安排了提前回售制度，规定"当交易对方所持可转换债券满足解锁条件后，如公司股票连续 30 个交易日的收盘价格均低于当期转股价格的 80%，则交易对方有权行使提前回售权，将满足解锁条件的可转换债券的全部或部分以面值加当期应计利息的金额回售给上市公司。在各年度首次达到提前回售权行使条件时起，交易对方的提前回售权进入行权期，行权期长度为 10 个交易日（含达到提前回售权行使条件的当天），如交易对方在行权期内未行使提前回售权，则交易对方至下一考核期审计报告出具前不应再行使提前回售权。行

---

① 债券持有人转股后获得的实际对价 = 发行可转债的总金额/约定转股价格 × 当前股价。

权期满后，交易对方所持满足解锁条件的可转换债券中未回售的部分，自行权期满后第一日起，按照 0.6% 年利率计算利息"。

提前回售条款的设置同样是在回应交易对方的利益诉求。如果股价持续下跌，转股将使得自身利益受损，此时债券持有人有权请求并购公司按照债券的面值加计利息进行回购。并且，对于满足提前回售条款要求但未回售的债券，其利率将被上调。这样安排也主要是考虑到本次发行的定向可转债为到期一次还本付息，若交易对方主张还本付息的话将会给并购公司带来较重的现金负担。较高的利率也主要是为了鼓励交易对方在满足回售条件下继续持有定向可转债，以减轻并购公司的现金压力。尽管提前回售条款能有效保护债券持有人的利益，但是由于转股价格下修条款的触发点低于提前回售条款，因而只有在并购公司并未向下修正转股价格时，该条款才有适用的空间。对于并购公司而言，提前回售条款将比股价下修条款更易增加其交易成本，在此角度上能够督促并购公司及时下调转股价格。

（三）向上修正转股价格条款

向上修正转股价格条款约定："在本次发行的可转换债券存续期间，当交易对方提交转股申请日前二十日赛腾股份股票交易均价不低于当期转股价格 150% 时，则当次转股时应按照当期转股价的 130% 进行转股，但当次转股价格最高不超过初始转股价格的 130%。"

当并购公司的股价高于之前约定的转股价格时，目标公司的股东将拿到较预期更多的对价，并购公司付出的交易成本也相应增加。不同于股价向下修正条款中并购公司的股东大会享有最终的决策权，转股价格上修是当然修正，只要满足相关的条件即可上调转股价格，而无须经过股东大会的审议。股价上调时并未完全按照股价上涨的幅度进行调整，也可使目标公司的股东享受到股价上涨带来的利益。不过一般情况下，债券持有人并不会等到股价上涨至触及向上修正转股价时才进行转股，这样无法充分分享受股价上涨带来的利益。但理论上此条仍有一定的适用空间。由于定向可转债支付中通常含有锁定期的安排，若解锁条件成就前 20 天股价的涨幅可能已经超过 50%，此时向上修正转股价格条款将能充分发挥作用。

（四）强制转股条款

本次可转债发行中包含强制转股条款，规定如公司股票连续 30 个交易日的收盘价格不低于当期转股价格的 130% 时，上市公司董事会有权提出强制转股方案，并提交股东大会表决，该方案须经出席股东大会的股东所持表决权的三分之二以上通过方可实施。通过上述程序后，上市公司有权行使强制转股权，将满足解锁条件的可转换债券按照当时有效的转股价格强制转化为赛腾股份普通股股票。

强制转股条款的设立目的同样是防止目标公司的股东获得过高的利益，同时通过强制转股的方式，也释放了并购公司潜在的现金压力。在不触发转股价格向上修正条款的情况下，转股价格以并购双方约定的原转股价格为准；当股价上涨幅度达到向上修正转股价格条款的规定，此时转股价格将按照当期转股价的 130% 进行确定。虽说强制性转股条款也是一个选择性条款，最终决定权掌握在并购公司的股东大会手中，但是由于该条款实质上是保护了并购公司的利益，因而并购公司股东大会能顺利通过强制转股议案也是顺理成章的事情。

（五）业绩承诺与业绩补偿

赛腾股份在《发行可转换债券、股份及支付现金购买资产并募集配套资金报告书》中明确设置了业绩对赌条款，规定目标公司的股东承诺标的公司在 2018 年度、2019 年度、2020 年度的扣除非经常性损益后的净利润分别不低于 1500 万元、1700 万元、2100 万元。若业绩未达承诺的标准，则目标公司的股东则需要作为补偿义务人按其对标的公司的现持股比例进行补偿。并且，定向可转债的锁定期安排也与交易对方的业绩承诺挂钩。

表 1　定向可转债的锁定期安排

期数	解锁条件	累计可解锁的可转债
第一期	赛腾股份在指定媒体披露标的公司 2018 年度盈利预测实现情况的专项审核报告；且 12 个月限制期届满后，标的公司 2018 年的实际净利润达到 2018 年承诺净利润	可解锁的可转债 = 本次向交易对方发行的可转债 × 30% − 当年已补偿的可转债（如有）
第二期	赛腾股份在指定媒体披露标的公司 2019 年度盈利预测实现情况的专项审核报告后，标的公司 2018 年至 2019 年实现净利润之和达到 2018 年至 2019 年承诺净利润之和	可解锁的可转债 = 本次向交易对方发行的可转债 × 60% − 累计已补偿的可转债（如有）
第三期	赛腾股份在指定媒体披露标的公司 2020 年度盈利预测实现情况的专项审核报告和承诺期间减值测试报告后，标的公司 2018 年至 2020 年实现净利润之和达到 2018 年至 2020 年承诺净利润之和，本次向交易对方发行的全部可转债均可解锁	可解锁的可转债 = 本次向交易对方发行的可转债 100% − 累计已补偿的可转债（如有）

资料来源：《发行可转换债券、股份及支付现金购买资产并募集配套资金报告书（修订稿）》。

虽然在理论上定向可转债能缓解并购公司对目标资产信息不对称的情形，但实际上其也无法杜绝资产评估价值过高的情形出现。在赛腾股份案件中，对标的资产的评估采用收益法作为最终的评估结论。截至评估基准日，标的资产净资产账面价值 3217.61 万元，评估值为 21100 万元，评估增值率为 555.77%。既然资产评估值较高，并购公司自然希望标的资产物有所值，将目标公司的盈利能力作为对赌和可转债解锁的条件，也是赛腾股份防止和减少自身损失的明智之选。

若目标公司没有达成其承诺的业绩指标，按照并购双方的约定其需要承担相应的补偿义务。

补偿方式优先选用目标公司股东通过本次交易取得的定向可转债，定向可转债不足补偿的，不足部分应以本次交易所取得的上市公司的股份进行补偿；如可转债和股份均不足补偿的，不足的部分应当采用现金进行补偿。①

业绩承诺条款作为一种估值调整机制，主要是确保并购方付出的对价与其并购的资产价值相匹配。当目标公司未完成其承诺的业绩时，并购公司则会因出价过高而损害本公司及其原股东的利益。业绩补偿条款的设置就是将这部分风险从并购公司转移到目标公司的股东。

通常情况下，业绩补偿采取何种方式主要取决于并购重组中究竟采用了何种支付工具。具体而言，若并购支付对价为现金，业绩承诺方只能通过现金的方式进行业务补偿，通过并购公司的股份进行补偿显然不现实；如果并购支付对价为股份，业绩补偿则可以以股份的形式进行。两者的区别在于在现金支付下，如果目标公司的股东收到现金后即花费一空，当其未完成业绩承诺按照约定需要进行业绩补偿时，其虽负有补偿义务，但由于已无财产可以履行，业绩补偿将面临履行不能的问题。此时，对于并购公司的保护显然过于单薄。在股份并购下，为了避免前述的尴尬局面通常设有锁定期，且锁定期和业绩承诺相挂钩，目标公司的股东只有在完成业绩承诺的情况下才能解锁获得相应的股份。当其未完成承诺的业绩指标时，目标公司的股东虽然拥有股份的所有权，但却不能通过出售、转让等形式变现。因而当业绩承诺未完成时，目标公司的股东手中仍然持有可供执行的股份，此时要求其用获得的股份作为业绩补偿的方式对并购公司而言更为有利。但问题在于虽然并购重组通常作为利好消息使得并购公司的股价上涨，但由于目标公司未完成其承诺的业绩指标，当该信息公布到证券市场之后，并购公司的股价难免缩水。② 此时，若业绩补偿仍以先前约定的股份数额为准，对于并购公司而言并不划算。

而在定向可转债支付下，业绩补偿可以采用可转债的形式进行。同样为了确保业绩补偿的可行性，通常会伴有锁定期的交易安排，只有当目标公司完成其承诺的业绩时，定向可转债才可解锁。与现金补偿相比，由于定向可转债仅是未来付款承诺，其并不对交易对方的现金流造成负担。同时由于可转债的债券属性，其价值有债券的本金和利息保底，价值较股份而言也更为稳定，对并购公司的保护也更为周全。站在这个角度上，采用定向可转债作为并购重组的支付工具，在业绩补偿中更能均衡双方之间的利益。

（六）小结

上述的五个交易安排并非完全独立，而是相互联动的。具体而言，当目标公司未完成其承诺的业绩指标时，则需要进行业绩补偿。即使此时的股价已经高于转股价格，但由于定向可转债仍

---

① 《发行可转换债券、股份及支付现金购买资产并募集配套资金报告书（修订稿）》。

② 凤凰网财经：《我爱我家曲线上市 18 亿业绩承诺存压力：股价跳水暴跌》，资料来源：http：//finance. ifeng. com/a/20180411/16068098＿0. shtml，2019 年 6 月 14 日访问。

处在锁定期间内，并购公司无须调整转股价格；若股价低于转股价格且触及向下修正条款时，并购公司则将有权决定是否向下修正转股价格。当目标公司完成其承诺的业绩时，若股价上升超过原定的转股价格，目标公司的股东将乐于行使换股权利，同时为了避免支付过高对价，并购公司将会争取向上修正转股价格。在此情形下，交易对方可享受到股票溢价收入，同时由于转股权利的行使，也使得并购公司从偿还债券本息的潜在压力中释放出来，可谓皆大欢喜。而如果当目标公司完成承诺的业绩，股价却一路下跌时，并购公司则可以向下修正转股价格，目标公司的股东也享有请求并购公司提前回售的权利。但此时，交易对方的保本诉求和并购公司不愿支付现金偿付债券本息的想法之间将存在冲突。

总体而言，向下修正条款、提前回售条款、向上修正条款、强制转股条款的设计能够在并购公司的股价波动幅度过大时平衡交易双方的利益，促进交易的达成。

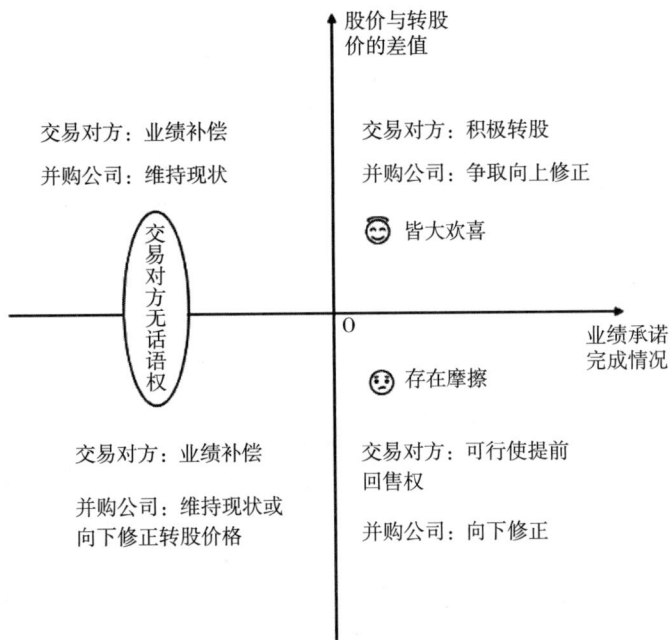

图3　赛腾股份的定向可转债支付方案解读

（资料来源：作者自制）

四、结语

作为并购重组的重要一环，支付工具的选择对整个交易的重要性不言而喻。能够权衡并购双方不同的利益诉求、促使双方协同发展的支付工具是并购双方所乐于接受的。传统的现金支付和股份支付最大的诟病在于分别会对并购公司的现金流和股权结构产生影响。而作为支付工具的定向可转债较为完美地解决了上述问题，并且在对价估值和税务筹划方面有着不俗的表现。同时，由于锁定期的交易安排和其本身债权属性，定向可转债在业绩补偿环节也更有利于并购公司的利益保护。由于定向可转债能够兼顾并购双方利益，增加谈判弹性，其于 2018 年 11 月 1 日一经推出就受到市场的青睐，截至 2019 年 6 月 13 日共有 22 家公司拟用定向可转债作为并购对价。但需要注意的是，定向可转债并非没有缺点。由于兼具股票属性和债券属性，定向可转债在保障交易对方在股价下跌情形下利益诉求的同时，也使得并购公司在一定程度上面临着债券兑付带来的财务风险。因此，在交易设计上，并购公司一般会突出定向可转债的股性，并采取多种交易手段促使交易双方积极行使换股权。总体而言，定向可转债给传统的并购重组市场提供了新的支付选择，但公司并购支付工具的选择归根结底是并购双方之间的"家务事"，并且并购市场中也是大浪淘沙、优胜劣汰。

（责任编辑：王传竣）

从支持起诉到公益诉讼：
新 《证券法》 实施下投资者权益保障的困境与出路[*]

■ 范卫国[**]

摘要： 投服中心提起的证券支持起诉在有效维护投资者合法权益的同时，也存在运作程序不明、诉讼角色混同、法益保护片面和衔接机制失灵等问题。当前，中央拓展公益诉讼范围的要求、证券侵权纠纷的聚合公益属性以及公益诉讼适用范围的"等外"扩张实践为证券民事公益诉讼制度的设置提供了政策、理论及实践依据。为实现保护投资者合法权益和维护证券市场秩序的双重目标，我国应加快证券民事公益诉讼规则设计，合理设定检察机关及公益组织提起证券民事公益诉讼的范围与权利。同时，通过完善证券公益诉讼与私益诉讼衔接机制、证券民事公益诉讼激励机制以及惩罚性赔偿机制等配套措施，确保证券公益诉讼制度依法顺畅运行。

关键词： 支持起诉 证券民事公益诉讼 起诉建议权 惩罚性赔偿

一、 研究缘起： 投资者权益保障的制度沿革及其缺憾

在证券市场，部分证券公司利用信息不对称优势在公司业绩、公司重组等事项中作虚假陈述，误导投资者投资的现象时有发生，这不仅损害了投资者合法权益，也扰乱了证券市场秩序。为有效规制证券虚假陈述行为，最高人民法院在 2002 年和 2003 年先后颁布《关于受理证券市场因虚假陈述引发的民事侵权纠纷案件有关问题的通知》和《关于受理证券市场因虚假陈述引发民事赔偿案件的若干规定》（以下简称《证券虚假陈述规定》），明确证券信息披露义务人违反法律规定的信息披露义务，在提交或公布的信息披露文件中作违背事实真相的陈述或记载，投资者可依法要求其承担虚假陈述民事责任。不过，囿于信息获取慢、证据收集难等问题，实践中投

---

* 基金项目：2018 年度国家社会科学基金青年项目《环境民事公益诉讼执行制度研究》（项目编号：18cfx031），主持人：范卫国。

** 西南大学法学院讲师，法学博士，首批全国检察机关调研骨干人才，研究方向：诉讼法学、检察理论与实务。

资者在遭受证券侵权损害后，通过诉讼进行维权的比例并不高。

近年来，为解决投资者诉讼维权困境，以中证中小投资服务中心有限责任公司（以下简称投服中心）为代表的投资者保护机构开始探索通过支持起诉、持股行权及证券调解等形式帮助中小投资者维权，并取得的一定成效。尤其是，投服中心于 2016 年启动的"刘斌等诉鲜言、恽燕桦及匹凸匹公司证券虚假陈述责任纠纷"案（以下简称"匹凸匹案"），[①] 标志着证券支持起诉从理论主张走向司法实践。2019 年 12 月 28 日，新《证券法》修订审议通过，"投资者保护"成为该法的专章内容，而"证券支持起诉"也从实践探索上升为立法规定，投资者保护法律制度得到进一步完善。

尽管如此，鉴于证券侵权行为兼具损害投资者合法权益和证券交易秩序的双重危害，无论投资者个人发起证券赔偿诉讼还是投服中心启动证券支持起诉，其均侧重于维护投资者私人权益，难以预防和矫正类似证券侵权行为，也无法恢复受损的证券市场秩序。在此背景下，最高人民法院与上海市高级人民法院先后颁布了《关于为设立科创板并试点注册制改革提供司法保障的若干意见》和《上海市高级人民法院关于服务保障设立科创板并试点注册制的若干意见》，提出要探索建立证券民事公益诉讼制度。在此背景下，为何证券支持起诉难以实现保护公益目标，证券公益诉讼与证券支持起诉关系为何，以及证券公益诉讼制度应当如何设计等问题就成为亟待研究的课题。

二、 现状分析： 证券支持起诉的衍生逻辑与实践形态

（一）设置背景：证券私人诉讼开展面临诸多困境

在我国证券市场中，个人投资者长期占据较大份额。根据深圳证券交易所发布的《个人投资者状况调查报告》，我国证券市场参与主体以 50 万元以下的中小投资者为主。据统计，2015 年至 2018 年，我国证券账户资产数额在 50 万元以下的占比维持在 80% 左右，而在 2015 年度该比例高达 84.4%。[②] 尽管中小投资者在证券交易市场中数量庞大，但其遭受侵权损害后进行维权的比例并不高。据统计，自《证券虚假陈述规定》实施至 2016 年，上市公司因虚假陈述被中国证监会或财政部处罚的案件为 240 件，而受损投资者仅提出了 70 件民事赔偿诉讼，维权比例仅为 29.2%。[③]

客观而言，我国投资者维权比例较低主要有以下原因：一是我国规定的证券诉讼设置了较

---

① 参见（2016）沪 01 民初 166 号民事判决书。

② 参见深圳证券交易所"投资者教育"专栏，http：//investor. szse. cn/institute/bookshelf/report/index. html，2019 年 12 月 25 日访问。

③ 郭文英、徐明主编：《投资者（第 1 辑）》，法律出版社 2018 年版，第 40 页。

高的起诉门槛。根据《证券虚假陈述规定》，当事人提起证券侵权诉讼应遵守"行政处罚"或"刑事制裁"前置规定，即当事人提起证券侵权诉讼，应以有关机关作出行政处罚决定、公告或者法院作出刑事裁判文书为前提，这种前置条件限制了投资者直接行使诉权。[①] 二是证券侵权诉讼维权成本过高。据统计，每件虚假陈述案件虽在总量上会给投资者造成上亿元损失，平均每位投资者损失一两万元，而诉讼预期赔偿平均仅有四五千元。[②] 证券侵权诉讼的高成本和低回报，打击了投资者维权的积极性。三是证券侵权诉讼受案范围过窄。除虚假陈述外，证券侵权还包括内幕交易、操纵市场等类型，但《证券虚假陈述规定》仅规定了虚假陈述诉讼，客观上导致证券侵权诉讼可诉范围较窄。例如，在2006年科龙股东诉德勤案中，上海黄浦区法院就以该侵权行为不属于《证券虚假陈述规定》中的"虚假陈述"，对原告起诉不予受理。

（二）现状评述：投服中心证券支持起诉实施情况

为解决证券投资者维权困境，投服中心于2016年启动了我国首例证券支持起诉案例"匹凸匹案"，并通过不断积累经验、完善规则，实现了证券支持起诉工作常态化。截至2019年11月底，投服中心共提起支持诉讼24起，诉求总金额1.14亿元。其中，331位投资者通过法院判决获赔3731万元，另有126位投资者通过和解获赔289万元。[③]

在证券支持起诉中，投服中心的作用较为多元，主要包括：第一，以诉讼代理人身份参与诉讼。例如，在"匹凸匹案"中，投服中心副总经理徐明及国浩律师事务所律师吕红兵以刘斌等14名原告的诉讼代理人身份参与诉讼，并最终胜诉。[④] 第二，组织公益律师为投资者提供法律服务。例如，在某投资者诉昆明机床股份有限公司及沈阳机床（集团）有限责任公司案中，投服中心选派公益律师张晏维作为原告代理人，向法院提起虚假陈述损害赔偿诉讼。[⑤] 第三，参与案件调解活动。例如，在超华科技支持起诉案中，投服中心及公益律师为投资者提供核算交易流水及投资者损失差额等法律服务，并帮助其通过和解或调解等方式解决纠纷。[⑥] 第四，接受法院或上市公司委托开展损失核算。作为资本市场独立第三方专业机构，投服中心接受司法机关、上市公司委托，对投资者损失进行核算，并出具《证券投资者损失核定意见书》。截至2019年12月，投服中心已接受全国9家法院虚假陈述损失核定委托，涉及14家上市公司、超3000位投资者，

[①] 2015年我国实施"立案登记制"后，该规定并未被废止，实践中该"前置规定"依然适用。参见（2017）沪民终390号民事裁定书和（2018）最高法民申3428号民事裁定书。

[②] 郭文英、徐明主编：《投资者（第1辑）》，法律出版社2018年版，第54页。

[③] 中证中小投资者服务中心：《维权服务》，http://www.isc.com.cn/html/wqfw/index.html，2019年12月13日访问。

[④] 参见（2016）沪01民初166号民事判决书。

[⑤] 潘清：《证券支持诉讼首度"盯上"退市公司》，载《经济参考报》2019年4月16日，第A06版。

[⑥] 郭文英：《支持诉讼案例评析》，法律出版社2019年版，第99页。

涉及金额 3.6 亿元。①

三、 问题分析： 证券支持起诉制度的实施困境

证券支持起诉虽然有助于维护中小投资者的合法权益，但由于该制度存在运作程序不清、诉讼请求单一和衔接机制不畅等问题，其实践效果不宜过高估计。同时，由于投服中心在诉讼中承担诉讼代理人、调解人、鉴定人以及原告等多重身份，证券支持起诉的合法性与合理性也存在疑问。

（一） 制度设置： 证券支持起诉运作程序尚不清晰

首先，证券支持起诉法律制度尚不完备。由于我国《民事诉讼法》和《证券法》未规定支持起诉制度的具体程序，为确保支持起诉顺利实施，投服中心专门制定了《证券支持诉讼业务规则》《公益律师管理细则》等规范，明确证券支持起诉应满足下列条件：（1） 提出申请的中小投资者遭受虚假陈述等证券违法行为损害；（2） 纠纷性质严重或者中小投资者人数众多、社会影响大；（3） 中小投资者的损失与证券违法违规行为存在明显的因果关系；（4） 中小投资者以书面方式申请；（5） 中小投资者能单独提供或经协助提供真实完整的证据和证明材料；（6） 投服中心认为可以支持起诉；（7） 法律规定的其他条件。同时，为防止支持起诉适用扩大化，《证券支持诉讼业务规则》将 "诉讼请求缺乏合理性" 等 11 类情形排除在支持起诉范围之外。② 客观而言，《证券支持诉讼业务规则》对证券支持起诉工作开展提供了明确指引，但由于该规则仅为投服中心的内部规则，其适用范围和效力有限，难以约束法院、投资者等的诉讼行为。

其次，投服中心诉讼职能不明确。理论上，机关、团体开展支持起诉形式有精神鼓励、经济帮助及法律援助等，具体包括诉讼文书撰写、诉讼策略提供及诉讼费用支持等，且该支持仅限于起诉阶段。然而，实践中投服中心通常会以诉讼代理人等身份全程参与诉讼，甚至还组织协调公益律师为投资者提供 "支持上诉" 等免费法律服务。对此，有学者认为，该做法 "虽有效地保护了中小投资者的利益，但在理论上违背了支持起诉原则。支持起诉只是团体机构对原告起诉的支持，团体机构不一定要承担诉讼代理的责任，这是两个性质的行为"。③

（二） 角色混同： 投服中心在支持起诉中存在职能冲突

为保障诉讼公正进行，现代诉讼要求各诉讼主体地位必须明确且唯一，但在证券支持起诉实践中，投服中心兼具 "支持起诉人" "纠纷解决者" "原告" "鉴定机构" 等多种角色，不利于案件公正处理。

---

① 参见中证中小投资者服务中心官网 "维权服务" 专栏数据。
② 郭文英：《投资者（第 2 辑）》，法律出版社 2018 年版，第 146 ~ 147 页。
③ 张虹宇：《从匹凸匹案件谈支持起诉制度》，载《河北企业》2017 年第 7 期。

第一，投服中心与支持起诉案件有利害关系。历史地看，我国《民事诉讼法》设置"支持起诉原则"目的在于"要求人们关心国家、集体和他人的民事权益，抵制和反对各种民事违法行为，维护社会主义法制"，① 支持起诉人的身份"限于对受害者负有保护责任的机关、团体和企业事业单位"，且"案件的利害关系人没有诉权"。② 但就支持起诉主体身份而言，投服中心虽具有公益组织性质，但并非与案件无利害关系。据统计，截至 2019 年 7 月，投服中心共持有 3679 家上市公司股票，累计行使建议权、质询权、表决权、查阅权和诉讼权等股东权利达 2344 场 3059 次。③ 尽管投服中心"持股行权"并非为了私益，但其股东身份显然属于"与案件有利害关系"。事实上，投服中心作为我国沪深两市大部分上市公司股东，偶尔也会基于股东身份自行维权。例如，在投服中心与上海海利生物技术股份有限公司的公司决议效力确认纠纷案（以下简称投服中心诉上海海利生物案）中，投服中心基于持有被告 230 股股份，以被告《公司章程》第 82 条增加持股 90 日以上条件，属于不合理限制了股东对董事候选人的提名权为由，诉至法院要求被告取消此限制类条款并最终胜诉。④

第二，投服中心的"纠纷解决者""鉴定机构"身份损害其办案中立性。除作为原告或支持起诉人参与诉讼外，投服中心还承担"调解人""鉴定人"等角色。2016 年 5 月，最高人民法院与中国证监会联合发布《关于在全国部分地区开展证券期货纠纷多元化解机制试点工作的通知》，将投服中心列为全国证券期货纠纷试点调解组织。截至 2019 年 2 月，投服中心依托其纠纷调解部、各地证券纠纷调解站、在线调解平台及各地联合调解组织，登记纠纷 8485 件，正式受理 6045 件，调解成功 4305 件，实现投资者和解获赔金额 9.93 亿元。⑤ 此外，投服中心还以资本市场独立第三方专业机构身份，接受司法机关、上市公司及投资者委托，对证券虚假陈述案件投资者损失进行核算，出具《证券投资者损失核定意见书》。尽管投服中心的多重角色并非在同一案件中呈现，但其基于"纠纷解决者""鉴定机构"等身份获知的当事人是否侵权、侵权程度以及纠纷解决态度等信息，将影响其办理后续支持起诉案件的中立性，造成当事人诉讼地位的实质不平等。

（三）请求单一：证券支持起诉侧重损害赔偿而非维护秩序

虚假陈述等侵权行为不仅损害了投资者的合法权益，同时也扰乱了证券市场秩序，兼具损害"私益"和"公益"双重危害。然而，投服中心开展的证券支持起诉仅侧重维护中小投资者

① 王怀安：《中国民事诉讼法讲义》，人民法院出版社 1988 年版，第 38～39 页。
② 王怀安：《中国民事诉讼法讲义》，人民法院出版社 1988 年版，第 39 页。
③ 郭文英：《持股行权案例评析》，法律出版社 2019 年版，第 3 页。
④ 参见（2017）沪 0120 民初 13112 号民事判决书。
⑤ 参见中证中小投资者服务中心网站，资料来源：http://www.isc.com.cn/html/jdal/20190327/684.html，2020 年 2 月 20 日访问。

利益，而较少关注对类似证券侵权行为的惩戒和预防，表现为：一是证券支持起诉的诉讼请求以财产性赔偿为主。在投服中心参与的"匹凸匹案""安硕信息案""康达新材案""ST圣莱案""尔康制药案""猛犸资产案"等案件中，投资者均要求被告进行损害赔偿，且未要求被告停止相应的侵权行为。[①] 二是少量诉讼请求为确认某行为违法或无效。即便是在投服中心诉上海海利生物案中，投服中心诉讼出发点也是因为被告公司章程规定"限制和剥夺了部分股东参与选择公司管理者的权利"[②]，而并非基于该行为对证券交易市场秩序造成损害。

不难看出，无论要求被告进行损害赔偿还是要求确认被告行为违法，投服中心均以维护私权为目标，这显然与其公益性定位不契合。正如学者所指出，民事私益诉讼与公益诉讼的诉讼目的存在本质差别，诉讼请求也不相同，即便法院支持了民事私益诉讼的诉讼请求，也不意味着同时实现了民事公益诉讼目的。[③] 申言之，囿于制度本身功能与设计，证券支持起诉的诉讼请求具有典型的私益性和狭隘性特征，难以预防和惩戒类似证券侵权行为，也无力维护证券市场秩序。

（四）效果有限：证券支持起诉的制度效用有待提升

第一，证券支持起诉适用比例相对有限。自2016年启动"匹凸匹案"以来至2019年底，投服中心启动证券支持案件20件，而同期证监会发布的行政处罚案件达505件，证券支持起诉占比不足4%。原因在于我国"支持起诉制度"是一项"赋权性"而非"义务性"规定，投服中心提起支持起诉时会"在投资者、支持者、司法资源等多方面寻找最大公约数"，并从侵害程度、法律依据充分性、赔付能力、社会影响效果和案件典型性等方面进行综合考量后决定是否提起。[④] 申言之，投服中心在启动支持起诉前会对案件进行甄别和过滤，这也使得仅有部分典型性或代表性证券侵权案件能获得投服中心的支持，而这显然与满足法律规定条件时相关主体必须启动公益诉讼有本质区别。

第二，非权利登记投资者合法权益难以维护。在既往的证券支持起诉实践中，即便获得投服中心支持起诉的案件，也并非全部中小投资者均能以诉讼方式维护自身权益。以*ST大控支持起诉案为例，在这件征集投资者人数规模最大、诉求金额最高的证券支持起诉案中，最终参与诉讼投资者仅有409人，而这显然只是实际受损投资者的较小比例。为解决证券支持起诉适用范围较窄问题，新《证券法》第九十五条第三款设立了"默示加入、明示退出"的证券代表人诉讼模式，将"为经证券登记结算机构确认的权利人"纳入代表人诉讼范围。不过，该规定依然采取向法院进行权利登记模式，且裁判结果仅对参加登记的投资者有效，未进行权利登记的投资者

[①] 参见中证中小投资者服务中心网站，资料来源：http://www.isc.com.cn/html/zcss/index_2.html，2020年2月20日访问。

[②] 参见（2017）沪0120民初13112号民事判决书。

[③] 李方：《检察机关以支持起诉方式参与环境污染诉讼应予完善》，载《人民检察》2011年第10期。

[④] 郭文英：《支持诉讼案例评析》，法律出版社2019年版，第99页。

能否在后诉中适用该证券支持起诉裁判结果尚需明确。

第三，证券侵权惩罚性赔偿机制缺失。鉴于证券侵权行为对投资者和证券市场的双重危害，新《证券法》倡导证券支持起诉和证券代表人诉讼的同时，还加大了对操纵市场、虚假陈述等违法行为的行政处罚力度。然而就效果而言，行政处罚与补偿诉讼均侧重于事后处罚或补偿，难以有效预防事前证券侵权行为。有鉴于此，有学者主张我国参考《消费者权益保护法》《侵权责任法》等规定，在《证券法》中设置"惩罚性赔偿"制度，激发投资者及投资者保护机构的维权动力，形成对证券违法行为的震慑。[1]

四、 理论阐释： 证券民事公益诉讼制度的衍生逻辑

鉴于证券支持起诉的实践困境，不少学者和政界人士呼吁我国探索建立证券公益诉讼制度。[2] 2019 年 7 月 18 日，上海市检察院到投服中心调研时，也就证券公益诉讼实施问题进行了专门研讨。[3] 不过，由于我国《民事诉讼法》等法律未明确规定该制度，证券民事公益诉讼的立法和实践正当性依然需要讨论。

（一）理论依据：证券诉讼兼具"私益"与"公益"双重属性

从表面上看，证券诉讼属于中小投资者与上市公司或证券公司的私益诉讼，但基于纠纷复杂性，现代社会中公益与私益并非天然相斥，有学者甚至认为将民事诉讼作私益与公益的二元区分本身就是一种错觉。[4] 为准确理解私益与公益的关系，学者对公益类型作了集合型公益和纯粹型公益的区分。其中，与纯粹型公益不同，聚合型公益是指社会多数个体基于同种或者类似关联性私法行为而享有同种或者类似的个体性利益，其基于某种法律上的原因结合成为法律意义上的利益共同体，并且该利益效果会呈现扩张性趋势，由此这种社会多数个体的私人权益便聚合为一种"集合型共同利益"。[5]

就证券侵权损害后果而言，一方面，证券市场中的虚假陈述、内部交易等侵权行为不仅会损害特定多数投资者的利益。例如，根据上海明伦律师事务所办案数据，2017 年至 2018 年 3 月，在雅百特案、金亚科技案、保千里案、中安消案以及众和股份案中，仅该所一家接受投资者委托

① 杜佳蓉、樊鸿雁：《论证券支持诉讼的专业化发展》，载中国证券业协会主编：《创新与发展：中国证券业 2017 年论文集》，中国财政经济出版社 2018 年版，第 595 页。
② 早在 2017 年全国"两会"上，全国人大代表芮跃华就建议建立证券公益诉讼制度，保障投资者合法权益。参见刘国锋、芮跃华：《建议建立证券公益诉讼制度》，载《中国证券报》2017 年 3 月 7 日，第 A04 版。
③ 朱凯：《上海检察院赴投服中心调研：研究推进证券公益诉讼》，资料来源：http://news.stcn.com/2019/0719/15264195.shtml，2020 年 2 月 4 日访问。
④ 丁宝同：《民事公益之基本类型与程序路径》，载《法律科学（西北政法大学学报）》2014 年第 2 期。
⑤ 丁宝同：《民事公益之基本类型与程序路径》，载《法律科学（西北政法大学学报）》2014 年第 2 期。

要求索赔的人数就已超 2500 人，且呈现持续增长态势。① 另一方面，这些证券侵权行为也会影响潜在投资者的理性决策和损害证券市场交易秩序。可以看出，证券侵权行为的损害后果同时涉及"私权"和"公益"，证券诉讼涉及的利益具有典型的"聚合型公益"特征。基于此，我国应当设置证券民事公益诉讼制度，在对证券侵权人进行惩戒的同时，为投资者个人维权提供可资参考的裁判依据，进而实现"私权维护"与"公益保障"的双重目标。

（二）实践诉求：公益诉讼适用范围拓展的现实趋势

目前，我国《民事诉讼法》等法律所确定的民事公益诉讼类型限于环境污染公害案件、侵害众多消费者案件和英烈保护案件，至于其他领域案件能否纳入民事公益诉讼范围，学界则有赞同与反对两种主张。其中，反对者认为，我国公益诉讼立法与实践尚在探索之中，盲目扩大公益诉讼受案范围可能会造成不利后果。② 相反，支持者认为，除法律明确规定的公益案件领域外，实践中还存在着其他大量导致国家利益、公共利益受损的案件，扩展公益诉讼范围不仅现实而且必要。③ 对此，最高人民检察院主张，对严重侵害公益、群众反映强烈、普通诉讼又缺乏适格主体的情况，赞同地方检察机关在当地党委、人大、政府和法院等单位支持下，审慎而积极地开展"等外"探索。④

不难发现，证券诉讼能否纳入公益诉讼范围取决于对现行法律的理解。首先，就"等内"角度而言，证券诉讼是否属于《民事诉讼法》规定的"侵害众多消费者"案件尚无定论。根据《消费者权益保护法》规定，消费者是为生活消费需要购买、使用商品或者接受服务的人。而《中国人民银行金融消费者保护工作管理办法》（银办发〔2013〕107 号）规定，金融消费者是指中华人民共和国境内购买、使用金融机构销售的金融产品或接受金融机构提供金融服务的自然人。显然，该规定未将投资者排除在金融消费者之外，而部分法院也认可投资者属于金融消费者，⑤ 这为证券公益诉讼的开展提供了制度依据和实践经验。其次，从"等外"角度而言，即便证券诉讼不属于消费公益诉讼，但因其具有明显的"公益性特征"，如果不将其纳入保护范围，则将会导致公益利益的损害。实践中，最高人民检察院也陆续发布《关于充分发挥职能作用营造保护企业家合法权益的法治环境，支持企业家创新创业的通知》等文件，要求对"婴幼儿园食品安全、教育设施质量""市场监管部门违法行使职权或者不作为"等问题提起公益诉讼，这些文件也为证券公益诉讼设置提供了政策依据。

---

① 林子：《去年至今超 50 家上市公司收罚单 投资者索赔难》，载《新京报》2018 年 3 月 12 日，第 B04 版。

② 胡卫列、田凯：《检察机关提起行政公益诉讼试点情况研究》，载《行政法学研究》2017 年第 2 期。

③ 林仪明：《我国行政公益诉讼立法难题与司法应对》，载《东方法学》2018 年第 2 期。

④ 最高人民检察院：《最高检通报 2018 年检察公益诉讼工作情况》，资料来源：http://www.spp.gov.cn/spp/zgrmjcyxwfbh/zgjtbjnjcgyssqk/index.shtml，2020 年 2 月 13 日访问。

⑤ 参见（2016）粤 03 民终 4548 号民事判决书。

事实上，伴随着最高人民法院《关于为设立科创板并试点注册制改革提供司法保障的若干意见》和《上海市高级人民法院关于服务保障设立科创板并试点注册制的若干意见》的出台，证券公益诉讼已成大势所趋。尤其是在 2019 年 11 月党的十九届四中全会明确提出"拓展公益诉讼案件范围"要求后，有关公益诉讼受案范围拓展的理论观点和实践探索也逐渐增多。在此背景下，如何将证券公益诉讼从学术主张演变为国家法律，以及如何设置证券公益诉讼的运作程序已成为亟待解决的问题。

五、 制度回应： 证券民事公益诉讼的规则设计

为确保证券民事公益诉讼制度的顺利实施，建议我国在结合公益诉讼立法与实践的基础上，从主体架构、范围确立、程序规范和配套措施等方面对该制度进行系统设置。

（一）证券民事公益诉讼诉讼主体的资格确定

理论上看，证券民事公益诉讼起诉主体的设置主要有两种思路：一是由单一主体提出公益诉讼；二是将有公益诉讼能力的所有主体均纳入公益诉讼主体范畴。其中，就第一种思路而言，又可划分为由检察机关或由中小投资者服务中心提起诉讼。实践中，我国民事公益诉讼多由检察机关提出，其通过部门联动和运用调查核实权等措施，取得了较好的诉讼效果，不过也应看到在公益诉讼专业性问题的处理上，检察机关的劣势比较明显。相较而言，投服中心在损害因果关系认定、案件损失额计算等方面具有专业优势，但其在线索发现和证据收集能力上劣势突出。基于二者在公益诉讼中互有优劣势，无论将检察机关还是投服中心作为唯一证券公益诉讼主体，都难以达到较好的诉讼效果。

基于此，建议我国对证券公益诉讼主体的确定采用"联合作战"立场，即将检察机关与符合条件的公益组织或机构均纳入证券民事公益诉讼主体范畴。不过，除检察机关外哪些单位适宜作为证券公益诉讼主体，学界存在由证监会、证券业协会充当等不同观点。理论上看，如果赋予证监会公益诉讼资格，会造成其兼监督者与维权者的双重角色，扭曲了平等的民事诉讼结构。对于投资者保护机构而言，我国存在中国上市公司协会、中国期货业协会、中国证券投资基金业协会、投服中心等单位，其中最具实践经验和专业能力的为投服中心。但由于投服中心隶属中国证监会，在现行体制下赋予投服中心以证券公益诉讼主体资格，同样会使其陷入监督者与维权者的角色冲突。因此，建议通过将投服中心与证监会脱钩的方式使其获得独立提起公益诉讼的主体资格，或通过提升中国证券投资基金业协会等机构诉讼技能的方式，使其成为证券公益诉讼主体。

（二）证券民事公益诉讼适用范围的合理确立

"公益"是检察机关提起公益诉讼制度设计的出发点，也是制度运行的落脚点。尽管学界对"公益"等概念界定依存分歧，但普遍认为公益诉讼适用范围应充分考量公益诉讼与私益诉讼、

司法实践情况以及检察机关和公益组织职能等因素。[1] 在证券领域，我国较为常见的证券侵权主要包括虚假陈述、内幕交易以及操纵市场等行为，公益诉讼也应该在这些领域确立。其中，我国早在 2003 年就专门针对虚假陈述行为出台了《证券虚假陈述规定》，而投资者和投服中心也进行了长期诉讼实践，积累了丰富的实践经验。而在"恒康医疗案"中，投资者首次针对资本市场操纵违法违规行为提起的民事损害赔偿诉讼，且该案于 2018 年 8 月 2 日由成都中院立案受理。此外，虽然有关内幕交易行为的诉讼案件尚不多见，但显然属于对证券交易市场秩序的严重损害。基于此，建议我国证券公益诉讼范围暂时限定在虚假陈述、内幕交易以及操纵市场等特定证券侵权类型，并伴随着实践探索的深入，逐步扩大该类诉讼的适用范围。

（三）证券民事公益诉讼程序的规范设置

第一，结合案情区别确定公益诉讼启动主体。尽管检察机关与投资者保护机构均可启动证券公益诉讼，但如果启动顺位不明将可能出现争相启动或相互推诿的问题。本文认为，证券市场企业包括民营企业和国有企业，检察机关作为公共利益维护者应根据侵权行为人属性不同，决定自行启动或建议其他主体启动证券公益诉讼，具体而言：如果内幕交易、虚假陈述等侵权行为主体为民企及相关负责人，应先由投资者保护机构提起公益诉讼，只有在其不愿提起或难以提起时，检察机关方可提出；如果侵权主体为国有企业，则检察机关作为法律监督机关和公共利益维护者，应主动提出证券民事公益诉讼，以有效实现国家利益、集体利益，维护证券市场秩序。

第二，证券公益诉讼应与私益诉讼有机结合。证券公益诉讼制度的设置绝不意味着投资者无权提出私益诉讼，相反，证券公益诉讼应与私益诉讼有机结合，有效发挥诉讼制度合力。事实上，证券私益诉讼个案的提起有时会形成"滚雪球"示范效应，并最终促进对证券公益的维护。例如，在投资者对祥源文化、赵薇虚假陈述系列案中，在李希等 17 名投资者对祥源文化、赵薇提起诉讼后，截至 2019 年 1 月 18 日，投资者又对祥源文化、赵薇提起了 511 起证券虚假陈述案（含已撤诉案件 1 起），诉讼金额共计约 6054 万元。[2] 在该案中，证监会的处罚与大规模投资者的诉讼，共同实现了证券市场秩序维护和投资者合法权益保护的双重目标。基于此，证券公益诉讼的启动应保持谦抑性，只有权利人难以自行维权或该案社会影响较大时，检察机关或投资者保护机构方可依法启动证券公益诉讼。

（四）证券民事公益诉讼实施的机制保障

第一，证券民事公益诉讼的激励机制。实践中，检察机关及公益组织因力量不足和信息不对称等因素，有时难以发现公益诉讼线索或有效实施调查取证。为克服证券公益诉讼线索收集的信息不对称，建议我国设置证券公益诉讼实施激励机制，在立法中明确赋予个人和组织以"起

---

① 王渊：《检察机关提起公益诉讼案件范围与条件》，载《检察日报》2017 年 5 月 5 日，第 3 版。

② 陈康亮：《状告祥源和赵薇 股民一审赢了》，载《中国新闻》2019 年 1 月 21 日，第 A12 版。

诉建议权"，允许"个人和组织对于侵害国家财产、集体财产、公共利益的违法行为"，向检察机关及投资者公益保护组织机构提出起诉建议,[①] 并对有效线索提供者给予奖励。"起诉建议权"的设置，既能保障民众知情权、参与权，也能发挥民众在案件线索收集优势和专业知识运用上的优势，为证券民事公益诉讼制度的顺利实施提供制度保障。

第二，证券民事公益诉讼的惩戒机制。证券民事公益诉讼在要求违法主体赔偿损失的同时，还应对该行为本身予以惩戒，以震慑其他潜在违法者。事实上，为有效防止食品安全和消费领域侵权问题，我国《消费者权益保护法》规定了惩罚性赔偿制度，赋予消费者向违法者要求双倍赔偿的权利。此后，《食品安全法》《侵权责任法》又确立了"十倍赔偿"惩罚性赔偿规则，在对受害者给予维权激励和经济补偿的同时，给侵权行为人予以惩戒。事实上，就某些证券公益诉讼社会影响而言，"某些爆发性事件的影响后果丝毫不亚于一次食品安全事件"。[②] 鉴于此，我国应参照《食品安全法》等法律规定，在证券民事公益诉讼中设置惩罚性赔偿制度，提升证券侵权成本。同时，为保护潜在投资者利益，证券公益诉讼的诉讼请求还应包括赔礼道歉和停止侵权等内容。

（责任编辑：郑舒倩）

[①] 陈刚：《支持起诉原则的法理及实践意义再认识》，载《法学研究》2015 年第 5 期。

[②] 杜佳蓉、樊鸿雁：《论证券支持诉讼的专业化发展》，载中国证券业协会主编：《创新与发展：中国证券业 2017 年论文集》，中国财政经济出版社 2018 年版，第 595 页。

新 《证券法》 视角下的证券纠纷调解机制及完善进路[*]

■ 沈 伟[**] 靳思远[***]

摘要： 调解是以非诉方式解决证券期货纠纷的重要途径，在证券资本市场发达的国家普遍适用，与传统的诉讼、仲裁制度相比，具有尊重当事人意愿、简便高效、成本低廉、强调保密和以和为贵等优势。在投资者法律意识增强、金融纠纷不断增加的背景之下，更为有效地解决证券期货纠纷是保护投资者合法权益的重要一环。尽管在规范性文件的指引和试点实践的经验结合之下，我国已初步建立证券纠纷调解机制，但仍然存在诸多问题。本文在借鉴其他国家和地区证券期货纠纷调解机制发展的基础之上，结合我国现状和新《证券法》的规定，试图从法经济学供需理论和成本—收益分析出发，探寻我国证券期货纠纷调解机制的完善路径。

关键词： 证券期货纠纷 调解机制 法经济学 投资者保护

一、 引论

随着近年来资本市场的高速发展和金融消费者维权意识的提高，证券期货纠纷等金融争议也呈现出多种多样的类型，如证券经纪纠纷、证券资产转让纠纷、权证交易纠纷等。在 2008 年国际金融危机之后，金融消费者保护作为监管机构的重要职责，逐渐引起各个国家和地区金融监管部门和金融业界的重视。诉讼、仲裁以及行政监管等途径在解决证券期货纠纷时注重程序正义，但仍存在着经济和时间成本较高、监管资源有限、工作效率和专业性较低等缺陷。调解机制作为替代性纠纷解决机制的重要一环，在国内外日渐成熟的资本市场纠纷解决过程中发挥着重要的作用。

根据上海高院发布的《2019 年度上海法院金融商事审判情况》，2019 年上海法院受理的金融商事案件数量总体呈上升趋势，其中证券、期货类纠纷全市法院 2019 年收案数量为 3424 件，

---

* 基金项目：2019 年中证中小投资者服务中心课题"体系化构建证券期货纠纷调解与仲裁机制研究"。
** 沈伟，上海交通大学凯原法学院特聘教授、博士生导师；英国伦敦政治经济学院博士；主要研究方向：金融法、国际经济法等。
*** 靳思远，山东大学法学院硕士研究生。

同比上升41.02%。在结案方式上，一审金融商事案件的调撤率为20.66%，同比下降近3.8%；二审案件调撤率为13.48%，同比下降7.56%。① 由此可见，我国证券期货纠纷调解机制效率仍然有待提高，构建并完善一套符合我国国情，顺应资本市场需求的证券期货纠纷调解机制十分必要。

然而，已有研究大多数从规范性文件本身入手，立足于目前调解机构的调查数据和域外国家地区的比较法研究，而忽视了从当事人对非诉调解机制的内生性需求以及对具体调解规则存在问题的研究。本文结合新《证券法》（2019修订版）、金融纠纷解决机制的最新相关政策和域外国家和地区的调解机制，从法经济学视角分析我国证券期货纠纷调解机制的供给和需求，试图从减少当事人纠纷解决成本出发，探寻证券期货纠纷调解机制的完善路径。

二、 我国证券纠纷多元化解机制的现状

随着中国证券监管机构对证券市场信息披露等违法违规行为的打击力度不断加大，群体性证券侵权民事损害赔偿诉讼案件逐年增多。党的十八大以来，完善社会矛盾纠纷多元化解机制成为深化司法和社会体制改革的重要课题之一。国务院办公厅在2013年12月25日发布的《关于进一步加强资本市场中小投资者合法权益保护工作的意见》（国办发〔2013〕110号），最高人民法院于2016年6月28日发布的《关于人民法院进一步深化多元化纠纷解决机制改革的意见》（法发〔2016〕14号），以及最高人民法院和中国证券监督管理委员会（以下简称证监会）2016年7月13日联合发布的《关于在全国部分地区开展证券期货纠纷化解机制试点工作的通知》（法〔2016〕149号）中，都强调调解在资本市场纠纷解决中的重要意义。

在开展证券期货纠纷多元化解机制试点两年多之后，最高人民法院和证监会于2018年11月30日发布《关于全面推进证券期货纠纷多元化解机制建设的意见》（法〔2018〕305号）（以下简称《意见》），在全国联合开展证券期货纠纷多元化解机制建设工作，要求加强调解组织管理、健全诉调对接工作机制、强化纠纷多元化解机制保障落实。2019年12月28日，十三届全国人大常委会第十五次全体会议审议通过了新《证券法》，作出了一系列新的制度改革完善，包括全面推行证券发行注册制度；提高证券违法违规成本；设立投资者保护专章以完善投资者保护制度；进一步强化信息披露要求等。② 新《证券法》的一个重大突破是在投资者保护机构提起代表人诉讼的情况下，按照"明示退出、默示加入"的规则进行处理。这个规定类似美国集团诉讼制度，

---

① 上海市高级人民法院：《上海高院发布中英文版2019年度金融商事审判白皮书》，2020年5月15日，载http：//www. hshfy. sh. cn/shfy/gweb2017/xxnr_2016. jsp？pa＝aaWQ9MjAxNzAxNzgmeGg9MSZsbWRtPWxtMTcxz&zd＝xwzx，2020年5月17日访问。

② 澎湃新闻：《新旧证券法全文对比：新增两章这150条有删改》，资料来源：http：//money. 163. com/20/0103/08/F1V03T9B00258105. html，2020年1月5日访问。

但也有很多不同，比如作为代表人的主体是特定的，体现了中国特色（见表1）。这一制度在具体运行上还需要与民事诉讼法做好衔接，补强证券民事赔偿诉讼制度对违法行为的威慑功能。

表1　美国集团诉讼制度和中国特别代表人诉讼制度对比

主要方面	美国集团诉讼制度	中国特别代表人诉讼制度
诉讼原告（代表人）	集团代表和律师	投资者保护机构
委托人最低人数限制	无要求	受五十名以上投资者委托
启动程序	设立集团成员通知程序，法院以个别通知为原则，在发出通知的60日内，任何集团成员均可向法院申请成为首席原告	投资者保护机构接受五十名以上投资者的委托，并提供相应授权证明即可确定其代表人的身份，法院发布公告启动
委托人诉讼成本	代理律师收费较高	投资者保护机构具有公益性质，收费较低
是否限制虚假陈述赔偿额	有限制	无限制

资料来源：作者整理。

目前，我国已经逐渐形成了由协商、调解、投诉处理、仲裁、法院委托调解和诉讼等不同程序所构成的证券期货纠纷多元化解机制。

（一）制度与平台建设结合并形成多元化纠纷解决机制的服务优势①

近年来，相关部门通过对平台建设、诉调对接、特邀调解、在线解纷等内容的制度化、规范化，逐步完善中国特色多元化纠纷解决制度体系。最高人民法院于2017年5月印发《关于民商事案件繁简分流和调解速裁操作规程（试行）》，全面开展"分流＋调解＋速裁＋快审"机制改革。截至2018年底，全国各级法院设置专门的诉调对接中心2701个、专门工作人员13793名，共建立特邀调解组织18206个，特邀调解员65108人，②诉前化解案件171万件，立案后调解案件120万件，在诉讼服务中心通过速裁、快审机制解决案件175万件。通过特邀调解分流案件约占一审民商事案件总数的15.3%，一定程度上缓解法院案多人少的矛盾。③

为了便利投资者和市场主体低成本、高效率解决纠纷，最高人民法院与证监会按照《关于全面推进证券期货纠纷多元化解机制建设的意见》（法〔2018〕305号）关于运用在线纠纷解决

---

① 胡仕浩：《中国特色多元共治解纷机制及其在商事调解中应用》，载《法律适用》2019年第19期，第3页。

② 李阳：《多元解纷：平安中国亮丽名片》，资料来源：https：//www.chinacourt.org/article/detail/2019/09/id/4478197.shtml，2019年10月5日访问。

③ 孙航：《走出一条中国特色的司法为民之路——人民法院多元化纠纷解决和诉讼服务工作综述》，资料来源：https：//www.chinacourt.org/article/detail/2019/06/id/4041037.shtml，2019年10月5日访问。

方式开展工作的要求，共同推动人民法院调解平台（以下简称法院调解平台）与中国投资者网证券期货纠纷在线解决平台（以下简称投资者网平台）实现数据交换、互联互通，建立协调联动、高效便民的证券期货纠纷在线诉调对接机制。法院调解平台目前有全国 2800 多家法院接入；投资者网平台入驻的证券期货调解组织覆盖资本市场各投资业务领域、全国各辖区。①

上海金融法院、杭州市中级人民法院和中证中小投资者服务中心、中国证券投资者保护基金公司、浙江证券业协会等调解组织分别运用上述机制，开展了在线诉调对接实践。已经完成的两批虚假陈述纠纷案件顺利达成调解协议，投资者累计获赔金额 320 余万元。这两批纠纷快速、妥善地化解，标志着在线诉调对接机制正式落地实施，为人民法院和调解组织开展证券期货纠纷在线诉调对接工作提供了范本。②

（二）推动股东能动主义以保护投资者权利

由证券监管部门主导建立的投资者保护机构作为能动型股东出现，获得一系列法定授权，是近年来我国上市公司治理版图中的新工具。这种特殊的股东能动主义有其理论与现实合理性，并在《证券法》中增设的"投资者保护"专章得以体现。

股东能动主义是基于公司治理的代理问题而形成的一种股东保护主义理念，指的是投资者依据其所持有公司的股份，以股东的身份积极参与公司内部治理，尽可能获取足够的信息，实行股东利益最大化的投资项目和策略，或颠覆缺乏效率的决策者行为，从根本上维护机构投资者利益的公司治理进路，也称为"用手投票"。③ 随着股东能动主义的重要性被不断认知和体现，机构投资者逐步从之前奉行的股东消极主义向能动主义转化。我国股东能动主义在公司治理方面主要表现形式为股东网络投票、征集表决权、以股东公开发声的舆论来监督公司控股股东以及高管行为等。④

经中国证监会批准设立并直接管理的证券金融类投资者保护机构——中证中小投资者服务中心有限责任公司（以下简称投服中心）在前期试点的基础上，从 2017 年开始在全国范围内开展持股行权工作。投服中心已成为沪深两市所有上市公司中仅持股一手的最小股东，并不断行使建议权、质询权、诉讼权等股东权利。2018 年，证监会修订《上市公司治理准则》，首次在规则层面明确了中小投资者保护机构持股行权的地位。《证券法》新增的"投资者保护"专章，从

① 人民网：《证券期货纠纷在线诉调对接机制落地实施》，资料来源：http://legal.people.com.cn/n1/2020/0313/c42510-31631463.html，2020 年 5 月 17 日访问。
② 人民网：《证券期货纠纷在线诉调对接机制落地实施》，资料来源：http://legal.people.com.cn/n1/2020/0313/c42510-31631463.html，2020 年 5 月 17 日访问。
③ 金宪宽：《美国股东积极主义的兴起与对我国的启示》，载《法制博览》2019 年 5 月（下），第 76 页。
④ 金宪宽：《美国股东积极主义的兴起与对我国的启示》，载《法制博览》2019 年 5 月（下），第 76 页。

法律层面确认了投服中心业已开展的诸多实践，并赋予其新的权能。①

（三）构建"示范判决＋代表人诉讼＋纠纷调解"的投资者维权机制

证券纠纷示范判决机制，是在处理群体性证券纠纷时，若某一诉讼的纷争事实与其他（多数）事件的事实主要部分相同，该诉讼事件经法院裁判后，其结果成为其他事件在诉讼上或诉讼外处理的依据。② 为落实最高人民法院和证监会于 2018 年 11 月联合出台的《意见》，上海金融法院于 2019 年 1 月 16 日制定出台了《关于证券纠纷示范判决机制的规定（试行）》（沪金融法（2019）2 号）（以下简称《示范判决机制规定》），探索构建示范判决机制，创新证券纠纷诉调对接模式，明确优先选定国家机关或依法设立的公益性组织机构支持诉讼作为示范案件，委托第三方专业机构核定损失。2019 年 6—7 月，最高人民法院、上海市高级人民法院及上海金融法院相继发布科创板并试点注册制改革司法保障意见，推广示范判决机制，发挥专家证人在案件审理中的作用。③

2019 年 8 月 7 日，上海金融法院全国首例示范案件——原告潘某等诉被告方正科技集团股份有限公司证券虚假陈述责任纠纷一案（以下简称"方正科技案"）二审由上海市高级人民法院判决驳回被告上诉，维持原判。④ 该案是全国首例公开宣判并生效的示范案件，引入投服中心作为第三方专业机构辅助法院进行损失核定，奠定了证券领域投资者司法救济的里程碑。示范案件原、被告之间的争议焦点可涵盖该系列案件中绝大多数投资者涉及的情形，在事实争点和法律争点方面具有代表性，其他投资者可以根据本案的共同事实与法律适用问题和方正科技达成和解协议或者经由法院调解。截至 2019 年 10 月 16 日，方正科技与张丽敏、曹计明等共计 223 名投资者达成调解协议，共计支付赔偿金 7121395.79 元。⑤ "方正科技案"历经二审，共用时约 347 天，远少于按照普通诉讼程序作出最终判决的平均用时（405.1 天）。此类判决不仅能使示范案件中的原告较快地获得赔偿，后续通过调解结案的其他投资者也能在相对较短的时间内获得赔偿。⑥

---

① 郭雳：《作为积极股东的投资者保护机构——以投服中心为例的分析》，载《法学》2019 年第 8 期，第 148 页。

② 陈慰星：《民事纠纷的多元化解决机制研究》，知识产权出版社 2008 年 5 月第 1 版，第 77 页。

③ 投服中心：《全国首例示范判决生效投服中心受托核定投资者损失》，资料来源：载 https：//mp. weixin. qq. com/s/uufXQ55nTnX6tP2a0iJKbA，2019 年 10 月 7 日访问。

④ 投服中心：《全国首例示范判决生效投服中心受托核定投资者损失》，资料来源：载 https：//mp. weixin. qq. com/s/uufXQ55nTnX6tP2a0iJKbA，2019 年 10 月 7 日访问。

⑤ 中国证券报：《证券纠纷示范判决机制是投资者维权有效途径》，资料来源：http：//www. zqrb. cn/stock/gupiaoyaowen/2020－03－16/A1584314108699. html，2020 年 5 月 17 日访问。

⑥ 中国证券报：《证券纠纷示范判决机制是投资者维权有效途径》，资料来源：http：//www. zqrb. cn/stock/gupiaoyaowen/2020－03－16/A1584314108699. html，2020 年 5 月 17 日访问。

示范判决机制的建立也倒逼法官在审判案件过程中更加注重审判质量。[1] 法官在选择示范判决案件时，需要对案件事实、社会影响等因素进行综合考量，以选出具有一定代表性的案例；同时，法官在审理示范案件时也会更加审慎，尽可能使案件结果公平公正，以发挥其示范和引导作用。随着示范判决机制的日益成熟，该机制也将从金融案件逐步扩展到其他司法领域，最大程度地发挥其引领和指导作用。[2] 截至 2020 年 4 月 20 日，全国首例适用示范判决机制的方正科技系列案件调撤率为 98.49%，合计 1311 名投资者通过多元纠纷化解机制解决纠纷，调撤金额达1.62 亿元。[3]

《证券法》的重大突破是第九十五条第三款[4]直接赋予了投资者保护机构代表人的诉讼地位，并在诉讼成员范围的确定上采用"明示退出、默示加入"的方式，包括"加入制"普通代表人诉讼和"退出制"特别代表人诉讼。由多数当事人选出代表人，或由投资者保护机构作为代表人参加诉讼，其裁判效力及于全体。2020 年 3 月 13 日，杭州中院发布《"15 五洋债""15 五洋02"债券自然人投资者诉五洋建设集团股份有限公司等人证券虚假陈述责任纠纷系列案件公告》，宣布采取人数不确定的代表人诉讼方式审理该案，通知相关权利人在规定期限内向法院登记。该公告的发布标志着我国证券民事赔偿代表人诉讼第一案正式启动，本案将成为《民事诉讼法》和《证券法》实施以来，人数不确定的代表人诉讼在证券民事赔偿诉讼领域的首次司法实践。[5]

示范诉讼和代表人诉讼制度在证券纠纷解决机制中有互补关系，但各有侧重。普通代表人诉讼作为法定的群体诉讼制度，如果当事人之间意见分歧不大，存在选出特别授权的代表人的可能性，普通代表人诉讼比示范判决机制更有效率。但是，若当事人之间的诉讼主张各异且存在重大分歧，或者不愿意加入代表人诉讼的人数过多，普通代表人诉讼的适用就存在一定困难。通过适用示范判决机制以明确共通争点的法律适用意见，为投资者提供稳定的诉讼预期，在此基

---

① 余东明、黄浩栋：《上海金融法院一周年：打开中国通往世界的"金融司法之窗"》，资料来源：https：// mp. weixin. qq. com/s？ _ biz ＝ MzU3MjY2NTEwNw% 3D% 3D&mid ＝ 2247487511&idx ＝ 1&sn ＝ d3dfdb19e4af21178edcac6ef41076bb&scene ＝45#wechat _ redirect，2019 年 9 月 29 日访问。

② 余东明、黄浩栋：《上海金融法院一周年：打开中国通往世界的"金融司法之窗"》，资料来源：https：// mp. weixin. qq. com/s？ _ biz ＝ MzU3MjY2NTEwNw% 3D% 3D&mid ＝ 2247487511&idx ＝ 1&sn ＝ d3dfdb19e4af21178edcac6ef41076bb&scene ＝45#wechat _ redirect，2019 年 9 月 29 日访问。

③ 浦江天平：《上海高院发布 2019 年度金融商事审判及证券虚假陈述白皮书》，资料来源：https：// mp. weixin. qq. com/s，2020 年 5 月 17 日访问。

④ 《证券法》第九十五条第三款规定：投资者保护机构受五十名以上投资者委托，可以作为代表人参加诉讼，并为经证券登记结算机构确认的权利人依照前款规定向人民法院登记，但投资者明确表示不愿意参加该诉讼的除外。

⑤ 澎湃新闻：《全国证券民事赔偿代表人诉讼第一案启动！代表人诉讼了解一下》，资料来源：https：// www. thepaper. cn/newsDetail _ forward _ 6490410，2020 年 5 月 17 日访问。

础上引导平行案件调解，相对而言更为高效。特别代表人诉讼可能更主要适用于典型、重大、社会影响面广、关注度高、具有示范意义的案件。① 普通代表人诉讼以"加入制"为核心，代表人由当事人合意产生；而特别代表人诉讼以"退出制"为核心，投资者保护机构依法享有代表权。因此，代表人诉讼与示范判决机制可以并存，并将在司法实践中起到优势互补的作用。②

上海金融法院采用"示范判决＋代表人诉讼＋委托调解"机制，针对已立案的相关案件，发挥示范判决的示范效应，促使当事人委托调解；针对尚未立案的案件，法院促使当事人委派调解后，将根据当事人意愿，进行司法确认；针对群体性侵权案件，法院通过发布并实施《上海金融法院关于证券纠纷代表人诉讼机制的规定》，提升办案效率，保证该链条机制覆盖各个阶段的纠纷，实现证券虚假陈述群体性案件的有效解决。③

（四）利用信息技术形成多元化纠纷解决机制的技术优势

随着信息技术的提高，民间调解逐渐与信息技术相结合，发展出远程视频、在线调解的纠纷解决互联网平台。调解模式的灵活性和多样性对多元化纠纷解决机制改革提出了适应信息化、智能化、便捷化的要求，在线纠纷解决机制（Online Dispute Resolution，ODR）逐渐兴起。ODR模式采取除诉讼以外的仲裁、调解、协商等方式解决纠纷，因其采用了现代网络信息技术打破了时间和地域上的限制以实现即时有效沟通，给纠纷解决带来了许多便捷。

法院近年来积极推进"智慧法院"建设和互联网审判。智慧法院是人民法院利用先进信息化系统，支持全业务网上办理、全流程依法公开、全方位智能服务，实现公正司法、司法为民的组织、建设和运行形态。④ 2017 年 6 月 28 日，深圳市福田区人民法院携手阿里巴巴打造的巨鲸智平台（即类案全流程在线办理平台）上线，首创金融纠纷类案全流程线上办理。⑤ 杭州互联网法院于 2017 年 8 月设立，2018 年 9 月增设北京互联网法院、广州互联网法院，探索适应互联网模式的司法规则和诉讼流程。2018 年，最高人民法院发布《关于互联网法院审理案件若干问题的规定》，对互联网法院的管辖范围、上诉机制、诉讼平台建设、在线诉讼规则等方面予以明

---

① 澎湃新闻：《专访林晓镍：深度解读全国首个〈代表人诉讼规定〉》，资料来源：https：//www. thepaper. cn/newsDetail _ forward _ 6661102，2020 年 5 月 15 日访问。

② 澎湃新闻：《专访林晓镍：深度解读全国首个〈代表人诉讼规定〉》，资料来源：https：//www. thepaper. cn/newsDetail _ forward _ 6661102，2020 年 5 月 15 日访问。

③ 严剑漪、郭燕：《上海高院今日终审宣判全国首例证券纠纷示范判决案件》，资料来源：载 https：// mp. weixin. qq. com/s/hr8JLqblo7pbNWIYi3njYQ，2019 年 9 月 29 日访问。

④ 邓恒：《如何理解智慧法院与互联网法院》，资料来源：https：//www. chinacourt. org/article/detail/2017/ 07/id/2933948. shtml，2020 年 5 月 18 日访问。

⑤ 中国新闻网：《深圳福田法院全国首创金融纠纷类案全流程线上办理》，资料来源：http：//mini. eastday. com/mobile/170628212635992. html#，2019 年 11 月 10 日访问。

确，促进互联网技术与司法制度深度融合，推动网络空间治理法治化。①

2020年3月24日，上海金融法院发布全国首个证券纠纷代表人诉讼机制的规定，即《上海金融法院关于证券纠纷代表人诉讼机制的规定（试行）》（以下简称《代表人诉讼规定》），结合新《证券法》规定了各类代表人诉讼的规范化流程。法院通过信息技术实现对人数众多且分散的投资者的权利登记，以提升办案效率。② 具体而言，一是建立代表人诉讼在线平台。投资者通过在线身份核验后即可登录该平台进行登记。二是与证券登记结算机构建立电子交易数据对接机制。法院经审查确定权利登记的范围后，可以通过该机制的核验来确定适格投资者名单，并获得相应交易记录，解决数据核验问题，有利于缓解信息不对称。三是简化投资者权利登记材料。投资者只需要简单登记原被告信息及诉请金额即可完成登记，不再需要填写起诉事实与理由和准备交易记录等材料，减少登记所需成本。③

法院通过信息互通互联，实现各类调解资源线上跨界融合与共享，为当事人理性选择解纷方式提供合理预期。截至2019年7月底，全国1703家法院开通了在线调解平台，联合在线调解组织7402家，引入在线调解员36017名，处理纠纷205419件，实现各类纠纷解决方式线上线下的融合贯通。④ 疫情发生之后，各地人民法院和证监会系统加强合作，推行远程纠纷在线化解模式，实施"在线调解""远程沟通""在线诉调对接"等举措，保护投资者合法权益。截至2020年3月上旬，各调解组织已受理在线调解申请480余件，调解成功310余件。各级人民法院近年来会同证监会系统，推进证券期货多元化解机制建设的成效，在这一特殊时期得到全面应用和充分体现。⑤

概言之，ODR模式解决金融纠纷具有成本低、灵活性强、信息技术客观性较强等优势，与具有强制性的诉讼相比，其对抗性也相对较弱，为当事人解决基本诉求提供了一个安全而友好的途径。ODR模式的建立使线上和线下可以采取金融纠纷解决的方式得以有效统筹，提高纠纷解决的效率。

三、 我国证券纠纷调解机制存在的问题

（一）我国证券期货纠纷调解机构缺乏体系化的建设和管理

尽管我国已经初步形成了证券期货纠纷多元化解机制，实践中仍然存在诸多问题。2020年5

---

① 胡仕浩：《中国特色多元共治解纷机制及其在商事调解中应用》，载《法律适用》2019年第19期，第3页。
② 《代表人诉讼规定》第四条规定：适用代表人诉讼审理案件的，应当依托信息技术提高诉讼效率，通过设立代表人诉讼在线平台，实现权利登记、代表人推选、公告通知、电子送达等诉讼程序的便利化。
③ 澎湃新闻：《专访林晓镍：深度解读全国首个〈代表人诉讼规定〉》，资料来源：https：//www.thepaper.cn/newsDetail_forward_6661102，2020年5月15日访问。
④ 胡仕浩：《中国特色多元共治解纷机制及其在商事调解中应用》，载《法律适用》2019年第19期，第3页。
⑤ 人民网：《证券期货纠纷在线诉调对接机制落地实施》，资料来源：http：//legal.people.com.cn/n1/2020/0313/c42510-31631463.html，2020年5月17日访问。

月 15 日，首个全国性证券期货纠纷专业调解组织——中证资本市场法律服务中心在上海揭牌成立，该法律服务中心被定性为证监会批准设立的我国唯一跨区域、跨市场的全国性证券期货纠纷专业调解组织。① 那么，最高人民法院与证监会在 2016 年联合确定的八个试点调解组织以及随后建立的上海经贸商事调解中心、投服中心、深圳证券期货业纠纷调解中心等，在法律和行政层面分别属于何种性质的机构？各个机构之间的受案范围、调解方式和程序等是否有明确规定并且受权威部门监管？不同的调解方式是否会发生重叠交叉适用的情形？一旦重叠适用，产生的法律后果如何？诸如此类的问题并没有引起广泛的关注或深入的研究。

之所以会出现调解机构数量多但不成体系的情形，主要可以归结于两方面原因。一方面，我国证券期货多元化纠纷解决机制的完善和指导主要来自证监会联合最高人民法院、证券业协会以法律规范性文件的形式作出的原则性、概括性、宏观性的要求，且各规范性文件之间缺乏衔接性。这些规范性文件只注重此类调解机构的案件调解数量、成功率等因素，没有从宏观的角度梳理调解机构之间的差异和矛盾，更没有从消费者需求和市场供给的角度考察调解机构的效用以及是否造成公共资源的浪费。在纠纷解决的市场中，当事人是解纷制度的购买者或需求者，解纷制度的制定者是制度产品的供给者。"需求决定供给，当人们在经济生活中对法律这种调整手段迫切需要并积极谋求法律秩序的维护时，法律供给就必然发生。"② 因此，证券期货纠纷调解制度的建立应该取决于当事人对该种制度的需求。当事人纠纷解决方式的偏好或需求在本质上决定了该制度的兴衰成败。③ 然而，在调解优先的司法政策影响下，调解率无论是对法院还是调解组织都是重要的考量指标，决策机关往往重点关注所谓的"战绩"而忽视对消费者纠纷解决方式的需求和资源供给的关系。

另一方面，相关规范的立法层级较低，缺乏权威性顶层设计。除了司法调解和人民调解以法律形式确定外，其他的证券纠纷调解方式大多是在规范性文件中推行的，而《证券法》《民事诉讼法》等法律规范中没有保持同步修订，例如《证券法》虽然在确定了中国证券业协会的法定调解组织的地位之外，赋予了投资者保护机构调解的权力，④ 但并没有对投资者保护机构的法律定性以及具体适用等方面进行明确规定，造成调解在法律体系中地位的模糊化，法律效力的不确定性，不利于调解功能的充分发挥。

---

① 中国日报网：《推进证券期货纠纷调解上海金融法院率先与中证资本市场法律服务中心共建合作》，资料来源：http://ex.chinadaily.com.cn/exchange/partners/82/rss/channel/cn/columns/80x78w/stories/WS5ec22e79a310eec9c72b9a5c.html，2020 年 5 月 18 日访问。

② 李莉：《法经济学与纠纷解决》，载《河北法学》2008 年第 7 期，第 115 页。

③ 沈伟、余涛：《金融纠纷诉讼调解机制运行的影响性因素及其实证分析——以上海为研究对象》，载《法学论坛》2016 年 11 月第 6 期，第 110 页。

④ 《证券法》第九十四条规定：投资者与发行人、证券公司等发生纠纷的，双方可以向投资者保护机构申请调解。普通投资者与证券公司发生证券业务纠纷，普通投资者提出调解请求的，证券公司不得拒绝。

（二）没有在实质上实现对弱势投资者的保护

由于中小投资者在知识背景、资金实力、信息获取和处理能力等方面处于弱势地位，为了保障资本市场的稳健运行，保护投资者的合法权益一直是证券监管工作的重点。虽然我国目前的证券纠纷调解机制有倾斜保护弱势投资者之"初衷"，但在制度设计上过于原则化。

最高院、证监会联合发布的《意见》等规范性文件将司法确认导入证券期货纠纷调解制度中，① 参照《人民调解法》的规定，调解协议获得人民法院确认后即具有强制执行力，② 在一定程度上保证调解结果的执行力和实效性。但是，这一安排仍有不确定性和局限性。《最高人民法院关于人民调解协议司法确认程序的若干规定》未强调双方当事人需共同至法院申请确认调解协议，但参照《人民调解法》的规定，司法确认程序的进行必须由双方当事人共同申请，当事人一方无法向法院申请司法确认，这在某种程度上阻碍了诉调对接，不利于调解组织发挥解决纠纷的作用。

根据《中国证券业协会证券纠纷调解规则》，③ 证券纠纷的任何一方可随时放弃调解，寻求其他解决途径。这使得调解的纠纷解决功能大打折扣。目前，我国规范性文件也未明确投资者单方面向法院申请司法确认即可使调解协议具有强制执行力。如果投资者提出进行司法确认，而证券公司事后反悔不配合申请，投资者也无能为力。④ 尽管《证券法》第九十四条规定："普通投资者与证券公司发生证券业务纠纷，普通投资者提出调解请求的，证券公司不得拒绝。"此强制调解制度可以视作是对普通投资者在纠纷解决机制选择上的"倾斜保护"，但在该法第十三章"法律责任"中，并没有条文规定证券公司拒绝调解会承担何种法律责任，也没有相关规定对之予以细化，实质上并未充分保证投资者权益。另外，《证券法》中关于投资者的保护多次使用"投资者保护机构"术语，但该术语具体定位并不明确，与"相关机构"等类似术语类似，对权利人的权利行使造成了极大的困难。因此，相关部门应通过出台司法解释、部门规章等方式对

---

① 《意见》第11条规定：调解协议的司法确认制度。经调解组织主持调解达成的调解协议，具有民事合同性质。经调解员和调解组织签字盖章后，当事人可以申请有管辖权的人民法院确认其效力。当事人申请确认调解协议的案件，按照《中华人民共和国民事诉讼法》第十五章第六节和相关司法解释的规定执行。经人民法院确认有效的具有明确给付主体和给付内容的调解协议，一方拒绝履行的，对方当事人可以申请人民法院强制执行。

② 《人民调解法》第三十三条第一款规定："经人民调解委员会调解达成调解协议后，双方当事人认为有必要的，可以自调解协议生效之日起三十日内共同向人民法院申请司法确认，人民法院应当及时对调解协议进行审查，依法确认调解协议的效力。人民法院依法确认调解协议有效，一方当事人拒绝履行或者未全部履行的，对方当事人可以向人民法院申请强制执行。人民法院依法确认调解协议无效的，当事人可以通过人民调解方式变更原调解协议或者达成新的调解协议，也可以向人民法院提起诉讼。"

③ 《中国证券业协会证券纠纷调解规则》第十九条规定：出现下列情形之一的，调解程序终止：（一）当事人达成调解协议；（二）任何一方当事人书面声明退出调解或以其他方式表明拒绝调解；（三）调解期限届满，当事人未达成一致意见；（四）法律法规及自律规则规定的其他情形。

④ 杨东、毛智琪：《日本证券业金融ADR的新发展及启示》，载《证券市场导报》2013年7月号，第65页。

"投资者保护机构"具体化，以便投资者遭受损害时可向适当的机构寻求帮助。[①]

此外，行业自律和政府监管的优势没有得到充分发挥。我国证券业协会具有官方背景，在证监会的领导下，证券业协会可以最大限度地发挥行业自律优势。从中国证券业协会《调解员管理办法》《证券纠纷调解工作管理办法》和《证券纠纷调解规则》等现行针对证券纠纷调解机制的规范性文件来看，尽管从证券行业自律组织基本的调解程序、组织架构、专门人员的准入资质和执业规范等相关规则作了规定，但上述规范存在规则过于概括、调解中的具体实体和程序性事项匮乏等问题，在证券纠纷调解的实践过程中缺乏灵活性和可操作性。例如，《调解规则》仅对案件的申请、受理程序、调解员选任等实体与程序方面的基本规则进行了规定，对于实施违反调解规则行为的主体如何承担责任、具体如何实现诉调、仲调对接机制等实际问题并没有作详细规定；《调解工作管理办法》对证券调解专业委员会的组织架构、受理范围、调解员和经费来源等作出原则性的规定。通观这些规范性文件，在证券业协会实际解决纠纷过程中，大多数情况下调解员仍然要依据实际情况、用其主观认为最适宜的调解方式来进行调解工作，缺乏具体性的规范指引。

（三）影响我国金融纠纷调解机制发展的其他因素

我国金融纠纷调解机制仍受其他因素影响。例如，虽然《意见》中规定的调解协议司法确认制度、委派调解或委托调解机制、调解范围的确定、调解前置程序等都属于对纠纷解决机制对接的规定，但是这些对接机制都局限于"诉讼—调解"方面，并未覆盖实践中"仲裁—调解"等更高效、灵活的对接机制。[②] 另外，从实践来看，投资者惯于采用向金融监管部门信访投诉的方式维权，但信访实质上是一种情况反映的非正规诉求方式，并不属于纠纷解决机制。[③] 从供需角度看，除了完善信访与诉讼、调解的对接途径外，教育、引导和激励投资者采用更高效的途径解决纠纷，也会促进我国金融纠纷调解机制的发展。

四、 法经济学视角的证券纠纷解决机制完善

法经济学是用经济学的方法和理论，主要是用价格理论（或称微观经济学）、福利经济学、公共选择理论及其他有关实证和规范方法考察、研究法律和相关制度的形成及未来发展的学科。个人理性是法经济学研究的前提性假设，效率是法经济学研究的核心衡量标准，成本—收益分

---

① 摘自投服中心 2019 年度课题《体系化构建证券期货纠纷调解与仲裁机制研究》，上海交通大学承办，课题负责人：沈伟。

② 侯东德、周莉欣：《加快推进证券期货纠纷多元化解机制建设的建议》，载《人民法院报》2019 年 4 月 4 日第 007 版。

③ 侯东德、周莉欣：《加快推进证券期货纠纷多元化解机制建设的建议》，载《人民法院报》2019 年 4 月 4 日第 007 版。

析和效用最大化是基本的分析工具。①

纠纷解决过程也是一种经济活动，纠纷解决成本的高低是人们作出纠纷解决的制度供给和选择的主要依据，也是当事人选择遵守或者规避法律甚至是违反法律行为的"晴雨表"。② 纠纷解决成本理论的核心是对机会成本进行分析，③ 目的在于寻找个人的理性行为，既与其预期效益相吻合，也和整个社会资源的有效配置并行不悖。纠纷解决制度最有效率的供应量是使个人的边际（需求）替代率的总和与提供纠纷解决制度的边际成本相等。④

纠纷解决市场的存在意味着供给和需求对应存在。纠纷解决机制的供给（supply）是指国家机关强制或意愿进行的司法活动以及非诉讼纠纷解决机构等活动的总称，与此对应的需求（demand）是指人们购买某种具体纠纷解决程序的主观愿望和客观能力。从理论上讲，需求决定供给，当人们在经济生活中迫切需要某种法律调整手段并积极谋求维护法律秩序时，相应的法律供给必然产生。如果该种供给与需求在量上处于彼此相适应的均等状态，则此决定的法律成本最低，收益最大。

在法经济学把当事人假定为"理性经济人"的背景下，当事人会在多种选择中进行成本支出和收益的比较，选择能够使其利益最大化和成本最小化的方式解决纠纷。对于证券期货纠纷解决机制的成本分析，可以从货币成本、机会成本、时间成本和风险成本等方面考量，从降低成本的思路考虑证券期货纠纷解决机制的改善，符合经济学规律，具有一定的合理性。

（一）各方合理分担调解费用以实现投资者货币成本最小化

经济学中的经济人理性概念是一个多层次的概念，是一个从核心逐渐向外扩展的概念体系。⑤ 理性选择理论是自我利益最大化理性假设的规范表述，基本上等同于"经济人"假设，其基本思想是：经济行为人具有完全的充分有序的偏好、完备的信息和无懈可击的计算能力和记忆能力，能够比较各种可能行动方案的成本与收益，从中选择净收益最大的行动方案。⑥ 在理性选择理论中关于最大化理性假设的层次划分中，内涵最丰富的是财富最大化，即货币成本最小化或收益最大化。

---

① 魏建、黄立君、李振宇：《法经济学：基础与比较》，人民出版社 2004 年版，第 78 页。
② 李莉：《ADR 视角下民间经济纠纷的解决》，人民法院出版社 2009 年 5 月版，第 117 页。
③ 对机会成本进行分析即不同的纠纷解决程序实现人们既定目标的程度有所不同，但在特定的时空领域中人们只能选择其中一种，对纠纷相关的社会经济关系用哪种法律手段进行调整，以及作出一项决策而舍弃另一种的相关利弊得失进行一系列衡量。
④ 李莉：《ADR 视角下民间经济纠纷的解决》，人民法院出版社 2009 年 5 月版，第 118 页。
⑤ 魏建：《理性选择理论与法经济学的发展》，载《中国社会科学》2002 年第 1 期，第 101 页。在这个理性概念体系中，核心层次的理性是纯粹的形式理性，向外扩张分别是预期效用理论、自我利益最大化、财富理论最大化。四个关于人类行为理性的假设，在内涵上，后一假设在包含前一假设内容的基础上加入了更多的限定，内涵越来越丰富。同时外延却因内涵的增加而逐渐缩小，理论所能适用的范围越来越小。
⑥ 魏建：《理性选择理论与法经济学的发展》，载《中国社会科学》2002 年第 1 期，第 101 页。

我国目前证券纠纷调解机构尚在试运行和过渡阶段，调解是否收费以及收费标准差异较大。例如，深圳证券期货业纠纷调解中心仅规定："受理中小投资者的纠纷调解申请，不收取任何费用。"对于金融机构之间争议的调解如何收费未作明确规定。[①] 上海经贸商事调解中心在其官方网站上明确规定了其调解收费办法，每一起调解案件收费包括案件登记费和调解费，双方（或多方）当事人均等分摊所需费用。[②] 尚不论向中小投资者收费是否合理，就各方当事人均等分摊所需费用的规定而言没有体现对作为相对弱势方的中小投资者的保护。从调解机构自身运营的角度看，调解机构的运营资金目前主要来自财政资金的资助，但随着当事人法律意识的增强和调解案件数量的增加，靠财政资金维持不是长久之计。调解员作为调解开展的基础，其薪资水平对调解工作积极性、工作质量以及对具有丰富金融领域知识和实践经验的专业人才的吸引力等方面都十分重要。如何在保证机构稳定运行的同时不让投资者因交易成本过高对非诉调解机制望而却步，需要制度设计加以解决。

根据其他地区调解机构的运作经验，内地证券期货纠纷调解机构可以参照香港 FDRC 经费来源。为确保 FDRC 的独立性和可持续性，香港特区政府、金融管理局和证监会提供 FDRC 的成立费用及首三年的营运经费，FDRC 可以向金融机构和申诉人收取案件处理费用于补充营运开支；三年后，FDRC 按照"用者付费"的原则向消费者及金融机构提供服务，这种做法能在一定程度上防止投资者滥用调解机制。2017 年 8 月，FDRC 公布《优化金融纠纷调解计划的建议》还对金融纠纷调解计划收费标准予以再调整。对纠纷个人当事方和机构当事方在提出诉请阶段、进入调解阶段和进入仲裁阶段适用差异化的费用标准，便利了金融个人消费者诉诸 FDRC 解决纠纷，能确保当事方地位的实质平等和纠纷解决的客观公正。FDRC 在延长调解阶段对个人当事方和机构当事方依照相同时长标准收取调解服务费用，这一做法能遏制"滥诉"现象并保障 FDRC 启动和运作的实际效率。[③]

因此，我国内地证券期货纠纷调解机构除了由国家财政给予适当的资金支持外，可以由交易所、相关公司、行业协会共同出资，作为调解机构的经费来源保障。考虑到我国具体国情，在全国调解中心运作前期，在案件数量有限的情况下，可以暂不向投资者收费。随着调解机制的发展和纠纷案件的增加，中心可借鉴 FDRC 模式向投资者适当收取少量调解成本费用。为了避免滥诉，也可以针对投资者设定限制性的除外条款，保证证券纠纷解决兼顾公正和效率。

（二）建立调解—仲裁对接机制以降低机会成本和时间成本

机会成本，即在几种可供选择的方案中，采纳某一种方案而放弃其他方案所可能失去的潜

---

① 参见 http://www.sfdrc.cn/Service/index.html，2019 年 10 月 8 日访问。

② 参见 http://www.scmc.org.cn/page111?article_id=80&menu_id=49，2019 年 10 月 8 日访问。

③ 彭瑞驷、沈伟：《试论金融纠纷解决机制的优化——借鉴香港金融纠纷解决机制的研究》，载《上海经济研究》2018 年第 12 期，第 81 页。

在利益，其产生的原因之一是存在选择的可替代性。"人类对财富最大化与非财富最大化的双重追求表明，制度或法律作为一个重要变量影响着人们为其偏好所支付的成本，决定了人们在法律制度的约束下的行为选择。"① 诉讼所产生的机会成本就是当事人未采用其他诉讼外方式而损失的潜在收益。如果当事人认为能够通过付出成本相对较少的非诉纠纷解决机制使纠纷得以解决，那么因选择诉讼而损失的潜在利益，相对于诉讼外纠纷解决方式而损失的潜在利益更大，理性的当事人就会更倾向于选择调解等诉讼外的解决方式。案件处理的时间越长，纠纷当事人投入的时间和精力就越多，各种社会资源也会消耗得越多，意味着此纠纷解决机制效率低下。针对诉讼外纠纷解决机制灵活便捷的程序设计和时限要求，当事人可以根据实际需要来掌握投入的时间和精力，实现投入和产出的最优化。如果只需将相对较少的时间和精力投入诉讼外纠纷解决程序中，那么更多的时间和精力将会被投入其他更高效的生产性活动中，这样不仅当事人获得更多的收益，社会财富的总量也会相应增加。

目前我国金融机构和金融消费者对非诉调解机制的主动接受度较低、调解机构数量虽多但利用率较低，② 在目前仲裁机制较为完善的前提下，推行 MED – ARB 模式，即调解机构和仲裁机构相结合，③ 将调解协议与仲裁裁决进行对接是强化调解协议效力、激发投资者通过非诉纠纷解决机制解决证券纠纷的有效途径。

为了克服履行调解协议自愿性低的缺陷，现实中已形成调解协议与仲裁裁决相对接的做法。根据深圳证券期货业纠纷调解中心《调解规则》相关规定，④ 当事人可以根据深圳国际仲裁院当时有效的仲裁规则，申请依照调解协议的内容作出可在境内外强制执行的仲裁裁决，也可以依法向人民法院申请司法确认。⑤ 深圳证券期货业纠纷调解中心与一般的调仲对接模式都将调解作

① 冯玉军：《法经济学范式的知识基础研究》，载《中国人民大学学报》2015 年第 4 期，第 130 页。

② 余涛、沈伟：《游走于实然与应然之间的金融纠纷非诉讼调解机制》，载《上海财经大学学报》2016 年 2 月第 18 卷第 1 期，第 117 页。

③ MED – ARB 模式，是通过调解机构与仲裁机构的联姻，运用调解和仲裁两种方式，为当事人提供具有终局效力的解决争议的途径。2000 年 10 月 1 日，中国国际经济贸易仲裁委员会颁布施行了第六套仲裁规则，其第 44 条第 4 款的增加规定开创了仲裁和调解相结合的新形势。（现行有效的中国国际经济贸易仲裁委员会仲裁规则 (2012 修订) 第四十五条第十款规定：当事人在仲裁程序开始之前自行达成或经调解达成和解协议的，可以依据由仲裁委员会仲裁的仲裁协议及其和解协议，请求仲裁委员会组成仲裁庭，按照和解协议的内容作出仲裁裁决。除非当事人另有约定，仲裁委员会主任指定一名独任仲裁员组成仲裁庭，按照仲裁庭认为适当的程序进行审理并作出裁决。具体程序和期限，不受本规则其他条款关于程序和期限的限制。）摘自范愉、李浩：《纠纷解决——理论、制度与技能》，清华大学出版社 2010 年 5 月第 1 版，第 168 页。

④ 深圳证券期货业纠纷调解中心《调解规则》第 17 条规定："当事人达成调解协议的，为使调解协议的内容具有可强制执行的法律效力，任何一方当事人可依据调解协议中的仲裁条款，申请深圳国际仲裁院根据其仲裁规则的规定，按照调解协议的内容依法快速作出仲裁裁决。"

⑤ 参见深圳证券期货业纠纷调解中心官网，资料来源：http://www.sfdrc.cn/Service/index.html，2019 年 10 月 8 日访问。

为仲裁的前置性程序，无法达成调解协议的，则直接转入仲裁模式。这一安排的特点在于实现证券纠纷"调解—仲裁"一站式对接。深圳模式可以直接根据调解协议的内容制作仲裁裁决书，但这种模式目前并没有在其他调解机构得以推广，并非所有的仲裁机构都能根据调解协议的内容制作仲裁裁决书，如果一方当事人反悔，则另一方当事人只能请求法院对调解书进行司法确认或者重新通过仲裁、诉讼等途径维权。显然，仲裁机构直接依据调解协议的内容制作裁决书的方式能够制止当事人在解纠过程中出现的反复，进而提高解决纠纷效率。① 因此，这种"调解—仲裁"一站式对接机制在我国证券期货纠纷调解机制完善的过程中可以引用和推广。

（三）提高投资者通过调解解决纠纷的决策预期

风险成本，是实际结果与预期效用的比率，其中风险成本与预期收入都是当事人根据客观事实主观推断的，或者说是当事人某种方面的一种偏好，这些因素对当事人作出纠纷解决方式的选择有重要影响。影响诉讼风险成本的一个重要因素是当前社会信用的危机。② 一方面，由于诉讼费用的存在，在抑制滥诉的同时也会导致双方当事人在财富状况悬殊的情况下司法资源利用的不平等；另一方面，司法亲和力和公信力的缺失在很大程度上影响人们对法律的信任。法律作为信用载体之一的功能就是为人们的相互行为提供一种合理的预期，以便当事人能够完成成本—收益分析，尽可能减少行为成本和交易费用，进而确定行为决策预期。提高投资者对非诉调解机制选择的决策预期，可以从以下方面入手：

1. 继续推行并完善示范判决和代表人诉讼机制。建立证券纠纷示范判决机制是基于群体性证券纠纷的特点。从世界范围来看，美国集团诉讼制度通过明示退出、默示加入的代表机制，将当事人拟制为一个集团，使判决效力及于每一个集团成员；团体诉讼制度通过赋予某些团体诉讼主体资格，使其可以代表团体成员提起、参加诉讼，从而化零为整地将群体诉讼变为团体统一提起的单独诉讼；德国示范诉讼制度中，州法院将群体性诉讼中的共同事实或法律问题提炼出来作为示范诉讼移交给上级法院，并经由另行选定示范诉讼原告，让上级法院得以在一种新的两造诉讼框架内，以中间程序的方式对共通性问题统一审理，再以该示范诉讼结果作为所有个案审理的基础，从而避免司法资源的重复投入。③

示范判决机制是我国现有法律框架内较为经济、高效的证券群体性纠纷解决方式。但对比德国《资本市场示范案件法》下更加成熟的示范判决制度，上海金融法院《示范判决机制规定》

---

① 余涛、沈伟：《游走于实然与应然之间的金融纠纷非诉讼调解机制》，载《上海财经大学学报》2016 年 2 月第 18 卷第 1 期，第 117 页。

② 李莉：《ADR 视角下民间经济纠纷的解决》，人民法院出版社 2009 年 5 月版，第 125 页。

③ 林晓镍、单素华、黄佩蕾：《上海金融法院证券纠纷示范判决机制的构建》，资料来源：https://mp.weixin.qq.com/s/Wc4UL4QnR3JtOG2jxvqKCA，2019 年 9 月 29 日访问。

仍有较大改进空间。例如，平行案件①投资者在适用示范判决结果时存在"搭便车"之嫌。根据《示范判决机制规定》第四章的规定，示范案件中当事人所支出的律师费、鉴定费或者专家辅助人费用等，由其个人负担。然而，由于示范判决结果具有公共产品的色彩，示范判决一旦作出，其他投资者都可以依据该判决结果，要求调解，而免去负担律师费或者鉴定费等费用。这些费用如果只由示范案件中的原告支出，其他受益投资者不予承担，在结果上显然有失公平。② 德国《资本市场示范案件法》规定示范诉讼一审费用将依平行案件诉讼请求的比例分摊至各平行案件，除非平行案件原告在其案件被中止审理后的一个月内撤回了起诉。③《示范判决机制规定》第七条规定："示范案件可以依任何一方当事人的申请或者本院依职权选定。"示范案件的启动有依当事人申请和法院依职权两种方式。从降低投资者诉讼成本的角度考虑，法院应积极引导投资者联合其他平行案件当事人共同申请，或者依职权要求共同申请示范案件的申请人合理分摊诉讼费用，以防止"搭便车"现象产生。

我国普通代表人诉讼是法定的群体性诉讼制度，以共同诉讼和诉讼代理为理论基础，代表人参加诉讼活动所产生的结果归于其所代表的全体当事人。④ 随着《证券法》和上海金融法院《代表人诉讼规定》的实施，具有中国特色的"特别代表人诉讼制度"激活了证券集体诉讼制度在我国的适用。但是，真正激活该制度仍需更多的条件。一方面，上海金融法院出台的规则只是一个地方法院的探索，最终的全面落地还需要最高院以更高层级的法律规范对该制度的实施细则作出规定。例如，《代表人诉讼规定》仍未明确代表人诉讼制度与示范判决机制的关系、中国式集体诉讼中诉讼费用的负担不清晰等，还需要进一步探索与完善。另一方面，要使该制度发挥其巨大的威力，不仅需要完备的制度设计，还需要法院、投资者保护机构、证券登记结算机构等各方的紧密配合协作，特别是其中作为关键角色的投资者保护机构要做好充分的准备。⑤

2. 加强投资者保护。《中共中央　国务院关于构建更加完善的要素市场化配置体制机制的意见》提出，要完善投资者保护制度，推动完善具有中国特色的证券民事诉讼制度。⑥ 具体而言，行业自律和政府监管的优势应更大程度地发挥。我国的证券业协会具有官方背景，在证监会的领导下，证券业协会可以借鉴美国 FINRA 最大限度地发挥行业自律的优势，要求证券公司承担

---

① 根据《示范判决机制规定》第二条第四款规定：平行案件是指群体性证券纠纷中与示范案件有共通的事实争点和法律争点的案件。

② 中国证券报：《证券纠纷示范判决机制是投资者维权有效途径》，资料来源：http://www.zqrb.cn/stock/gupiaoyaowen/2020 - 03 - 16/A1584314108699.html，2020 年 5 月 17 日访问。

③ 黄佩蕾：《德国投资者示范诉讼研究》，载《中国审判》2019 年第 13 期，第 74 页。

④ 黄佩蕾：《德国投资者示范诉讼研究》，载《中国审判》2019 年第 13 期，第 74 页。

⑤ 何海锋：《中国证券集体诉讼何时落地？》，载微信公众号"天同诉讼圈"，2020 年 4 月 24 日。

⑥ 中国政府网：《中共中央国务院关于构建更加完善的要素市场化配置体制机制的意见》，资料来源：http://www.gov.cn/zhengce/2020 - 04/09/content_5500622.htm，2020 年 5 月 16 日访问。

更多的义务，如在调解程序上，纠纷个人方在调解失败后可继续要求仲裁，机构方只能配合参加；督促证券公司自觉认可并履行调解不成之后作出的决定等。有关部门可以尝试建立行业统一的诚信评估体系、形成投资者诚信数据库，便于核验投资者相关信息；① 同时进一步规范"双录"② 管理工作，统一"双录"所涵盖的业务范围、操作规范及标准话术等，提高工作效率。③ 具体方式上，可以通过补充和细化证券业协会和政府出台的规范性文件等途径予以实现。

另外，在《证券法》特别代表诉讼视角下，投资者保护机构在制定诉讼策略时，尤其是在选择被告时，不能仅仅追求胜诉率和获赔率，还应追求社会公平和社会公共利益，要尽量让故意造假者承担责任。④ 投资者保护机构或法院在进行相关公告时，应公布全体被告名单，以使投资者能够看到投资者保护机构的诉讼策略。如果投资者不满意投资者保护机构的诉讼策略，应及时声明退出而另行起诉。⑤ 投资者保护机构应公布每年的专项集团诉讼总结报告，使投资者全面了解投资者保护机构的集团诉讼整体情况，充分了解多元化纠纷解决机制的运行情况，以便作出理性选择。⑥

五、 结语

随着我国多层次资本市场的逐步建立，证券期货新品种不断出现，证券期货纠纷的高效解决、中小投资者保护成为优化营商环境的重要维度。我国在体系化构建证券期货调解机制的过程中，要在立法和实践中充分考虑倾斜性保护弱小投资者的原则，从投资者需求出发，配置调解市场资源，努力实现资源利用的最大化。

从降低投资者成本的角度看，在政府资助调解机构的基础上，当事人要合理分担调解费用；制度上要建立调解—仲裁对接机制，降低投资者的机会成本和时间成本。另外还需要通过示范判决机制、加强投服教育等方面，直接或间接地提升投资者对多元化纠纷解决机制的预期，从根本上提升投资者对多元化纠纷解决机制的需求，使我国证券期货多元化纠纷解决机制为建设具有国际竞争力的一流营商环境提供制度性支撑和帮助。

（责任编辑：郑舒倩）

---

① 中国证券业协会：《中国证券业发展报告（2018）》，中国财政经济出版社 2018 年版，第 206 页。
② 根据《证券期货投资者适当性管理办法》相关规定，经营机构向普通投资者销售相关产品或者提供服务前，应当全过程录音或录像，简称"双录"。2017 年，证券公司"双录"所涵盖的业务主要包括融资融券、分级基金、股票质押、港股通、股票期权、风险警示股票交易权限及专业投资者评定和转化等。
③ 中国证券业协会：《中国证券业发展报告（2018）》，中国财政经济出版社 2018 年版，第 206 页。
④ 邢会强：《中国版证券集团诉讼制度的特色、优势与运作》，载《证券时报》2020 年 3 月 14 日。
⑤ 邢会强：《中国版证券集团诉讼制度的特色、优势与运作》，载《证券时报》2020 年 3 月 14 日。
⑥ 邢会强：《中国版证券集团诉讼制度的特色、优势与运作》，载《证券时报》2020 年 3 月 14 日。

Financial Law Forum

金融法苑

2020 总第一百零二辑

金融监管

金融法视野下的公共利益条款迷思

——以结构化合作清收案件为视角

■ 陈冠男*

摘要： "损害社会公共利益"作为法律明确规定的合同无效事由之一，对民商事活动具有深刻影响。当前金融领域司法实践中，该条款适用的模糊性对市场活动造成一定负面影响。我国公共利益的范围相对较大，在金融商事领域，公共利益条款还具备宏观调控属性，决定了该条款审慎适用的要求。由于金融活动多不涉及公序良俗，该领域涉及的公共利益需要充分论证。法院在适用该条款时，应充分考量公共利益间的平衡。此外，还应结合个案具体情况，综合各种影响因素，以求最优的裁判结果。

关键词： 公共利益　合同效力　金融监管

一、 问题的提出

金融业是国民经济中变化最快的行业，金融监管所涉规范为保持适用性，往往留存相当弹性。即便如此，金融领域规范与市场的契合度仍不尽如人意，因监管滞后引发的合同效力之争成为金融案件中重要疑难之一。2019 年《全国法院民商事审判工作会议纪要》发布后，该问题再次被推到风口浪尖。《中华人民共和国民法典》实行后，《中华人民共和国合同法》（以下简称《合同法》）将被废止，但基于不溯及既往的原则，存量案件仍受《合同法》规制。

由于金融监管所涉规范多为部门规章、地方政府规章，位阶相对较低，不符合《合同法》第五十二条第五项规定的"违反法律、行政法规的强制性规定"构成要件，于此情形下，法院若欲确认违规的合同无效，多借助《合同法》第五十二条第四项规定的"损害社会公共利益"（以下简称公共利益条款）。近年来，此类裁判数量激增，但标准却较为模糊，存在被滥用的隐患。结合实际来看，层级较高的人民法院对以"损害社会公共利益"为由认定合同无效采取较

---

* 华东政法大学法律硕士，工作单位：中国信达资产管理股份有限公司福建省分公司。本文为作者的学术思考，不代表所在单位观点。

为保守克制的态度，而基层法院则更倾向于作出此类裁决。上下级法院态度差异致使此类案件较难一次审结，诉讼过程较长，且易发生反复，增加了交易各方的诉讼成本，同时也影响合同订立的确定性。

故而首先厘清"损害社会公共利益"在商事领域的适用标准，进一步确定在金融领域的适用原理，对统一高效地解决此类纠纷、促进商品交易具有重要意义。

二、 结构化合作清收案件概述

结构化是 2010 年后金融创新的重要命题，金融资产管理公司在展业过程中引进结构化概念一度成为行业金融创新的重要成果。其基本结构为金融资产管理公司出资收购不良资产，再委托第三方进行清收。金融资产管理公司与受托人进行结构化安排，金融资产管理公司通常为优先级受益人，在特定收益率内，优先级受益人享有全部处置收益，对超过特定收益率的超额收益，各方按照约定进行分配。

结构化合作清收作为创新型金融产品，一定程度上拓宽了不良资产处置的路径，然而随着结构化合作清收的特性被银行发现，该模式逐渐演变为银行摆脱监管的渠道。银行按照正常规程将不良资产打包出售给金融资产管理公司，同时通过反委托的形式成为受托人，并没有转移债权的实际控制权，但实现了不良资产的技术性出表，使账面不良率不能反映银行资产实际状况。该行为由于负面影响较大，很快被监管机构叫停。2016 年 3 月，银监会发布《中国银监会办公厅关于规范金融资产管理公司不良资产收购业务的通知》（银监办发〔2016〕56 号），禁止金融资产管理公司参与银行不良资产"假出表"的活动，针对银行开展的结构化委托清收业务终结。

新规颁布后，存量业务效力即出现争议。因银监会规范系部门规章，不满足"违反法律、行政法规的强制性规定"的位阶要求，不能据此认定协议无效。部分法院则转而适用"损害社会公共利益"。实践操作中，个别银行及其分支机构基于各种原因，不愿继续履行合同，主动提出合同"损害社会公共利益"，要求认定合同无效。

当前存量案件多处于正常履约或协商解决阶段，引发诉讼的案件相对较少。笔者收集了已经引起讼争的 27 个带有结构化属性的合同纠纷案件，其中 24 个被认定合同有效，足见结构化模式本身在理论与实践中能够得到司法肯定①。合作清收中可能涉及的保底设计，在当时的监管背景下，也能够被认定为有效。② 但另外 3 个案件中，合同被确认无效。其中，1 个案例中，法院

---

① 陕西省宝鸡市中级人民法院（2019）陕 03 民终 159 号判决书中认定：委托第三方进行结构化合作清收被认定有效。类似判决湖北省武汉市中级人民法院（2017）鄂 01 民初 2636 号判决书等。

② 最高人民法院（2019）最高法民终 73 号判决书。

认定违反部门规章的结构化合作清收"损害社会公共利益"无效①；2 个案例中，法院直接认定合同因损害社会公共利益无效②。

上述案例中形成对比的是："台州弘润置业有限公司与广发银行股份有限公司台州分行确认合同无效纠纷"③ 与"中国信达资产管理股份有限公司福建省分公司与中国工商银行股份有限公司三明分行合作合同纠纷""中国信达资产管理股份有限公司福建省分公司与中国工商银行股份有限公司漳州分行合作合同纠纷"④。上述案件共通之处在于均为金融资产管理公司与银行的结构化委托清收，区别在于：前案中，法院认为类似结构在"目的或效果上不损害社会公共秩序和社会善良风俗"，故而有效；而后二案中，法院认为涉案合同因违反银行业监管理念，损害社会公共利益而无效。分歧在于不同法院对"损害社会公共利益"的理解存在差异，体现出该条款于司法实践中存在适用不一的问题，有待解决。

三、 公共利益条款的功能与特性

（一）公共利益条款的比较

公共利益条款作为合同效力判断的价值补充而存在。世界各国的法律体系中，均有类似条款，但基于对当事人意思自治的干预程度不同，各国公共利益的定义与作用方式也有所区别。

英国法受实证法学派的影响较大，认为纯粹道德的问题不应由法律调整，法律不应过度干预合同效力，故公共利益通常只包括公共政策（Public Policy），违反公共利益的合同也并非当然无效，而是类似于自然债的"非可强制执行合同"，客观上肯定了合同的效力，只是无法得到法院支持。

大陆法系中，德国法认为公共秩序难以精确定义，容易对商品交易产生不利影响，故《德国民法典》⑤ 中"公共利益"只有善良风俗，不包括公共秩序；而法国法⑥与日本法⑦对公序良俗的定义则相对较广，均包括公共秩序与善良风俗，但两国对公共秩序的定义也有所区别。日本法中的公共秩序通常指一般社会公共利益，而法国法中的公共秩序包括政治公序与经济公序，范围较大。

我国《合同法》中的公共利益条款是《中华人民共和国民法总则》第一百五十三条后段

---

① 重庆市高级人民法院（2018）渝民终 462 号判决书。
② 福建省福州市中级人民法院（2017）闽 01 民初 1147 号、（2017）闽 01 民初 1146 号判决书。
③ 浙江省台州市椒江区人民法院（2017）浙 1002 民初 8031 号判决书。
④ 福建省福州市中级人民法院（2017）闽 01 民初 1147 号、（2017）闽 01 民初 1146 号判决书。
⑤ 《德国民法典》第一百三十八条。
⑥ 《法国民法典》第一千一百三十三条。
⑦ 《日本民法典》第九十条。

"违背公序良俗的民事法律行为无效"的具体体现。我国司法实践中,侵害公共利益通常包括两个部分:其一,违反公序良俗,包括公共秩序与善良风俗;其二,作为违反位阶低于法律、行政法规的法律规范的功能性补充。① 由此看来,《合同法》公共利益条款的保护范围与法国法类似,相对较广。

(二) 公共利益条款的宏观调控特性

公共利益干预意思自治系经济学中外部性理论对法学影响的具体体现。商品交易中,合同各方的行为也可能对合同之外的各种利益造成损害,而市场规律本身无法有效抑制此类损害的发生,故有调控之必要。公共利益条款与常见的行政命令相比存在显著差异。行政命令通过增加违法行为的成本,实现负外部性的内化,从而改变市场的供需平衡,此种方式虽然有效,但只要市场主体愿意负担违规成本,依然有突破空间。而公共利益条款则是通过违法无效的方式设置效力障碍截断供求,由于无法定拘束力的合同没有意义,致使市场行为无法超越调控的范围。因此,公共利益条款虽不具备行政命令的强制特征,其对市场的干预力却更强,更应审慎适用。

宏观调控中,调控者并不一定比市场主体更加高明。与监管机构相比,法院的能力则更有欠缺,虽然法院对公共利益有较强的解读和把握能力,但基于此对市场行为进行精准调控仍较为困难。金融监管中,规范的适用范围和适用后果均有调节空间,操作起来更为灵活;而公共利益条款的法律后果只有合同无效一种,无法在结果上进行裁量修正,完全有赖于法官对适用范围的把控。故综合来看,公共利益条款的调控力度大,难度却相对较高,对法院的要求也偏高。

公共利益条款是以价值补充立法空白,以适度弹性保持法律普遍适用性的技术设计。然而在商事领域,撇开宏观调控本身带来的无谓损失,② 有弹性的规范都必然造成额外无谓损失,原因在于规范的涵摄范围可在弹性范围内调整,根据实际情况可能选择该公共秩序条款文义解释的最大范围和最小范围中任一结果。对于风险偏好大的企业,因僭越监管要求的合同被认定无效,故而最多只能实现与当前条款规制范围的契合;而对占市场绝大多数的风险偏好中性的商事主体而言,为控制合规风险,更倾向于参照最小范围展业。故而在规范存在弹性的情况下,市场运营的总范围始终小于规范试图调整的实际范围,差值即构成社会效益的无谓损失。无谓损失的大小与弹性大小成正相关,因此,需要结合实际对规范的弹性加以限定。

(三) 公共利益条款与其他合同无效情形的关系辨析

除公共利益条款外,《合同法》第五十二条规定的合同无效情形还包括四种:一方以欺诈、胁迫的手段订立合同,损害国家利益;恶意串通,损害国家、集体或者第三人利益;以合法形式

---

① 韩世远:《合同法总论(第四版)》,法制出版社 2018 年版,第 299~230 页。

② 金融监管可能造成的无谓损失与税收造成无谓损失的原理近似,参见:[美] 曼昆:《经济学原理(第七版)》,梁小民、梁砾译,北京大学出版社 2015 年版,第 129~137 页。

掩盖非法目的；违反法律、行政法规的强制性规定。其中前两种，均涉及合同方以外的他人权益，构造与目的上同公共利益条款类似，关系较易厘清，实践中也少有混用的情况。而后两种则不甚明晰，为进一步把握公共利益条款属性，有进一步厘清之必要。

"违反法律、行政法规强制性规定"，自然也是损害社会公共利益的一种，是公共利益条款的一种具体情形。该情形的实践意义在于只要能找到所违反的强制性规定，即可判定合同效力，论证过程较公共利益条款简单，有利于提高司法效率。区分效力性强制性规范和管理性强制性规范后，"违反法律、行政法规强制性规定"的适用范围进一步缩小，被排除的管理性强制性规范若符合社会公共利益的标准，依然可能构成"损害社会公共利益"。可见公共利益条款也为"违反法律、行政法规强制性规定"情形的补充，司法实践中若能够确定合同"违反法律、行政法规强制性规定"，则无须同时适用公共利益条款，若不能确定，则直接适用公共利益条款似乎更妥当。

"以合法形式掩盖非法目"的学理构造存在一定争议，但实践效果与"违反法律、行政法规强制性规定"近似，均具备违法性特征，区别在于前者合法形式为必备要素，而后者则不然。此外，由于非法目的中"法"的定义存在商榷的空间，还可能包括除法律、行政法规以外的其他规范，同时也包含管理性强制性规范。即便如此，由于我国公共利益采取了较广范围，该项的规制范围依然未超过公共利益条款，故为公共利益条款的另一具体情形。因此，若能够确定合同"以合法形式掩盖非法目"，则无须同时适用公共利益条款，若不能确定，则可直接适用公共利益条款。

四、 金融领域公共利益条款的适用路径探析

笔者认为，公共利益条款的适用可分为三个渐进层次，首先判断合同是否损害某种社会公共利益；进而判断损害程度是否足以致使合同无效，即公共利益权衡；最后结合个案情况检视其他因素的可能影响。

（一）金融活动中违反公共利益的分类讨论

金融活动通常不涉及善良风俗，而在行为可能损害到某种公共秩序时，是否都应受规制有商榷空间。实践中常见的情形有如下三类：

1. 与国家宏观调控政策相冲突。宏观调控政策不是法律，不符合调控政策的行为固然不能适用"违反法律、行政法规的强制性规定"认定合同无效。然而《中华人民共和国民法通则》第七条规定民事活动不得"损害社会公共利益，破坏国家经济计划，扰乱社会经济秩序"，而《合同法》在合同无效的情形中并未有和国家计划、经济秩序相关的内容，则合同法中"损害社会公共利益"的外延可能同时包括上述三种情形，故是否可适用"损害社会公共利益"认定违反非由法律、行政法规确定的国家宏观调控政策的合同无效也有讨论的空间。

政策与法律分离是依法调控的基础。但在我国当前金融实践中，法规与政策仍常被一体适用，且很难区分。从积极的角度来看，对于无法定性的文件，笼统地以公共利益增强其强制执行力，可以填补立法技术造成的规范缺失，有利于宏观调控目标的实现。同时，裁判过程将政策与法规统合于公共利益条款之下，可以有效规避烦琐且易造成争议的文件属性认定，提高诉讼效率。

然而从应然层面看，宏观调控本身是对市场秩序的再调整，天然与市场活动的自然结果相背离，无法期待市场主体自发遵守，这与道德层面的善良风俗，如黄赌毒、侵害婚姻自由等仍有区别。同时，公共利益条款所涉的"社会公共秩序"，应当指已较为确定，为市场认可的秩序，而宏观调控的目的旨在追求某种特定的人造秩序，该秩序是否已经成熟稳定到"社会公共秩序"的程度有待商榷。宏观调控应遵循有限干预原则，司法裁判本身也是宏观调控的一种手段，当干预与否存在争议时，保持谦抑似乎更为妥当。从实践操作层面上看，论证国家宏观调控政策是公共秩序或善良风俗的一种也存在较大困难。

综上所述，笔者认为以"损害社会公共利益"认定违反国家宏观调控政策的合同无效有一定的积极意义，但这种做法不符合宏观调控理论要求，实践操作中也存在较大困难，故不甚妥当。

2. 与监管法律原则或立法精神相悖。由于金融市场变化快，金融领域呈现的复杂情形往往快于立法者的洞见能力，导致部分案件涉及的规范尚未制定，陷入无法对相关行为加以规制的尴尬境地。同时，为解决该问题，在上位法制定过程中，设置有监管原则，或至少存留有立法目的相关佐证。因此，对于虽无规范禁止，但存在背离该领域基本监管原则或规范制定目的的情形是否可以适用公共利益条款致使合同无效，即有讨论的空间。

结构化合作清收案件中，《中华人民共和国商业银行法》并未直接列举无效情形，也无法通过法律解释，得出结构化合作清收违法无效的结果。但结合该法的诸多条款，以及相关下位规范，结构化委托清收的形式似乎确与立法精神及商业银行监管的一般原理存在一定出入，故有法院基于此判决该合同因"损害社会公共利益"而无效。[①]

既为法律原则或立法目的，涉及主观解释，判断合同效力应首先考虑"违反法律、行政法规强制性规定"。然而就《合同法》第五十二条第五项的构造来看，单纯的法律原则不符合"强制性规定"的构造，更无法分辨所谓"管理性强制性规定"和"效力性强制性规定"，故无法通过该项加以保护。由于公共利益条款对前项具有补足功能，理论上是可以承担补强法律原则强制力的功能。尤其在金融商事领域，立法的滞后问题普遍存在，通过公共利益条款增强原则的适用效果，维持市场规制的整体性是一种较优的解决路径。

---

① 福建省福州市中级人民法院（2017）闽 01 民初 1147 号、（2017）闽 01 民初 1146 号判决书。

由于金融监管规范具有公法属性，同样适用"法无禁止即自由"，故金融商事领域的监管法律原则适用时，审慎性和适用范围较一般涉及伦理道德的法律原则有更高的要求。笔者认为，金融商法视野下，只有法律、行政法规明文规定的原则方可由公共利益条款加以保护；而过于抽象的立法精神，或条文中体现的立法原理则略显宽泛，如适用，对市场活动造成的不利影响将大于矫治收益，不甚妥当。

综上所述，笔者倾向认为：金融案件中，法官借由公共利益条款对监管原则进行保护在原理上不存在障碍，但应当谨慎使用，并充分说理论证。对于此类裁量的边界，可参照英国法中"公共政策"的保护，即涉案合同须"明显有悖公共政策"，同时法官不宜随意发明新的名目。[①]而在认定合同损害社会公共利益无效结构化委托清收案例中，法院援引的立法精神过于抽象，据此认定合同无效似乎略显牵强。

3. 不符合新规要求。通常，某种行为侵害某种法益才会被规制，除特殊情形外，法益侵害从状态到认知，再被纳入规范需要一个过程。金融商法领域中，规范的滞后性更为明显，如结构化合作清收案例中，《中国银监会办公厅关于规范金融资产管理公司不良资产收购业务的通知》颁布之时，存量业务已具备一定规模。所以某种行为是否损害社会公共利益是客观的，只不过规范颁布后方受到规制。

对于已经产生危害，但尚未受到规制的行为，法律基于对确定性的考量，保障指引作用的实现，有"法不溯及既往"一说，故不适用"违反法律、行政法规的强制性规定"。该原则并非否认了先行为的危害性，仅豁免了其违法性，足见在追究违法与法律确定的权衡上，法理倾向于后者。于此情形下采用"损害社会公共利益"认定合同无效，则变相实现了溯及既往之效果，架空了不溯及既往的原理。

故对于违反新法规定的先合同，笔者认为若其符合《合同法》第五十二条其他项所规定的合同无效情形，则使用其他项；若均不适用，也不宜通过"损害社会公共利益"认定合同无效。

（二）公共利益的权衡

在金融商法领域，公共利益条款是对合同外部性的矫治，但外部性不仅存在于被规制的民事行为中，司法裁判也可能产生负外部性。因此在适用公共利益条款时，并非只要行为损害了某种公共利益，即应认定该合同无效，而需要权衡司法行为的外部性与合同外部性。

合同无效最直接影响的另一公共利益是合同稳定性。普通民事合同由于多为单次交易，且人身依附程度较高，关系到社会关系稳定，与当事人实体利益相比，合同稳定重要性尚不明显；而在商事领域，特别是金融领域，由于交易模式具有重复性，合同文本调整成本较高，合同有效性关系到交易基础，对交易各方都极为重要，合同无效判决对市场秩序的冲击较大，故更应审慎考量。

---

① 韩世远：《合同法总论（第四版）》，法制出版社 2018 年版，第 288 页。

而由结构化合作清收案件可以看出，部分金融案件中，合同对公共利益的损害极轻微且难以确定，而合同无效对市场秩序的破坏则较为显著。此时认定合同无效造成的社会公共利益损失可能大于欲保护的公共利益，裁判的社会效果较难保证，且由于关系到特定交易模式，不利影响的范围也将扩大。因此，笔者认为台州法院的裁判思路①似乎更为合理。

公共利益无法量化计算，具体判断有赖于法官的价值倾向，法官可以通过权衡法益的大小，但需要充分说理，将论证过程呈现于判决书中。当两种公共利益极为相近难以衡量时，宜保持法律的谦抑性，尽可能尊重市场调节的结果。

（三）公共利益条款适用的其他因素考量

在充分考量各类公共利益、寻求平衡后，还需进一步考量当事人合同行为、诉讼行为中可能影响平衡结果的因素，对公共利益权衡结果进行调节，使其尽可能贴近个案实际。在结构化合作清收案例中，实际可能通过规避监管而获得不当利益的是银行，银行主动提出合同损害社会公共利益无效，拒绝履行合同义务，违反诚实信用原则，可能构成恶意抗辩，需要将该情形纳入考量。

虽然实践中银行业尚不存在针对恶意抗辩的相关判决，但金融领域其他行业存在值得借鉴的案例。例如信托业中，"世欣荣和公司与长安信托公司等信托合同纠纷"②一案，受托人世欣荣以合同不符合信托合同管理法规为由主张合同无效，拒绝履行信托义务，最高人民法院认为该行为有悖于诚实信用原则，不予支持。基金业中，"深圳市中恒汇志投资有限公司、国金证券股份有限公司合同纠纷"③一案中，私募基金管理人中恒汇志以《差额补足协议》违反现行法规定主张合同无效，拒绝履行义务，最高人民法院不予支持。

从上述案例可看出，最高人民法院在考虑使用公共利益条款时，也不是只要可能损害公共利益即确认合同无效。对于明知合同损害某种公共利益依然签订，并已经通过损害社会公共利益而获益，且此状态无法补正的一方当事人，若提出损害社会公共利益合同无效之抗辩，最高人民法院不予支持。

基本原理与欺诈、胁迫的加害方不享有撤销权一致，恶意抗辩的存在使得公共利益间原有的平衡发生变动，而被侵害的公共利益已无法复原，合同无效又将破坏诚实信用的市场环境，为避免不诚实的一方当事人因违反诚实信用而多次获益，同时导致他方利益受损，法院作出维持合同效力的判决。表面上看未适用公共利益条款，宏观上却保护了社会公共利益。

（责任编辑：郑舒倩）

---

① 浙江省台州市椒江区人民法院（2017）浙 1002 民初 8031 号判决书。
② 最高人民法院（2016）最高法民终 19 号判决书。
③ 最高人民法院（2018）最高法民终 667 号判决书。

恶意透支型信用卡诈骗罪教义学限缩分析

■ 江海洋*

摘要：司法裁判文书数据显示，恶意透支型信用卡诈骗罪占据了信用卡诈骗罪总量的绝对比重，2018年司法解释修改生效后，恶意透支型信用卡诈骗罪数量及比重都有所下降，但是还是占据了信用卡诈骗罪总量的一半以上。为此，有必要对恶意透支型信用卡诈骗罪进行限缩解释。首先，在判定是否构成恶意透支型信用卡诈骗罪时，应坚持透支行为必须满足信用卡诈骗罪基本构造的要求，非法占有目的不能在透支行为之后产生；其次，应注意区分信用卡透支行为与以信用卡为媒介的贷款行为，对后者应以其他犯罪处断；再次，"经发卡银行催收后仍不归还"应定位为客观处罚条件，以便进一步限缩入罪边界；最后，应根据最新司法解释限缩界定"有效催收"与"透支数额"。

关键词：恶意透支　非法占有目的　信用卡催收数额

一、 问题之提出

2012—2014年，上海法院共审结全部金融犯罪4909件，其中信用卡诈骗罪4306件，占87.7%，而其中恶意透支型占绝大多数，如浦东法院2013年审结的恶意透支型信用卡诈骗罪案件有330件，占全部信用卡诈骗案件的93%。[①] 可以看出，恶意透支型信用卡诈骗罪不仅在信用卡诈骗罪中占据绝对比例，而且在整个金融犯罪中都占据了重要的比重。出现这种情况，原因很复杂，其中一个重要的原因就是相关的司法解释对入罪标准的设置过于宽泛，针对此种情况，学界与实务界多有批评。[②]

为此，2018年，最高人民法院、最高人民检察院（以下简称"两高"）联合公布了《关于

---

* 北京大学法学院2018级博士研究生。

① 王秋良：《依法惩治犯罪维护管理秩序——上海高院关于涉信用卡犯罪刑事审判的调研报告》，载《人民法院报》2015年2月12日第8版。

② 参见毛玲玲：《恶意透支型信用卡诈骗罪的实务问题思考》，载《政治与法律》2010年第11期；石晶、李小倩：《信用卡诈骗罪的司法认定与立法完善"研讨会综述》，载《中国检察官》2011年第6期。

修改〈关于办理妨害信用卡管理刑事案件具体应用法律若干问题的解释〉的决定》（以下简称2018《决定》），该决定于2018年12月1日生效。"两高"对2018《决定》的重点解读指出，之所以2018《决定》对2009年《关于办理妨害信用卡管理刑事案件具体应用法律若干问题的解释》（以下简称2009《妨害信用卡解释》）中恶意透支型信用卡诈骗罪的规定进行了系统修改，就是因为近年来恶意透支型信用卡诈骗罪持续高位运行，案件数量大，恶意透支成为信用卡诈骗罪的主要行为方式，案件量占全部八个金融诈骗犯罪的八成以上，量刑明显偏重，重刑率逐年上升，案件办理的社会效果不够好，消耗大量司法资源，有的银行同时通过刑事和民事两个渠道追究持卡人的法律责任，有的银行向公安机关批量移送恶意透支案件，一定程度上造成司法资源的浪费。[①]

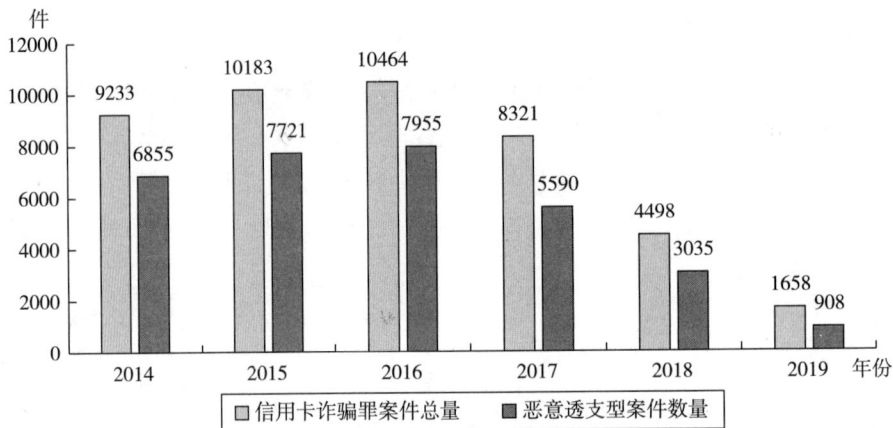

图1 2014—2019年信用卡诈骗犯罪案件数量对比

2018《决定》生效实施已有差不多10个月，近一年时间，其效果如何亟待检验。通过北大法宝检索2014年至2019年9月间信用卡诈骗罪案件数量与恶意透支型信用卡诈骗罪案件数量，进行对比后可得出直观的结果。2014年，全国一审信用卡诈骗罪案件总量约9233件，其中恶意透支型约6855件，占信用卡诈骗罪案件总量的76%；2015年全国一审信用卡诈骗罪总量约10183件，其中恶意透支型约7721件，占信用卡诈骗罪案件总量的76%；2016年全国一审信用卡诈骗罪总量约10464件，其中恶意透支型约7955件，占信用卡诈骗罪案件总量的76%；2017年全国一审信用卡诈骗罪总量约8321件，其中恶意透支型约5590件，占信用卡诈骗罪案件总量的67%；2018年前11个月全国一审信用卡诈骗罪总量约4498件，其中恶意透支型约3035件，

---

① 缐杰、吴峤滨：《"两高"关于修改〈关于办理妨害信用卡管理刑事案件具体应用法律若干问题的解释〉的决定重点问题解读》，载《检察日报》2018年11月29日，第3版。

占信用卡诈骗罪案件总量的 67%；2018 年 12 月至 2019 年 9 月全国一审信用卡诈骗罪总量约 1658 件，其中恶意透支型约 908 件，占信用卡诈骗罪案件总量的 55%。

可以看出，自 2016 年开始至 2018 年 11 月，信用卡诈骗犯罪案件总量与恶意透支型案件数量呈现逐年下降趋势，[①] 应该说此阶段信用卡诈骗犯罪案件总量与恶意透支型案件数量的下降与 2018《决定》没有关联。之所以产生这种情况，更多的原因还是互联网金融领域新兴消费金融、借贷模式的出现抢占了原本属于信用卡的市场。2014 年，京东白条上线，成为中国第一款互联网消费金融产品，随后 2015 年蚂蚁金服的同类竞品"花呗"上线，数据显示，蚂蚁花呗 2018 年的发行规模达到 1042 亿元，蚂蚁借呗达到 475.50 亿元，二者合计占到当年消费金融 ABS 发行总规模的 53.35%；京东金融的年度发行规模为 160 亿元。[②]

当然，从 2018 年 12 月至 2019 年 9 月的案件数量看，2018《决定》的实施对恶意透支型信用卡诈骗罪刑事案件数量的下降起到了明显的作用，但恶意透支型信用卡诈骗罪仍占信用卡诈骗罪案件数量的 55%，不可否认该比例还是显得过高，短短 10 个月 908 件案件数量也并不少。因此，有必要根据 2018 年《决定》，重新解释恶意透支型信用卡诈骗罪，使之符合信用卡诈骗罪的基本构成要件，并进一步限缩其不合理适用。

二、 恶意透支入罪限缩视角分析

（一）"非法占有目的"要件之坚守与不足

1. "非法占有目的"需与透支行为同时存在。针对司法实践中恶意透支型信用卡诈骗罪相关案件数量过多的现象，学者指出，恶意透支行为构成信用卡诈骗罪也需要符合信用卡诈骗罪的基本构造，即符合行为人欺骗行为→对方陷入或者继续维持认识错误→对方基于认识错误处分（或交付）财产→行为人取得或者使第三者取得财产→被害人遭受财产损失。[③]

有学者指出，一般在特约商户处滥用信用卡恶意透支的行为根本不符合诈骗罪的构成要件。因为银行、持卡人、特约商户之间实际上具有一种特殊关系，特约商户是由于信赖银行的事后付款承诺，进而允许持卡人在仅签单的前提下拿走商品，可以说，特约商户对持卡人是否具有真实支付的意思与支付能力并不会作实质性审查，特约商户也不在意持卡人是否具有真实支付的意

---

① 北大法宝检索数据并非完整，只是能反映出罪名数量变化一个大概趋势，当然，上述结论也得到最高院中国司法大数据研究院发布的数据验证，最高院中国司法大数据研究院 2019 年发布的《金融诈骗司法大数据专题报告》显示，2016 年至 2018 年，信用卡诈骗罪案件由 1.2 万件下降至 6000 余件，在金融诈骗案件中占比由 83.14% 下降至 72.19%，信用卡诈骗犯罪风险整体呈收窄趋势。

② 融 360 大数据研究：《2018 年消费金融 ABS 发行规模超 2800 亿》，资料来源：jrj. beijing. gov. cn/gzdt/c12 - a3147. html，2019 年 10 月 5 日访问。

③ 张明楷：《诈骗罪与金融诈骗罪研究》，清华大学出版社 2006 年版，第 640 页。

思与支付能力。因此，很难说特约商户产生了认识错误，在特约商户不具有认识错误的前提下，持卡人的行为明显不符合诈骗罪的基本行为构造。同时，由于特约商户并没有处分银行财产的权能或地位，此时受骗者与财物处分者不一致，不符合传统三角诈骗受骗者与处分者同一的要求，也不符合传统的三角诈骗。①

当然，也有学者持不同意见，该学者指出，持卡人隐瞒不归还本息的意思而透支的，其行为符合诈骗罪的构成要件要素没有问题，所争议的只是谁是受骗人与受害人的问题，而不是这种行为是否构成诈骗罪。② 还有学者认为，行为人在透支时具有不愿归还的非法占有目的，属于一种典型的"骗借"行为。行为人本身意图非法占有透支款，缺乏归还的意思，但其在申请信用卡的时候，明知信用卡具有透支功能，这也意味着行为人有向对方阐明其一定会及时归还透支款项的意思，进而诱使对方陷入认识错误，允许行为人透支。持卡人有权利使用信用卡透支，但银行若知道行为人具有非法占有目的，则根本不可能允许行为人透支。因此，被行为人欺骗的对象应是授予其透支权利的发卡银行，而不是银行工作人员或者特约商户。毕竟行为人根本无须进行欺骗，即可以在银行工作人员或特约商户处透支信用卡，银行工作人员或者特约商户对行为人使用信息卡也只是进行形式审查。③

虽然上述学者对恶意透支是否在学理上符合诈骗罪的基本构造存在一定分歧，但在当前刑法明确规定了恶意透支型信用卡诈骗罪的前提下，从解释论上看，学者基本达成一致，即恶意透支行为必须符合诈骗罪的基本构造，对于行为人透支之后才产生非法占有目的的行为，由于不符合行为与责任同时存在原则，且不满足诈骗罪的基本构造，故此类透支行为不构成信用卡诈骗罪。④

2. "非法占有目的"判断之不足。问题在于，"非法占有目的"的认定本身就非常困难，若是想进一步判定行为人到底是在透支前还是在透支后产生"非法占有目的"，则更是难上加难。正是因为"非法占有目的"的认定困难，司法实践中往往会将复杂问题简单化，司法机关经常会仅根据"经催收不还"单一事实来判断行为人是否具有非法占有目的，如就有司法实务人士认为，如果没有证据证明持卡人具有司法解释规定的推定"非法占有目的"的六种情形之一，但有证据证明持卡人经过银行两次催收而超过 3 个月没有归还，并且数额到达司法解释规定的标

① 王华伟：《恶意透支的法理考察与司法适用》，载《法学》2015 年第 8 期。
② 张明楷：《恶意透支型信用卡诈骗罪的客观处罚条件——〈刑法〉第 196 条第 2 款的理解与适用》，载《现代法学》2019 年第 2 期。
③ 周铭川：《论恶意透支型信用卡诈骗罪的本质》，载《东方法学》2013 年第 5 期。
④ 张明楷：《恶意透支型信用卡诈骗罪的客观处罚条件——〈刑法〉第 196 条第 2 款的理解与适用》，载《现代法学》2019 年第 2 期；周铭川：《论恶意透支型信用卡诈骗罪的本质》，载《东方法学》2013 年第 5 期；王华伟：《恶意透支的法理考察与司法适用》，载《法学》2015 年第 8 期。

准，一般应当认定为恶意透支。① 但是，此种看法明显违背了行为与责任同时存在的原则以及事实存疑时有利于被告人的原则，不具有合理性。

那么该如何判定"非法占有为目的"及其产生的时间？司法实务界及理论界比较统一的观点是应该采用综合判断说，即基于各种资料进行综合判断。2018 年《决定》规定："对于是否以非法占有为目的，应当综合持卡人信用记录、还款能力和意愿、申领和透支信用卡的状况、透支资金的用途、透支后的表现、未按规定还款的原因等情节作出判断。不得单纯依据持卡人未按规定还款的事实认定非法占有目的。"同时，2018 年《决定》还进一步规定了六种"非法占有目的"的可反驳的推定行为。此种可反驳的推定相较 2009 年《妨害信用卡解释》而言，增加了提醒司法机关考量被告的反驳的内容，虽然 2018 年《决定》规定"有证据证明持卡人确实不具有非法占有目的的除外"，但由于在证明责任分配中，控诉方首先要提出被告人符合构成要件该当性的证明，并要达到超出合理怀疑的程度，此时才可推定被告人的行为具有违法性，而被告人进行反驳只要能使一般理性人产生合理怀疑即可，即当被告方的反驳达到让一般理性人合理怀疑的程度，证明责任就会再次转移至控诉方，其必须超出合理怀疑地去反驳被告方的主张，若达不到超出合理怀疑的标准，就要承担不利之后果。②

因此，可以看出，从证明责任角度，2018 年《决定》进一步明确了控方对"非法占有目的"的证明责任。综合判断原则虽然看似合理全面，但实践操作中并不具有明确性。以 2018 年《决定》规定的六种"非法占有目的"推定情形为例，如情形一"明知没有还款能力而大量透支，无法归还的"，此推定就必须要证明"行为人明知其在还款期限内没有还款能力"，此种证明属于一种主观构成要件的证明。但是此种证明并不简单，还款能力的证明是只考量行为人在还款期限的预期收入或者预期资产？还是需要考虑其他因素，比如行为人亲友资产状况？毕竟行为人在透支时预期可以从亲友处得到帮助也具有一定的合理性。若行为人辩称透支时预期自己有还款能力，后因其他原因导致自己还款能力不存在，只要行为人提出的证据使人产生合理怀疑，那么控方就需要进一步推翻行为人辩解且超出一般合理怀疑的标准，此种证明标准实践中很难操作，这也是司法实践中往往仅根据行为人透支当时的收入或者资产状况作唯一判断资料的原因。再如情形五"使用透支的资金进行犯罪活动的"，先不论"进行犯罪活动"为何可以直接推定出行为人具有"非法占有为目的"，就"进行犯罪活动"自身的判断就充满争议，犯罪准备活动是否可以归入犯罪活动？如行为人以透支的资金购买一台计算机，准备之后侵犯国家机关计算机信息系统，是否符合"使用透支的资金进行犯罪活动的"的情形？行为人以透支的资金购买一把刀进行抢劫是否符合"使用透支的资金进行犯罪活动的"的情形？对这些情形的判

---

① 肖晚祥：《恶意透支型信用卡诈骗罪认定中的新问题》，载《法学》2011 年第 6 期。
② 罗翔：《犯罪构成与证明责任》，载《证据科学》2016 年第 4 期。

定恐怕很难形成一致意见。因此，仅靠"非法占有目的"进行限缩恶意透支信用卡诈骗罪，往往存在力不从心之感，为此有必要考虑其他客观限缩视角，形成多角度限缩的判定模式。

（二）信用卡业务性质限缩

1. 信用卡外延过广。1995 年全国人大常委会《关于惩治破坏金融秩序犯罪的决定》第十四条首次规定了信用卡诈骗罪，之后是 1997 年《刑法》将信用卡诈骗罪作为金融诈骗罪的一种规定在第一百九十六条。但是《关于惩治破坏金融秩序犯罪的决定》与《刑法》都未对信用卡诈骗罪中的信用卡作出具体的界定。1999 年《银行卡业务管理办法》正式将信用卡与借记卡作为银行卡的两种基本类型，且对信用卡与借记卡的功能以及申领和管理方面都作了不同规定。因此，当时对信用卡诈骗罪中的信用卡到底是指包括借记卡在内的扩张信用卡概念，还是按照《银行卡业务管理办法》的规定仅指不包括借记卡的信用卡？学界和实务界存在争议。2004 年全国人民代表大会常务委员会颁布《关于〈中华人民共和国刑法〉有关信用卡规定的解释》（以下简称《信用卡解释》）指出："刑法规定的'信用卡'，是指由商业银行或者其他金融机构发行的具有消费支付、信用贷款、转账结算、存取现金等全部功能或者部分功能的电子支付卡。"根据我国《立法法》第四十七条的规定，全国人民代表大会常务委员会的法律解释同法律具有同等效力，其效力明显高于规章《银行卡业务管理办法》。因此，《信用卡解释》对信用卡概念的界定被作为认定信用卡诈骗罪的标准。[1]

按照全国人大常委会颁布《信用卡解释》对信用卡概念的界定，电子支付卡是否属于信用卡，关键在于其发行主体是否属于商业银行或者其他金融机构，以及是否具有消费支付、信用贷款、转账结算、存取现金等全部功能或者部分功能。可以发现，关于信用卡的限制主要在于发行主体以及功能，就发行主体而言，《信用卡解释》将其界定为商业银行或者其他金融机构，那么其他金融机构具体范围可涵盖哪些？根据 2010 年中国人民银行发布的《金融机构编码规范》的规定，除银行、城市信用合作社（含联社）、农村信用合作社（含联社）、农村资金互助社、财务公司等银行业存款机构外，还包括信托公司、金融资产管理公司、金融租赁公司、汽车金融公司、货币经纪公司等银行业非存款类金融机构，也包括金融控股公司以及小额贷款公司、第三方理财公司、综合理财服务公司，等等。由此可以看出，其他金融机构的范围极其广阔。当然《刑法》第一百九十六条第四款明确规定恶意透支的对象是指发卡银行，并不包括其他金融机构，那么商业银行范围有哪些？中国的商业银行主要包括：6 家大型国有商业银行（中国工商银行、中国农业银行、中国银行、中国建设银行、中国邮政储蓄银行、交通银行），12 家全国性股份制商业银行（招商银行、浦发银行、中信银行、中国光大银行、华夏银行、中国民生银行、广发银行、兴业银行、平安银行、恒丰银行、浙商银行、渤海银行），其余还有 134 家城市商业

---

[1] 刘艳红、许强：《论刑法修正案（五）对信用卡犯罪的立法完善》，载《法学评论》2006 年第 1 期。

银行和约302家农村商业银行，另有多家正在筹建，所有农村合作银行均要改制为农村商业银行。①

同时，就电子卡片功能而言，《信用卡解释》规定只要具有"消费支付、信用贷款、转账结算、存取现金等全部功能或者部分功能"即满足信用卡概念中的功能要求，换言之，只要是上述几百家商业银行发行具有"消费支付"或者"存取现金"等单一功能的电子卡片都可以归为信用卡诈骗罪中的信用卡。

2. 信用卡分期业务泛滥。近年来，为了应对互联网金融现金贷的冲击，绝大多数商业银行开始依托信用卡推出附属于信用卡的一次性放款、分期还款的现金分期业务，虽然不同的商业银行对该类业务名称不同，但运作方式基本类似，一般是由信用卡持卡人申请，或者发卡行主动邀请持卡人进行申请，将持卡人信用卡中额度转换为现金，转账入指定借记卡（本行或他行），并分成指定月份期数进行归还的一种分期方式。② 当然，也有一些银行突破了信用卡原有额度，采取现金分期额度不占信用卡原有额度的形式提升自身业务竞争力，如民生银行、浦发银行。建行、招行、中信银行、兴业银行、杭州银行等绝大多数银行都推出了信用卡现金分期业务，现金使用额度从5万元到50万元不等，期限最长36个月，并同时规定申请现金分期的款项不得用于投资（包括但不限于购房、股票、期货及其他股本权益性投资），仅限用于消费（包括但不限于装修、家电、婚庆、购车、助学、旅游、医疗等）。③ 事实上，在实际操作中，银行要实现实时监控资金流向几乎是不可能的。

同时，除了此种将信用卡中额度转换为现金的现金分期外，绝大多数银行还为客户提供了信用卡专项分期业务，如农行的专项分期业务就是农行根据申请人的申请，审批通过后为申请人指定农行信用卡授予用于分期付款购买商品或服务的专项商户分期额度，申请人在银行指定的期限及指定的商户范围内使用该专项额度支付购买款项。信用卡专项分期业务也是依托于信用卡，只不过是在持卡人申请信用卡后，再通过银行专项分期服务申请超出信用卡透支额度，用于特定用途消费，比如购车、装修。与现金分期不同的是，专项分期的透支额度不占信用卡原本的透支额度，申请成功后银行会另行发给申请人一张分期卡用于专项消费，并且专项分期的资金需限定某一种专门的用途，一般是银行直接将资金转给第三方合作商户。由于专项分期的数额往往较大、还款期限较长，所以银行会要求申请人提供担保。

3. 借贷不还与信用卡透支区分。可以发现，上述两种信用卡分期业务都有别于传统的信用

---

① 百度百科：《商业银行》，资料来源：https：//baike.baidu.com/item/商业银行/365199？fr=aladdin，2019年10月5日访问。

② 中国银联：《信用卡分期业务介绍》，载《黑龙江金融》2015年第12期。

③ 张歆：《揭信用卡分期低率高费潜规则：真实成本高达名义利率两倍》，载《证券日报》2014年5月27日，第6版。

卡透支，其中信用卡现金分期实质上就是一种现金贷，持卡人可以直接套取现金，不需要先消费刷卡。而信用卡专项分期实质上就是一种传统的信用借贷，只不过是与信用卡结合，依托于信用卡进行操作。因此，上述所谓的信用分期业务实质上可归为银行的信贷业务。实际上，司法机关在长期实践中也发现了这个问题，最高院在 2018《决定》中就明确补充规定了"发卡银行违规以信用卡透支形式变相发放贷款，持卡人未按规定归还的，不适用刑法第一百九十六条'恶意透支'的规定。构成其他犯罪的，以其他犯罪论处"。依据 2018《决定》可知，若是认定持卡人未按规定归还的资金实质上属于银行发放的贷款，则其行为就不符合恶意透支型信用卡诈骗罪，应根据骗取贷款罪或者贷款诈骗罪等罪的构成要件判断其行为是否构成犯罪。2018《决定》对"信用卡透支"及"贷款"区分的规定实际上早已经体现在相关的法律规章之中，典型如中国银监会制定的《个人贷款管理暂行办法》第四十三条就明确规定："消费金融公司、汽车金融公司等非银行金融机构发放的个人贷款，可参照本办法执行。银行业金融机构发放给农户用于生产性贷款等国家有专门政策规定的特殊类个人贷款，暂不执行本办法。信用卡透支，不适用本办法。"因此，区分借贷不还或是信用卡透支就显得尤其重要，这不仅关系到此罪与彼罪的区分，也关系罪与非罪的界定，因为贷款诈骗罪的入罪标准明显高于恶意透支型信用卡诈骗罪。[①]

上述以信用卡为媒介的发放贷款行为与信用卡允许透支功能存在明显区别。信用卡透支是发卡银行给予持卡人在持卡购物消费时规定限额内的短期透支，与上述以信用卡为媒介的贷款业务具有实质不同。

信用卡透支与以信用卡为媒介的贷款业务存在以下不同点：

首先，还款方式不同。信用卡透支金额限定在信用额度内，每次的透支、还款金额只有在银行许可的时间和额度内，持卡人自由决定透支金额、还款金额，还款后下月金额重新计算，其还款方式具有循环性。而以信用卡为媒介的贷款业务在银行审批时就已明确了还款总额、每期还款数额和相关息费，实质上就是向持卡人发放了一笔固定贷款，其还款方式次数固定、金额固定。[②]

其次，息费政策不同。信用卡透支消费和还款不需要向银行交纳额外费用，而以信用卡为媒介的贷款业务收取一定的手续费，这也是银行主要的动力。

再次，是否具有担保不同。信用卡透支不需要任何形式的担保，"信用卡本质上是一种小额、循环、信用免担保的消费信贷业务。"[③]而以信用卡为媒介的贷款业务一般都是需要担保的，典型如信用卡专项分期业务。

---

① 孙国祥：《骗取贷款罪司法认定的误识与匡正》，载《法商研究》2016 年第 5 期。
② 罗强：《信用卡类贷款业务非罪探析》，载《中国检察官》2018 年第 3 期。
③ 徐志宏：《商业银行信用卡业务》，中国金融出版社 2007 年版，第 3 页。

最后，额度和期限不同。信用卡透支的额度一般都明显低于以信用卡为媒介的贷款业务额度。如信用卡专项分期一般都是用于购车或者装修，其金额多为几十万，很多银行现金分期业务为抢占市场，往往也突破信用卡原透支额度。信用卡透支的期限往往比较短，都在几十天以内，而以信用卡为媒介的贷款业务的还款期限一般是以月计算，最长可达三年。[①]

综上所述，对于信息卡透支与以信用卡为媒介的贷款业务的区分，应基于信用卡小额、循环、信用免担保的消费信贷业务本质，综合考量多种因素进行判断。

（三）"经发卡银行催收后仍不归还"体系性限缩

"经发卡银行催收后仍不归还"在理论上主要存在构成要件要素与客观处罚条件的争论，有学者认为，"'两次催收'是成立恶意透支型信用卡诈骗罪的构成要件要素"。[②] 也有学者认为，"经发卡银行催收后仍不归还"在本罪中属于客观处罚条件。通常情况下，分则个罪罪状所规定及描述的特征或者内容，大多数都是犯罪构成要件要素，但也存在例外。根据违法类型说的观点，只有表征了违法行为类型的特征才属于构成要件要素。[③] 正如学者所言，"并不是使行为成为犯罪的当罚的、可罚的要素，都属于构成要件要素；只有某犯罪中所固有的、类型的可罚的要素，才是构成要件要素"[④]。而根据信用卡诈骗罪的基本构造可知，"催收不归还"难以纳入信用卡诈骗罪的任何一个阶段。同时，从信用卡诈骗罪的本质出发，只要持卡的行为人在透支时（前）具备非法占有目的，透支成功，就已经构成信用卡诈骗罪既遂。之后的还款行为，只能算作退赃行为，不会影响信用卡诈骗罪既遂的认定。正如学者指出，本质上区分善意透支和恶意透支应该依据持卡的行为人是否具有非法占有目的，至于客观上透支是否超过限额或期限以及透支后催收是否归还等情形，只是行为人主观的征表，对本罪是否成立不具有决定意义。[⑤]

因此，将"经发卡银行催收后仍不归还"认定为本罪的客观处罚条件更具有合理性，可以明确的认定恶意透支型信用卡诈骗罪。众所周知，成立恶意透支型信用卡诈骗罪，需要持卡的行为人具有非法占有目的，即隐瞒自己不准备归还透支本息的主观意思。但是，非法占有为目的的判断非常困难，非法占有为目的的只存在于行为人的内心，在信用卡透支时，只是从外观上看是几乎很难区分善意透支与恶意透支，善意透支与恶意透支的区分往往都是凭借事后情况进行推定，

---

① 徐铭勋、李鹏：《论信用卡诈骗罪中专项分期型贷款的性质》，载《北京联合大学学报（人文社会科学版）》2017 年第 3 期。

② 曲新久：《认定信用卡诈骗罪若干问题研究》，载姜伟主编：《刑事司法指南》总第 19 集，法律出版社 2004 年版，第 19 页；参见高铭暄、马克昌：《刑法学》，北京大学出版社 2017 年版，第 422 页。

③ 张明楷：《恶意透支型信用卡诈骗罪的客观处罚条件——〈刑法〉第 196 条第 2 款的理解与适用》，载《现代法学》2019 年第 2 期。

④ ［日］町野朔：《犯罪论的展开》，日本有斐阁 1989 年版，第 59 页，转引自周铭川：《论恶意透支型信用卡诈骗罪的本质》，载《东方法学》2013 年第 5 期。

⑤ 赵秉志：《金融诈骗罪新论》，人民法院出版社 2001 年版，第 465 页。

然而推定本身就存在着不确定性，仅凭推定认定行为人具有非法占有目的进而认定其构成恶意透支往往会造成处罚的边界不稳定。[①] 若是将"经发卡银行催收后仍不归还"评价为客观处罚条件，会形成一个刑事处罚界限明确的标准，因为这在某种程度上增加了一道出罪免责的阀门，因为无论持卡的行为人透支时是否恶意透支，只要经发卡银行催收后予以归还，就可以不再追究其刑事责任。

（四）"有效催收"之限缩

2009 年《妨害信用卡解释》规定持卡的行为人只有经发卡银行"两次催收"后超过 3 个月仍不归还，才能构成恶意透支型信用卡诈骗罪。针对过去对"催收"缺乏明确标准、形式化的情况，2018 年《决定》进一步明确了"催收"应该是"有效催收"，以便合理控制刑事打击范围。2018 年《决定》第二条第一款结合 2011 年银监会制定公布《商业银行信用卡业务监督管理办法》（以下简称《信用卡管理办法》）的相关规定，确定了"有效催收"的四个条件。首先，2018 年《决定》明确了"催收"的起始时间，即催收必须在超过规定限额或者规定期限透支后才可以进行。如果持卡的行为人透支尚未超过规定限额或者尚未超过规定期限，此时尚属于对信用卡的合法使用，此时"催收"行为不属于"有效催收"，本质上属于《信用卡管理办法》第六十七条规定的"提醒"。

其次，2018 年《决定》明确了"催收"的方式，即"催收"行为应使用一种持卡人能够收到获悉的方式，但持卡人故意逃避催收的除外。在日常实践中，商业银行比较常用的催收方式包括电话、电子信息（含短信、微信、电子邮件等）、信函、上门等，除持卡人故意逃避催收外，其实质都应能够确认持卡人收悉。

再次，2018 年《决定》明确了两次"催收"之间的间隔，即要求两次催收必须至少间隔三十日。此项规定的目的在于消除某些发卡银行在短时间内连续催收的行为，避免两次催收变形为实质一次催收。

最后，2018 年《决定》明确了"催收"行为应合法合规，即要求"催收"行为必须符合催收的有关规定或者约定。《信用卡管理办法》第六十八条明确规定："发卡银行应当对债务人本人及其担保人进行催收，不得对与债务无关的第三人进行催收，不得采用暴力、胁迫、恐吓或辱骂等不当催收行为。"可以发现，此项规定实际上既限定了催收的对象，也限定了催收手段，对于实践中出现的不当催收甚至暴力催收，明确否认其催收效力。

（五）"透支数额"之限缩

过去针对透支数额是否包括利息存在争议，有学者认为，利息作为银行营利的重要组成部

[①] 张明楷：《恶意透支型信用卡诈骗罪的客观处罚条件——〈刑法〉第 196 条第 2 款的理解与适用》，载《现代法学》2019 年第 2 期。

分，已经属于银行的财产，所以利息应该计入透支的数额之内。① 也有学者认为，透支本金才是持卡人占有数额，利息只是银行的损失数额。占有数额能成为定罪依据，损失数额一般只能作为量刑情节。② 2018 年《决定》为解决实务中的争议，其第四条第一款在《解释》规定的基础上，明确指出恶意透支的数额是指"实际透支的本金数额"，不包括利息、复利、滞纳金、手续费等发卡银行收取的费用，且计算恶意透支数额的时间截止到"公安机关刑事立案时"，即持卡人只要在立案前还款，透支数额都可以削减。同时 2018 年《决定》进一步明确了"归还或者支付的数额，应当认定为归还实际透支的本金"，即不论按照发卡银行的计算方法，持卡人是先"还本"还是先"付息"，都应将持卡人归还的金额视为归还本金，在透支数额中消减。

三、 结语

《刑法》对信用卡的保护在某种程度上是由于当初特殊的时代背景，随着银行的股份制改革和我国市场化的推进，商业银行应对市场冲击的能力已经发生了巨大的变化，《刑法》已经无须再对商业银行的信用卡业务给予某种扶持性保护。特别是近年来互联网金融对信用卡业务的冲击，传统的信用卡业务模式已经发生巨大的变革，银行应是和其他互联网金融公司一样平等的市场主体，在业务模式一致的前提下，《刑法》不应违背市场经济中主体平等原则，对总体实力地位处于强势的银行给予过度的倾斜保护，毕竟透支花呗或者白条并不会构成恶意透支型信用卡诈骗罪。同时，《刑法》对恶意透支行为规制时，也需要考虑商业银行的自我答责。实践中，部分股份制商业银行为抢占市场盲目滥发信用卡，在发卡审核过程中，放松对信用卡申请人的资信审查，更有甚者，银行工作人员为完成银行分配的办卡任务，只要申请人提供身份证即可申领信用卡，而资信证明等材料则由银行工作人员代办，这就造成大量的不具备资质的人轻易获得信用卡，某种程度上诱发了恶意透支的发生。③ 因此，在对立法保持尊重的前提下，在司法中应对恶意透支行为的认定保持一种谨慎的态度，对那些不符合信用卡诈骗罪基本构造的行为坚决出罪，同时，也应灵活善用司法解释规定的各项出罪事由。

（责任编辑：郑舒倩）

① 宁建海、乔苹苹：《论恶意透支型信用卡诈骗罪的法律适用》，载《中国刑事法杂志》2011 年第 12 期。
② 朱鲁豫：《恶意透支型信用卡诈骗罪诈骗犯罪如何适用法律》，载《人民检察》2011 年第 16 期。
③ 田宏杰：《恶意透支型信用卡诈骗罪诈骗案实证分析》，载《法学杂志》2018 年第 12 期。

做空报告监管的"南橘北枳"

——论中国信息型操纵市场规则的建立

■ 王彦光[*]

摘要： 积极做空者具有监督上市公司和操纵市场的双重属性，其合法性边界是证券法的重要问题。在以经济秩序为原则的香港法中，积极做空者被纳入"四要件"分析框架。在以表达自由为原则的美国法中，积极做空者则以有无显示"内幕信息"作为合法性边界。美国和中国香港（以下简称两地）法律规则"上层建筑"不同的根本原因，是两地的经济基础不同，即证券市场散户占比不同，体现了证券法规则的"南橘北枳"规律。以"南橘北枳"重新审视美港两地信息型操纵市场的规则差异，可以提炼出规制积极做空者的证券法规则"树种"，从而建立符合中国市场"土壤"的"四要件"信息型操纵市场规则。

关键词： 市场失当行为　香橼公司　做空证券法　信息型操纵市场

一、 背景与问题

瑞幸咖啡被"浑水"做空再次引发了人们对于积极做空者净化资本市场作用的思考。在证券法上，做空报告往往与信息型操纵市场的监管相关联。在中国证券市场中，信息型操纵市场始终是困扰监管者的棘手问题。所谓信息型操纵市场，是指通过在公开渠道散布信息，以求影响证券价格，从中获利的行为。由于散布的信息多为负面信息，因此，信息型操纵市场的主要方式是积极做空（activist short–selling）。积极做空也称主动沽空、积极卖空等，是指通过卖空特定证券的同时唱衰证券，以求得证券价格下跌而获利的行为。[①] 信息型操纵行为是一把双刃剑，散布虚假信息会扰乱证券市场秩序，但如果精确识别上市公司的舞弊，则有助于净化证券市场。因此，信息型操纵市场行为的合法与非法的边界，是困扰证券监管者的难题。

---

[*] 北京大学法学院 2018 级博士研究生。

[①] 有关积极做空的商业模式和相关国内外规则的发展历程，参见黄栋：《主动沽空行为的合法性及其监管建议》，《金融法苑》2018 年总第九十六辑。

在实践中，确立信息型操纵市场规制规则的需求已经迫在眉睫。在 2012 年，北京中能兴业投资有限公司（以下简称中能兴业）就公开质疑乐视网和康美药业存在财务造假，而二者分别在 2017 年和 2019 年爆出欺诈丑闻，被中国证监会立案调查。中能兴业在 2012 年询问证监会积极做空行为的合法性，但证监会的回复则不置可否。显然，在实践中，监管部门并未理清如何界定合法的积极做空行为与非法的信息操纵行为。在执法上，从 2008 年汪建中案以来的信息型操纵市场处罚案例，都未能呈现统一的执法准则。在立法上，2019 年修法后的《中华人民共和国证券法》（以下简称《证券法》）第五十六条，删除了原第七十八条"编造、传播虚假信息"行为的主体限制，即主体限制为国家工作人员、传播媒介从业人员，而扩张为"任何单位及个人"，改变了继承自 1999 年《证券法》的范围，顺应了网络时代的特征，但也存在滥用的风险；2019 年《证券法》第五十五条增加了两类具体的信息型操纵行为，弥补了原第七十七条有关操纵证券市场行为列举的不足，但其思路是直接移植了证监会的《证券市场操纵行为认定指引（试行）》（以下简称《操纵指引》），但却去掉了《操纵指引》中的主体身份限制，从而彻底否定了做空报告的生存空间。所以，在实践层面上，讨论信息型操纵市场规则具有强烈的现实需求。

监管的困境或许源于理论界的讨论不足。长期以来，信息型操纵市场始终不是证券法研究的热点，只是自 2008 年汪建中案以来，逐渐开始有学者讨论。[①] 但现有的研究仍存在诸多不足。第一，现有研究往往将信息型操纵市场与交易型操纵市场相混淆，例如将虚假交易列入信息型操纵市场的范畴，因而导致对信息型操纵市场构成要件提炼的困难，只能简单列举信息型操纵市场的类型，缺乏统一的构成要件分析框架。第二，现有研究只停留在证券法的层面，忽略了信息型操纵市场所牵涉的宪法性问题。信息型操纵市场的行为模式是在公开渠道发布信息，因此，在各国的执法过程中，都牵涉保护表达自由的宪法权利的问题。但是现有研究都未提及宪法性问题。在中国逐渐对外开放金融市场的背景下，其必然会引起域外从业者的忧虑与关注。所以，在理论层面上，信息型操纵市场的理论研究仍具有较大的空间。

面对中国的金融法问题，常见的解决思路是从比较法的角度借鉴发达资本市场的经验，然而在信息型操纵市场的问题上，域外法的规则并不一致。本文拟从香港法和美国法的两个案例的对比入手，分析两地判决规则的异同，再借助金融学的有效市场假说与行为金融学的论争，从

---

① 现有专门针对信息型操纵市场行为的研究主要包括：姜兰：《中国证券市场信息操纵行为、环境与防控体系研究》，博士学位论文，吉林大学管理学院，2007 年；陈煜：《证券信息操纵行为理论辨析》，载《证券法苑》2014 年第 2 期；蔡奕《信息型操纵市场基本法律范畴分析》，载《证券法苑》2016 年第 2 期；高海涛：《试论信息型操纵的违法性及防控对策》，载《证券法苑》2017 年第 4 期；陈晨《证券市场信息操纵认定难点及监管对策研究》，载《证券市场导报》2017 年第 8 期；杜晋川：《信息型操纵市场行为的认定及防控》，硕士学位论文，四川省社科院法学所，2016 年。其余对信息型操纵市场行为的讨论则零星分布于各操纵证券市场行为的论文当中。

而揭示两地规则差异的经济基础。基于两地经济基础的差异重新审视两地规则的差异，提炼出信息型操纵市场行为的构成要件分析框架和法理，最后结合中国的实际情况，给出建立中国信息型操纵市场规则的立法建议。

二、 南橘北枳： 两地的规则差异

（一）香港判例：香橼案

在 2012 年 6 月 21 日，香橼公司（Citron Research）在门户网站上公布恒大地产调查报告（以下称《香橼报告》），① 指控恒大地产存在财务欺诈问题。② 发布《香橼报告》的同时，香橼公司的唯一员工 Andrew Left 以本人账户卖空恒大地产股票，③ 当日恒大地产股票急挫 20%，Left 积极做空获利 160 万港元。但之后的《审裁处报告书》显示，Left 指控的财务欺诈纯属子虚乌有。在 2016 年，审裁处裁定 Left 违法，④ 之后的 2 次上诉法院的判决都维持了审裁处的决定。⑤

香橼案是积极做空行为首次受到香港司法检验。在本案中，香港地区市场失当行为审裁处（Market Misconduct Tribunal，MMT，以下简称审裁处）提出了信息型操纵市场构成要件分析框架，并回应了证券法限制与宪法表达自由权利的合宪性问题。

在构成要件框架方面，审裁处处罚香橼公司的依据，是香港地区《证券及期货条例》第二百七十七条规定的"披露虚假或具误导性的资料以诱使进行交易"的行为。⑥ 在香橼案中，辩论的焦点是第二百七十七条第一款的构成要件。⑦ 在审裁处将第二百七十七条第一款的构成要件拆

---

① 恒大地产的港股代码为"3333. HK"，现改名为"中国恒大"，本文沿用恒大地产之名。

② 香橼公司对恒大地产的研究报告：《附录"A"》，https：//www. mmt. gov. hk/chi/reports/Evergrande_Report_Annex_A_to_G_c. pdf，2019 年 3 月 5 日访问。

③ *See The report of the Market Misconduct Tribunal into dealings in the shares of Evergrande Real Estate Group Limited on 21 June 2012*，Chapter 3，passage 38，https：//www. mmt. gov. hk/eng/reports/Evergrande_Report. pdf，2019 年 3 月 21 日访问，本文之后将其简称为《审裁处报告书》。

④ 证券及期货事务监察委员会：《审裁处禁止 Citron Research 的 Andrew Left 在香港买卖证券 https：// www. sfc. hk/edistributionWeb/gateway/TC/news – and – announcements/news/enforcement – news/doc？refNo = 16PR107，2019 年 3 月 19 日访问。

⑤ "事实问题"的法院判决参见香港高级法院判决书：https：//legalref. judiciary. hk/lrs/common/search/search_result_detail_frame. jsp？DIS = 107643&QS = %28citron%29&TP = JU，2019 年 3 月 19 日访问；"法律问题"的法院判决参见香港高级法院判决书：https：//legalref. judiciary. hk/lrs/common/search/search_result_detail_frame. jsp？DIS = 120286&QS = %28citron%29&TP = JU，2019 年 3 月 19 日访问。

⑥ 证券及期货事务监察委员会：《审裁处驳回 Citron Research 的 Andrew Left 提出的申请》 https：// www. sfc. hk/edistributionWeb/gateway/TC/news – and – announcements/news/enforcement – news/doc？refNo = 15PR106，2019 年 3 月 19 日访问；《证券及期货条例》https：//www. elegislation. gov. hk/hk/cap571，2019 年 3 月 19 日访问。

⑦ 第二百七十七条第一款具体内容请参见《证券及期货条例》https：//www. elegislation. gov. hk/hk/cap571，2019 年 5 月 20 日访问。显然，该罪的构成要件有成为"口袋罪"的风险，因此该条接下来的 2、3、4 款，分别规定了三种豁免情况。

分为四个，分别是：（1）在香港或世界上其余地方披露、传递或散布信息；（2）信息可能引诱其他人购买或卖出香港证券市场的证券，或者可能维持、升高、降低或锁定香港的证券价格；（3）存在有关某重要事实的虚假信息或者误导信息；（4）散布者明知（know）信息为虚假或误导，或罔顾该后果（reckless），或存在疏忽（negligent），① 即"散布行为""引诱交易""虚假信息""主观过错"共四个要件。

在合宪性方面上，审裁处认为，表达自由的宪法权利限于公共秩序（public ordre）的边界内，而金融市场属于经济秩序（economic order），是公共秩序的下位秩序，因此以经济秩序限制表达自由，并不违宪。具体到积极做空行为中施加给行为人的义务上，审裁处认为，积极做空者应当表现出"理性的、有技能的、小心的人"所应有的谨慎程度，② 应当避免所发布的信息在重大事实上存在虚假信息或误导信息。③ 总结而言，在宪法表达自由权利在积极做空行为上，其权利边界是积极做空者的表达应当呈现出专业人员应有的谨慎。

虽然审裁处和两次上诉法庭都坚持相同的观点，但在聆讯和庭审过程中，Left 方面与裁判者始终呈现出"驴唇不对马嘴"的状态。Left 始终强调自身与市场不存在特殊关系（例如作为上市公司的董事），且没有在报告中暗示享有内幕信息。Left 的主张有其原因。在美国法当中，"特殊关系"和"内幕信息"是认定是否构成信息型操纵市场的关键要件，而 Left 恰恰是凭借规避这两个要件，使香橼公司在美国资本市场叱咤风云，成为与浑水（Muddy Water）齐名的两大做空机构。

（二）美国判例：希尔威矿业案

欲了解美国的信息型操纵市场规则，可以从与香橼案案情几乎雷同的希尔威矿业案入手。希尔威矿业是上市企业，被积极做空者 Anthion 指控财务欺诈。Anthion 同时卖空希尔威矿业的股票，从中获利。希尔威矿业将 Anthion 告上法庭，但被纽约州最高法院判决败诉。④

香港香橼案中 Left 抗辩时所主张的特殊关系和内幕信息，恰好体现了美国法分析信息型操纵市场的框架。第一，若积极做空者存在与市场的特殊关系，例如身为上市公司的董事、高管或外部审计师，那么案件便会涉及信义义务或内幕交易问题。因此，没有特殊关系可以首先排除其他

---

① 由于《审裁处报告书》的官方中文译本极不通顺，因此此处的内容为笔者根据英文原文翻译，内容参见《审裁处报告书》第 82 段。

② "... the failure, in certain circumstances, to exercise that degree of foresight which a court, in its aftersight, thinks ought to have been exercised. The proper standards of foresight and care are those attributed by a court to a reasonably careful, skillful person. The ideal of that person exists only in the minds of men and exists in different forms in the minds of different men. The standard is therefore far from fixed as stable. But it is the best all – round guide that the law can devise..." See Carlson v Chochinov [1947] 1 WWR 755 at 759.

③ 参见《审裁处报告书》第 127 段。

④ See Silvercorp Metals Inc. v Anthion Mgt. LLC, 36 Misc. 3d 660.

违法行为的嫌疑。第二，在没有特殊关系的情况下，只要没有明示或暗示积极做空者拥有内幕信息，则不构成操纵市场。美国法的逻辑在于，证券市场能够吸纳和消化所有公开信息，证券价格则是全部公开信息的体现。那么，只要没有向证券市场输入新的信息，就不会影响证券的价格，因此就不可能达成操纵市场结果。在希尔威矿业案中，法官明确表示，只要积极做空者没有暗示其具有任何内幕信息，则其表述内容为观点而非事实，受到宪法的表达自由保护。

三、 规则 "树果" 与法理 "树种"： 信息型操纵市场的法理

（一） 相同的构成要件框架

虽然在规则呈现上，中国香港与美国存在明显的差异，然而就分析框架而言，两者并非水火不容。对比两地的法条，其内容也大同小异。① 在美国法的理解上，中国香港所提炼的 "四要件" 分析框架同样适用。第一，在散布行为要件上，两地都认为，没有散布行为则不构成信息型操纵市场。第二，在主观意图要件上，美国法也没有否认故意或罔顾的判断标准。第三，在引诱交易要件上，在美国判例中未触及这一点，但法条确有明文规定。

两地呈现的规则差异，关键在于对于第四个要件，即虚假信息要件的理解。在美国法看来，只有事实性信息才能构成虚假或误导性信息，观点则不构成虚假信息。在区分观点和事实的方法上，Gross v. New York Times Co. 案确立的标准是按照 "理性读者是否能区分观点还是事实为据"。② 之后的 Sandals Resorts Intl. Ltd. v Google, Inc. 案进一步细化为四项判断标准：（1） 表述是否有明确事实性推论；（2） 表述的可证实性；（3） 是否上下文有标志使读者认知其为观点；（4） 是否整个沟通过程有标志显示其观点。③ 甚至在区分观点与事实的问题上，有更极端的案例认为，只要加上 "我认为" 三个字，就可以认定为观点。④ 在实践过程中，操纵者往往会披露自身持仓状态，以规避散布事实性信息的指控。在香港法看来，只要能够产生影响投资者效果的信息，都处于虚假信息要件的涵摄范围。但无论两地理解如何不同，"四要件" 分析框架在信息型

---

① 美国法的信息型操纵市场相应法条为《1934 年证券交易法》第九条 a 款第 （3）（4）（5） 项。译文内容可参见朱锦清：《证券法学》，北京大学出版社 2011 年版，第 222 页。

② See Gross v New York Times Co. , The dispositive inquiry, under either Federal or New York law, is whether a reasonable ［reader］ could have concluded that ［the articles were］ conveying facts about the plaintiff, 82 NY2d 146, 623 N. E. 2d 1163, 603 NYS2d 813 ［1993］.

③ " （1） whether the statement at issue has a precise meaning so as to give rise to clear factual implications, （2） the degree to which the statements are verifiable, i. e. , objectively capable of ［＊＊＊9］ proof or disproof, （3） whether the full context of the communication in which the statement appears signals to the reader its nature as opinion, and （4） whether the broader context of the communication so signals the reader. " See Sandals Resorts Intl. Ltd. v Google, Inc. , 86 A. D. 3d 32, 925 N. Y. S. 2d 407, 2011 N. Y. App. Div. LEXIS 4077, 2011 NY Slip Op 4179, 39 Media L. Rep. 2065.

④ See Omnicare, Inc. v. Laborers Dist. Council Constr. Indus. Pension Fund, 135 S. Ct. 1318 （2015）.

操纵市场问题上都同样适用。

（二）相异的宪法权利解释

两地的本质差异，是对宪法表达自由权利边界的理解不同。在表达自由问题上，法律面临的永恒矛盾是个人自由与公共秩序之间的冲突。限制表达自由的危害在于损失独特的想法，在信息型操纵市场问题上表现为不能发现上市公司隐蔽的财务舞弊。正是秉承这一理念，希尔威矿业案的法官才会在认识到她的判决会"被操纵市场的人士视为开绿灯"时，仍认定 Anthion 的积极做空行为是受到美国宪法第一修正案表达自由的保护，只要积极做空者是陈述观点，而没有暗示作者享有任何未公开信息。①

但表达自由也并非毫无限制，正如霍姆斯大法官所指出，"即便对表达自由最严格的保护，也不会保护一个人在剧场中谎叫失火从而引发惊慌"。② 香港法中，审裁处正是将这一公共秩序规则逻辑，具体适用到金融市场中。在香橼案中，被保护的对象为金融市场的经济秩序。证券市场的基础是信息流动，而金融市场的速度和流动性，本身就意味着有关复杂问题的虚假信息或误导性信息具有很强的危险性。正如审裁处所言，"在查明事实之前，重大损害或许早已发生"。③ 为了公共秩序，可以限制表达自由。《证券及期货条例》第二百七十七条第一款，恰恰是在保护公共秩序之下的经济秩序。所以，审裁处在裁断 Left 是否应当被处罚时，没有论述观点与事实的区分，而是从影响经济秩序的角度来评判。

因为审裁处关注《香橼报告》对于市场产生的影响，所以审裁处反复强调了《香橼报告》的煽动性。第一，审裁处对比了同一观点的两种不同表述，即恒大地产"利用了会计的复杂性和宽松的准则，来试图隐藏日益增长的财务困难"，④ 以及恒大地产"诉诸'会计欺诈'来'掩盖资不抵债的资产负债表'"。⑤《香橼报告》采用后者的表述，显然是更为严重的指控。⑥ 第二，香港证监会指控说，《香橼报告》不仅仅在合营问题上犯技术性错误，更用"最严重的方式"⑦ 来指控恒大地产，是"诅咒性的断言"⑧。第三，"joint venture vehicle"的词汇，显然是诱导读者联想到安然事件，即美国最大、最复杂的欺诈清算案。⑨ 第四，指控恒大地产的租金收

① See Silvercorp Metals Inc. v Anthion Mgt. LLC, 36 Misc. 3d 660.
② ［美］刘易斯：《言论的边界：美国宪法第一修正案简史》，徐爽译，法律出版社 2016 年版，第 31 页。
③ 《审裁处报告书》第 126 段。
④ taken advantage of complex and often lax accountancy standards to seek to obscure its growing financial difficulties.
⑤ has resorted to "fraudulent accounting" in order to "mask its insolvent balance sheet".
⑥ 《审裁处报告书》第 171 段。
⑦ 《审裁处报告书》第 205 段。
⑧ 《审裁处报告书》第 214 段。
⑨ 《审裁处报告书》第 208 段。

益从1%高估到71%。① 第五，审裁处认可了香港证监会方面的主张，即《香橼报告》中使用了直接的、平实的、小报式的语言，例如贿赂、非法等。这些都足以显示《香橼报告》的目的在于引导投资者。② 回顾审裁处的上述论述不难看出，香港法更关注积极做空者的言辞煽动性，以及其对于经济秩序的破坏作用。

此处回顾上文所分析的两地在虚假信息要件上的差异可以发现，香港的逻辑同样可以适用在美国法之中，即只要能够产生影响投资者效果的信息，都处于虚假信息要件的涵摄范围。两地的差异只是在于观点是否能够影响投资者。美国法并非无视表达自由对于经济秩序的伤害。美国法只是认为仅明示或暗示未公开的事实性信息才会伤害经济秩序。因此，宪法权利的解释问题，在信息型操纵市场的认定上被转化为金融市场究竟受何种信息影响的问题。

（三）美港分歧的金融基础：有效市场与行为金融的论争

其实，中国香港地区与美国之所以对宪法权利中的表达自由权利强调了不同的侧面，实际上是两地面临的市场环境不同。表达自由的理论依据，是认为存在所谓"思想市场"（market place of ideas）。思想市场理论认为，保护表达自由可以形成思想的市场，让真理与谎言之间相互论辩，从而最终凸显出真理。③ 具体到金融市场中，思想市场理论演变为有效市场假说，即市场能够迅速地消化有关股票的信息，并对股票的价值作出正确的评估，使股票价格等于股票价值。④ 有效市场假说对于美国证券法具有重要影响，美国证券法的基本逻辑就建立在半强式有效市场之上。⑤ 例如，美国证券法中的欺诈市场理论就认为，由于注入了错误的事实信息，从而使市场定价发生错误，即欺诈市场。在欺诈市场理论当中，隐含着证券市场应该反映全部公开信息，并且证券法应当促使全部公开信息为真实信息的假设，也就是半强式有效市场假说。在希尔威矿业案和香橼案中 Left 方面的抗辩，都体现着半强式有效市场的观点，即只要积极做空者发布的信息都来源于公共信息，则在半强式有效市场中不会产生任何影响，不构成对市场的操纵。

然而，有效市场假说受到了行为金融学奖的挑战。与有效市场假说提出者 Eugine Fama 同在

---

① 《审裁处报告书》第 229 段。

② 《审裁处报告书》第 218 段。

③ 思想市场最早由英国政治家弥尔顿提出，而后经密尔发展，被后续学者弗里德曼、波普尔等加以强化。参见吴飞：《西方传播法立法的基石——"思想市场"理论评析》，载《中国人民大学学报》2003 年第 6 期。

④ 有效市场假说（efficient market hypothesis, EMH），由金融学家 Eugene Fama 在 1970 年集成，认为有效市场中，证券价格能够充分地反映投资者可以获得的信息时，股票价格就等同于股票价值，投资者收益的差距只能产生于对风险的不同偏好。有效市场分为强式有效市场、半强式有效市场和弱式有效市场三个类型。三种有效市场的区别在于反映的信息范围不同。弱式有效市场仅反映历史信息，半强式有效市场反映全部公开信息，强式有效市场反映全部信息。See Fama, Eugene (1970). Efficient Capital Markets: A Review of Theory and Empirical Work. Journal of Finance, 25 (2): 383 – 417.

⑤ See Stephen Choi, Adam Pritchard, *Securities Regulation: Cases and Analysis*, 3rd ed; Thompson Reuters/Foundation Press, New York, United States of America, 2012; p. 34.

2013 年获得诺贝尔经济学奖的 Robert Shiller 发现，在股票市场当中，人类受多种心理因素的影响。即便是完全理性的人，在考虑其他人的判断时，也会表现出从众行为。该行为对于个体是理性的，但由此产生的从众心理是非理性的。① 以香橼公司积极做空恒大地产为例。即便理性投资者认为香橼公司的报告是无稽之谈，然而，理性投资者同样会认为，总会存在一些不理性的投资者相信《香橼报告》，从而让恒大地产的股价降低。在此时，理性的投资者，即便是认为恒大地产并无欺诈，也会参与对恒大地产股票的做空行为。从而形成股价下跌的"自证预言"，此谓"聪明钱"效应。②

香港证监会正是强调了非理性投资者的存在。在香橼案中，审裁处和法庭显然考虑了投资者的心理因素问题。③ 在审裁处的聆讯过程中，也提出了成熟投资者与一般投资者的区分。第一，在龙克裘的专家证言中，认为成熟投资者（即证言中的专业分析师/专业资产分析师），会认为《香橼报告》是不合理的、错误的或异想天开的，④并很快发现《香橼报告》有关恒大地产会计欺诈问题的控告是错误的，能够识别在"幻影利润"问题上，《香橼报告》明显忽视了《香港会计准则》的要求。但龙克裘认为，一般投资者不具备此种能力。⑤ 第二，审裁处认为，《香橼报告》用最为直白的语言表述来强调两个"有毒元素"，以影响一般投资者，即"应被谴责的偷偷摸摸"和"数十亿的隐藏债务"。显然，审裁处认为一般投资者会被煽动性言论所影响。⑥聆讯过程中的上述论述都显示出，中国香港地区并不认同美国法以有效市场假说作为裁判的依据，而更关注市场的真实情况。相对而言，美国法院在积极做空者的问题上，并没有认可一般投资者和成熟投资者的区分。

（四）回归法律：证券法规则之橘与投资者结构之壤

那么为何相同积极做空行为，美国和中国香港会采取不同的市场理解呢？其原因在于，两地经济基础不同，导致了上层建筑不同。美国市场以成熟投资者为主，一般投资者占比极低，其市场更呈现有效市场特征，因此美国法院运用以有效市场为前提条件的证券法规则不会对市场造成伤害。相对而言，中国香港市场的一般投资者占比较高，非有效市场的特征更强，因此，中国香港法院必须考量市场的非理性，并作出相应的证券法解释。两地在"有效市场更放任，非有效市场更限制"光谱型标准及"四要件"分析框架的证券法"树种"层面并没有冲突，只是两

---

① ［美］席勒：《非理性繁荣》，李心丹等译，中国人民大学出版社 2016 年版，第 256 页。

② ［美］席勒：《非理性繁荣》，李心丹等译，中国人民大学出版社 2016 年版，第 281 页。

③ "The Tribunal accepts that stock markets are not always driven by careful and leisurely analysis carried out by experts, that markets may well react to portents of grave times ahead, even if those portents are somewhat suspect."《审裁处报告书》第 157 段。

④ "unreasonable, incorrect or fanciful"《审裁处报告书》第 184 段。

⑤ 《审裁处报告书》第 232 段。

⑥ 《审裁处报告书》第 192 段。

地不同的投资者结构"土壤"导致了"南橘北枳"的证券法规则呈现。

有效市场假说和行为金融学的根本区分，在于投资者是否理性。在证券市场中，个人投资者（散户）相对于机构投资者，更为不理性。因此，散户占比较高的市场，更容易体现非有效市场，即行为金融学的特征。以个人投资者持股市值占比来判断，美国的资本市场，随着二百年的发展，特别是第二次世界大战之后的401K养老金入市和机构投资者的兴起、① 贫富分化的加剧，在2017年，其散户在证券市场中占比已经不足3.99%。相比之下，中国香港市场的散户化水平就比较高，港交所的个人投资者持股占比为7.56%，接近美国占比的2倍。

更重要散户持股市值占比和对市场的影响并不是一一对应。从数据上看，散户虽然占比更少，但是在交易额中占比却更高。中国香港散户（包括本地个人投资者和外地投资者）的交易额占比高达22.78%（15.85%和6.93%），是持股占比的3倍（见图1）。这意味着，相同的一块钱，散户却能够创造出3块钱的"交易声量"，从而更严重地影响证券价格。结合中国内地的数字（见后文），这一膨胀关系甚至并非线性关系。可以说，虽然散户人数少，但是"声音大"。

港股投资者持股市值占比（2017年8月4日）

A股投资者自由流通市值占比（2017年第一季报）

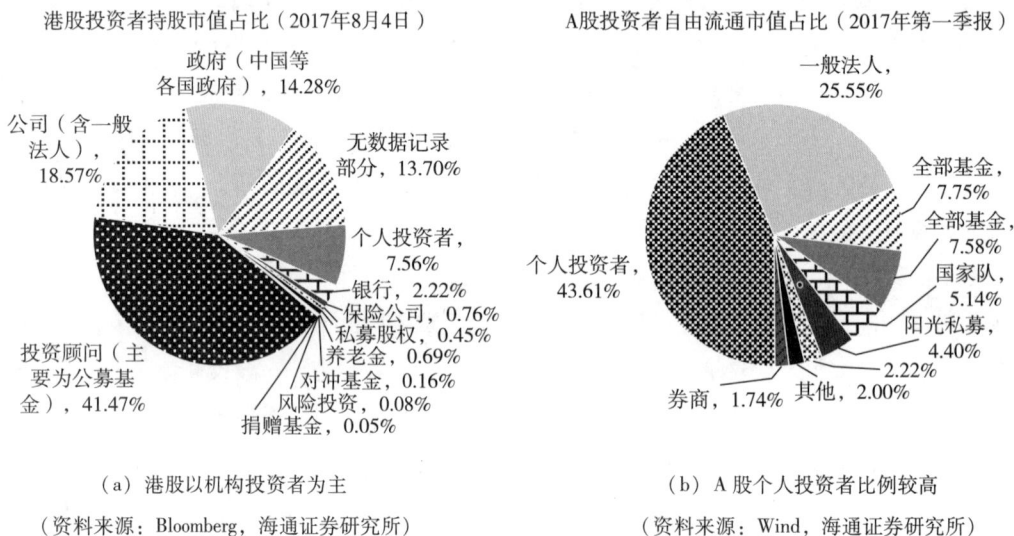

（a）港股以机构投资者为主

（资料来源：Bloomberg，海通证券研究所）

（b）A股个人投资者比例较高

（资料来源：Wind，海通证券研究所）

图1 A股、港股、美股的投资者结构对比

（数据来源：海通证券研究院②）

---

① See James D. Cox, Robert W. Hillman, Donald C. Langevoort, *Securities regulation: cases and materials*, Wolters Kluwer: New York, 8th Ed., p. 100.

② 数据由海通证券研究院整理，参见《【海通策略】港股玩家都有谁：投资者结构、筹码分布（荀玉根、唐一杰）》，载微信公众号"股市荀策"，https://mp.weixin.qq.com/s/GB4TMgJII0XdHlwB5RhEeg，2019年7月18日访问。

美股投资者持股市值占比（2017年8月4日）

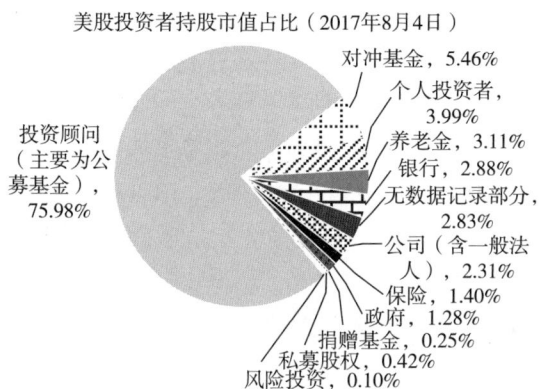

（c）美国个人投资者市值占比很低

（资料来源：Bloomberg，海通证券研究所）

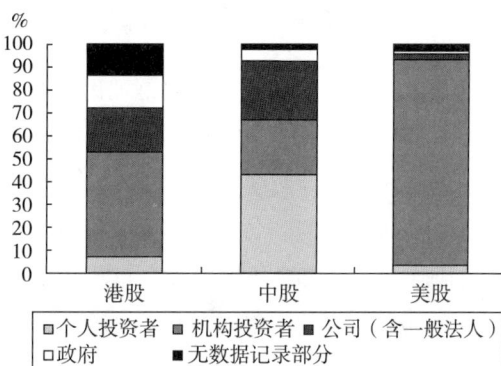

（d）港、中、美投资者持股市值占比分布（2017年）

（资料来源：Bloomberg，Wind，海通证券研究所）

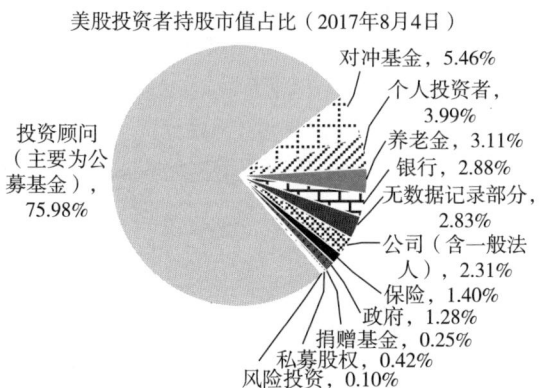

美股投资者持股市值占比（2017年8月4日）

（e）港股个人投资者交易额占比较低

（资料来源：香港交易所官网，海通证券研究所）

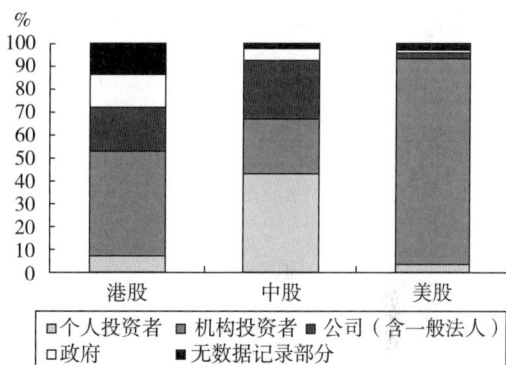

（f）港股个人投资者交易额占比不断下降

（资料来源：香港交易所官网，海通证券研究所）

图1　A股、港股、美股的投资者结构对比（续）

（数据来源：海通证券研究院）

　　从上述数据不难得出结论，中国香港地区之所以对积极做空者的表达自由采取了与美国法完全不同的态度，其原因并不是因为中国香港与美国两地对于表达自由的理解存在根本差异，而是因为两地的市场情况不同。化用霍姆斯法官的比喻，如果说中国香港证券市场是人潮拥挤的剧院而严禁妄呼失火的话，那么美国证券市场是广袤而人群稀疏的草原，妄呼原子弹爆炸也不会引发人群的踩踏。中国香港和美国两地的市场"土壤"不同，才会产生证券法和宪法规则"南橘北枳"的现象。

四、 中国的现实意义： 内地市场应当如何规制积极做空者[①]

证券法的"南橘北枳"看似是理论问题，但事实上却有紧迫的现实意义。如何引入市场力量制约上市公司欺诈，是中国金融深化改革的重要命题。但传统的观念多为简单地移植西方的法律法规，例如审计制度、保荐制度，但在实践中的作用都不尽如人意。如今，在乐视与康美两案之下，中能兴业的"勿言之不预"似乎又意味着应当全面放开积极做空者。但正如本文所述，相同的证券法理，却在不同的资本市场中呈现着"南橘北枳"的现象。因此，如何构建中国内地市场积极做空者的规制规则，必须建立来理解中国内地"土壤"之上。

（一）中国的散户化"土壤"：散户的 1 元 = 机构投资者的 18 元

类似大多数国家资本市场的早期情况，中国内地的资本市场也呈现极强的散户化特征。上海证券交易所从 2008 年年鉴开始统计自然人投资者的占比，从 2007 年至 2017 年，中国内地市场的散户（自然人投资者）在 2007 年持股市值占全市场市值占比高达 48.29%，在 2008 年国际金融危机骤减至 26.47%，之后便持续稳定在这一水平（见图 2）。

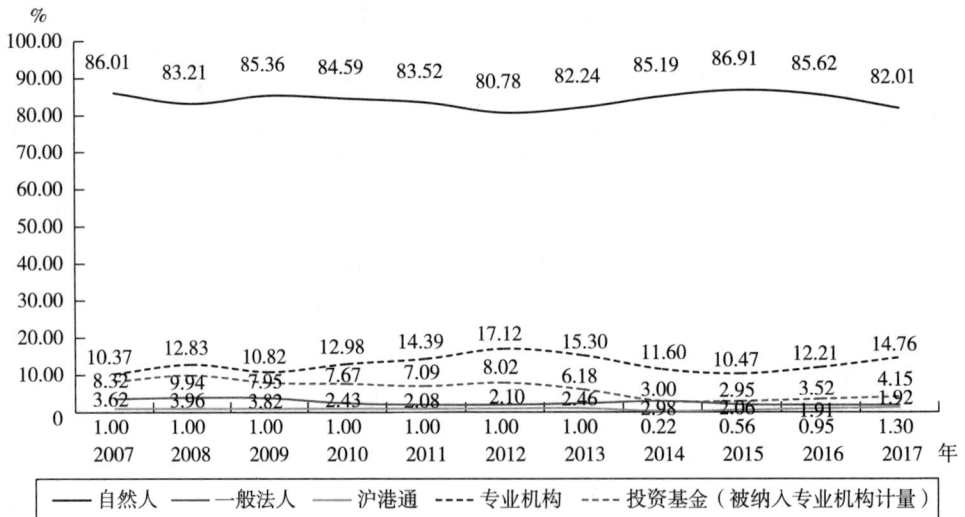

图 2　上海证券交易所投资者持股市值占比（%）的变化趋势
（数据来源：上交所历年年鉴）

散户持股市值占比虽然在 2009 年之后经历了骤降，不再惊人，但是仍然贡献了巨量的交易额。并且，该交易额占全市场的交易占比始终保持稳定，高达 80% 以上（见图 3）。

---

① 本节中国内地证券市场数据，均来源于《上海证券交易所统计年鉴》，从 2008 年年鉴至 2018 年年鉴。

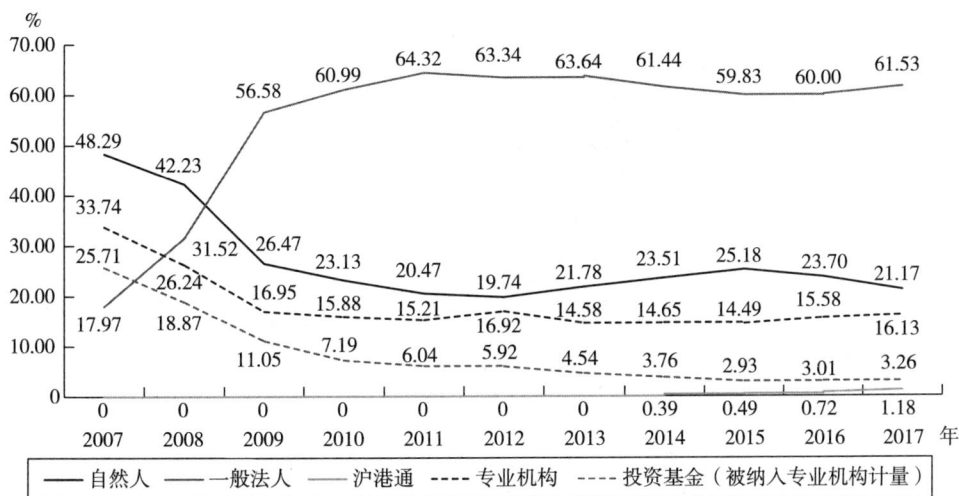

图3　上海证券交易所投资者交易额占比变化趋势

（数据来源：上交所历年年鉴）

以 2017 年的数据来判断，该种持股市值占比和交易额的占比，对比更为明显。持股市值占比仅 21% 的自然人投资者，交易额却占比高达 82%，与之相对的，是持股市值占比 78%（62% + 16% = 78%）的机构投资者（包括一般法人和专业机构），交易额占比仅 17%（15% + 2%）。换言之，散户的 1 块钱所起到的交易声量作用（对市场的影响），相当于机构投资者的 18 元。① 由此可见散户在交易中巨大的影响力（见图 4 和图 5）。

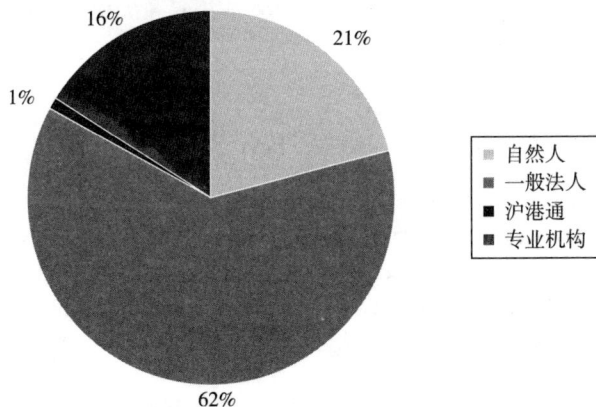

图4　2017 年上海证券交易所投资者交易额占比

（数据来源：上交所历年年鉴）

---

① （78% ÷ 21%）×（82% ÷ 17%）≈18。

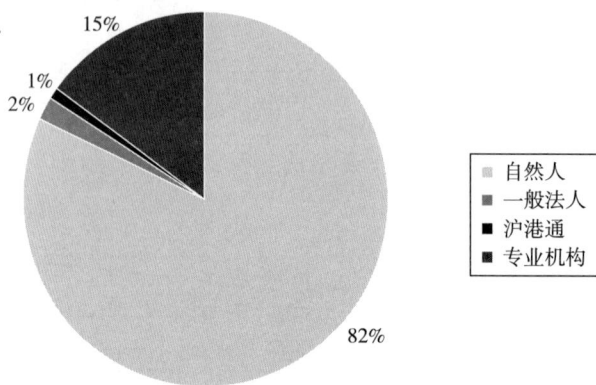

图5　2017 年上海证券交易所投资者持股市值占比

（数据来源：上交所历年年鉴）

（二）中国的证券法"橘树"：积极做"多"者与信息型操纵市场

中国内地案例中与香橼案最为类似的，是文章第一部分所提到的中能兴业试图积极做空乐视网和康美药业的案例。2012 年中能兴业两次发布看空报告重拳出击，分别针对乐视网和康美药业。[①] 与此同时，中能兴业向中国证监会问询积极做空行为的合法性，即"先融券卖出有疑问的证券，然后发布看空报告"的行为合法性。[②] 中能兴业问询函中的积极做空行为极为狭义：看空报告包含的信息完全为陈述事实，并无虚假或误导性信息，并且不包括预测性信息等任何主观性很强的内容。证监会的回函则隐含否定评价，表示发布信息需具备证券咨询执业资格，且强调"编造、传播或散布虚假不实信息等手段，影响证券价格波动，并获取经济利益，涉嫌构成操纵市场的，依

[①]　中能兴业质疑了乐视网的广告销售收入、付费用户数、影视版权数量等，该报告在雪球网的原文显示"内容审核中，暂不可见"，但通过百度快照，仍能够阅读。原文参见中能兴业：《乐视网幻象（一）》，https：//xueqiu.com/5210774343/21714811，百度快照参见 http：//cache.baiducontent.com/c？m = 9f65cb4a8c8507ed19fa950d100b9d214e17db242bd7a744228b8e4f936759444260e2bd263f1007d6c67a6d02ac5d19b7b0607d207222a0edcc9f3baeace42938895723016a913518c418dfdc3655d651914d98db0e93bb&p = 897bc54addc550c30be296234b55&newp = 9770c54addc509fa49b9c7710f5692695d0fc20e3cd5da01298ffe0cc4241a1a1a3aecbf23291305d0ce7a6503a54358e9f537763c0634f1f689df08d2ecce7e67dd3660&user = baidu&fm = sc&query = % C0% D6% CA% D3% CD% F8% BB% C3% CF% F3&qid = bee9c23b0001d8ea&p1 = 1，2019 年 5 月 20 日访问；原文参见《乐视网幻象（二）》，https：//xueqiu.com/5210774343/21714817，2019 年 5 月 20 日访问，可阅读内容参见《乐视网幻象（下）》http：//blog.sina.com.cn/s/blog_88d7430f010158bf.html，2019 年 5 月 20 日访问。有关康美药业，中能兴业公布了"九问康美"系列文章，参见中能兴业的雪球网专栏，https：//xueqiu.com/5210774343/column，2019 年 5 月 20 日访问，也可见中能兴业的新浪博客，http：//blog.sina.com.cn/u/2295808783，2019 年 5 月 20 日访问。

[②]　参见中能兴业：《致信证监会请求确认做空的合法性》，https：//xueqiu.com/5210774343/23227372，2019 年 4 月 4 日访问。

法予以查处"。① 之后中能兴业再次追问，证监会的回答表示：第一，如果报告仅陈述事实，则无需职业资格；第二，对于狭义积极做空行为，当时的《证券法》及相关法律法规没有明文规定，需按具体案情评定。中国证监会的回复虽未明确，但其保守的态度溢于言表。并且根据 2019 年新修订的《证券法》第五十五条第六项，积极做空行为很可能被认定为操纵市场。

虽然中国内地没有处罚积极做空的案例明确显示中国证监会的规则，但是研究与积极做空性质类似的信息型操纵市场案例也可略见端倪。在中国内地的市场中，与 Left 相类似的案件主要是指触犯上述两条的信息型操纵市场行为和编造传播虚假信息行为。信息型操纵市场案例虽然未曾出现积极做空者，但也存在变相的"积极做多"的行为。2008 年汪建中案打响"积极做多者"的第一枪，即通过先持仓股票，后发布研报推荐的形式，反向交易，从中获利。其余七案也大多遵从同样的商业模式。② 编造传播虚假信息行为与香橼案的案情也基本相似，只是不以"反向交易"作为构成要件。

从立法的角度看，香港和内地的区别在于，内地的《证券法》将香港《证券及期货条例》中的"披露虚假或具误导性的资料以诱使进行交易"拆分为两种不同罪名，即以"公开评价＋反向交易"为构成要件的信息型操纵市场和以"编造传播＋虚假信息"为构成要件的编造传播虚假信息行为。香港法中的操纵行为有"散布行为""引诱交易""虚假信息""主观过错"共四个构成要件，而内地的两个行为仅有三个构成要件。信息型操纵市场不考虑"虚假信息"，而编造传播虚假信息则不考虑"引诱交易"。显然，中国内地证券法规则的涵摄范围更为广泛。这也彰显了中国内地市场更为严格的证券法规则，与本文所提出的"南橘北枳"现象吻合，即更为散户化的市场，证券法规则会更为趋向维护市场秩序。

（三）建立中国内地的信息型操纵市场规则

1. 现行信息型操纵市场规则的问题。虽然中国证监会现行的规制规则符合"越散户，越严格"的"南橘北枳"规则，但是新的规则几乎堵死了积极做空者、做空报告的生存空间。2019 年的《证券法》关于信息型操纵市场的监管规则是第五十五条的第五项和第六项，"利用虚假或者不确定的重大信息，诱导投资者进行证券交易"和"对证券、发行人公开作出评价、预测或者投资建议，并进行反向证券交易"，分别对应了中国证监会 2007 年的《操纵指引》中的"蛊惑交易"和"抢帽子交易"的规定。③ 引发本文讨论的"做空报告""积极做空者"的行为，

① 参见中能兴业：《证监会对做空的回复》https：//xueqiu.com/5210774343/23698551，2019 年 4 月 4 日访问。
② 唯一例外的是褚连江案，其主要行为是交易型操纵市场，散布虚假信息仅在行政处罚决定书中补充提及。
③ 之后 2019 年最高人民法院和最高人民检察院发布的《关于办理操纵证券、期货市场刑事案件适用法律若干问题的解释》也基本沿用了相似的思路。有关司法解释的解释，可参见最高人民检察院网：《"两高"有关负责人关于办理操纵证券、期货市场、利用未公开信息交易刑事案件适用法律问题司法解释答记者问》，https：//www.spp.gov.cn/spp/zdgz/201906/t20190628_423402.shtml，2020 年 4 月 9 日最新访问。

《证券法》第五十五条上述两项都存在适用的可能。①

"蛊惑交易"依照之前《操纵指引》的解释，以"虚假信息""散布信息前后交易"和"影响证券交易量或交易价格"为构成要件。② 但 2019 年《证券法》则改"散布信息前后交易"为"诱导投资者进行交易"，"影响证券交易量或交易价格"则上升为操纵市场的一般构成要件。相对而言，只要做空报告和积极做空者在查明信息方面保证真实性，则相对不会被认定为蛊惑交易。

但去除了主体限制的 2019 年《证券法》"抢帽子规则"则彻底否定了做空报告的存在。在之前的《操纵指引》中，"抢帽子交易"以"从业身份""公开评价""评价前买卖或持有证券""谋取利益"为要件。③ 在 2019 年《证券法》则变更为"公开评价"和"反向交易"，去除了"从业身份"。这一修改，也反映出新的信息传播环境下监管扩张的趋势。然而，2019 年《证券法》"抢帽子规则"去除了"从业人员"限制的副作用，是完全堵死了做空报告和积极做空者的空间。原《操纵指引》的主体范围限制在"证券公司、证券咨询机构、专业中介机构及其工作人员"，而一般交易者并未纳入其中。但去除这一限制，则彻底否定了积极做空者、做空报告的商业模式。因为积极做空者的主要盈利方式，就是通过发布做空报告之前的做空交易，或者将做空报告卖给有做空交易意图的交易者，从证券价格下跌中获利。正如文初所言，良好地利用积极做空者，有利于发动市场力量精准识别上市公司舞弊，净化证券市场，保护投资者。

2019 年"抢帽子规则"的问题核心不在于去除了主体限制，而在于"反向证券交易"。反向证券交易最早见于汪建中案，之后的余凯案、新兰德案、廖英强案都属于此类。需要明确的是，本文中的"反向交易"或"反向证券交易"，指的是在发表推荐股票的言论之后卖出被推荐股票的一类行为，与交易术语中的 reversing trading 并不是一回事。本文的"反向交易"是指例如在汪建中的咨询报告发布前，汪建中利用其实际控制的账户买入咨询报告推荐的证券，并在咨询报告向社会公众发布后卖出该种证券的行为。④

但是反向交易真的违法吗？按照目前反向交易的构成要件，行为人在判断公司股价被低估时，持有上市公司股票，并公开表达公司股价被低估的观点。之后股价上升，低估状态消失，此时出售股票。反向交易是行为人言行一致的表现，本身并不存在违法性。

"抢帽子"违法性的核心并不在于反向交易，而是是否构成对报告（例如咨询报告、做空报告）使用者的欺诈，因为发布报告和反向交易之间存在利益冲突，更有动力发布虚假的信息。

---

① 此外，《证券法》第五十六条的"禁止任何单位和个人编造、传播虚假信息或者误导性信息，扰乱证券市场"具有兜底的性质，因此本文不将其视为聚焦于积极做空者、做空报告的法律条文。

② 《中国证券监督管理委员会证券市场操纵行为认定指引（试行）》第三十一条至三十四条。

③ 《中国证券监督管理委员会证券市场操纵行为认定指引（试行）》第三十五条至三十七条。

④ 参见汪建中案：《中国证监会行政处罚决定书（汪建中）》〔2008〕42。

正因如此，做空机构往往会在做空报告中披露自身的持仓（即利益关系），以享受"顾客小心"（*caveat emptor*）的责任豁免。但顾客小心就够了吗？事实上，在做空报告的传播过程中，做空机构自身的持仓往往是在传播过程中最被忽视的、最不具有传播力的信息。例如浑水做空瑞幸咖啡的新闻中，几乎看不见有关浑水仓位的信息。因此，"顾客小心"虽然在理论上严丝合缝，但实践中显然是不足的，更应该关注现实实践中的信息和信息传播的过程。

2. 中国内地的"四要件"分析框架。如本文所言，证券监管法的规则更需要与投资者结构相互匹配。对于以"散户"为交易主力的中国内地市场而言，更可取的方式是借鉴香港证监会市场失当行为审裁处的理解，来构建更为倾向"经济秩序"、中国内地市场规制积极做空者的"四要件"规则。

（1）散布行为。在香橼案中，控辩双方并没有就散布行为产生争议，而在美国法下，更不以散布行为作为构成要件。但是在中国内地，特别是在自媒体繁荣发展的情况下，用散布行为来区分"公言论"和"私言论"，有助于保护民众基本的表达自由。

证监会的处罚，特别是 2015 年陈斌案，① 之所以备受诟病，其原因就在于缺乏边界的限制。在 2019 年修改《证券法》之前，"编造、传播虚假信息"以"国家公务人员""传媒从业人员"为限制，但留"有关人员"为兜底。该条的成型自 1999 年首部《证券法》以来就未曾变化。然而 20 年斗转星移，信息传播环境早已沧海桑田，因此证监会在运用"编造、传播虚假信息"时不得不广泛运用"有关人员"之兜底，甚至在 2019 年的《证券法》中取消了身份限制的构成要件。

显然，身份限制并非理想选择，以行为为边界更为合理。具体在实践中，应当以公言论和私言论为区分边界。对传统的传播环境而言，电台、电视、报纸、杂志等传统媒介被视为公言论的传播媒介，但是在互联网时代，传统媒介已不再是传播主体，微博、微信等逐渐成为主流。这也是 2019 年《证券法》取消身份限制的"土壤"环境。

具体在行为边界上，以公开传播为边界为宜。一对一的微信谈话、电话、耳语等都属于私言论，其不存在广泛传播的问题，而在微信公众号、微博等不存在有限数量受众的传播媒介为公言论。此处，还需要区分编造和传播行为。编造本身并不能操纵市场，只有传播广泛的行为才能够

---

① 执法滥权，伤害基本自由最典型的案例是 2015 年的陈斌案。陈斌是微博"三一巨人"账户持有人，因为发布"三一重工或军工准入证"的不实信息而被证监会罚款 15 万元。陈斌的复议和上诉均被驳回。陈斌的委屈在于，"三一巨人"的账户粉丝仅 400 出头，也没有主观影响股价的动机，却遭遇 15 万元的飞来横祸。案情参见《你有说错话的权利吗？——陈斌诉中国证监会案评析》，载微信公众号"北京大学金融法研究中心"，https：//mp. weixin. qq. com/s？_ biz = MzAwNTEwMzE3Ng = = &mid = 2651775433&idx = 1&sn = da329258c26225d6931d9adb31bdfc09&chksm = 80db8aeeb7ac03f82f09bef65761cb28fc2e189bd8a113a48a3216c1e080132e702b8a328c7&mpshare = 1&scene = 1&srcid =0709RjkA2otSoNJanaMHzbKx#rd，访问时间 2019 年 6 月 29 日，以及中国证监会行政处罚决定书（陈斌），〔2015〕59 号。

影响市场。因此，应当以从私言论转向公言论的节点作为惩处的边界。例如，微信聊天记录不构成传播，但将截图发布到微博则构成传播。在香港的《证券及期货条例》第二百七十七条第三款中，也以"再传播"作为重要的罪与非罪边界。

（2）引诱交易。引诱交易主要有知名度和影响力两方面因素，即传播的信息能够被广泛知晓，且传播的内容能够影响投资者交易行为。举例来看，姚明点评股市属于有知名度而无影响力的行为，而 Left 的《香橼报告》则既有知名度，又有影响力，因为香橼公司是全球知名的做空机构，专精于狙击上市公司的财务欺诈。引诱交易要件是对散布行为的进一步拘束，限制了信息型操纵市场的无限扩张执法。

（3）虚假信息。虚假信息的构成要件包括重大性和虚假性/误导性。重大性不必赘述，公司公告中的标点符号错误显然不会影响市场。更核心的问题是如何界定虚假性/误导性。虚假性本身比较容易认定，例如香橼案中的许家印学历造假问题，完全可以通过交叉验证获得。更为关键的是如何认定误导性。

误导性可以从"引导性"和"论证严谨性"两者综合判断，即越偏离主流的观点，论证应当更严谨，否则构成误导性或者虚假性。首先，主流的意见不可能构成误导性。诸多"大牌投资银行"积极评价恒大地产，[①] 此时，若《香橼报告》也积极评价恒大地产，则不可能达成"导"的效果。因此，误导性的陈述一定是偏离主流观点的。其次，或许真理掌握在少数人手中，但是真理应该经得起检验，而不是随意抛出的特立独行观点。因此，越具有"引导性"的观点，越需要严谨的论述，否则就构成误导。

所以，在判断信息的虚假性问题上，应当以引导性和严谨性作为判断虚假性的两项标准。在引导性的具体判定而言，应当以本地资本市场的构成，特别是非理性投资者在交易额中的占比，以及被散布信息修辞的偏向性与情绪性来判定。在严谨性问题上，则以逻辑链条完整性、证据充分性和对基本规则的理解来认定论证是否严谨。例如，综合《香橼报告》的强引导性与论证弱严谨性可以判断，《香橼报告》满足了虚假信息要件。

（4）主观意图。主观意图包括故意与重大过失两种侵权意图。故意型主观意图不必赘述，必然构成违法。更关键的问题是如何认定重大过失。传统而言，重大过失的注意义务可以来源于形式（例如 2019 年修改之前的《证券法》中的证券从业人员、国家工作人员、传播媒体从业人员等身份形式），或者先行为（例如现行"反向交易"规则中的持仓先行为），以及来源于特殊地位（如知名股评人）。形式来源是中国内地长期以来立法模式，但更多是历史遗留（在 2019 年之前，《证券法》第七十八条的主体限制从 1999 年就如此规定），现今也遇到了执法的困难，也造成了 2019 年的修法。其理论上的不成立，审裁处在驳 Left 的"特殊关系论"已经阐明，即以

---

① 《审裁处报告书》第 139 段。

"特殊关系论"为标准，无异于为"破坏市场秩序的行径大开方便之门"。[①]"先行为"来源存在的问题为，在自媒体时代，侵害资本市场稳定运行的煽动、造谣的自媒体，可能并不一定在资本市场内部获利，而是通过攫取流量、扩大知名度而获利。在此类情况下，以先行为作为注意义务来源并不合适。因此，以特殊地位作为注意义务来源是更好的选择。特殊地位与先行为的区别在于，先行为往往是单一或几个、个别的行为，而特殊地位则是行为人长期以来的行为所取得的地位，其行为是长期的、系列的。在信息型操纵市场中，特殊地位可以理解为具有强影响力的地位。结合香橼案中市场失当行为审裁处论述，[②]将通常的抽象"理性人"认知具体划分为"影响力认知"和"风险认知"两个子构成要件，作为判断是否具有重大过失的依据。

影响力认知是指，在发布信息时，行为人应当知道自己的行为会对市场产生影响，如此，便能把 Left 的做空行为纳入主观要件的框架。在互联网时代，每个人都可能会爆红十五分钟，[③]如果没有影响力认知的限制，则特殊地位的边界过于宽广。因此影响力认知是避免执法对一般表达行为造成的寒蝉效应，而更精准打击信息操纵者。例如香橼案中的 Left，应当知道自身长期以来建立的 Crusader 名声，也应当知道在资本市场全球化的背景下，《香橼报告》报告会在香港产生重要影响。在影响力认知的框架下，Left 的做空行为就可以作为其知道自身影响力的证据，因为 Left 知道《香橼报告》报告会对恒大地产的股票产生影响，因而进行了卖空交易。此时，"反向交易"则可以成为主观意图的证据，相比于目前将之作为唯三的构成要件更为合理。

风险认知是指，行为人知道或应当知道，其披露的内容产生了较大的风险。风险认知包括两个层面：第一，行为人知道或应当知道其披露信息蕴含风险；第二，行为人将该风险控制在合理区间。第一层的风险识别为第二层的控制风险手段设定对象。第一个层面是确认风险的类型，第二个层面是提供免责方法。如果行为人既不知道也不应当知道存在风险，即可在第一层脱罪。如果行为人虽知道风险，但该风险显著轻微，比如可能存在错别字，那么也可在第二层脱罪。例如香橼案中的财务指控，就存在《香港会计准则》认知错误的风险，属于第一层风险；而如果 Left 寻求过公司的澄清或找寻过专业会计人员的意见，则构成第二层风险的脱罪。Left 在两层风险中都未能免责，因此满足风险认知要件。

所以，在主观意图要件上，存在故意和重大过失两种具体类型。故意的主观意图较易证明。重大过失则可以按照影响力认知和风险认知两个层次认定，既解决了反向交易在"四要件"分析框架中的体系位置问题，也给积极做空者提供了充分的免责方法。

---

① 《审裁处报告书》第111段。
② 香橼案中审裁处采用的是冼锦华测试（Sin Kam Wahtest），是指为了证明罔顾实情或后果，行为人应当满足两个标准：第一，在当时的场景下，行为人应当意识到风险的存在；第二，意识到该风险时，行为人的理性行为应当不忽视风险。
③ 波普艺术家 Andy Warhol：In the future everyone will be world – famous for 15 minutes。

五、 结论

信息型操纵市场在现代信息社会已成为证券法中越来越重要的课题，其理论和实践意义随着时间的推移在不断凸显。本文首先概括了研究信息型操纵市场，特别是其中积极做空者规则的现实意义，之后从实证的角度出发，对比列举和分析了中国香港与美国两地关于积极做空者的标志性案例，即香橼案和希维尔矿业案，并详细展开了两地各自的法律理论。本文从证券法问题逐渐推进到宪法问题，从金融理论问题推进到现实市场构成问题。基于现实案例、法规和市场构成，提炼出规制信息型操纵市场的"四要件"分析框架。最后，结合中国的实际市场情况，提出了符合中国内地市场的信息型操纵市场"四要件"，即以"散布行为""引诱交易""虚假信息""主观意图"分析信息型操纵市场的框架。

开展信息型操纵市场的研究，对于完善中国资本市场制度，特别是对提出具有中国特色的证券法治具有重要的标本意义。长期以来，对于外国资本市场的制度，中国的监管思维以拿来主义为主，却也遇到了无法落地、水土不服的问题。本文所提出的积极做空者规制的"南橘北枳"现象，恰恰解释了为何简单的法律移植并不能解决中国本土问题。中国的资本市场处于域外市场多个不同时代因素的叠加过程，既具备了美国大萧条之前散户投机行为的市场特征，又移植了先进资本市场的成型制度，同时还面临着前所未有的高度信息化社会所带来的资讯革命。多种因素的叠加，使得法律移植必须要挖掘出制度背后的历史环境与制度原理。如此，才能做到真正地借鉴域外经验，以解决中国问题。

（责任编辑：郑舒倩）

Financial Law Forum

金融法苑

2020 总第一百零二辑

他山之石

无偿泄密是内幕交易吗？

——对美国泄密型内幕交易中个人利益标准的反思

■ 朱子琳[*]

摘要： 对于泄密型内幕交易，美国联邦最高法院（以下简称最高法院）在 1983 年的 *Dirks v. SEC* 案中确立了个人利益标准，即接受内幕信息者（以下简称受密者）的内幕交易责任取决于泄露内幕信息者（以下简称泄密者）是否从泄密中获取了个人利益，当泄密者将内幕信息无偿赠给从事证券交易的亲友时，可以推定泄密者谋取了个人利益。该推定在 2016 年最高法院对 *Salman v. United States* 案的判决中被进一步确认。个人利益标准建立在泄密者违反对公司股东信义义务的基础上，是判断行为人是否有谋利目的的客观标准，允许了部分合法的选择性信息披露，具有合理性。但该标准也存在着诸多问题：首先，获取个人利益的含义不明晰；其次，该标准没有涵盖所有违反信义义务的情形；再次，对外部人泄密有时并不需要个人利益的判断；最后，禁止选择性披露的立法实践也让该标准的设立不再有必要。个人利益标准未来将何去何从，还有待司法的裁断。

关键词： 无偿泄密　内幕交易　信义义务　个人利益

想象若干年后，你功成名就，在华尔街一家投资银行担任投资经理，手握重磅客户交易信息。某天你与朋友闲聊，不小心透露了客户即将展开并购的消息，而该消息并未向市场公布。你的朋友表面上不动声色，但随后马上大量购入该公司的股票，并在信息公布后获利颇丰，而你明知朋友的行为却并未阻止，也没有要求任何回报，那么，你和你的朋友是否构成了内幕交易？如果你对朋友的证券买卖行为毫不知情，答案是否会有所不同？

上述情景是基于美国联邦最高法院在 2016 年的判例 *Salman v. United States* 案（以下简称 *Salman* 案）所创设，在该案中，投行工作人员 Mahar 向哥哥 Michael 提供了客户机密信息，Michael 又把该信息分享给了 Salman，后者既是其朋友，也是 Mahar 妻子的兄弟。Salman 利用该信

---

* 作者单位：北京大学法学院。

息进行了证券交易，被抓获时，他已经获得了超过 150 万美元的利益。①

Salman 案涉及一类较为特殊的内幕交易：泄密型内幕交易。泄密者拥有内幕信息，但是并没有直接从事买卖证券的行为。受密者才是实际从事证券交易的人。对于泄密型内幕交易，美国最高法院在 1983 年的 *Dirks v. SEC* 案（以下简称 *Dirks* 案）中确立了个人利益标准，认为受密者的内幕交易责任取决于泄密者是否直接或者间接从泄密中获取了个人利益。*Dirks* 案后，个人利益标准历经三十余年的发展，在理论和实践中都存在一定争议，尤其是对于无偿泄密情形下个人利益的认定，更是直接引发了第二巡回法院在 2014 年 *United States v. Newman* 案（以下简称 *Newman* 案）和第九巡回法院在 2015 年 *Salman* 案中的意见分歧，也是最高法院在 *Salman* 案中讨论的核心问题。那么，究竟什么是个人利益标准，如何用这一标准认定无偿泄密时的内幕交易责任，该标准又是否合理呢？

本文从上述问题出发，主要从以下四部分展开讨论：第一部分通过对 *Dirks* 案和 *Newman* 案的回顾，介绍泄密型内幕交易在美国司法实践中的核心认定标准：个人利益标准及其内涵变化；第二部分基于前述标准，分析 *Salman* 案的争议和法院的裁判结果；第三部分对 *Salman* 案中法院的认定结果进行延伸，探讨无偿泄密为什么可以推定存在个人利益；第四部分反思个人利益标准存在的问题；最后是一个简短的结论。

一、 历史回溯： 泄密型内幕交易的规制变迁

Salman 案涉及泄密型内幕交易的规制，其理论基础源于美国法上禁止内幕交易的规则。

美国法上，内幕交易主要在 1934 年《证券交易法》第 10 节②和美国证券交易委员会（以下简称 SEC）制定的 10b－5 规则下得到规制。③ 这两条规则都禁止欺诈性的证券交易，且作为总

---

① *See Salman v. United States*, 137 S. Ct. 420.

② Section 10 REGULATION OF THE USE OF MANIPULATIVE AND DECEPTIVE DEVICES："It shall be unlawful for any person, directly or indirectly, by the use of any means or instrumentality of interstate commerce or of the mails, or of any facility of any national securities exchange—... （b）To use or employ, in connection with the purchase or sale of any security ... any manipulative or deceptive device or contrivance in contravention of such rules and regulations as the Commission may prescribe as necessary or appropriate in the public interest or for the protection of investors."

③ SEC § 240. 10b－5 Employment of manipulative and deceptive devices："It shall be unlawful for any person, directly or indirectly, by the use of any means or instrumentality of interstate commerce, or of the mails or of any facility of any national securities exchange, （a）To employ any device, scheme, or artifice to defraud, （b）To make any untrue statement of a material fact or to omit to state a material fact necessary in order to make the statements made, in the light of the circumstances under which they were made, not misleading, or （c）To engage in any act, practice, or course of business which operates or would operate as a fraud or deceit upon any person, in connection with the purchase or sale of any security."

括性的反欺诈条款被 SEC 和美国法院用于规制内幕交易,① 相应的判断标准通过司法判例不断发展。具体而言,司法中规制内幕交易主要有两种理论。其一是传统理论(classical theory),针对公司内部人(corporate insiders)的内幕交易。经理、董事等公司内部人对公司股东负有信义义务,② 故其有义务在交易前披露公司重大非公开信息,或者放弃交易。③ 其二是盗用信息理论(misappropriation theory),针对公司外部人(corporate outsiders)的内幕交易。公司外部人对内幕信息的信息源负有信义义务,不应在未得到信息源同意之前利用信息买卖证券。④ 总的来看,不论是传统理论还是盗用信息理论,都以违反信义义务、构成欺诈作为规制内幕交易的基础。

需要说明的是,上述司法实践中的标准与学术界并未完全达成一致。学者们对信义义务理论多有争议,提出的替代标准包括公司财产理论(property theory)⑤、不公平获益理论(unjust enrichment theory)⑥、受贿理论(corruption theory)⑦ 等。限于主题和篇幅,本文将仅以司法实践中的信义义务理论作为分析前提。

而在泄密型内幕交易中,美国法上的规则来自 1983 年最高法院在 Dirks v. SEC 一案中确立的个人利益标准,该标准在无偿泄密情形中的适用也是 *Salman* 案中最为核心的争议点。因此,有必要首先对个人利益标准的内涵和实践演变予以介绍。

(一)*Dirks* 案:确立泄密型内幕交易规制的个人利益标准

Dirks 案发生在 1973 年,该案的被告人 Dirks 是纽约一家券商的证券分析师。当年 3 月 6 日,Dirks 从美洲股权基金公司(一家保险公司)的前任首席执行官 Secrist 那里得到消息——公司管理层利用欺诈手段大幅虚增资产价值,Secrist 催促 Dirks 去调查该欺诈案件并将结果公之于众。Dirks 接受委托并展开了调查。在此期间,Dirks 与客户讨论了他所获知的信息,一些客户卖掉了其持有的该基金公司股票,其中包括五个合计持股超过 1600 万美元的投资分析师。两周时间里,

---

① The Harvard Law Review Association, Securities Exchange Act of 1934—Insider Trading—Tippee Liability—*Salman v. United States*, 131 Harvard Law Review 383 (2017), p. 384; Zachary J. Gubler, A Unified Theory of Insider Trading Law, 105 Georgetown Law Journal 105 (2017), pp. 1232 – 1233.

② 公司内部人包括了实际内部人(actual insiders)和推定内部人(constructive insiders)。实际内部人如经理、董事、控股股东。推定内部人在事实上(technically)仍然是公司外部人,但是与公司之间由于商业往来而有特定的保密关系,并因此获得只能为公司目的所使用的信息,例如律师、会计师、投资经理、顾问等。*See Dirks v. SEC*, 463 U. S. 646, p. 655.

③ *See Chiarella v. United States*, 445 U. S. 222, pp. 232 – 233.

④ *See United States v. O'Hagan*, 521 U. S. 642.

⑤ *See* Jonathan R. Macey, Insider Trading: Economics, Politics, and Policy, Washington D. C. : AEI Press, 1991, p. 2.

⑥ *See* Donald C. Langevoort, Insider Trading and the Fiduciary Principle: A Post – *Chiarella* Restatement, 70 California Law Review 1 (1982), p. 6.

⑦ See Sung Hui Kim, Insider Trading as Private Corruption, 61 UCLA Law Review 928 (2017), pp. 928 – 1008.

Secrist 的指控随着 Dirks 的调查不断散布,结果美洲股权基金公司的股票价格从 26 美元/股跌至不到 15 美元/股,并导致纽交所在 3 月 27 日暂停了其股票交易。SEC 随即介入,并对 Dirks 提出了指控。SEC 认为,Dirks 将欺诈指控在投资者群体中散布,导致后者卖出其持有的股票,构成 1934 年《证券交易法》第 10 节和 SEC 规则 10b-5 条下的证券欺诈行为。考虑到 Dirks 对揭发欺诈贡献较大,SEC 最终对其处以谴责(censure),而没有提起刑事指控。① Dirks 对结果不服,提出上诉,该案一直打到了最高法院。

最高法院在判决首先确认了 SEC 在 1961 年 *Cady Roberts & Co.* 案中提出的"披露或者弃绝交易规则"(Disclose-or-abstain Rule),即公司内部人必须披露因其职位获取的尚未公开的公司重大信息(material facts)②,如果在特定情形下这种披露不合理或者不现实,则应当放弃交易。③ 进而,最高法院讨论了泄密型内幕交易中该规则的适用。在内部人对第三人泄露内幕信息的情况下,泄密者自己没有利用该信息交易,买卖证券的是受密者。尽管受密者作为公司外部人,一般不对股东负有信义义务,不受披露或者弃绝交易规则的约束,但若泄密者违反信义义务而泄密,由受密者买卖证券,泄密行为就只是泄密者规避披露或弃绝交易规则的一种方式,也应当受到规制。此时,受密者承继了泄密者的信义义务,并因违反该义务而应承担内幕交易的责任。

具体而言,受密者承继信义义务有两个条件:其一,泄密者违反其信义义务泄露信息;其二,受密者明知或者应知违反该义务。④ 可见,受密者的信义义务和泄密者的信义义务直接相关,因而认定受密者责任的关键在于泄密者的泄密什么时候可以被视为违反了信义义务。在普通内幕交易中,内部人在内幕信息公开前利用该信息交易即构成证券欺诈,但是在泄密的情况下,泄密者仅仅是泄露了内幕信息,是否可以像普通内幕交易那样,认为只要泄密就违反了信义义务、构成证券欺诈?

最高法院没有采取这种理解。大法官 Powell 在判决中指出,判断泄密是否违反信义义务的关键,是泄密者本人是否直接或者间接从泄密中获取了个人利益。⑤ 原因在于,不是所有披露公司保密信息的行为都是不当的,内部人可能错误地以为信息已经被披露或者并不重大,或者内部

---

① *See Dirks v. SEC*, 463 U. S. 646, p. 652. 另参见杨亮:《内幕交易论》,北京大学出版社 2001 年版,第 108 页。

② 根据 SEC 在 Cady 案的观点,公司重大信息是指会影响投资者作出投资决策的信息。*See Cady*, *Roberts & Co.*, 40 S. E. C. 907(1961),p. 911.

③ *See Cady*, *Roberts & Co.*, 40 S. E. C. 907(1961),p. 911.

④ A tippee assumes a fiduciary duty to the shareholders or a corporation not to trade on material non-public information only when the insider has breached his fiduciary duty to the shareholders by disclosing the information to the tippee and the tippee knows or should know that there has been a breach. *See Dirks v. SEC*, 463 U. S. 646, p. 660.

⑤ The test is whether the insider personally will benefit directly or indirectly, from his disclosure. *See Dirks v. SEC*, 463 U. S. 646, p. 662.

人将信息披露给证券分析师，此时这种信息泄露并不必然与信义义务相背离。因此，只有当泄密者为个人获益（personal gain）而披露时，才会违反信义义务。

那么如何判断泄密者是否获取了个人利益？最高法院认为应坚持客观标准。个人利益包括金钱收益（pecuniary gain）或会转化为未来收益的好名声（a reputational benefit that will translate into future earnings）。若双方存在泄密者可从受密者获取报偿（quid pro quo）的特定关系，或泄密者有让受密者获益的意图，可以推定存在个人利益。特别地，当泄密者向其亲友无偿赠予保密信息时（makes a gift of confidential information to a trading relative or friend），泄密者和受密者交易与泄密者自己利用内幕信息交易之后把利益赠予受密者效果是一样的，也应推定存在个人利益。①

由此，最高法院建立了一套泄密型内幕交易的规制规则。简单来说，受密者的内幕交易责任取决于泄密者是否违反了信义义务，违反信义义务的标准是泄密者是否从泄密中获取个人利益，包括金钱收益或无形利益。若泄密者对从事证券交易的亲友无偿泄密，可被推定为追求个人利益（见图1）。

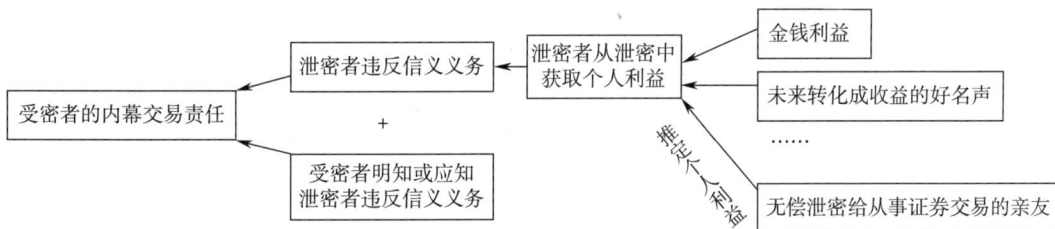

图1　泄密型内幕交易中受密者法律责任认定过程

（资料来源：作者整理）

在 Dirks 案中，泄密者是公司的前首席执行官 Secrist 和公司雇员，受密者是 Dirks。法院认为 Secrist 和公司雇员揭露公司不法事实的目的不是个人得益，而是让不法行为公之于众，他们没有获得任何金钱或者类似的好处，因此个人利益标准未被满足，他们没有违反信义义务。相应地，Dirks 作为受密者也没有承继他们的信义义务，Dirks 也没有通过其他方式负担该义务。故 Dirks 披露相关信息并不构成证券欺诈。②

（二）*Newman* 案：重新解读无偿泄密情形下个人利益的认定条件

最高法院在 Dirks 案中提出，若泄密人将内幕信息无偿泄露给从事证券交易的亲友，可以推定存在个人利益。但是，对于这一推定是否能适用于亲友之外的其他关系、是否对关系的密切程

---

① *See Dirks v. SEC*, 463 U. S. 646, pp. 663－664.

② *See Dirks v. SEC*, 463 U. S. 646, pp. 665－666.

度有所要求，*Dirks* 案并未回答。在 2014 年的 *United States v. Newman* 案中，第二巡回法院就对无偿泄密中个人利益的推定条件重新进行了解读。

Newman 案中，多家对冲基金和投资公司的分析师们获知了有关上市高科技企业的内幕信息，信息源是这些公司的雇员。分析师们彼此传播信息，还把相关信息传递给了投资经理，其中就包括两个被告 Todd Newman 和 Anthony Chiasson。与 *Dirks* 案不同的是，本案中 Newman 和 Chiasson 与泄密者之间有多重受密者的信息传递。具体而言有两条泄密链：Dell 公司泄密链（见图 2）和 NVIDIA 公司泄密链（见图 3）。①

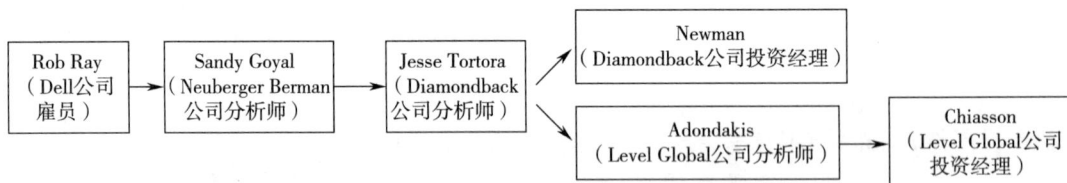

图 2　Dell 公司泄密链

（资料来源：*United States v. Newman*, 773 F. 3d 438）

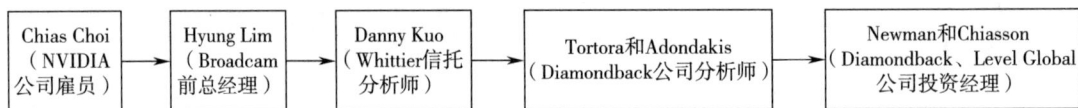

图 3　NVIDIA 公司泄密链

（资料来源：*United States v. Newman*, 773 F. 3d 438）

可以看出，Newman 和 Chiasson 在信息传递链条上处于第三甚至第四重受密者的位置，与泄密者并无直接联系。此时是否还能用推定个人利益证成受密者的责任？控方认为答案是肯定的，因为 Newman 和 Chiasson 作为富有经验的交易者（sophisticated trader），一定知道这些信息是内部人违反信义义务所泄露的，而不是为了任何合法公司目的。被告 Newman 和 Chiasson 则坚持认为，没有充分证据证明泄密者是为了换取个人利益才泄露信息的，即便有，他们也并不知情。法院最终支持了被告的观点。

法官在判决书中指出，根据 *Dirks* 案，泄密者违反信义义务包括两个方面：其一，泄露保密信息；其二，获得个人利益。② 在泄密者向从事证券交易的亲友无偿泄密的情况下，可以推定存在个人利益。但是这并不等于控方证明双方存在（特别是仅在一般交往层面的）朋友关系就能

① *See United States v. Newman*, 773 F. 3d 438, p. 449.

② *See United States v. Newman*, 773 F. 3d 438, p. 449.

证明泄密等于获取了个人利益，否则只要证明双方曾经一起去教堂或者是同一所学校的校友，就能满足个人利益标准。这样一来，个人利益标准的条件就会变得很低甚至毫无意义。故在无偿泄密的情况下，除非能够证明泄密者和受密者之间存在重要的私人亲密关系，以至于会自然而然导致利益交换，且至少代表存在获取金钱或类似有价值收益的可能性，否则不能推定泄密者通过泄密谋取个人利益。① 换言之，无偿泄密本身不能等同于泄密者也获得了个人利益，用保密信息交换来的个人利益一定要有所表现。②

而在 *Newman* 案中，法院认为现有证据不足以证明这样重要亲密关系的存在。在 Dell 公司和 NVDIA 公司的泄密链中，泄密者与第一重受密者之间都仅是相互认识（casual acquaintances），泄密者并没有从受密者处获得任何利益。③ 因此，尽管两个泄露中都是无偿泄密，但现有关系不足以推定泄密者谋取了个人利益，*Dirks* 案中的第一个条件"泄密者为了谋取个人利益泄密"并未被满足。

退一步讲，即便能认为这些信息足以推定个人利益，法院认为也没有充分证据证明 Newman 和 Chiasson 知道泄密者违反信义义务。在 *Dirks* 案中，法院认为受密者应对泄密者违反信义义务知情，但并未明确要求受密者必须知道泄密者获取了个人利益。④ 而 *Newman* 案的法官则指出，既然违反信义义务要求泄密者谋取个人利益，那么受密者"知道或者应当知道"的就应当是泄密者通过泄密谋取了个人利益。本案中，处于中介地位的受密者并不了解泄密者和第一重受密者之间的关系，更不知道有任何个人利益交换。⑤ 因此法院认为 *Dirks* 案的第二个条件"受密者知道泄密者违反信义义务"的条件也并未被满足。

总的来看，*Newman* 案中第二巡回法院对个人利益标准的重新解读主要包括两个方面：其一是在个人利益的推定上，泄密者无偿赠予信息时，应证明泄密人与受密人之间存在着重要的亲密关系会导致利益互换。其二是对受密者，要证明受密者明知泄密者是为了谋求个人利益，而不

---

① ... we hold that such an inference is impermissible in the absence of a meaningfully close personal relationship that generates an exchange that is objective, consequential, and represents at least a potential gain of a pecuniary or similarly valuable nature. *See United States v. Newman*, 773 F. 3d 438, p. 452.

② 例如，在 Jiau, 734 F. 3d 一案中，公司内部人泄露后获得的不仅是受密者的友谊，他也获得了进入一家投资俱乐部的资格，而在该俱乐部中证券内幕信息经常被讨论。因此，通过加入该投资俱乐部，泄密者从受密者那里获得了回报，因此获得了转化成未来金钱收益的机会。*See United States v. Newman*, 773 F. 3d 438, p. 452.

③ 具体而言，在 Dell 公司泄密链中，第一重受密者 Goyal 给泄密者 Roy 提供的工作建议也同样会提供给其他同事，即便他没有收到内幕信息也是如此。在 NVDIA 公司泄密链中，第一重受密者 Lim 也没有给泄密者 Choi 提供任何利益。*See United States v. Newman*, 773 F. 3d 438, p. 453.

④ *See Dirks v. SEC*, 463 U. S. 646, p. 660.

⑤ 在 Dell 公司泄密链中，中间受密者 Tortora 不知道泄密者的名称、地位或者获知信息的来源，也不知道泄密者 Choi 是否获得了个人利益。在 NVDIA 公司泄密链中，中间受密者 Adondakis 也没有告诉 Chiasson 信息来源。*See United States v. Newman*, 773 F. 3d 438, p. 453.

仅仅是违反了某种保密义务。[①] 这两个要求都提高了个人利益标准的证明门槛，加大了认定受密者内幕交易责任的难度。

Newman 案对个人利益推定条件的解读，在 *Dirks* 案中并未体现，其理解是否符合最高法院的意思呢？这一问题在 *Salman* 案中成为核心的争议焦点。

二、 争议平息： *Salman* 案重申无偿泄密给亲友可推定个人利益

（一）案情及控辩双方争议焦点

在 *Salman* 案中，泄密者 Mahar 就职于花旗集团医疗保健投行部，由于工作原因掌握了花旗集团高度机密的客户并购信息。Mahar 时常与哥哥 Michael 讨论工作事宜，当 Mahar 察觉到 Michael 利用其透露的内幕信息买卖证券后，Mahar 并没有阻止，而是继续提供信息。此后，Michael 又把这些信息告诉了其他人，包括本案上诉人 Salman。Salman 是 Michael 的朋友，Salman 的妹妹则是 Mahar 的妻子。

在地区法院的审理中，Salman 被指控构成多个证券欺诈行为，包括 SEC 规则 10b－5 条下的内幕交易罪。加利福尼亚州北部法院判决对 Salman 的全部指控都成立，并判处 Salman 监禁和罚款 73 万美元。在 Salman 上诉至第九巡回法院的过程中，第二巡回法院作出了 *Newman* 案的判决。Salman 于是援引 *Newman* 案的观点，声称现有证据只能证明 Mahar 向 Michael 无偿泄露了信息，但是不能证明 Mahar 获得了任何金钱或者类似有价值的收益，也不能证明 Salman 知道这些收益的存在。因此，本案中个人利益标准不满足，Salman 不构成内幕交易。但第九巡回法院拒绝接受 *Newman* 案的解读，而是回到了 *Dirks* 案中的标准，认为泄密者向从事证券交易的亲友泄密本身就使得泄密者获得了个人利益。Salman 不服，继续上诉到了最高法院。

在上诉中，控辩双方的争议焦点主要围绕无偿泄密情形下如何认定泄密者获得了个人利益而展开。

Salman 认为，无偿泄密不能推导出泄密者获得了个人利益。他的依据来自 *Newman* 案。*Newman* 案中，法院认为个人利益的推定必须证明存在足以导致利益交换的实质性亲密关系，实际上是要求在无偿泄密之外还要证明有个人利益的获取，或有未来转化为收益的可能。[②] Salman 以此主张，如果不能证明泄密者泄露内幕信息的目的是获取金钱、财产或者其他是有形价值的东西，个人利益条件并未满足。Salman 还援引其他内幕交易案件称，这些案件中公司内部人都有获得"有形金钱收益"的意图，而一些非内幕交易的欺诈犯罪案件也都确认，欺诈者必须获得金钱或者财产。因此，仅有无偿泄密事实不足以证明证券欺诈，还需证明泄密者获得个人利益。

---

① 郑晖：《美国泄密型内幕交易法律责任中个人利益标准研究》，载《证券市场导报》2017 年 6 月号。

② *See United States v. Newman*, 773 F. 3d 438, p. 452.

此外，Salman 还从反面论证，认为如果将无偿泄密就等同于泄密者获得了个人利益，会导致内幕交易在罪名适用上模糊不定（indeterminate），并且可能过分宽泛（overbroad）。模糊不定，是因为无偿泄密情况下推定存在个人利益的条件是泄密者和受密者之间有足以导致利益交换的实质性亲密关系，这样一来，受密者责任成立与否就会取决于泄密者和受密者之间关系的远近。而过分宽泛，则是因为这可能会减轻政府的举证责任：控方只需要证明泄密者意图无偿泄露信息即可完成对个人利益的举证。并且，这还会导致多重受密者情况下判断困难。因为在后受密者从在先受密者那里知晓内幕信息，但可能不知道原始泄密情况，仅依据无偿泄密就对受密者施加责任并不合理。①

面对 Salman 的主张，控方的观点针锋相对：只要泄密者向第三人无偿泄露信息，即便受密者不是泄密者的亲友，也足以认定泄密者获得了个人利益。原因在于，根据 *Dirks* 案，内幕交易中的欺诈来自一方利用了只能用于公司目的的信息，由此带来的内在不公平。故只要以非公司目的的泄密，就有这种不公平的存在，不需要再证明获益的目的。控方指出，若泄密者预见到保密信息将会被用于交易，还泄露这些信息，则泄密者就是不当利用了内幕信息的交易价值（trading value），已有个人获益。并且，既然个人获益来自保密信息的非公司目的的使用，那么不论受密者是泄密者的朋友、家庭成员还是任何其他人，泄密者只要泄露信息，都是在满足个人利益，故是否是亲友关系并不会对内幕交易责任认定产生影响。

对于 Salman 所声称法律适用上模糊不定和过分宽泛的问题，控方认为，这种风险很大程度上会被其必须满足的证明条件所消解。因为要证明被告构成内幕交易犯罪，控方必须证明泄密者预期保密信息将会被用于证券交易，且达到排除合理怀疑的程度，还要证明受密者对泄密者违反信义义务是知情的。这些条件都会增加控方起诉内幕交易犯罪的困难程度。而存在多重受密者时，同样要证明受密者对泄密者违反信义义务是知情的，因此 Salman 所说的认定困难并不存在。

总的来看，Salman 和控方的争议主要体现为两个方面：第一，无偿泄密本身是否足以推定泄密者获得了个人利益？第二，如果允许这样的推定，是否仅局限于泄密者和受密者之间是亲友关系的情形？Salman 的观点是，无偿泄密不能当然推定有个人利益，必须证明泄密者和受密者之间有足以导致利益互换的亲密关系。而控方的观点则是，无偿泄密本身就足以推定泄密者获得了个人利益，这样的推定不要求受密者和泄密者之间的特殊亲密关系。

（二）最高法院的判决意见

面对控辩双方的争议，最高法院回到了最初的判断标准：*Dirks* 案。大法官 Alito 回顾了 *Dirks* 案中确立的个人利益标准，他指出，仅仅泄露保密信息而无个人获益是不够的。在泄密者向从事

---

① *See Salman v. United States*，137 S. Ct. 420.

证券交易的亲友无偿泄密的情况下，泄密后受密者利用该信息交易，与泄密者自己交易后赠予亲友本质上相同，泄密者相当于获得了个人利益，所以才能推定存在个人利益。

而本案恰恰符合 *Dirks* 案假定的情形。本案中，泄密者 Mahar 正是向一个关系密切的亲人提供信息，即他的哥哥 Michael，这与 *Dirks* 案中所说"从事证券交易的亲人"一致，故本案可以适用相应的推定个人利益原则。因为 Mahar 如果自己利用了该信息买卖证券，之后将收益赠送给哥哥，他显然是违反了信义义务，也获取了个人利益。而这种情况和 Mahar 直接把信息赠予给哥哥效果相同。因此，Mahar 向哥哥 Michael 提供信息的行为足以推定其是为了获得个人利益。而上诉人 Salman 明知信息来自 Mahar 不当泄密，还利用内幕信息买卖证券，是获得并违反了与 Mahar 相同的信义义务，故应承担内幕交易的责任。对于第二巡回法院在 *Newman* 案中所要求的泄密者还应当收到金钱或者类似性质的收益，最高法院认为该标准与 *Dirks* 案的要求并不一致而拒绝采纳。

对于 Salman 所援引的证明有个人获益的证券欺诈案件和其他欺诈性犯罪案件，法院认为这些案件并不影响 *Dirks* 案标准的适用。正如前文所述，不论是向亲友无偿泄露有交易价值的保密信息还是先交易后赠予利益，泄密者都从中获益。本案中的事实也说明了这一点：Michael 曾请求 Mahar 帮忙，但他拒绝了 Mahar 给的钱，而是请求获得内幕信息。① 可见，向从事证券交易的亲友无偿泄密本身足以推定个人获益。

而对于 Salman 所声称的无偿泄密推定会导致适用上的模糊不定，最高法院指出，*Dirks* 案所欲创设的是一个判断内幕交易责任的"指导性原则"（guiding principle）。Salman 最多证明了在特定事实情况下根据无偿泄密标准判断是否有个人利益会是困难的，但这并不意味着会导致严重的模糊不定，判断泄密者是否收取了个人利益本来就较为困难，需要个案判断。②

基于以上分析，最高法院驳回了 Salman 的上诉请求，认为本案证据足以证明泄密者是将内幕信息赠予给了从事证券交易的亲友，获得了个人利益，违反了信义义务。而受密者 Salman 明知上述情形，其利用泄密信息买卖证券构成内幕交易。

（三）*Salman* 案的局限性

Salman 案的判决作出后，无偿泄密情况下个人利益的推定之争暂时告一段落。最高法院重申向亲友泄密可以推定泄密者获得了个人利益，看上去解决了本案的争议，也对 *Newman* 案中所提出的实质性亲密关系条件予以拒绝。但是若重新思考这三个案件便会发现，最高法院在 *Sal-man* 案判决并没有真正解决问题。

---

① See *Salman v. United States*, 137 S. Ct. 420.

② It remains the case that "［d］etermining whether an insiderpersonally benefits from a particular disclosure, a question of fact, will not always be easy for courts" ... But there is no need for us to address those difficult cases today, because this case involves "precisely the gift of confidential information to a trading relative that Dirks envisioned. " ... See *Salman v. United States*, 137 S. Ct. 420, p. 429.

让我们重新梳理无偿泄密情形下法院的规制标准变化。在 Dirks 案中，最高法院提出向从事证券交易的亲友无偿泄露内幕信息，可以推定泄密者获得了个人利益。在 Newman 案中，第二巡回法院认为个人利益推定必须满足特定前提，即泄密者和受密者之间存在着实质性的亲密关系以至于足以导致利益交换。而在 Salman 案中，控方则认为只要向第三方泄密，不论泄密者和受密者之间到底是什么关系，都可以从无偿泄密的事实本身推定有个人利益。可见，在个人利益的推定上，就泄密者和受密者之间的关系而言，三个案件讨论的范围其实是在不断扩大的（见图4）。

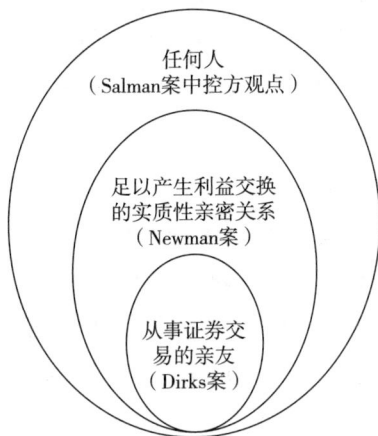

图4　三个案件中推定个人利益适用的范围

（资料来源：作者整理）

而最高法院在 Salman 案的判决中，并没有讨论无偿泄密的适用范围能否扩大这一问题。法院仅仅是再一次确认了 Dirks 案中最为狭窄的"从事证券交易的亲友"标准。但是对于通常所理解的亲友之外的其他关系，推定个人利益是否要求足以产生利益互换的实质性亲密关系，还是如 Salman 案中控方所言可以扩大到任何人？最高法院并没有回应。但非亲友关系下是否可以依据无偿泄密的事实推定存在个人利益，恰恰是该标准在实践中可能遇到的难题：假定公司内部人将内幕信息无偿泄露给了街边路人，后者用信息去买卖股票获利，泄密者是否获得了个人利益？知道这一信息被不当泄露还买卖证券的路人，是否要承担内幕交易的责任？ Salman 案的判决并不能解决上述问题。在此情况下，还要回到个人利益标准的原理本身去探寻可能的答案。

三、　制度探析：　无偿泄密可否构成内幕交易

（一）个人利益何以成为认定泄密者和受密者责任的标尺

在认定无偿泄密中的个人利益之前，首先有必要厘清泄密者谋取个人利益何以成为认定泄密者和受密者违反信义义务、承担内幕交易责任的标尺。从最高法院的判决和学者分析来看，主

要原因有三：

首先，个人利益标准产生于信义义务中避免利益冲突的原则。董事、经理等公司内部人对公司和股东负有信义义务，他们作为受托人管理公司事务，服务于公司利益。① 内部人基于其受托人的特殊地位所获得的公司信息只能用于公司目的，不能用于个人谋利。如果这些本应用于公司利益的信息被受托人为自己的利益所用，受托人实际上是把自己的利益置于委托人利益之上，获得了不公平的信息优势，违背了信义义务中避免利益冲突原则的基本要求。② 正如最高法院在 *Dirks* 案中所确认的那样，公司内部人违反 SEC10b－5 规则，构成证券欺诈有两个条件：第一，存在使行为人能够接触到只能用于公司目的之内幕信息的特定关系；第二，允许公司内部人在该信息披露前利用该信息买卖证券会导致不公平。③ 因此，公司内部人利用特殊地位获取的信息若用于个人获利，是违背了对委托人的信义义务，构成了欺诈。

既然违反信义义务是内幕交易规制的基本原理，那么，泄密型内幕交易中信义义务的判断规则为什么可以转化为个人利益标准呢？与非泄密型内幕交易对比可以发现，在泄密型内幕交易中，泄密者是负有信义义务的主体，但是没有买卖证券的行为，而受密者有买卖证券的行为，但不是负有信义义务的主体。一方面，从泄密者的角度来看，泄密者把信息泄露给第三人并从受密者处获得回报，本质上是把保密信息卖给了第三人，仍是将本应用于公司利益的信息用于个人获利，属于违反信义义务的范围。④ 另一方面，从受密者的角度来看，受密者尽管没有信义义务的身份，但是当其知道内幕信息是被不当泄露、自己由此获得了相较于其他交易者不公平的信息优势时，也负有义务披露该信息或者放弃交易，承担与泄密者同样的信义义务。受密者因买卖证券而违反该义务，应承担法律责任。⑤

由上述分析可见，受密者的责任源自其知晓信息不当泄露并买卖证券两个方面，前者让其获得了与泄密者相同的信义义务，后者则是对该义务的违反。因此，受密者责任建立在泄密者不当泄露信息的基础上。而泄密者获得的收益，不管是来自非泄密时自己交易还是泄密后受密者的回报，本质上都是为了个人获益在利用公司信息，因此可以将是否有个人获益目的作为判断泄密者是否违反信义义务的标准。如此一来，泄密者和受密者的责任就都统一到了泄密者谋取个人利益的标准之下。

① 甘培忠：《企业与公司法学》（第 7 版），北京大学出版社 2015 年版，第 259～266 页。

② See Victor Brudney, Insiders, Outsiders, and Informational Advantages under the Federal Securities Laws, 93 Harvard Law Review 322 (1979), pp. 344－345.

③ See *Dirks v. SEC*, 463 U. S. 646, p. 653.

④ See Victor Brudney, Insiders, Outsiders, and Informational Advantages under the Federal Securities Laws, 93 Harvard Law Review 322 (1979), p. 348.

⑤ See Donald C. Langevoort, Insider Trading Regulation, Enforcement and Prevention, Clark Boardman Callaghan, 1997－2019, § 4：3.

其次，个人利益标准为判断泄密者的主观心理状态建立了可操作的客观标准。最高法院用泄密者是否收到了直接或者间接的个人利益来衡量是否违反信义义务，是用相对客观的标准，替代对当事人主观泄密目的的揣测。如果泄密者真诚相信泄密是为了公司利益最大化，或者泄密者根本没有意识到这是重大的非公开信息，泄密者就并没有将自己的利益置于委托人利益之上，没有欺诈委托人，不存在违反信义义务的情形。故目的的正当与否很大程度上决定了泄密者是否违反义务。① 但是最高法院在 Dirks 案中也认可，主观目的的判断是很困难的，SEC 和法院并不是要去读取当事人的意志，而是要通过客观标准（objective criteria），即泄密者是否通过泄密获取直接或间接的个人利益，来替代对主观目的的判断。

最后，个人利益标准也有一定政策考量，它划定了内部人选择性披露的合法边界。② 正如最高法院在 Dirks 案中所指出的，反欺诈条款并不是要确保所有投资者都掌握完全平等的信息，最高法院特别强调了市场分析师的作用。证券发行人向市场披露信息之前，往往有选择性地将一些重大且非公开的信息披露给市场分析师，以便于后者能够预先作出市场预测和投资建议，并避免证券价格过度波动的不利影响。③ 最高法院认为分析师提前获知信息对证券市场的有效定价是必要的。④ 因此，从允许选择性披露、提高证券定价有效性的角度，有必要通过个人利益这一条件限缩违反信义义务责任的边界。

因此，个人利益标准可以成为泄密型内幕交易中认定泄密者和受密者责任的标尺。

（二）无偿泄密情况下个人利益的推定

1. 为什么能够推定。个人利益标准是对判断泄密者主观心理状态一种替代方式。多数情况下，这种替代是有合理性的，如果当事人主观是为了谋利，往往客观上也会通过接受物质回报表现出来，从实际来看相应回报包括金钱利益，还有演唱会门票、手机、食品、礼品卡等。⑤ 但有的时候获益目的与获益表现并不必然等同，无偿泄密就是一例。在无偿泄密的情况下，泄密者是把保密信息作为礼物（makes a gift of confidential information）赠予受密者，而礼物（gift）本身就有不预期任何收益而给予的含义，⑥ 故泄密者并没有从无偿泄密中获得有形回报。但从实际效果

① Whether disclosure is a breach of duty therefore depends in large part on the purpose of the disclosure. *SeeDirks v. SEC*, 463 U. S. 646, p. 662.

② See Michael D. Guttentag, Selective Disclosure and Insider Trading, 69 Florida Law Review 519 (2017), pp. 529 – 530.

③ 下文将论述，美国在 2000 年颁布《公平披露规则》禁止了选择性披露。但在 Dirks 案作出判决的 1983 年，选择性披露是常见的做法。参见王亚楠：《对美国〈公平披露规则〉的再审视》，载《证券法苑》2011 年第 5 卷。

④ *See Dirks v. SEC*, 463 U. S. 646, p. 662.

⑤ *See* Donald C. Langevoort, Insider Trading Regulation, Enforcement and Prevention, Clark Boardman Callaghan, 1997 – 2019, § 4：7.

⑥ Black's Law Dictionary (11th ed. 2019), gift, The voluntary transfer of property to another without compensation.

来看，无偿泄密中公司信息被特定主体用于个人谋利，有悖于信义义务的要求，应当受到规制。那么，如何解释无偿泄密情况下的个人利益呢？

根据最高法院在 Dirks 案和 Salman 案中的判决，泄密者向公司外部人无偿赠予信息的情况下，相当于向后者提供等值的金钱礼物。法院认为，无偿泄密后受密者利用内幕信息交易，与泄密者自己利用信息买卖证券获利后，把利益作为礼物送给亲友，本质上是相同的，① 因此可以认为泄密者获得了个人利益。这一解释其实是将无偿泄密情况下受密者获得的金钱利益推定为泄密者的获益。在客观结果上，这样的逻辑并不当然成立：因为泄密者和受密者利用信息买卖证券并不必然会同样获益。但是从内幕交易的规制原理来看，该推定则具有合理性。无偿泄密情况下，泄密者的主观目的与客观获益表现出现了脱节：此时仅仅依据外在获益表现认定个人利益，会导致一些本应受到规制的泄密行为无法被认定为内幕交易。因此，有必要回到泄密者的主观心理上进行判断。

在无偿泄密中，泄密者的目的主要体现为让他人利用公司信息谋利。正如最高法院所言，泄密者预见到受密者将会利用信息买卖证券，实际上是有意向受密者提供等值的金钱礼物，不当利用了公司信息。② 若进一步思考会发现，无偿泄密中泄密者主观上的动机还可能包括另一方面：自己从泄密中获取的良好感觉。比如，一个公司董事为了向朋友显示友谊，把内幕信息作为礼物透露给朋友，没有要求回报，其朋友利用这些信息买卖证券获利。一方面，泄密者有让受密者获利的目的：董事将内幕信息作为礼物赠予受密者，且其预见到后者会利用信息交易，是为了让后者获得好处。另一方面，泄密者也有让自己得益的动机：尽管表面来看董事没有实际获得任何可见的好处，但他是为了在朋友面前显得够义气，某种程度上是在用公司的信息来满足自己的虚荣心。因此，无偿泄密中泄密者的主观目的实际上有两个方面：让受密者获利、让自己得益。

从最高法院的解释来看，泄密者个人的良好感觉并不在个人利益的考虑范围内：比如在为公目的泄密的情况下，泄密者揭露了公司的不法行径，可能也有从揭发不法行为中获得良好感受的动机，但是由于没有让特定主体利用该信息交易获利的目的，被最高法院认为是合法的泄密。③ 如此一来，无偿泄密中认定泄密者获得个人利益最为关键的主观动机，就是泄密者有让他人利用信息获益的目的，而该目的显然违反了信义义务中禁止利益冲突的要求而应受到规制。

因此，无偿泄密中被推定的个人利益，实际上是法院基于泄密者主观上为他人谋利的目的，

---

① The tip and trade resemble trading by the insider himself followed by a gift of the profits to the recipient, *see Dirks v. SEC*, 463 U. S. 646, p. 662.

② *See Salman v. United States*, 137 S. Ct. 420, p. 428.

③ *See Dirks v. SEC*, 463 U. S. 646, p. 662.

将受密者的获益推定为泄密者的获益。法院通过个人利益的推定填补了主观目的与客观表现脱节而可能导致的规制盲区。①

2. 什么情况下能推定。

（1）不应要求实质性亲密关系。在理解了无偿泄密情况下推定个人利益的原理之后，让我们重新回到前文的问题：该推定的成立是否要求泄密者和受密者之间存在足以导致利益交换的亲密关系？

无偿泄密中的个人利益，来自泄密者为他人谋利的主观目的和受密者买卖证券获益行为的结合，但泄密者自己并没有获益的外在表现。如果严格限制只能在泄密者和受密者之间有实质性紧密关系的情况下才能推定，隐含前提是泄密者会从受密者那里获得某种回报。这意味着不仅泄密者要有为自己谋利的目的，还要把这种主观目的外在为可衡量、可感知的客观表现（亲密关系）。但是这种理解有两个问题：

一方面，泄密者未必一定要实现其自己的某种利益，他可能仅仅是为了别人的福利。举个极端的例子，一个公司董事把内幕信息告诉了一个陌生人，他觉得自己就是在做好事，这种"无私"的泄密并没有为自己谋利的目的。另一方面，即使在前例中把无私泄密理解为是为了个人的目的（做了好事让自己感到愉悦），这一目的也没有体现为客观的获益或者泄密者与受密者之间实质性的亲密关系。换言之，实质性亲密关系是将应承担内幕交易责任的无偿泄密，限定在了很小的范围内，只有那些为了自己获利且能被客观感知的无偿泄密才是应受规制的无偿泄密，这过分限缩了规制无偿泄密行为的范围，也不符合最高法院推定个人利益的目的。

如果从最高法院的解释出发，把无偿泄密看作泄密者自己交易之后把赠予利益给受密者，那么泄密者谋取利益的关键在于泄密者利用内幕信息交易，而不在于把这样的利益赠予给谁。只要受密者利用内幕信息交易，对泄密者获益的推定就足以成立。从这个角度来看，泄密者和受密者之间也并不必然要有实质性的亲密关系。因此，*Newman* 案将推定个人利益严格限定为特殊关系的结论并不合理。

（2）以非公司目的使用信息为标准。如果 *Newman* 案中对泄密者和受密者之间关系的限定是过分狭窄的，那么无偿泄密中推定个人利益的条件应当如何设定？本文认为可能的边界在于，泄密者是否将信息用于了非公司的目的（non‐corporate purpose），让从事证券交易的第三人获利。

从前文对无偿泄密情况下个人利益实现路径的讨论可以发现，"个人利益"的范围并不仅仅局限于泄密者自己获得回报（有偿泄密），还有当泄密者把内幕信息用于为第三人谋取福利时

---

① *See* Michael D. Guttentag, Selective Disclosure and Insider Trading, 69 Florida Law Review 519 (2017), pp. 527‐529.

（无偿泄密），泄密者也被视为获得了好处。[①] 这种对个人利益的扩大理解，与规制内幕交易、防止证券欺诈的目的是一致的。正如最高法院在 *Dirks* 案中所指出的，内幕交易的欺诈性来自"行为人利用本应用于公司目的的信息为个别人谋取利益，由此导致的天然不公平（inherent unfairness）"，[②] 因此不论泄密者是自己利用内幕信息得到回报，还是把内幕信息赠送给第三人让后者获益，都是把本应用于公司目的的信息用于公司之外的特定主体谋取福利，都有悖于信义义务的要求，对委托人构成欺诈，无偿赠予当然不能成为泄密者逃脱责任的理由。这也是 *Salman* 案中控方所持的观点。[③]

但是，正如法院在 *Newman* 案中所言，这样解读的问题在于，如果泄密者和受密者没有特殊的关系，仅凭泄密事实本身就可以认定泄密者获得了个人利益，那么个人利益标准就会因为标准太低而变得毫无意义（nullity）。实际上，这恰恰是个人利益标准的缺陷所在，本文将在第四部分详细讨论。

四、 标准反思： 个人利益标准的局限性

个人利益标准在创设之初，为法院解释《证券交易法》第10（b）条和 SEC 规则 10b – 5 条提供了可操作的客观标准，但是其同样存在问题。并且，随着美国规制内幕交易相应规则的演进，个人利益标准设立的理论基础和政策考量也在发生改变。

（一） 个人利益标准的含义不明晰

从个人利益标准本身来看，所谓"个人利益"含义其实并不明晰。最高法院在有偿泄密和无偿泄密中对个人利益的认定标准是存在差别的。在有偿泄密的情况下，个人利益可以理解为泄密者从泄密中获取的回报，这相当于泄密者把信息卖给了第三人获利。在无偿泄密的情况下，泄密者没有获得回报，但是其仍然有目的地让从事证券交易的第三人获得了信息，最高法院也推定存在个人利益。因而，在最高法院的解释路径下，个人利益包括泄密者自己获益（狭义）和为他人谋利（广义）。这带来了以下两个问题。

其一，不同标准下的个人利益如何协调使用存在疑问。一方面，最高法院认为无偿泄密的情况下是推定个人利益，意味着泄密者让他人获益的目的，并不在通常所理解的"个人利益"范围内。换言之，最高法院所指个人利益，还是限定于泄密者本人获益，即狭义解释。但是，的确存在类似 *Salman* 案中泄密者没有获得物质回报，但是也违反了信义义务的情形，仅采用狭义标

[①] See Michael D. Guttentag, Selective Disclosure and Insider Trading, 69 Florida Law Review 519 (2017), pp. 530 – 532.

[②] See *re Merrill Lynch, Pierce, Fenner & Smith, Inc.*, 43 S. E. C. 933, 936 (1968), cited in *Dirks v. SEC*, 463 U. S. 646, p. 654.

[③] See *Salman v. United States*, 137 S. Ct. 420, pp. 426 – 427.

准不足以打击所有的泄密型内幕交易。另一方面，如果采用广义标准，个人利益的含义就会变得非常宽泛，甚至失去意义。泄密者只要把内幕信息选择性披露给公司以外的第三人，个人利益的条件就会满足，[①] 那么直接以泄密者向第三人泄密作为标准即可，何必再创设出个人利益这样一个衡量尺度？也没有必要将之限定在"从事证券交易的亲友"范围内。从这个角度理解，最高法院对无偿泄密中个人利益的解释，更像是为了实现规制结果而对规制理论的调整，即以目的正当化手段，但这一手段本身的必要性又存在疑问。

其二，泄密者主观上获得某种满足感算不算是个人利益也有待商榷。个人利益本身具有一定的模糊性，在有偿泄密的情况下，泄密者获得的利益包括了客观上的物质回报、主观上的获益目的。在无偿泄密的情况下，泄密者没有获得客观上的物质回报，但是主观上可能有为他人谋利和让自己从中获得良好感觉的目的。即便是被最高法院认可的为公司目的泄密，也有可能隐含着泄密者欲借此提高声誉的动机。这些不同层面的内容混合在一起，都被统摄于"个人利益"这一个概念之下，适用时的混乱便在所难免。正如大法官 Blackmun 在 *Dirks* 案撰写的不同意见中所言，多数意见创设了一种主观标准，即"个人获益"（personal gain）。但是，最高法院并没有解释为什么在 *Dirks* 案中泄密者 Secrist 所得到的利益：揭发公司不法行为带来的良好感觉以及个人名声的提高，和一个泄密者向亲友赠予信息有什么不同，为什么前者在法院看来就没有个人利益，后者就存在个人利益。实际上，纯粹的无私和个人获益之间的区别已经困扰了哲学家们许多个世纪，没有理由认为法院和法官们能作出更好的判断。[②] 如此一来，法院在认定什么情况下存在个人利益的时候，尽管尽力用客观标准，但还是难以避免在无偿泄密中区分"为公"还是"为私"的主观判定，导致责任认定上的不确定性。

（二）个人利益标准并未涵盖所有违反信义义务的情形

1. 个人利益并非违反信义义务的必要条件。个人利益标准含义上的模糊，原因在于其并不是违反信义义务准确的衡量尺度：谋取个人利益与违反信义义务并非完全等同。

根据忠实义务的要求，受托人不得让委托人的处境更加不利、不得以委托人的利益为代价谋取不当利益、不得对委托人进行虚假陈述等。[③] 总之，受托人不仅不能利用信托财产为自己谋取利益，也不能为第三人谋取利益。[④] 因此，即便是公司内部人完全没有考虑个人利益，但是他有意识地让第三人获益，股东利益还是会受到损害，信义义务依然会被违反。[⑤] 例如在美国最高法院 1951 年判决的 *Mosser v. Darrow* 一案中，重组受托人 Darrow 雇佣了两个工作人员协助管理两

---

① *See* Michael D. Guttentag, Selective Disclosure and Insider Trading, 69 Florida Law Review 519 (2017), p. 533.

② *See Dirks v. SEC*, 463 U. S. 646, p. 678.

③ *See Cady, Roberts & Co.*, 40 S. E. C. 907 (1961), p. 916.

④ 甘培忠：《企业与公司法学》（第 7 版），北京大学出版社 2015 年版，第 259－266 页。

⑤ *See* Michael D. Guttentag, Selective Disclosure and Insider Trading, 69 Florida Law Review 519 (2017), p. 533.

个普通法下的信托，这两个信托下有 27 个子公司的证券，且每个公司名下都有不动产和资产负债结构。为了方便雇员管理信托财产，Darrow 同意两名雇员买卖信托下的证券，结果两名雇员利用能够接触到信托财产内部信息的机会买卖证券获利。在该案中，受托人 Darrow 既没有为自己谋利的意图，也没有从中获得任何好处，实际上他的动机完全是为了更好地管理信托财产。如果按照最高法院区分为公司目的还是个人目的，则受托人 Darrow 显然并不符合谋利目的的要求。但是，法院仍然认定其应对信托财产承担责任，其原因不在于 Darrow 是否获取了个人利益或者是否有这样的动机，而在于他允许两名雇员买卖信托财产下的证券，是有意让雇员们获利，但却损害了信托财产的利益。① 可见，是否违反信义义务不在于受托人自己是否获益，而是其是否为了委托人利益最大化服务。

根据勤勉义务的要求，公司内部人应当小心谨慎，依照善意行事（act in good faith）。根据特拉华州公司法的判例，依照善意行事（act in good faith）要求内部人为了公司的最佳利益服务，② 其范围要大于不得有利益冲突。即便公司内部人在作出决定时没有利益冲突，但如果其明知有某种作为义务而不作为，对自己的职责不管不顾，或者明知某种行为违法依然实施，就是没有为公司的最佳利益服务，违反了信义义务。③

因此，泄密者为谋取个人利益泄密显然是违反了信义义务，但违反义务还包括其他情形：即便泄密者没有获得个人利益，但如果其为了第三人利益行事或者明知有作为义务而不作为，也同样违反了信义义务。可见，个人利益并非违反信义义务、构成证券欺诈的必要条件。

2. 个人利益标准可能排除部分持放任心理的泄密者。泄密者责任的成立并非只需要谋取个人利益的行为，还应有相应的主观过错，即明知（scienter）。根据最高法院在 Dirks 案中的观点，泄密者明知和违反信义义务是两个独立的要件，④ 其中明知包括了故意和放任。相应地，泄密型内幕交易中，泄密者责任的成立可分为两个条件：其一，泄密者主观上对泄密持故意（deliberately）或放任（recklessly）心理；其二，泄密者为个人利益而泄密。⑤ 由于个人利益是判断行为人主观心理状态的客观标准，因而在泄密者获得了个人利益时，明知条件也被满足。⑥ 而泄密者获得个人利益往往发生在其主观上对泄密获益持故意的情况下，但有时泄密者对泄密持过失心理，并没有获得个人利益的行为，此时采用个人利益标准就可能缩小规制的范围。

---

① See Mosser v. Darrow, 341 U. S. 267.

② See Guttman v. Huang, 823 A. 2d 492, p. 506.

③ In re Walt Disney Co. Derivative Litig., 906 A. 2d 693, pp. 755 – 756.

④ See Dirks v. SEC, 463 U. S. 646, p. 662.

⑤ See SEC v. Obus, 693 F. 3d 276, p. 286.

⑥ See Donald C. Langevoort, Insider Trading Regulation, Enforcement and Prevention, § 4.04 [1] (1992), cited in SEC v. Obus, 693 F. 3d 276, p. 286.

比如，一位公司董事在封闭空间里大声讨论保密信息，他知道在自己声音可及的范围内会路过自己的朋友，且这个朋友从事证券交易。此时董事明确知晓有从事证券交易的窃听者，但他并未采取任何措施去阻止，对他人利用内幕信息交易持放任心理，明知要件已经满足。① 同时，董事为他人谋利违反了信义义务，本应受到规制，但是若在个人利益标准下，该董事会因为没有个人利益而无法认定构成内幕交易。实际上，当泄密者对泄密持放任心理时，其在客观上更可能没有实际获益的表现，此时采用个人利益标准，就会使得这部分泄密者被排除在规制范围之外。

综上所述，个人利益标准不足以涵盖所有违反信义义务的情形，适用个人利益标准实际上缩小了应受规制的内幕交易行为的范围。

（三）个人利益标准适用于外部人泄密的问题

美国法上对内幕交易的规制包括针对公司内部人的传统理论和针对公司外部人的盗用信息理论。盗用信息理论来自最高法院 1997 年判决的 *United States v. O'Hagan* 案。该案中，被告 O'Hagan 是 Dorsey & Whitney 律师事务所的律师，该律所在 Grand Met 收购 Pillsbury 的交易中代表 Grand Met 一方。O'Hagan 在信息披露前买入了大量 Pillsbury 的股票，并在 Grand Met 宣布收购信息后售出股票获利。最高法院认为，尽管 O'Hagan 并非 Pillsbury 公司的内部人，但是其对信息源——律师事务所和 Pillsbury 负有保密义务，O'Hagan 违反保密义务盗用信息交易，构成了证券欺诈。由此，最高法院确认了盗用信息理论（misappropriation theory）：信息盗用者基于与信息源之间的信任关系获得内幕信息，因而对后者负有信义义务，应当保守秘密或者仅用于信息源同意的用途。如果盗用信息者擅自将该信息用于证券交易谋利，就违背了对信息源的义务，构成 SEC 规则 10b - 5 条下的证券欺诈。②

可见，盗用信息理论也建立在公司外部人对信息源负有信义义务的基础上，那么个人利益标准以泄密者获得个人利益作为违反信义义务的标尺，看上去也同样适用于外部人泄密。这也被最高法院在 *Salman* 案的判决书中确认。③ 但是，在一些外部人泄密的情况中，个人利益的分析实际上并不必要。例如，黑客利用技术手段破坏公司计算机系统并获得公司的内幕信息，之后黑客将该信息赠送给街边路人并告知信息来源，路人利用该信息买卖证券获利。此时受密者责任的判断，完全可以从其行为本身出发：明知信息被盗取还利用该信息交易，显然是不当获得并利用了重大交易信息，使用了欺诈性手段，故落入 10b - 5 规则的范围内，构成内幕交易。而无须考察泄密者是否获得了个人利益。④

---

① *See SEC v. Obus*, 693 F. 3d 276, p. 287.

② *See United States v. O'Hagan*, 521 U. S. 642.

③ *See Salman v. United States*, 137 S. Ct. 420, p. 425.

④ *See* Michael D. Guttentag, Selective Disclosure and Insider Trading, 69 Florida Law Review 519 (2017), p. 566.

因此，对于公司外部人泄密，盗取信息的行为本身就足以证明存在 10b - 5 规则所要求的欺诈性手段，个人利益的分析并不必然需要。

（四）公平披露要求下个人利益标准的必要性存疑

个人利益标准的合理性之一在于，不是为了个人利益的选择性披露是被允许的。但是，随着 2000 年《公平披露规则》的出台，选择性披露已经不被允许，此时是否还有必要保留个人利益标准也需要重新考虑。

《公平披露规则》（Regulation Fair Disclosure，以下简称 FD 规则）由 SEC 在 2000 年 8 月通过。根据 FD 规则，发行人和代表发行人行事的人在没有向公众公开披露之前，禁止选择性地向特定人或机构披露有关发行人的重大非公开信息。具体而言，代表发行人行事的人包括发行人的高级职员和任何其他职员、雇员或代理人。披露对象包括证券承销商及其关联人，投资顾问和机构投资者及其关联人，投资公司、对冲基金及其附属人，还有持有发行人证券的任何人。[①] 可见，禁止选择性披露的约束主体包括了所有公司内部人，对象则包括专业投资者和普通的公众投资者。

FD 规则的目的就是建立起平等的披露机制,[②] 让所有投资者都能在同一时间获知公司重大信息,[③] 这在很大程度上削弱了设立个人利益标准的正当性。并且，尽管仅违反 FD 规则本身并不必然构成证券欺诈，但该规则出台后，内部人若仍然以自己没有谋取个人利益抗辩，该理由会很难成立。[④] 因为 FD 规则明令禁止选择性披露，只要内部人明知有禁止性规则仍然实施这样的行为，该行为本身就能证明内部人有意实施了不当行为，并未了公司最佳利益服务，违反了信义义务，是否谋取个人利益并不影响泄密的不正当性。

五、 结语

信息披露对于证券市场意义重大，内幕交易规制规则的设定，也体现着监管者在效率与公平之间的利益衡量。泄密型内幕交易中的个人利益标准，通过设定个人利益的尺度，允许部分选择性信息披露，有助于专业人员提前获知信息并提出合理投资建议，也为法院判断行为人是否有欺诈意图提供了较好的客观标准。但是，个人利益标准不当限制了内幕交易行为的认定范围，

---

① 王亚楠：《对美国〈公平披露规则〉的再审视》，载《证券法苑》2011 年第五卷。

② 施天涛、李旭：《从"选择性披露"到"公平披露"——对美国证券监管新规则的评介与思考》，载《环球法律评论》2011 年冬季号。

③ See U. S. Securities and Exchange Commission, Final Rule: Selective Disclosure and Insider Trading, https://www. sec. gov/rules/final/33 - 7881. htm, last accessed on May 1, 2020.

④ See Donna M. Nagy, Beyond Dirks: Gratuitous Tipping and Insider Trading, 42 The Journal of Corporation Law 1 (2016), p. 41.

无偿泄密下个人利益的推定也体现了该标准含义的模糊不清。诚然，考虑到内幕交易案件的复杂性，事前确定统一规则是较为困难的，但是若仍沿用模糊的个人利益标准，可能会导致许多实际上的内幕交易行为无法受到规制，也损害投资者对证券市场的信心。个人利益标准的完善之路，有赖于裁判者和立法者的智慧。这一标准今后将何去何从，让我们拭目以待。

（责任编辑：张翕）

美国上市公司发行无表决权股票探究

——以 Snap Inc. 上市为例

■ 赵嘉宁*

摘要： 2017 年 3 月，美国互联网服务商 Snap 公司以全部向公众发行无表决权股票的方式在纽约交易所上市，这在美国历史上是第一例。在法律效果层面，一方面，在美国公司法下，无表决权股票的表决权以及公司治理权利通常受到限制，然而对于一些可能对股东权益产生重大影响的事项，公司法便赋予了无表决权股票以"法定表决权"以防止股东权益被损害。另一方面，Snap 公司作为美国上市公司也受美国证券法的监管，而全部向公众发行无表决权股票也使得 Snap 公司在美国证券法下的某些信息披露义务受到豁免。在公司治理层面，Snap 公司的治理结构由于没有公众股东投票权的监督以及"日落条款"的约束，其代理成本可能会逐渐增加，导致公司治理效率变低。

关键词： 无表决权股票　双层股权架构　法律效果　公司治理

一、 案例背景简介

（一）Snap 公司发行无表决权股票上市——美国历史上第一例

近几年，一款叫 Snapchat 的聊天与图片分享软件在全世界年轻人中兴起。Snapchat 是斯坦福大学学生 Evan Spiegel 和 Robert Murphy 在做一个产品设计作业的时候诞生的软件。Snapchat 与其他软件相比新颖的地方在于，在用户向好友发送图片、视频、文字的时候可以设置一个好友访问内容的时间，在这之后，这些发送内容会永久消失。凭着这两个天才学生的创意和技术以及 Snapchat 在年轻人中的热度，Snapchat 从 Lightspeed Venture 处拿到了 48.5 万美元的种子基金，并进行了多轮私募融资。Snapchat 在 2016 年进行的 F 轮融资中获得了 18 亿美元融资，其估值达到了 200 亿美元。2016 年 10 月 31 日，Snap 公司向美国证券交易委员会（以下简称 SEC）秘密递交了申请其股票于美国纽约证券交易所发行上市的招股文件；2017 年 3 月，Snap 公司股票正式

---

* 现就职于美国世达律师事务所香港办公室。

在美国纽约交易所挂牌上市交易。与谷歌和 Facebook 等互联网上市公司类似，Snap 公司采取了同股不同权的股权架构；而 Snap 此次上市发行的特殊之处在于，其公开发行的股票全部为无表决权股票。

同股不同权的股权架构在美国上市公司中已经较为常见了，近年来很多互联网科技公司在上市时都选择同股不同权架构进行上市，以保持创始人在上市之后对公司的控制权并更好地发挥和实现创始人的长期发展策略和规划。而 Snap 公司采取的全部向公众发行无表决权股票的结构则是一种极端的同股不同权的双层股权架构。正如 Snap 公司在招股书中披露，虽然历史上曾经有其他美国上市公司的无表决权股票在交易所流通，但是 Snap 公司是美国历史上第一个以全部向公众发行无表决权普通股股票的方式在美国证券交易所进行首次公开发行的公司。[①]

（二）Snap 公司上市后的股权架构[②]与美国证监会（SEC）对招股书的披露意见

Snap 公司上市之后的股本由三种普通股股票构成，分别为 A 类、B 类和 C 类普通股。A 类普通股全部为无表决权股票，在上市后全部为可在交易所自由流通的公众股票；B 类普通股股票每股有一票表决权，为上市之前的私募投资者持有；C 类股票每股拥有十票表决权，由 Snap 公司的两位创始人 Spiegel 和 Murphy 持有。

A 类、B 类和 C 类普通股股票除了在表决权、股票转化和股票转让方面的权利有不同之外，其他权利都完全相同，包括分红权、公司剩余财产分配权、公司并购重组时的经济权利等。A 类普通股股票为可自由流通的公众股票，而 B 类普通股股票和 C 类普通股股票为限制流通股票，并在股票转化和转让方面有特殊规则。一方面，B 类普通股股票和 C 类普通股股票的持有者在任何时候都可以选择将持有的股票转化为 A 类普通股股票。另一方面，针对 B 类普通股股票，除非章程另有约定，当持有者选择将股票转让给其他人的时候，转让的股票将自动转化为 A 类普通股股票且不再具有表决权；而针对 C 类普通股股票，除非章程另有约定，当持有者选择将股票转让给其他人的时候，转让的股票将自动转化为 B 类普通股股票且每股拥有一票表决权。

由两位创始人持有的 C 类股票在公司上市的时候总共拥有公司约 88.5% 的表决权。招股书披露，除非法律另有规定或者章程另有约定，B 类普通股股票和 C 类普通股股票将对公司的所有事务共同行使表决权进行决策。

如前所述，Snap 公司是美国历史上第一个以全部向公众股东发行无表决权股票的方式上市的公司，SEC 对于 Snap 公司的上市也持十分谨慎的态度。SEC 对 Snap 公司上市的招股书共提了五轮书面意见，在五轮共 73 个意见中，高达 10 个意见都是关于 Snap 公司发行无表决权股票的

---

① 参见 Snap Inc. 上市最终版招股书，p. 1，资料来源：https：//www.sec.gov/Archives/edgar/data/1564408/000119312517068848/d270216d424b4.htm，2019 年 10 月 8 日访问。

② 本章关于 Snap 公司的股权架构表述为 SnapInc. 上市招股书中披露的总结。

相关披露问题，其中包括但不限于：（ⅰ）在招股书中增加关于无表决权普通股股票的权利属性的描述；（ⅱ）在风险因素章节增加关于全部发行无表决权普通股的风险披露，尤其是在证券法下关于公司披露义务的法律效果；（ⅲ）增加关于无表决权股票在法定情况和章程规定情况下具有表决权的所有情形的披露；（ⅳ）增加关于无表决权普通股在行使权利方面的内容披露并辅以通俗易懂的例子向公众投资者进行阐释。① 从 SEC 提出的书面意见来看，其虽然允许 Snap 公司上市，但是其十分强调招股书对于无表决权普通股股票的权利限制和相关风险的披露，旨在让公众在购买 Snap 公司股票之前充分了解全部发行无表决权股票的相关法律风险。

Snap 公司的上市也在美国学术和实务界引起了热议，并将无表决权股票的法律效果推入公众的视野，学者们开始关注和探讨其在公司法层面和证券法层面的法律效果以及在公司治理层面的影响。本文将从概念辨析、公司法②和证券法层面的法律效果分析以及公司治理层面的理论和实务探讨几个方面对于无表决权股票进行全面的分析探究。

二、 Snap 公司发行无表决权股票的法律效果探析

（一）"无表决权"股票是股票吗？——无表决权股票法律概念辨析

要对无表决权普通股股票进行剖析，首先我们要明晰无表决权普通股股票在公司法上的法律概念和其权利特征。表决权在通常情况下是普通股股票具有的天然属性，然而美国公司法也允许公司根据自身情况发行不具有表决权的股票。比如，特拉华州公司法第 212（a）条规定，除非公司注册证书另有规定，③ 公司股东持有的每一股股票具有一票表决权；然而，特拉华州公司法第 151（a）条规定，公司章程可以规定一类或者多类公司股票具有受限制的表决权或者无表决权。由此，根据特拉华州公司法的规定，在通常情况下，公司的每一股股票具有一票表决权，然而特拉华州公司法在公司的股票类型和权利方面赋予了公司高度自治权——只要在公司章程中载明，公司可以规定一类或者多类股票具有受限制的表决权甚至没有表决权。

值得注意的是，为了保护公司股东的基本权益并防止持有有表决权股票的股东利用表决权损害持有无表决权股票股东的利益，特拉华州公司法也规定了在某些可能对持有无表决权股票的股东的利益产生重大影响的特定情况下无表决权股票也将具有表决权的情况。④ 此种情况下的

---

① 参见美国 SEC 对 Snap Inc. 的招股书披露提出的意见，资料来源：https://www.sec.gov/cgi – bin/browse – edgar? action = getcompany&CIK = 0001564408&owner = exclude&count = 40&hidefilings = 0，2019 年 10 月 8 日访问。

② 在美国公司法层面的探讨，由于美国各州都有不同的州公司法，本文主要选取了较有代表性的特拉华州公司法为例进行探讨；同时，Snap Inc. 的公司注册地也在特拉华州，因而受特拉华州公司法的规制。

③ 根据特拉华州公司法规定，公司注册证书是公司注册登记成立时的法律文件，上面载明了公司名称、公司地址、公司营业目的、发行股份的类别和数目等。

④ 详见本文第二章第二节"无表决权股票的投票权限制及例外"。

无表决权股票拥有的是法定表决权，也就是公司法赋予了无表决权股票在特殊情形下对某些重大事项具有表决的权利。

然而，若公司章程没有进一步规定，则无表决权普通股股票和其他正常的拥有表决权的普通股股票的其他经济权利并无差异，比如 Snap 公司在其招股书中便反复披露，除了在表决权、股票转化和股票转让方面的权利有不同之外，三类普通股股票的其他经济权利完全相同，包括分红权、公司剩余财产分配权、公司并购重组时的经济权利等。

由此，无表决权普通股股票的法律概念可作如下概括：其一，无表决普通股股票是指在通常情况下对公司事项不具有表决权的普通股股票，其存在必须由公司章程明确规定；其二，在特拉华州公司法下，无表决权普通股股票在特殊情形下也将具有法定表决权对某些公司重大事项进行表决，因此无表决权并不是绝对的；其三，除了章程明确规定之外，无表决权普通股股票在其他经济权利方面与其他具有表决权的普通股股票相同。

（二）无表决权股票在公司法层面的法律效果——以特拉华州公司法为例

如上文分析，特拉华州公司法允许公司在注册证书写明的情况下发行无表决权股票，因此无表决权股票作为公司法保护的股票类型，其在公司治理方面的权利也在公司法中有所体现。由于无表决权股票在通常情况下对于公司治理事务不具有表决权，公司有表决权的股票通过的表决很可能会对无表决权股票的权利产生不利影响，因此无表决权股票的权利保护也是公司法需要关注的一个重点。

1. 无表决权股票的投票权限制及例外。无表决权股票，顾名思义，是在公司治理中不具有表决权的股票。根据特拉华州公司法的规定，无表决权股票通常来讲对于绝大多数公司治理事务不具有表决权，包括但不限于董事选举[①]、公司重大交易的批准[②]、公司章程的修改[③]和修改公司注册证书[④]，等等。然而，由于无表决权股票自身的属性，持有无表决权股票的股东在通常情况下无法通过行使表决权来参与公司治理，因此其权益比一般股东更容易受到侵害。因此，特拉华州公司法规定，在某些法定情形下，无表决权股票也将具有表决权并对特定公司事项进行投票。在 Snap 公司的上市中，SEC 对此问题也十分关注，并要求 Snap 公司在招股书中明确将无表决权股票在哪些法定情形下具有表决权以使得投资者充分了解无表决权股票拥有的权利。在特拉华州公司法下，无表决权股票具有表决权的情况主要有以下两种：

第一，上文提到通常来说对于公司注册证书修改的决议仅需要有表决权股票投票通过，然

---

① §216（3）and 141（k），General Corporation Law，Title 8，Chapter 1 of Delaware Code（简称 Delaware Corporate Law）.

② §275（b）and 271（a），Delaware Corporate Law.

③ §109（a），Delaware Corporate Law.

④ §242（b）（2），Delaware Corporate Law.

而如果修改公司注册证书会对某一个或者某几个类型股票的权利产生不利影响，则该一个或者几个类型的股票将共同对该事项决议进行投票。① 比如，Snap 公司在招股书中写明，如果一个修改公司注册证书的决议提议 A 类普通股在股息分红等方面的经济权益劣于 B 类普通股和 C 类普通股，则 A 类普通股每一股将被视为具有一票投票权，并可以单独作为一类股票投票来反对对于公司注册证书的上述修改；而若一个修改公司注册证书的决议对 A 类普通股和 B 类普通股都产生了不利影响（比如规定 A 类普通股和 B 类普通股在股息分红方面的权利劣于 C 类普通股），则 A 类普通股和 B 类普通股则被视为每股具有一票投票权，并可以共同作为一类股票进行投票反对公司注册证书的上述修改。②

第二，特拉华州公司法规定在以下情形下无表决权股票也将参与事项的投票：（i）增加或者减少公司发行股本的总数，除非在公司注册证书中明确载明无表决权股票无权对该事项进行投票；（ii）增加或减少公司股票的票面价值。③ 根据法条的描述，公司可以通过在公司注册证书中的明确规定来排除对于上述（i）规定的适用。比如，在 Snap 公司的招股书中便明确阐述，其在公司注册证书中明确规定了增加或者减少公司发行的所有普通股或者任何一种普通股（包括公众持有的 A 类普通股股票）的股本总数的决议都将由 B 类普通股和 C 类普通股共同投票决定；因此，B 类普通股和 C 类普通股共同投票便可通过增加或者减少 A 类普通股股本总数的决议，并不需要得到 A 类普通股股东的同意。④

综上所述，特拉华州公司法虽然允许公司发行无表决权股票，但是同时也规定了在特殊情形下法律赋予无表决权股票以法定表决权。纵观这些例外情形，其一般是公司决议可能会对无表决权股票股东的权益产生重大影响的情况，在这些情况下通过赋予无表决权股票以表决权来保护持有无表决权股票的股东的利益。由此，特拉华州公司法虽然赋予了公司很大的自由裁量权来决定发行股份的种类和相应的权利，但是其同时也会考虑对于弱势股票种类的权利赋予法律保护。

2. 无表决权股票的公司治理权利的限制及例外。由于无表决权股票在投票权方面的限制，其在与投票权相关的公司治理权利方面也可能会受到限制。

第一，由于无表决权股票投票权的缺失，持有无表决权股票的股东是否有参加股东大会的法定权利也是一个问题。一方面，由于无表决权股票无权对股东大会事项进行表决，即使无表决

---

① § 242 (b) (2), Delaware Corporate Law.

② 参见 Snap Inc. 上市最终版招股书，资料来源：https：//www. sec. gov/Archives/edgar/data/1564408/000095012316020967/filename1. htm，2019 年 10 月 8 日访问。

③ § 242 (b) (2), Delaware Corporate Law.

④ 参见 Snap Inc. 上市最终版招股书，资料来源：https：//www. sec. gov/Archives/edgar/data/1564408/000095012316020967/filename1. htm，2019 年 10 月 8 日访问。

权股东出席股东大会其也不能算入股东大会召开的法定人数内；① 另一方面，虽然特拉华州公司法没有明确规定，但是由于无表决权股票的属性，持有无表决权股票的股东似乎在法律上并不拥有参加股东大会的法定资格。②

这点在 Snap 公司上市时 SEC 对招股书的披露意见中也有所体现。在 SEC 给 Snap 公司的招股书披露的第四轮意见中写到，"招股书中提到 A 类普通股股票并无权利提出股东大会议案，请进一步澄清持有无表决权股票的股东是否有权利参加股东大会并向公司管理层提问"。③ Snap 公司便进一步在招股书披露了"我们会用对 B 类普通股股东和 C 类普通股股东一样的方式来邀请 A 类普通股股东参加我们的股东大会，并也欢迎 A 类普通股股东像 B 类和 C 类普通股股东一样对管理层提问"。④ 由此可见，因为公司法中并无明确规定无表决权股票股东参与股东大会的权利，为了防止公众股东被公司拒绝参加股东大会，美国证监会便希望 Snap 公司通过在招股书中增加相关披露的方式对于公众股东参与股东大会的权利进行保障。Snap 公司上市后，在 2018 年 8 月召开股东大会前发布了公告，邀请公众股东参加年度股东大会，并在大会上宣布关于董事候选人任命和聘请独立审计师的书面股东决议的结果；同时，Snap 也邀请公众股东在股东大会上向管理层提出问题。⑤

第二，在特拉华州公司法下，满足特定的条件时，公司可以选择不召开年度股东大会。根据法律，在股东通过匿名书面同意的方式进行董事选举的情况下，公司可以选择不召开公开的股东大会。⑥ 因此，像 Snap 公司这种向公众发行无表决权股票，且投票权十分集中的公司的董事选举可以选择通过匿名书面同意的方式进行而不召开股东大会，因此拥有无表决权股票的股东在上述情况下无法通过参与股东大会的方式了解董事选举的相关决议的内容。但是，虽然特拉华州公司法有上述规定，但 Snap 公司作为一个上市公司同时也受美国证券交易所规则的约束，比如，纽约交易所的交易规则中明确规定上市公司每年度都必须举行年度股东大会。⑦ Snap 公司在 2019 年的股东大会公告中便写明，其股东将通过书面同意的方式进行董事选举，并且决议结

---

① § 216, Delaware Corporate Law.

② R. Franklin Balotti, Jesse A. Finkelstein & Gregory P. Williams, Meetings of Stockholders, 3rd Edition, U. S. : Aspen Publishers, 2016, p. 6 – 8.

③ 参见美国证监会给 Snap 公司提出的招股书披露书面意见，资料来源：https://www.sec.gov/Archives/edgar/data/1564408/000000000017003785/filename1.pdf, 2019 年 10 月 8 日访问。

④ 参见 Snap Inc. 上市最终版招股书, p. 5, 资料来源：https://www.sec.gov/Archives/edgar/data/1564408/000119312517068848/d270216d424b4.htm, 2019 年 10 月 8 日访问。

⑤ 参见 Snap 公司于美国 SEC 网站发布的年度股东大会公告，资料来源：https://www.sec.gov/Archives/edgar/data/1564408/000156459018016651/snap – ex991_6.htm, 2019 年 10 月 8 日访问。

⑥ § 211 (b), Delaware Corporation Law.

⑦ Section 302.00, NYSE Listed Company Manual.

果会在年度股东大会上进行公布。①

第三，关于持有无表决权股票的股东是否有权利提出股东大会议案或者提名董事，特拉华州公司法并没有详细规定。然而，由于无表决权股票在投票权、股东大会召开通知的获得、参加股东大会等方面权利的限制，法院进行裁判时很难判定持有无表决权股票的股东在公司法下拥有提出股东大会议案的权利。Snap 公司也在其招股书中多处明确说明了持有无表决权股票的公众股东无权提出股东大会议案或提名董事。②

（三）美国上市公司发行无表决权股票在证券法层面的法律效果

上文主要对于无表决权股票在公司法层面的权利进行了探讨，而 Snap 公司同时也是公众公司，为了保护公众股东的知情权、减少信息不对称，美国证券法对于公众公司的众多披露义务作了详细的规定。然而，和其拥有传统双层股权架构的上市公司有本质不同——Snap 公司向全部公众股东发行的都是无表决权股票，其在证券法下的披露义务在很多方面会受到限制。本部分将详细对这些限制以及对公众股东可能产生的影响进行探讨。

1. 免除股东大会委托表决文件的披露义务。美国 1934 证券法 Section 14 规定，上市公司在举行年度股东大会之前必须向每个股东分发股东大会委托表决文件（proxy statement）。③ 股东大会委托表决文件里面必须载明需要在股东大会上投票表决事项的详细内容以及关于投票事项的所有重要的信息。④ 通常来说美国上市公司披露的股东大会委托表决文件都有几十页到一百页不等，⑤ 并且对于公众股东获取上市公司的信息方面有着十分重要的作用。然而，美国证券法规定的委托表决文件的分发义务仅限于有权利在股东大会上进行投票的公司股东。因此，根据反对解释，由于 Snap 公司在交易所流通的股票都是无表决权股票，因此其便不需要向持有无表决权股票的公众股东披露委托表决文件。这对于公众股东的知情权来说存在很大的限制。因此，美国证监会在给 Snap 公司的意见中强调其必须在招股书中披露持有 A 类普通股股票的公众股东获取公司股东大会委托表决文件的权利，⑥ 而相应地，Snap 公司在招股书中也承认其在证券法下并无

---

① 参见 Snap 公司年度股东大会公告，资料来源：https：//www. sec. gov/Archives/edgar/data/1564408/000156459019024074/snap – ex991 _6. htm，2019 年 10 月 8 日访问。

② 参见 Snap Inc.，上市最终版招股书，p. 6，资料来源：https：//www. sec. gov/Archives/edgar/data/1564408/000119312517068848/d270216d424b4. htm，2019 年 10 月 8 日访问。

③ Section 14，15 U. S. C. Chapter 2B.

④ 参见美国 SEC 网站对股东大会委托表决文件的相关要求，资料来源：https：//www. sec. gov/answers/proxy. htm，2019 年 10 月 8 日访问。

⑤ 例如：苹果公司在 SEC 网站上披露的股东大会委托表决文件，资料来源：https：//www. sec. gov/Archives/edgar/data/320193/000119312517380130/d400278ddef14a. htm，2019 年 10 月 8 日访问。

⑥ 参见美国 SEC 向 Snap 公司提出的第一轮意见，资料来源：https：//www. sec. gov/Archives/edgar/data/1564408/000000000016102863/filename1. pdf，2019 年 10 月 8 日访问。

披露股东大会委托表决文件的义务，除非相关的法律赋予 A 类普通股股票对某事项进行表决的权利（比如上文提到的无表决权股票在特殊情况下拥有法定投票权的情况）。①

然而，除了证券法，美国的证券交易所对于在本交易所上市的公司的股东大会委托表决文件的披露也会作出要求。比如，美国纽约交易所的上市规则就规定持有无表决权公众股票的股东必须收到上市公司向其他持有有表决权股票的股东提供的所有文件，其中就包括股东大会委托表决文件。② 由于 Snap 公司申请于纽约交易所上市，因此，Snap 公司同时也承诺，若其向 B 类和 C 类普通股股东提供了股东大会委托表决文件，其也会同时向持有 A 类普通股的公众股东披露一样的文件内容。2019 年 6 月，Snap 公司发布公告宣布其将于 2019 年 7 月 18 日举行年度股东大会并会在股东大会上宣布相关股东决议的结果，其同时也发布了与股东大会召开相关的信息，包括可以在股东大会上投票的股票类型和数量、将于股东大会上宣布结果的股东决议的背景信息等。③ 然而，这些信息内容与证券法对于股东大会委托表决文件的法定要求相比简略很多。Snap 公司在信息中明确说明，这些信息的发布仅供投资者参考，并不是为了征集投票权。④

虽然 Snap 公司免除股东大会委托表决文件的披露义务，但是其仍然要受制于证券法下其他披露义务的规制。比如 Snap 公司在发生了重大事件时，必须要向公众发布"8－k"文件以对相关事项进行披露。然而，证券法对于"8－k"文件的披露仅要求公司在发生了该重大事件之后的 4 个工作日内发布即可。因此，"8－k"文件和股东大会委托表决文件相比起来，其时间上具有一定的滞后性。此外，虽然证券法对于"8－k"文件的披露内容也有一定的要求，但是其内容要求的详细程度远不如股东大会委托表决文件。

2. 免除公司股东重大权益变动的披露义务。美国 1934 年证券法 Section13（d）规定，当一个人或者一个集团收购的某个上市公司的流通股票权益超过 5% 的时候，便需要在该收购股权的行为发生的 10 天内对该股份权益的变动进行公开披露。⑤ 然而，证券法同时规定了上述规则并不适用于上市流通的股份全都为无表决权股票的情况。⑥ 因此，收购 Snap 公司超过 5% 的公众股票的投资者便不需要向公众披露该股份权益的变动。

一方面，通过证券法将无表决权股票的权益变动排除在需要披露的范围之外，其和该规则

---

① Snap Inc. 上市最终版招股书，p. 5，资料来源：https：//www. sec. gov/Archives/edgar/data/1564408/000119312517068848/d270216d424b4. htm，2019 年 10 月 8 日访问。

② Section 313. 00（B）（2），NYSE Listed Company Manual.

③ 参见 Snap 公司年度股东大会公告，资料来源：https：//www. sec. gov/Archives/edgar/data/1564408/000156459019024074/snap－ex991_6. htm，2019 年 10 月 8 日访问。

④ 参见 Snap 公司年度股东大会公告，资料来源：https：//www. sec. gov/Archives/edgar/data/1564408/000156459019024074/snap－ex991_6. htm，2019 年 10 月 8 日访问。

⑤ § 240. 13d－1，15 U. S. C. Chapter 2B.

⑥ § 240. 13d－1（I），15 U. S. C. Chapter 2B.

的立法目的有关——该规则主要是为了使公司和公众可以知晓可能会影响到公司控制权变动的股权交易,从而避免恶意收购给公司和股票市场带来的不利影响。然而,该披露同时也会向公众投资者以及证券监管机构提供更加透明和对称的市场信息,以助于其对市场形势作出正确判断。而对于 Snap 公司而言,即使有投资者在市场上收购了大量的股权,其也无须对自己的权益状态进行披露,而公众投资者对该信息也无从知晓。这对于公众投资者对市场信息的了解作出了进一步的限制,使得公众投资者无法对市场上持有大量 Snap 公司股票的股东以及其行为意图作出很好的判断(通常大额的股票交易会对股票价格的波动产生影响),进一步加强了其投资决策的滞后性。

3. 短线交易下利益归入权规则的豁免。美国 1934 年证券法 Section 16 规定了公司董事、高管以及重大股东(直接或者间接持股占上市公司发行总股份 10% 以上的股东)的股权交易披露义务以及短线交易下的利益归入权——公司董事、高管以及重大股东持有公司的股权发生变动的时候,其需要及时履行披露义务;① 此外,上述三类人在买入公司的股票后在六个月内又将股票卖出获得收益的("短线交易"),公司或者公司股东有权代表公司对其提起诉讼将其通过短线交易获取的利益追回公司("短线交易下的利益归入权")。② 然而,由于 Snap 公司上市流通的股票都是无表决权股票,上述规则的适用也得到豁免。Snap 公司在招股书中也明确说明了持有公司超过 10% 股份的股东将不受短线交易归入权规则的规制,因而其他公众股东也无权利根据证券法 Section 16 对该股东提起诉讼行使短线交易下的利益归入权。③

1934 年证券法 Section 16 和 Section 12 一样,将无表决权股票排除在法定义务之外的理由和其立法目的有着直接的关系:由于在美国证券法下证明内幕交易主观恶意的困难性和复杂性,因此在短线交易的规则下,法律推定公司董事、高管和持股超过 10% 的股东由于自身与公司的密切关系而很大可能存在利用自身的地位获取一些非公众所知的信息从而不正当地利用该信息进行短线交易以获取不正当利益,④ 因而在该规则下,公司董事、高管和持有公司超过 10% 股份的股东承担的责任是"严格责任"——无论其是否实际上不正当地利用了非公众所知的信息抑或是有主观恶性,只要其在买入股份后六个月内卖出,则公司便享有对该获利的利益归入权。而在判断持股较多的股东是否与公司存在密切关系的时候,通常认为仅在股票拥有投票权从而对公司有一定的控制地位和能力的时候才能够满足。因此若该股票不拥有投票权,则其便不拥有可能对公司产生控制的手段并因此获取不为公众所知的信息。因此,将无表决权股票排除在短

---

① Section 16 (a), U. S. C. Chapter 2B.

② Section 16 (b), U. S. C. Chapter 2B.

③ 参见 Snap Inc. 上市最终版招股书,p. 40,资料来源:https://www.sec.gov/Archives/edgar/data/1564408/000119312517068848/d270216d424b4.htm,2019 年 10 月 8 日访问。

④ Section 16 (b), 15 U. S. C. Chapter 2B.

线交易的利益归入规则的规制之外有其合理性所在。

三、 Snap 公司发行无表决权股票在公司治理层面的探究

（一）双层股权架构与无表决权股票的公司治理理论基础

1. 传统双层股权架构下"代理成本"与"被代理人成本"的探讨。在过去的四十年里，双层股权架构下的公司治理效率问题主导了整个美国公司法和公司治理理论的研究领域。其中比较有名的为"代理成本理论"和"被代理人成本"理论。在双层股权架构下，由于公司创始人拥有公司控制权的比例大于其拥有的公司所有权（比如 Snap 公司两位创始人每股股票拥有 10 票投票权），其在进行公司决策时天然会有优先考虑个人利益的动机，即使这些利益与实现公司价值最大化的目标相悖。[①] 这种利益冲突带来的经济损失就是学者所称的"代理成本"。为了减少"代理成本"，很多学者认为应该禁止拥有双层股权结构的公司进行上市以保护公众股东的利益。而随着公司治理理论的逐渐完善，越来越多的美国学者开始注意到公司治理中需要控制的成本并不只有"代理成本"，比如股东的短期逐利行为、股东之间的利益冲突和股东的集体行动导致的效率低下等这些"被代理人成本"也需要在衡量公司架构的时候进行考量。因此，有些学者主张法律的角色应当是允许公司根据其特性在广泛的公司治理结构自主选择最适合公司的治理架构，而不是强制公司实行某些治理结构而禁止其他结构。[②]

2. 无表决权股票的发行与公司治理效率分析。上述传统理论为双层股权架构的公司治理理论提供了基础，然而，随着美国金融市场的发展，美国资本市场的构造逐渐发生了变化——从19 世纪 70 年代开始，美国上市公司的公众股东的构成已经由机构投资者占据了相当的部分。[③] 在传统理论之下将公司的股东看作一个抽象的整体则可能无法很好地体现在现代金融市场中逐渐多元化的投资者构成给公司治理带来的影响。

在现代上市公司的治理框架下，不同类型和性质的公众投资者的投资目标和对投票权的重视程度是不一样的。比如对于散户投资者而言，其持有的股权以及股权对应的投票权在整个公司的股本中微乎其微，他们行使投票权的动力是很小的或者几乎为零。[④] 此外，在机构投资者中，低投票动力的典型就是股票指数基金。股票指数基金一般以市场上特定的市场指数为标

---

① Zohar Goshen & Richard Squire, Principal Costs: A New Theory for Corporate Law and Governance, 117 Columbia Law Review 767 (2017), p. 775.

② See Zohar Goshen & Richard Squire, Principal Costs: A New Theory for Corporate Law and Governance, 117 Columbia Law Review 767 (2017), p. 828.

③ Ronald J. Gilson & Jeffrey N. Gordon, The Agency Costs of Agency Capitalism: Activist Investors and the Revaluation of Governance Rights, 113 Columbia Law Review 863 (2013), p. 863.

④ See Adolf A. Berle & Gardiner C. Means, The Modern Corporation and Private Property, U. S. : Harcount, Brace & World, Inc. , 1932, p. 120.

（比如美国道琼斯指数、纳斯达克市场指数等），并以该指数的成分股为投资对象，通过购买该指数的全部或部分成分股构建投资组合，以追踪标的指数表现的基金产品。从指数基金的投资目标来看，其收益目标是和某个市场指数保持一致而不是最大化自己手中持有的某几只股票的收益；从实践性角度来说，一只股票指数往往由几百家上市公司构成，花时间研究每家公司并行使这些公司的投票权是一项十分费时费力的工作。因此，从现代公司治理结构来看，并不是所有公众投资者都需要投票权的保护，因为即使为其提供了投票权利，具有某些性质的投资者在投资理性驱使下其也很大概率不会行使投票权而使该投票权浪费掉或者在未充分了解公司信息的情况下作出非明智的投票选择。

因此，理论上来说，上市公司发行一定比例的无表决权股票让一些低投票动力的投资者持有，这有利于提升公司的治理效率——一方面可以降低公司与投票权相关的交易成本，另一方面也可以降低低投票动力的投资者不谨慎投票给公司治理带来次优结果的风险。

（二）Snap 公司发行无表决权股票的公司治理效率探究

1. Snap 公司治理结构在"被代理人成本"理论下的分析。由于 Snap 公司投票权几乎全部集中在两位公司创始人身上，而所有的公众股东因持有的股票不具有表决权而无法参与公司治理，因此这种公司治理结构下的"被代理人成本"几乎为零；而在刚上市之初，Snap 公司作为一家新兴的互联网企业，其发展策略和运营规划十分依赖两位创始人的能力，所以此时的"代理成本"也相对较低。然而，随着时间的发展和互联网行业的快速迭代，两位创始人的运营策略是否一直可以保持最有利于公司的发展是值得怀疑的。比如，2018 年第二季度 Snap 对自己的 APP 的界面进行了更新，而此举则遭到一些老用户的质疑，并且在其发布的第二季度季报中公布的日活跃用户数比第一季度下跌 2%，这是 Snap 公司上市以来日活跃用户数首次下跌。① 这也导致了 Snap 公司的股价在季报出来后大幅下跌。在"被代理成本"理论下，公司的治理需要充分考虑"代理成本"和"被代理人成本"之间的平衡。而 Snap 公司采用的这种极端的公司治理架构对于"代理成本"和"被代理人成本"之间的衡量是否合理则是值得怀疑的。

2. Snap 公司发行无表决权股票与公司治理效率探讨。根据美国现代资本市场下不同性质的公众投资者对于投票权需求的不同，我们得出向公众发行一部分无表决权股票理论上有利于提升公司效率。然而，Snap 公司向所有公众投资者都发行无表决权股票，这种情况则很难实现发行无表决权股票以提升治理效率的作用。公众投资者中有一部分积极投资者拥有作出合理投票决策的资源和动机，使投票权落到这些积极投资者手中会提升公司治理效果，并因此使得股票估值增加。然而，Snap 公司向全部公众发行无表决权股票则剥夺了这些积极投资者行使投票权

---

① 参见 Snap Inc. 2018 年第二季度季报，资料来源：https：//www. sec. gov/Archives/edgar/data/1564408/0001564590180020094/snap－10q＿20180630. htm，2019 年 10 月 8 日访问。

的权利，也无法使这些积极投资者的声音被管理层听到并考虑在决策当中。由此，Snap 公司这种仅向公众投资者发行无表决权股票的结构实际上很可能使公司的治理效率变低。

3. Snap 公司治理结构下"日落条款"缺失带来的影响。Snap 公司在刚上市的时候对于"代理成本"和"被代理人成本"的划分在经过几年时间后是否还适用也是一个问题。和其他拥有双层股权架构的美国上市公司不同，Snap 公司并没有在一定时间或条件下可以终结双层股权架构的"日落条款"。一般来说，在美国上市的拥有双层股权架构的公司，比如 Google、Facebook 等都拥有在一定时间后（比如五年或者十年）终结双层股权架构而采用同股同权安排或者在一定时间后重新对双层股权架构进行股东决议的安排，而在 Snap 的招股书中并没有体现出类似安排。

双层股权架构下的日落条款与"代理成本"有密切关系。在公司刚上市的时候，公司往往处于发展初期，此时公司核心管理者的个人领导和决策能力对于公司发展来说是比较重要的，因此此时双层股权架构可以使公司核心管理者更好地实现公司发展策略；但是随着时间的推移，双层股权架构下因"代理成本"带来的弊端会逐渐显现。如上所述，随着高新技术行业的快速发展，无法保证公司创始人或者管理者的决策方向一直是最优的。因此，"日落条款"可以在这种情况下平衡双层股权架构带来的公司治理上的弊端，使得公司投资者可以在一段时间后重新审视双层股权架构的公司治理效果。在 Snap 公司采取的双层股权架构更为极端，也就是所有公众投资者持有的都是无表决权股票，这种情况下随着时间推移其"代理成本"带来的弊端会更加明显；而在这种情况下 Snap 公司没有采取"日落条款"，也就剥夺了日落条款对于一段时间后双层股权架构的"代理成本"带来的弊端的平衡效果，从长远来看可能会对公司的治理产生不利影响。

四、 美国对发行无表决权股票上市公司的态度与思考

Snap 公司的上市引起了各界的关注，很多股票指数和投资者协会都对 Snap 公司的行为提出了批评和反对。比如美国机构投资者委员会（CII）对 Snap 公司的上市表达了强烈的反对，并于 2017 年 3 月向 SEC 的投资者委员会写信建议禁止 Snap 公司以此种方式上市；其在信中表示其同时积极与美国各大股票指数接触，试图说服他们将拥有双层股权架构的公司排除在美国主要的股票指数外。[①] 2017 年 6 月，富时集团（FTSE Russell），一家英国的提供股市指数及相关数据服务的公司，在对公众进行公开的意见调查之后宣布，包括 Snap 公司在内的仅向公众发行无表决权股票的上市公司将被排除在其主要的美国股票指数之外，且其明确说明只有公众投资者持有

---

① 参见 CII 给美国证监会投资者委员会写的建议信，资料来源：https：//www. sec. gov/spotlight/investor – advisory – committee –2012/bertsch – remarks – iac –030917. pdf，2019 年 10 月 8 日访问。

的股票的投票权总数超过 5% 的上市公司才能被囊括进股票指数。① 随后，美国最大的金融市场指数提供商之一的道琼斯指数公司宣布，从 2018 年 8 月 1 日开始，其标准普尔 1500 综合指数，包括标准普尔 500 指数、标准普尔中型股 400 指数和标准普尔 600 小型股指数，将把拥有双层股权架构的上市公司排除在指数组成之外。②

被这些大型的股票指数排除在外对于 Snap 公司以及像其一样将采取双层股权架构或者发行无表决权股票的上市公司来说将是一大打击。这是因为若被排除在这些大型的指数之外，很多美国的指数型基金将不会再购买这些股票——因为指数型基金的资产组合都是大型股票指数所囊括的股票所构成的。这将使得 Snap 公司以及以后采取双层股权架构或者发行无表决权股票上市的公司损失相当一部分潜在投资者。这种对于拥有双层股权架构上市公司的无形"惩戒"将会在一定程度上影响到日后公司在上市时对双层股权架构的选择。

此外，基于本文上述的分析，公司发行无表决权股票和低表决权股票虽然都是公司双层股权架构的治理架构，但是其之间有着本质的区别：若公司仅向公众发行无表决权股票，其在证券法和公司法下的很多披露义务和公司治理方面的义务会受到相应的豁免，也使得公众投资者相应的权利受到限制。因此，美国监管机构也应考虑从立法层面加强对发行无表决权股票上市的公司的法律监管来平衡此种治理结构下的弊端，以更好地保护投资者权益。

（责任编辑：郑舒倩）

---

① 参见 FTSE Russell Voting Rights Consultation—Next Steps，资料来源：https：//www. ftse. com/products/downloads/FTSE _ Russell _ Voting _ Rights _ Consultation _ Next _ Steps. pdf，2019 年 10 月 8 日访问。

② 参见 CamberView Partners，S&P and FTSE Russell on Exclusion of Companies with Multi - Class Shares，Harvard Law School Forum on Corporate Governance and Financial Regulation，资料来源：https：//corpgov. law. harvard. edu/2017/08/05/sp - and - ftse - russell - on - exclusion - of - companies - with - multi - class - shares/，2019 年 10 月 8 日访问。

《金融法苑》 征稿启事

　　《金融法苑》由北京大学金融法研究中心主编，以金融法研究为对象，采用图书的形式连续出版。自 1998 年首次出版至今，《金融法苑》已公开出版百辑，目前一年出版两辑，每辑 15 ~ 18 篇论文，约 20 万字，由中国金融出版社出版发行。《金融法苑》已被北京大学法学院列为学院核心刊物，并自 2014 年起入选 CSSCI 来源集刊。《金融法苑》目前授予"北京大学期刊网""中国知网""元照数据库""北大法宝""超星数字期刊""万方数据库"等数据库电子版权。凡向《金融法苑》投稿的作者，视为同意上述授权，本编辑部所支付的作者稿酬已包含上述著作权使用费；如不同意，请在投稿时注明，编辑部将作适当处理。

　　《金融法苑》设有"热点观察""专论""金融实务与法律""金融法前沿""公司与证券""银行与法律""财会与法律""保险与法律""WTO 与金融""金融刑法""金融创新""金融监管""金融法庭""海外传真"等栏目，及时反映金融法理论、热点事件、立法与实务等最新研究成果和动态，文风活泼，文字清新，深入浅出，侧重阐明事理，解决问题。作为专业特色明显的出版物，《金融法苑》在学界和实务界有着良好的影响，适合立法者、金融法务工作者、相关专业的师生阅读和参考。

　　为规范《金融法苑》用稿，提高编辑质量和效率，编辑部拟订《〈金融法苑〉写作要求和体例》，请投稿者务必自觉遵守。自 2014 年 1 月起，本编辑部只接受电子版投稿，投稿邮箱为：jinrongfayuan@ 126. com。投稿文档请按如下格式标明，并同时标注于邮件主题上："投稿日期作者：文章名"，例如："2003. 10. 22 吴志攀：银监会的职责与挑战"。

　　凡投寄本编辑部的稿件，请勿一稿多投。投寄的稿件三个月内未收到编辑部用稿反馈的，可自行处理。在编辑部编辑稿件过程中，如遇到他刊拟采用的，请作者及时告知相应的决定，以免造成重复刊发。

　　有意投稿者还可关注北京大学金融法研究中心网站（www. finlaw. pku. edu. cn）和微信公众号（"Pkufinlaw"和"北京大学金融法研究中心"），获取金融法研究中心和《金融法苑》的出版资讯、学术活动、征稿主题等相关信息。网站地址和微信公众号二维码请见本辑封底。

《金融法苑》编辑部

2019 年 12 月 10 日

《金融法苑》 写作要求和注释体例

一、 字数要求

一般不超过 8000 字（包含注释，以 Word 的字数统计为准），特别优秀的论文可适当增加 1000～2000 字。

二、 编排体例

1. 文章标题：居中，三号加粗宋体字，标题一般不超过 25 个字，尽量不使用无实质意义的副标题。

2. 作者：居中，小四号宋体字，用 * 标记脚注，注明学习/工作单位、电子信箱、联系电话、通讯地址（邮编）等。

3. 中文摘要：小四号宋体字，不超过 300 字，写明文章的主要观点、研究方法等。

4. 关键词：小四号宋体字，2～5 个关键词，需体现文章核心内容。

5. 正文：目次采用 "一、（一）1.（1）1)" 顺序，尽量避免过多层次，标题加粗，全文小四号宋体字，1.5 倍行距，段前段后不空行。

6. 注释：采用当页脚注，每页重新编号，①②③格式，五号宋体字，单倍行距，注释间不得空行。

三、 内容规范

文章需符合基本学术规范和著作权规则。对违反法律法规、学术规范的文章，由作者本人承担一切后果。

四、 格式规范

（一）数字

1. 文章中涉及的确切数据一般用阿拉伯数字表示。例如：20 世纪 80 年代，不采用 "1980 年代" 的写法。

2. 约数用汉字表示。例如：大约十年，近二十年来。

3. 法律条文，应该以中文大写数字表示，包括所引用的法条中涉及的条款。例如：《中华人民共和国刑法》第十一条。引用法律或案例应准确无误，作者应核对与文章内容时点对应的有效法律条文内容，注意条文序号是否已被调整。

4. 农历的年、月、日一般用中文汉字；古代皇帝的年号也用汉字。例如："光绪二十九年"等。

（二）图表

1. 图表应简洁大方，同一图表尽量避免跨页排版。

2. 图表标题应标明序号，置于图表上方，图表下方注明资料来源。

（三）法律规范或其他规范性文件

1. 无论中西文法律或规范性文件，首次出现，写明全称（注明中华人民共和国），以后可以用简称，但需在首次出现的全称之后用括号界定。

2. 必要时，在法规之后注明其生效或实施时间。

（四）注释

1. 总体要求

（1）注释以必要为限，对相关文献、资料等来源进行说明，以便读者查找。直接引征不使用引导词，间接引证应使用引导词。支持性或背景性的引用可使用"参见""例如""例见""又见""参照""一般参见""一般参照"等；对立性引征的引导词为"相反""不同的见解，参见""但见"等。

（2）注释的标识位置

一般紧跟着要说明的词语或句子。一般地，注释标识放在逗号和句号后面，也可放在句号前，根据所需注释的内容而定。涉及引号时，如果引号里有句号，注释标在引号后。如果引号里无句号，注释标在引号和句号之后。

（3）超过100字引文的处理

正文中出现100字以上的引文，不必加注引号，直接将引文部分左右缩排两格，并使用楷体字予以区分。100字以下引文，加注引号，不予缩排。

（4）重复引用文献、资料的处理

重复引用的，需标注全部注释信息，不采用同前注、同上注等简略方式。

（5）作者（包括编者、译者、机构作者等）为三人以上，第一次出现时，最好都列明，如果有主编，撰写者可以省略。第二次出现时可仅列出第一人，使用"等"予以省略。

（6）引征二手文献、资料，需注明该原始文献资料的作者、标题，在其后注明"转引自"该援用的文献、资料等。

（7）引征信札、访谈、演讲、电影、电视、广播、录音等文献、资料等，在其后注明资料形成时间、地点或出品时间、出品机构等能显示其独立存在的特征。

2. 具体注释范例

中文作品

（1）专著

作者：《书名》（卷或册或版次），出版社出版年，页码。

例如：

李琛：《论知识产权法的体系化》，北京大学出版社 2005 年版，第 110 页。

储怀植：《美国刑法》（第 3 版），北京大学出版社 2005 年版，第 90～97 页。

葛克昌、陈清秀：《税务代理与纳税人权利保护》，北京大学出版社 2005 年版，第 30、35 页。

（2）编辑作品或编辑作品中的文章

作者及署名方式：《书名》（卷或册或版次），出版社出版年，页码。

作者：《文章名》，载编辑作品主编人：《编辑作品名称》，出版社出版年，页码。

例如：

刘剑文主编：《出口退税法律问题研究》，北京大学出版社 2004 年版，第 21 页。

高鸿钧等主编：《英美法原论》，北京大学出版社 2013 年版，第二章 "英美判例法"。

张建伟：《法与经济学：寻求金融法变革的理论基础》，载吴志攀、白建军主编：《金融法路径》，北京大学出版社 2004 年版，第 31 页。

（3）译著

［国别］作者著：《书名或文章名》，译者译，出版社出版年，页码。

例如：

［美］兰德斯、波斯纳著：《知识产权法的经济结构》，金海军译，北京大学出版社 2005 年版，第 460 页。

（4）学位论文

作者：《论文名称》，学校系所年份，页码。

例如：

李英：《一般反避税条款之法律分析》，北京大学法学院 2004 年硕士论文，第 19 页。

（5）期刊、报纸类作品

作者：《文章名》，载《书名或杂志名》年代和期数。

例如：

刘剑文：《论避税的概念》，载《涉外税务》1999 年第 2 期。

刘军宁:《克林顿政府经济政策》,载《人民日报》1993年3月23日,第6版。

(6)研讨会论文

作者:《篇名》,主办单位,"研讨会名称",时间。

例如:

王文宇:《台湾公司法之现况与前瞻》,韩忠谟教授法学基金会,"两岸公司法制学术研讨会",2003年7月。

(7)法院判决、公告等

《名称》,(年份)编号名称(说明:具体名称是否添加根据文中情况判断)。

例如:

包郑照诉苍南县人民政府强制拆除房屋案,浙江省高级人民法院(1998)浙法民上字7号民事判决书。

《国家税务总局关于出口货物退(免)税若干问题的通知》,国税发〔2003〕139号。

(8)网络资讯

原则上,如果同样内容有纸质文献,请选用纸质参考,以方便保存查阅。

文献内容(格式同上),资料来源:网址,访问时间。

例如:

王波:《台湾中正大学黄俊杰教授访谈》,资料来源:http://www.cftl.cn/show.asp?c_id=478&a_id=1381,2005年4月17日访问。

赵耀彤:《一名基层法官眼里好律师的样子》,载微信公众号"中国法律评论",2018年12月1日。

外文作品

(1)基本说明

1)重复引用文献的,在再次引用时需标注出全部注释信息,不采用Id. 等简略形式。

2)文章标题大小写。

除冠词与介系词之外,书名和文章名称的第一个字母都要大写。例如:A Theory of Justice。

3)缩写加上句点。

例如:

e. g.;等等:et al.;主编:ed.;第×页:p. *;第×-×页:pp. * - *。

4)顺序和中文著作基本相同。多个作者之间不用顿号,而用"&"或者逗号。作者与书名之间用逗号;文章名、书名无需书名号。

5)字体用Times News Roman。

6)组织机构、法案名称等,第一次使用全称,后用括号注明英文全称和简称,之后可使用简称。

例如：国际货币基金组织（International Monetary Fund，IMF）。

（2）著作

例如：

William E Scheurman ed. , The Rule of Law under Siege, Berkeley：University of California Press, 1996, p. 144. Bellow & Kettleson, The Politics of Society in Legal Society Work, 36 NLADA Briefcase 5 (1979), pp. 11 – 16.

（3）期刊文章

例如：

Robert J. Steinfeld, Property and Suffrage in the Early American Republic, 41 Stanford Law Review 335 (1989), p. 339.

关于 《金融法苑》 的订阅

感谢广大读者对《金融法苑》的喜爱和支持。北京大学金融法研究中心限于人手，无法逐一为读者们办理纸质版杂志的订阅服务。为此，中心特委托《金融法苑》的出版商中国金融出版社代为办理，由其读者服务部具体承办《金融法苑》的订阅服务。

中国金融出版社读者服务部电话：（010）66070833　62568380

（在每本《金融法苑》的封二都可以查看到读者服务部的信息）

如您不想采用订阅的方式，也可访问淘宝网上的"中国金融出版社读者服务部"，或者通过登录当当网、亚马逊、京东或新华书店等网站，购买纸质版的《金融法苑》。

北京大学金融法研究中心

2019 年 12 月 10 日